경매야 놀자

사례와 판례로 경매원리를 풀어 쓴
실전투자자를 위한 경매 교과서!!

경매야 놀자

최신 개정판

강은현 지음

서원북스

머리말

부동산경매시장도 변화의 바람이 안팎으로 거세게 불고 있다.

경매물건은 줄어든 반면 경매참여자는 오히려 늘고 있다.

입지가 좋거나 가격 경쟁력이 있어 보이는 물건은 참여자가 몰려 고가 낙찰이 이루어지곤 한다.

사정이 이렇다보니 한편에선 경매의 제1장점인 '시세보다 싸게 사기'가 힘을 잃었다는 푸념도 들린다.

그러나 경매시장은 매년 약 10만건 내외의 신건이 유입되고 재고 물건을 포함하면 약 15만여 물건이 유통되고 있다.

아직도 경매시장은 참여자가 너무 많아서가 문제가 아니라 거래물건이 너무 많다는 점이 문제라면 문제다. 좋은 물건은 가득한데 본인만 그 부동산의 진면목을 알아보지 못한다는 점이 맞는 말이다.

한 때는 낙찰만으로 차익을 얻을 수 있었다. 그러나 지금은 낙찰은 낙찰일 뿐 차익을 안겨주지 않는다. 차익을 남길 만한 물건을 고르는 안목이 있어야 한다. 즉 자기만의 특기(주지역과 주종목)를 개발할 필요가 있다.

앞으로 경매환경의 변화도 간과할 수 없다.

최초 매각가격이 감정가에서 20% 저감된 상태에서 진행된다. 무엇보다 변화의 화룡점정은 전자입찰의 도입이다. 그 시기만 남앉을 뿐 경매도 공매처럼 온라인 경매(온비드) 시대에 살게 된다. 지금까지는 권리분석이 경매시장을 지배했다면 앞으로 도래할 시대는 물건분석이 시장을 주도할 것이다.

이 책은 원리를 이해하고 문제 해석 능력을 배양하는데 초점을 두었다. 첫 걸음은 투박하게 내디뎠지만 마지막 걸음은 어떠한 변칙에도 대응할 수 있을 만큼 야무지고 당찰 것이다.

모두 Part 07로 구성되었으며 실전 경매시 가장 요긴한 부분을 기초와 실무 그리고 마무리라는 세 개의 편제로 구성하되 최신 지견과 판례를 반영하여 거의 완전 개정에 가까울 정도로 대대적인 개편을 하였다.

기술의 전제는 경매 권리분석은 어렵고 복잡하다는 고정관념을 깨트리기 위해 첫 입문자도 쉽고 재밋게 이해할 수 있도록 원리를 사례중심으로 엮었다. 또한 중급자는 다양한 경우의 수를 통해 응용력을 기를 수 있도록 대법원 판례 등 실무해석의 논거를 제시했다.

Part 01, Part 02, Part 03은 권리분석 기초편을 다뤘다. 특히 Part 01 '권리분석 첫 걸음'은 권리분석에서 만나는 다양한 경우의 수를 판례와 실무 예로 해석하였고 여러 가지 대항력편에서는 대항력을 20개로 유형화하여 분석하였다.

  Part 04, 05는 권리분석 실무편으로 Part 04 '종목별 권리분석'에서는 집합건물 권리분석의 핵심 키워드인 대지권미등기와 밀린 관리비를 유형별로 정리하고 토지 경매의 요체인 농지와 산지 경매시 유의점을 다뤘다. 특히 농지가 불법으로 전용된 경우 농지취득자격증명 발급받는 방법은 유용한 팁이 될 것이다.

  Part 05 '특수 권리분석'에서는 유치권과 법정지상권, 분묘기지권, 선순위 가처분과 가등기 그리고 돌발상황시 대처 요령을 최신 지견 중심으로 상세히 다뤘다. 특히 유치권에서는 유치권 깨트리기와 허위 유치권 대응방법을 다루고, 유치권과 대항력에서는 각 단계별로 유치권 성립유무를 기술하였다. 법정지상권에서는 법정지상권과 관습상 법정지상권 성립 유무를 그림을 통해 사례별로 분류하여 첫 입문자도 쉽게 이해하도록 했다.

  Part 06과 Part 07은 경매 마무리편으로 Part 06 '어떻게 인도할 것인가?'에서는 인도비법과 인도요령을 20개의 상황을 설정하고 상황별로 대응방법을 제시했다. Part 07 '배당은 어떻게 하나'에서는 배당원칙과 배당순위 그리고 배당표 작성방법을 역시 사례별로 분석하였다.

  이 책이 세상에 나오기까지 많은 사람들의 도움이 있었다.《경매야 놀자》초판 이래 한결같은 애정과 따뜻한 격려 그리고 촌철살인의 질책을 보내주신 전국의 경매애호가분들께 마음속 깊은 감사의 말씀을 전합니다.

  법무법인 명도의 정민경 대표변호사님과 이재석 명도연구소 소장님, 유승열 총괄본부장님, 부동산전문 세무사인 허인석님, 대신자산관리의 진종은 전 대표이사님, 감정평가법인 가람의 백경관 부장, 김광봉 사무장님에게도 따뜻한 감사의 마음을 전합니다.

  영원한 반려자이자 든든한 동지인 사랑하는 아내 백지현과 성장통을 슬기롭게 이겨내며 야무지게 커가고 있는 예린과 예진에게도 아빠의 사랑을 듬뿍 전한다.

  세상 사람들이 경매를 만난 건 축복이길 기원하며

서초동 경매연구실에서
강은현

차 례

머리말 ⋯ 4

PART 01 권리분석 첫걸음

chapter 01 권리분석을 쉽게 하는 방법? ⋯ 18

chapter 02 말소기준등기 ⋯ 23
1. 말소기준등기 효력 ⋯ 24
2. 누가 말소기준등기인가(6 + ①) ⋯ 25
3. 권리분석이란 = 말소기준등기 찾기 = 밑줄긋기(?) ⋯ 29
4. 권리분석 오류 유형 ⋯ 30

chapter 03 대항력이란? ⋯ 33
1. 대항력이란? ⋯ 33
2. 대항력 발생시기 ⋯ 34
3. 대항력의 경우의 수 ⋯ 43
4. 대항력의 존속기간 ⋯ 44
5. 존속기간 소멸시점 ⋯ 45
6. 대항력의 범위 ⋯ 46

chapter 04 우선변제권 ⋯ 49
1. 우선변제권 요건 ⋯ 50
2. 확정일자 제도 ⋯ 51
3. 배당요구 ⋯ 53
4. 우선변제권의 경우의 수 ⋯ 55
5. 우선변제권의 내용 ⋯ 59
6. 우선변제 대상 ⋯ 62
7. 대항력과 우선변제권의 차이 ⋯ 64

chapter 05 최우선변제권 ⋯ 66
1. 최우선변제권 요건 ⋯ 67
2. 최우선변제권 내용 ⋯ 69
3. 최우선변제 대상 ⋯ 74
4. 최우선변제권 요건 예외 ⋯ 78
5. 우선변제권과 최우선변제권의 차이 ⋯ 78

chapter 06 여러 가지 대항력에 대하여 ⋯ 80
1. 배우자나 자녀 등 가족의 주민등록 ⋯ 81
2. 친인척간의 임대차 ⋯ 84
3. 부부간의 임대차 ⋯ 86
4. 어제는 소유자 오늘은 임차인 ⋯ 86
5. 다가구 주택과 다세대 주택의 대항력 ⋯ 88
6. 주민등록의 정정과 대항력 ⋯ 89

7. 다가구 주택에서 다세대 주택으로 … 91
8. 집합건축물대장이 없는 다세대 주택 … 92
9. 대항력있는 임차권의 양도와 전차인 대항력? … 93
10. 대항력 요건을 갖추지 않은 임차권 양도시 전차인 대항력? … 94
11. 토지와 건물 근저당권 설정일 다름 … 94
12. 담보가치 조사 당시 무상(불)거주확인서 작성 … 95
13. 기존채권을 임차보증금으로 전환 … 98
14. 토지 또는 건물만 매각 … 99
15. 재개발에 따른 주택 멸실 … 100
16. 선순위 임차인 보증금 지급한 매수인의 전소유자에 대한 구상권 … 101
17. 경매중에는 월차임을 안내도 되는가? … 102
18. 대항력 기산일(다음날 0시) 예외 - 소유권이전등기 즉시 대항력 발생… 103
19. 등기부와 현관문의 표기 불일치 … 105
20. 임차인의 사망과 대항력 … 106
21. 가장임차인 식별 요령 … 106
22. 가장임차인 형사처벌 … 110
23. 부동산신탁과 대항력 … 111

PART 02 주택·상가건물임대차보호법의 모든 것

chapter 01 **주택임대차보호법** … 114
1. 주거용 건물의 판단기준 … 114
2. 주택여부 기준시점 … 115
3. 적용범위 … 116
4. 임대차계약 … 117
5. 존속기간 … 124
6. 임차인의 사망과 주택임차권의 승계 … 127
7. 차임 등 정보제공 요청권 … 127

chapter 02 **상가건물임대차보호법** … 128
1. 적용범위 … 128
2. 요건 … 129
3. 대항력 … 131
4. 우선변제권 … 133
5. 최우선변제권 … 134
6. 임대차기간 … 135
7. 권리금 … 136
8. 상가건물임대차보호법 쟁점 … 137

chapter 03 **주택임대차보호법과 상가건물임대차보호법 비교** … 145

PART 03 권리분석 마무리

chapter 01 전세권 ··· 148
    1. 전세권이란 ··· 148
    2. 전세권과 임차권 중 하나를 선택 한다면 ··· 149
    3. 임차권이 전세권보다 좋은 점 ··· 150
    4. 전세권의 존속기간 ··· 152
    5. 전세권자의 권리와 의무 ··· 152
    6. 전세권 권리분석 ··· 153
    7. 전세권의 말소기준등기 요건 ··· 156
    8. 전세권자의 이중적 지위 ··· 156
    9. 전세권자는 확정일자를 안 받아도 된다 ··· 157
    10. 전세권자와 임대차 계약을 체결한 전차인 최우선변제 여부 ··· 158
    11. 건물 일부에 대한 전세권 ··· 158
    12. 선순위 전세권자가 배당요구를 하지 않은 경우, 전세권부 근저당권자 배당 여부 ··· 158
    13. 전세권의 효력발생일은 등기일인가? 존속기간 시작일인가? ··· 159
    14. 전세권과 임차권의 지위를 겸하는 경우 ··· 160

chapter 02 임차권등기명령 제도 ··· 161
    1. 요건 ··· 162
    2. 절차 ··· 162
    3. 대상 ··· 163
    4. 효력 ··· 164
    5. 경매에서의 지위 ··· 166
    6. 민법의 주택임대차등기도 임차권등기명령 준용 ··· 167

chapter 03 가압류 ··· 168
    1. 경매에서 가압류의 지위 ··· 169
    2. 전 소유자 가압류 ··· 170
    3. 가압류 권리분석 ··· 172

chapter 04 가처분 ··· 173
    1. 가처분의 종류 ··· 174
    2. 경매에서 기억해야 할 가처분 두 가지 ··· 174
    3. 가처분 권리분석 ··· 176
    4. 가압류와 가처분 차이점 ··· 179

chapter 05 가등기 ··· 180
    1. 가등기의 종류 ··· 181
    2. 권리분석 ··· 183
    3. 소유권이전 청구권가등기와 담보가등기 식별 요령 ··· 186
    4. 소유권이전청구권가등기 소멸시효 ··· 187
    5. 가등기와 가처분 차이점 ··· 188

PART 04 종목별 권리분석

chapter 01 대지권미등기 … 192
  1. 대지사용권 … 193
  2. 대지권 … 195
  3. 대지권 미등기 … 197
  4. 대지사용권 유형 … 198
  5. 토지별도등기 … 211

chapter 02 밀린 관리비 … 214
  1. 밀린 관리비 누가 내나 … 215
  2. 공유부분은 매수인 부담 … 215
  3. 관리사무소에서 입주를 방해하는 경우 … 219
  4. 관리비 대납시 돌려 받는 방법 … 220
  5. 밀린 공과금 … 221

chapter 03 농지 … 224
  1. 농지란? … 224
  2. 농지 소유자격 … 225
  3. 취득면적 … 225
  4. 농지취득자격증명 … 226
  5. 농지원부 … 239
  6. 토지상의 수목은 누구의 소유인가? … 240
  7. 농지의 처분명령 및 매수청구 … 241
  8. 농지취득자격증명 Q&A … 243
  9. 농지 취득시 필요 서류 … 244

chapter 04 산지 … 250
  1. 경계 확인 … 250
  2. 등기부상 면적과 실제 취득 면적 다름 … 251
  3. 농지와 산지 비교 … 252
  4. 산지 투자 체크 포인트 … 252
  5. 산지전용허가 기관 … 254
  6. 임야의 재촌 … 254

chapter 05 공장 … 255
  1. 공장경매 체크리스트 … 255
  2. 기계·기구 … 256
  3. 폐기물 … 257
  4. 전기·수도 요금 … 259
  5. 업종제한 확인 … 259

PART 05 특수 권리분석

chapter 01 유치권 ... 262
1. 유치권이란 ... 263
2. 유치권이 무서운 이유 ... 264
3. 유치권 성립요건 ... 267
4. 유치권의 성질 ... 275
5. 유치권의 효력 ... 276
6. 유치권의 유형 ... 277
7. 유치권자의 인도 ... 281
8. 유치권 깨트리기 ... 281
9. 유치권과 대항력 ... 289
10. 허위 유치권 대응 방법 ... 296

chapter 02 법정지상권 ... 303
1. 법정지상권의 종류 ... 303
2. 법정지상권 성립요건 ... 304
3. 관습상 법정지상권 성립요건 ... 306
4. 법정지상권 성립시기 ... 308
5. 법정지상권 존속기간 ... 309
6. 지료 ... 311
7. 법정지상권의 소멸 ... 317
8. 법정지상권 핵심체크 ... 318
9. 토지와 건물이 따로 경매시 어떻게 해야 하나 ... 334
10. 법정지상권과 유치권은 누가 더 무서운가? ... 335
11. 입목 ... 337
12. 재산권 행사 절차 ... 339
| 한 눈으로 알아보는 법정지상권 | ... 340

chapter 03 분묘기지권 ... 342
1. 성립요건 ... 342
2. 특징 ... 344
3. 권리와 의무 ... 344
4. 존속기간 ... 345
5. 묘지개장 ... 348
6. 법정지상권과 분묘기지권의 차이점 ... 350
7. 분묘기지권의 범위 ... 351
8. 무연고 분묘 처리 방법 ... 351
9. 분묘기지권의 소멸 ... 352
10. 분묘로 인한 부동산가치 하락액은? ... 353

chapter 04 선순위 가처분 ··· 354
1. 선순위 가처분 권리분석 ··· 354
2. 선순위 가처분이 소멸되는 경우 ··· 355

chapter 05 선순위 가등기 ··· 362
1. 소유권이전 청구권 가등기 ··· 362
2. 담보가등기 ··· 365
3. 선순위 가등기 말소 방법 ··· 368

chapter 06 지분물건 ··· 369
1. 왜 지분물건을 꺼리는가? ··· 370
2. 공유지분 핵심 키워드 ··· 370
3. 공유지분 유형 ··· 371
4. 지분물건의 해법 ··· 372
5. 지분물건의 뒷처리 ··· 373

chapter 07 돌발상황시 대처 요령 ··· 375
1. 돌발상황의 종류 ··· 375
2. 돌발상황의 단계별 대응방법 ··· 375

PART 06 어떻게 인도할 것인가?

chapter 01 누가 인도의 비법을 묻거든 ··· 382

chapter 02 인도에 대하여 ··· 384
1. 인도는 시간과 돈의 함수 ··· 384
2. 권리분석 잘하는 사람이 인도도 잘한다 ··· 385

chapter 03 인도명령 대상 ··· 386
1. 신청인 ··· 386
2. 기간 ··· 386

chapter 04 상대방 ··· 388
1. 채무자 ··· 388
2. 소유자 ··· 388
3. 부동산 점유자 ··· 389
4. 그밖의 인도명령 대상자 ··· 389
5. 인도명령 불가 대상 ··· 390

chapter 05 인도범위 ··· 391
1. 부합물 ··· 391
2. 종물 ··· 395
3. 부합물과 종물의 차이점 ··· 395

chapter **06** **인도명령 신청** ··· 396
    1. 신청서류 ··· 396
    2. 신청 시기 ··· 399

chapter **07** **인도명령 재판 및 불복방법** ··· 400
    1. 인도명령 재판 ··· 400
    2. 인도명령 효력 ··· 401
    3. 불복방법 ··· 403

chapter **08** **인도명령 및 강제집행절차** ··· 405
    1. 인도명령절차(집행법원) ··· 405
    2. 강제집행절차(집행관사무소) ··· 406

chapter **09** **인도소송** ··· 415
    1. 당사자 ··· 415
    2. 대상 ··· 415
    3. 관할법원 ··· 417
    4. 절차 ··· 417
    5. 인도소송시 주의할 점 ··· 418
    6. 특수인도 ··· 420
    7. 인도단행가처분 ··· 420

chapter **10** **인도 요령** ··· 422
    1. 인도의 첫 걸음 – 내용증명 보내기 ··· 422
    2. 집행 사전 예고제 – 집행계고서 ··· 424
    3. 빈집의 인도 ··· 425
    4. 강제집행 후 유체동산의 처리 ··· 426
    5. 강제 집행 대상 부동산에 압류·가처분된 물건 ··· 427
    6. 점유이전금지가처분이 필요한 때 ··· 428
    7. 인도를 할 수 없는 임차인 ··· 430
    8. 월세(관리비)와 배당 그리고 인도 ··· 434
    9. 주민등록없이 점유 중인 임차인 ··· 435
    10. 주민등록은 있으나 임대차 없이 점유 중인 임차인 ··· 436
    11. 가라는 이사는 안가고 이사비만 달라는 임차인 ··· 437
    12. 점유자가 많은 경우 - 첫 집 선별을 잘하라 ··· 439
    13. 막무가내 점유자(1) ··· 439
    14. 막무가내 점유자(2) - 배당금에 가압류하기 ··· 440
    15. 인도와 부당이득 반환 ··· 441
    16. 인도시 자주 듣는 거짓말 ··· 442
    17. 노인이나 환자가 있는 경우 ··· 444

18. 점유자 없이 문 여는 방법 ··· 445
19. 업무협조 요청문을 이용하라 ··· 445
20. 매수인이 인도확인서 작성을 거절할 경우 ··· 446

chapter 11 점유 유형별 인도 전략 ··· 447
1. 채무자 겸 소유자 ··· 448
2. 임차인 ··· 448
3. 자녀나 친인척 ··· 450
4. 법정지상권자 ··· 450
5. 지분물권자 ··· 450

chapter 12 인도비는 어떻게 정하나 ··· 453
1. 강제집행비용 ··· 453
2. 밀린 관리비 ··· 454
3. 금융비용 ··· 454

chapter 13 인도 사각지대 ··· 456
1. 종교시설 ··· 456
2. 특수물건 ··· 457
3. 외교공관 ··· 457

chapter 14 인도 사례 ··· 459
1. 채무자 부재시 매각 외 동산의 처리 ··· 459
2. 미등기 무허가 건물의 양수인은 인도청구 불가 ··· 460
3. 토지소유자의 건물점유자에 대한 퇴거 요구 ··· 460
4. 유치권자에 대한 인도 ··· 461
5. 목적 건물 중 일부에 대한 인도집행 ··· 461

chapter 15 인도 10계명 ··· 462

PART 07 배당은 어떻게 하나

chapter 01 배당 ··· 466
1. 배당이란 ··· 466
2. 배당절차 ··· 467

chapter 02 배당요구 ··· 468
1. 배당요구 철회의 제한 ··· 471
2. 배당요구 확장의 제한 ··· 471
3. 배당 받을 수 있는 채권자 ··· 472
4. 배당요구시 신청서류 ··· 477
5. 배당요구와 부당이득반환청구와의 관계 ··· 478

chapter 03 **배당표의 작성** ··· 480
 1. 배당기일 ··· 480
 2. 계산서의 제출 ··· 480
 3. 배당금 수령시 인도확인서가 있어야 배당받는 자 ··· 481
 4. 배당표 작성 ··· 482

chapter 04 **배당원칙 및 배당순위** ··· 485
 1. 배당원칙 ··· 486
 2. 배당순위 ··· 492

chapter 05 **배당의 실시** ··· 515
 1. 배당표의 확정 ··· 515
 2. 배당표에 대한 이의 ··· 517
 3. 재배당 및 추가배당 ··· 521
 4. 인수주의로 진행된 경매절차에서 배당이의의 소 허용 여부 ··· 522

chapter 06 **배당 방법** ··· 523
 1. 확정일자와 같은 날 수개의 근저당권 설정 ··· 523
 2. 안분 후 흡수배당 ··· 525
 3. 저당권의 배당 ··· 528
 4. 임차인과 압류 ··· 537
 5. 임차권등기명령 ··· 538
 6. 상가임차인 ··· 541
 7. 토지별도등기 배당 ··· 542
 8. 지분 경매 ··· 548
 9. 일반채권을 임차보증금으로 전환 ··· 548
 10. 외화채권의 배당 ··· 550
 11. 전세권자의 배당 ··· 550
 12. 그밖의 배당원칙 ··· 550
 13. 채무자와 물상보증인 소유 동시 배당시,
   경매대가에 비례하여 분담 정하지 않음 ··· 553
 14. 토지건물 일괄매각시 토지 안분금액은 이용제한 없는 상태 기준 ··· 557

PART 01

권리분석 첫걸음

chapter 01 권리분석을 쉽게 하는 방법?

경매를 하기 위해서 거쳐야 할 관문에는 권리분석과 물건분석이 있다. 그중 내일의 가격이 어떤지 알아보는 물건분석이 가장 중요하다. 그러나 경매는 물건분석에 앞서 권리분석이라는 첫 관문을 통과해야 한다. 즉 경매의 첫 걸음은 권리분석에서 시작한다. 권리분석을 잘 하려면 관련 법을 잘 알아야 한다. 맞는 말이다. 그러나 이 고정관념 때문에 많은 사람들이 경매의 대문만 두드리다 중도에 그만 두곤 했다.

권리분석이 생각처럼 만만치 않기 때문이다.

그러나 몇 가지 원리를 이해하면 쉽게 권리분석의 세계에 참여할 수 있을 뿐만 아니라 전문가 수준에 도달할 수도 있다.

다음은 권리분석을 재미있게 이해할 수 있는 원리다.

강놀자씨가 경매로 부동산(표 1)을 사려고 한다. 놀자씨는 어디를 어떻게 손대야 할지 막막하다. 우리나라 부동산은 '토지'와 '건물'로 이루어졌다(표 2). 경매에서 권리분석 대상은 '건물'에 한한다. 이는 주택(상가건물)임대차보호

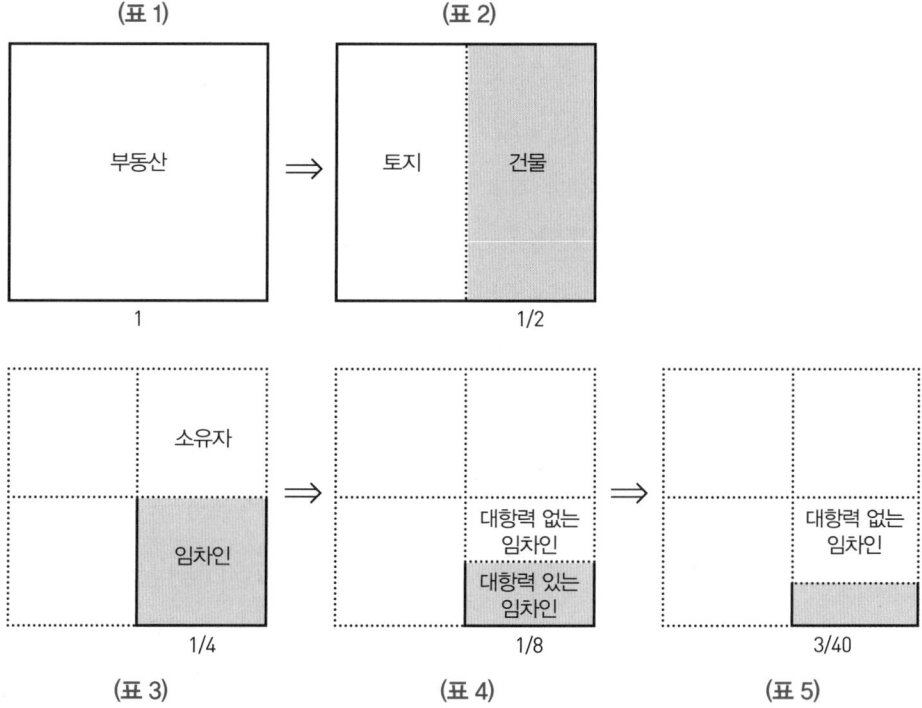

법에 근거한다. 토지는 권리분석 과정을 생략하고 바로 물건분석 단계로 직행한다. 그래서 토지는 집 비우기(인도) 과정이 없다. 놀자씨의 분석 대상이 2분의 1로 줄었다. 답답함이 조금 걷히는 것 같다. 그러나 이제 시작일 뿐이다.

건물이라고 모두 권리분석의 대상은 아니다. 건물은 '소유자' 아니면 '임차인'이 거주하고 있는데 경매에서 권리분석의 대상은 '임차인'뿐이다(표 3). 경매에서 소유자는 동정의 대상일지언정 권리분석의 대상은 아니다.

놀자씨 앞에 놓여있는 부동산이 4분의 1로 줄었다.

그러나 아직도 많이 남았다.

일반매매에서 임차인은 모두 무서운 존재다. 그러나 경매에서는 임차인 나름이다. 임차인은 '대항력 있는 임차인'과 '대항력 없는 임차인' 두 부류로 나누어, 우리는 '대항력 있는 임차인'만 조심하면 된다(표 4).

그러나 이게 전부가 아니다. 경매 물건의 임차인을 분석하면 대항력 있는 임차인은 전체 임차인 가운데 채 절반도 되지 않는다. 결국 매수인이 책임져야 할 부분은 전체(1)가 아닌 40분의 3(?) 수준에 불과하다. 여기서 오해를 하면 안되는 것은 경매를 통해 성공할 확률이 40분의 3 즉 7.5%에 불과한 것이 아니라 실패할 확률이 7.5%라는 점이다. 즉 경매의 성공 확률이 92.5%다. 그럼에도 불구하고 지금 이 순간 경매에 참여했다가 작은 실수로 장렬하게 전사하는 형제·자매들을 보면 가슴이 매우 아프다.

권리분석 원리

유형	원리		근거
부동산	토지	건물	주택임대차보호법 제1조(건물)
건물	소유자	임차인	주택임대차보호법 제1조(임대차)
임차인	무상	유상	주택임대차보호법 제1조(임대차)
유상	후순위	선순위	주택임대차보호법 제3조(대항력)

경매사고 유형

참여자가 어렵게 낙찰 받고 소중한 보증금을 날리는 경우는 다음과 같다.

첫째, 권리분석 오류

권리분석 오류형은 경매사고의 원초형태로 임차인이 보증금을 매각대금에서 배당받는 걸로 알고 낙찰받은 경우와 매각으로 소멸하지 않는 등기를 간과하고 낙찰 받은 경우다.

둘째, 물건분석 오판

민사소송법 당시에는 권리분석 오류형이 경매사고의 전형적인 예였으나 지금(민사집행법)은 물건분석 오판이 경매사고의 주류다. 이는 법원감정가를 시세로 오인한 경우와 임장활동 잘못으로 엉뚱한(이웃물건, 평형 오판) 가격에 의한 낭패 사례다.

셋째, 매각대금 대출 불가

대부분의 경매참여자들은 금액의 많고 적음에 차이가 있을지언정 매각부동산을 담보로 대출을 받아 잔금을 납부한다. 그러나 물건에 따라서는 대출이 기대에 미치지 못하거나 대출이 안되는 경우도 있다.

넷째, 법원 분위기에 휘둘림

입찰 경험이 많지 않은 사람은 두 가지 오류를 범하기 쉽다. 법원에 오신 분들을 모두 참여자로 오인하거나 그 분들이 대부분 자기 물건에 들어오는 걸로 착각한다. 그러나 실제 법원에 오신 분들 가운데 약 3~40%만 입찰에 참여하고 나머지는 구경차 오신 분들이다. 경매의 제1전제이자 장점은 '시세보다 싸게 사기'이지 '낙찰받기'가 아니다.

송달불능

① 채무자

경매개시결정은 매각절차의 기초가 되는 재판으로서 경매개시결정이 채무자에게 송달되지 않으면 경매개시결정의 효력이 발생하지 않는다. 채무자에 대한 송달은 경매절차진행의 유효요건이다. 만약 채무자에게 송달이 되지 않았다면 경매절차는 무효가 된다. 단, 채권자의 신청 또는 직권으로 공시송달 할 수 있다.

② 임차인(이해관계인)

임차인에 대한 매각기일 통지의 누락은 매각허가에 대한 이의사유 또는 매각허가에 대한 즉시항고로 불복할 수 있다. 그러나 매각허가가 확정되면 더 이상 불복할 수 없다.

경매와 공매(KAMCO)의 비교

구분	경매	공매
근거법률	민사집행법	국세징수법
법률적 성격	사법상 청구권의 실현	공법상의 조세채권의 실현
기입등기	경매개시결정	공매공고
저감률	20~30%	10%(50%까지 진행)
배당요구 종기	첫 매각기일 이전	최초 입찰기일 이전
기록열람	매각물건명세서, 현황조사보고서, 감정평가서	공매재산명세서 (현황조사 및 감정평가서 포함)
농지취득자격증명	매각결정기일까지 (미제출시 매각불허)	소유권이전등기시까지 (미제출시 소유권이전등기 불가)
매각결정기일	매각기일로부터 1주 안	개찰일부터 3일 안
공유자 우선매수신고	매각기일의 종결 고지 전	매각결정기일 전
차순위 매수신고	있음	있음
대금지급기한	매각허가결정확정일부터 1월 안	매각결정일부터 7일 안(30일 한도)
대금납부최고	없음	최고일부터 10일 안
기한 경과 후 대금납부 여부	가능(재매각기일 3일 전)	불가능
전 매수인 보증금	배당재단에 편입	배분재단에 편입
전 매수인 입찰	불가	가능
상계여부	가능	불가능
매수대금 지연이자	있음	없음
배당이의 절차	배당이의의 소	행정처분에 대한 불복
배당표원안 비치	배당기일 3일 전	배분기일 7일 전
인도명령	있음	없음
무잉여	있음	없음
공동입찰	가능	가능

인감증명서의 유효기간

기간입찰의 경우 인감증명서의 발행일이 6월을 초과하는 경우 개찰에서 제외하는 규정이 있으나, 기일입찰은 처리기준이 없다.

말소기준등기 chapter 02

부동산경매에서 권리분석 3대 쟁점을 들라면 다음과 같다.

첫째, 등기사항증명서 상의 모든 등기는 매각으로 소멸하는가?

둘째, 임차인의 보증금은 누가 부담하는가?

셋째, 인도는 어떻게 할 것인가?

이 세 가지 숙제의 해답은 말소기준등기에 담겨 있다.

말소기준등기란 경매목적물의 제 등기(권리) 중 매각시 말소 또는 인수 여부를 결정하는 기준이 되는 등기를 말한다. 말소기준등기 이후에 설정된 등기는 종류를 불문하고 매각으로 소멸된다.

부동산경매에서 말소기준등기는 권리분석의 첫걸음이자 핵심요체다.

이런 연유로 말소기준등기만 이해해도 권리분석의 70%가 끝났다는 말이 생겼다.

1. 말소기준등기 효력

경매에서 말소기준등기는 세 가지 효력이 있다.

첫째, 등기사항증명서의 등기 소멸

서울시 양천구 목동에 있는 목동신시가지 아파트 $144m^2$의 최저매각가가 14억 4,400만원이다. 등기부에는 근저당권 3건, 가압류 8건, 가처분 3건, 압류 2건 등이 설정돼 있는데 채권액이 무려 118억 5,274만원에 달한다. 제아무리 대한민국 최고의 부동산전문가일지라도 거래할 수 없는 물건이다. 그러나 경매는 아무 조건없이 묻지도 않고 따지지도 않고 깔끔하게 정리해 매수인에게 넘겨준다.

일반 매매는 부채와 자산의 관계에서 '부채 〈 자산'인 경우 매매가 가능하다. 그러나 경매는 '부채 〉 자산' 즉 사례처럼 부채가 자산보다 훨씬 많은 물건이라도 깨끗하게 정리해 줄 뿐만 아니라 오히려 더 좋아한다.

경매는 등기부에 설정된 빚이 제 아무리 많더라도 매각 후 모두 소멸된다.

둘째, 임차인 보증금 인수

두 부류의 임차인이 있다.

한 사람은 보증금이 5,000만원이고 다른 한 사람은 보증금이 5억원이다. 누가 무서운 사람이고 누굴 조심해야 하는가?

정답은 경매냐 일반매매냐에 따라 다르다. 일반매매는 둘 다 무섭다. 그러나 경매는 5억원의 임차인은 안 무섭고 오히려 5,000만원의 임차인이 더 무서울 수 있다. 이 무슨 괴변이냐고 반문할 수 있으나 사실이 그렇다. 경매에서 무서운 임차인의 기준은 보증금의 많음이 아니라 대항력이 있는 경우다. 즉, 말소기준등기보다 임차인의 전입일이 빠르면 매수인이 보증금을 인수해야 하고, 늦으면 보증금이 얼마가 되든 매수인과 관계없다.

셋째, 인도 시 인도명령 대상

토지경매 외 어느 누구도 비껴갈 수 없는 부분이 바로 '집 비우기'다. 인도라고 하는 집 비우기는 사실 경매 고수도 부담스럽다. 하물며 초보자나 여성 투자자들이 느끼는 부담의 강도는 말할 나위가 없다.

그러나 누구도 피해 갈 수 없는 인도도 알고 보면 해법이 있다. 똑같은 점유자인데 어떤 점유자는 간단히 말 한마디로 내 보낼 수 있는 반면(인도명령) 어떤 점유자는 소송을 해야 내 보낼 수 있다(인도소송).

이 때 인도명령이냐 인도소송이냐의 판단기준이 바로 말소기준등기다.

즉 임차인의 대항력 기산일이 말소기준등기보다 늦으면 인도명령, 빠르면 인도소송이다.

2. 누가 말소기준등기인가(6 + ①)

말소기준등기는 저당권, 근저당권, 압류, 가압류, 담보가등기, 경매개시결정등기 중에서 설정일자가 가장 빠른 등기다. 전세권은 조건부(전세권이 건물전부에 설정된 상태에서 배당요구를 하였거나 경매신청을 한 경우) 말소기준등기다.

이 일곱 가지 중 실무에서는 (근)저당권등기가 약 85~90% 이상을 차지하고, 가압류등기와 압류등기가 약 10%, 강제경매개시결정등기 등 기타 순이다.

결국 (근)저당권등기와 (가)압류 등기만 기억하면 말소기준등기는 95% 이상 정복하는 셈이다.

예를 들어 매각물건 명세서와 등기사항증명서에 ① 순위 임차인, ② 순위 근저당권, ③ 순위 가처분, ④ 순위 가압류, ⑤ 순위 가등기(매매예약), ⑥ 순위 압류등기가 설정되어 있다. 매수인이 인수해야 하는 등기는?

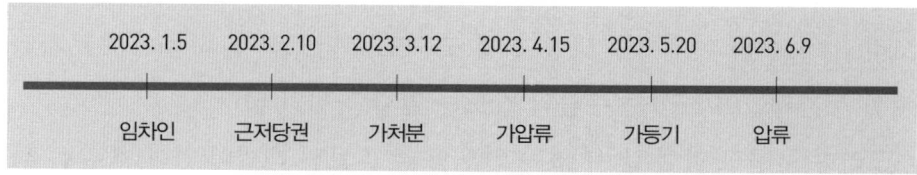

먼저 말소기준등기를 찾아보면 근저당권(2023. 2. 10.)과 가압류(2023. 4. 15.), 압류등기(2023. 6. 9.) 등 세 가지이다. 이 세 가지 등기 중 설정일이 가장 빠른 근저당권 등기가 말소기준등기가 된다. 경매 시 근저당권 등기를 기준으로 이후의 모든 등기(가처분, 가압류, 가등기, 압류)는 소멸된다.

그러나 ①순위 임차인의 임차보증금은 매수인이 인수해야 한다. 입찰에 참여하고자 하는 사람은 정상적인 매각가에서 임차보증금만큼 떨어진 후 참여하거나(임차인의 보증금이 2억원이고 정상 매각가가 3억원이라면 최저매각가가 1억원으로 떨어질 때까지 기다려야 함) 아니면 그 보증금만큼 매각가 외에 추가로 부담해야 한다.

요약하면 말소기준등기는 1순위 근저당권자가 경매신청을 했든 3순위 근저당권자가 경매신청을 했든 신청 채권자의 순위와 관계없이 ⑥ + ① 중 설정일이 가장 빠른 등기가 된다.

말소기준등기 근거 법률

항목	근거법률	비고
저당권, 근저당권	민사집행법 제91조 제2항	저당권
압류, 가압류	민사집행법 제91조 제3항	가압류채권
경매개시결정등기	민사집행법 제91조 제3항, 제144조 제1항 3호	압류채권, 경매개시결정등기
담보가등기	가등기담보등에관한법률 제15조	담보가등기
전세권	민사집행법 제91조 제4항 단서	전세권

민사집행법

제91조(인수주의와 잉여주의의 선택 등) ①압류채권자의 채권에 우선하는 채권에 관한 부동산의 부담을 매수인에게 인수하게 하거나, 매각대금으로 그 부담을 변제하는 데 부족하지 아니하다는 것이 인정된 경우가 아니면 그 부동산을 매각하지 못한다. ②매각부동산 위의 모든 저당권은 매각으로 소멸된다. ③지상권·지역권·전세권 및 등기된 임차권은 저당권·압류채권·가압류채권에 대항할 수 없는 경우에는 매각으로 소멸된다. ④제3항의 경우 외의 지상권·지역권·전세권 및 등기된 임차권은 매수인이 인수한다. 다만, 그중 전세권의 경우에는 전세권자가 제88조에 따라 배당요구를 하면 매각으로 소멸된다.

제144조(매각대금 지급 뒤의 조치) ①매각대금이 지급되면 법원사무관 등은 매각허가결정의 등본을 붙여 다음 각호의 등기를 촉탁하여야 한다.
3. 제94조 및 제139조 제1항의 규정에 따른 경매개시결정등기를 말소하는 등기

가등기담보 등에 관한 법률

제15조(담보가등기권리의 소멸) 담보가등기를 마친 부동산에 대하여 강제경매등이 행하여진 경우에는 담보가등기권리는 그 부동산의 매각에 의하여 소멸한다.

사건번호	주 소	면 적(㎡)	감정평가	임차관계	등기부상 권리관계
08-25474 아파트 우리은행 양영준 양영준 대 1,650,000,000 건 3,850,000,000	서울 강남구 청담동 ○○○-18 상지리츠빌 카일룸2 ○○○○호 · 엘루이호텔북측인근 · 고급연립및다세대주택, 공원, 업무시설 · 도시가스개별난방 · 세장형토지 · 3종일반주거지역 · 건축선지정	대지 99.46/1491.9 (30.9평) 건물 244.32 (73.91)187평형 방4, 화장실3 16층 2006.09.14 보존	5,500,000,000 대일에셋감정 (08.09.22) 5,500,000,000 낙찰 09.10.15 6,223,000,000 (113.1) 1명	이명희 전입08.06.18 확정08.10.10 배당08.10.10 1,500,000,000 전세권자 배당요구종기 08.11.10	근저 우리은행 2007.01.03 3,540,000,000 근저 삼성상호저축 2007.06.14 1,170,000,000 전세 이명희 2007.08.03 1,500,000,000 근저 최영철 외1 2008.06.12 800,000,000 가압 기술신용보증외7 2008.08.29 279,786,000 임의 우리은행 2008.09.01 청구 3,540,000,000 압류 강남세 외1 2008.10.20 16,747,127 등기부채권총액 10,035,400,000

등기부는 2007년 1월 3일 우리은행 근저당권이후 저당권, 전세권, 가압류 등 모두 16건이 설정되었다. 임차인은 15억원의 전세권을 설정하였다. 30평형대 아파트 5채는 너끈히 살 정도의 거금이다.

만약 사례 물건이 경매가 아닌 일반매매라면 어떻게 될까?

부채는 임차보증금 15억원을 포함하여 100억 3,540만원이다. 반면 자산은 감정가 수준이라고 할 때 부채 〉자산 즉, 부채가 자산을 초과하여 거래가 불가능하다.

그럼 경매는 거래가 가능할까? 먼저 말소기준등기를 찾아야 한다. 기준등기는 2007년 1월 3일 우리은행 근저당권으로 이후에 설정된 저당권 3건, 전세권 1건, 가압류 8건, 압류 2건, 임의경매 1건 등 16건은 매각 후 모두 소멸된다. 입찰참여자는 등기부상 채권 총액 100억 3,540만원에 대해 신경 쓸 필요가 없다. 매각이 되면 등기부상 모든 권리를 집행법원에서 깨끗이 소멸해 주기 때문이다.

임차관계에 대해 알아보면 임차인은 전세권과 대항력 요건 두 가지를 모두 갖추고 있다. 먼저 전세권 설정일은 2007년 8월 3일이고, 전입일은 2008년 6월 18일로 모두 말소기준등기인 우리은행 근저당권(2007년 1월 3일)보다 늦다. 매수인은 임차보증금을 신경쓰지 않아도 된다.

이 모든 요술의 근원은 말소기준등기다.

뒷 이야기

사례 물건은 당시 경매 진기명기 3개를 보유하였다.

> **1. 공동주택 최고 감정가**
> 55억원은 당시 공동주택 사상 최고 감정가였으나 지금은 서울 강남구 삼성동 아이파크(99억원), 서초구 서초동 트라움하우스(87억 6,000만원), 강남구 삼성동

아이파트(80억원) 등 순이다.

2. 공동주택 최고 매각가

2009년 10월 15일 첫 기일에 62억 2,300만원에 팔렸다. 이 기록은 2018년 10월 강남구 삼성동 아이파크가 83억 7,508만원에 팔림으로써 9년만에 깨졌다.

3. 최고가 전세보증금

전세보증금만 15억원이다. 지금까지 경매로 팔린 물건 중 1위는 강남구 삼성동 아이파트로 50억원이다.

3. 권리분석이란 = 말소기준등기 찾기 = 밑줄긋기(?)

권리분석의 첫 걸음은 말소기준등기 찾기다. 말소기준등기는 경매절차상 모든 이해관계인의 생사여탈권을 쥐고 있다. 결국 성공적인 권리분석은 밑줄을 제대로 긋느냐에 달려있다.

인수되는 등기	가등기, 가처분, 전세권, 지상권, 임차권, 법정지상권, 환매등기, 유치권
말소기준 등기	저당권, 근저당권, 압류, 가압류, 담보가등기, 강제경매개시결정등기, 전세권
소멸되는 등기	가등기, 가처분, 전세권, 지상권, 임차권, 저당권, 근저당권, 압류, 가압류, 담보가등기, 경매개시결정등기, 전세권, 환매등기

권리분석표

구분	구별		권리종류	말소기준등기		비고
				전	후	
등기부	갑구		*압류	말소		말소기준등기
			*가압류	말소		말소기준등기
			*경매개시결정등기	말소		말소기준등기
			가처분	인수	말소	
		가등기	소유권이전가등기	인수	말소	
			*담보가등기	말소		말소기준등기
			환매등기	인수	말소	
	을구		*(근)저당권	말소		말소기준등기
			*전세권	인수/말소	말소	말소기준등기
			지상권	인수	말소	
			지역권	인수	말소	
			임차권등기명령	인수	말소	
미등기			임차권	인수	말소	
			법정지상권	인 수		
			유치권	인 수		

*는 말소기준등기

4. 권리분석 오류 유형

매수인이 권리분석을 잘못 해 인수 또는 부담해야 할 권리를 유형별로 알아보면 다음과 같다.

첫째, 소유권을 잃을 수 있는 권리

선순위가등기, 선순위가처분, 후순위가처분 중 건물철거 및 토지인도 청구권 보전을 위한 가처분 등

둘째, 추가부담을 해야 하는 권리
선순위임차인, 유치권, 대항력있는 임차인, 선순위전세권, 관리비, 불법건축물, 이주비, 스포츠회원권, 골프회원권, 폐기물처리비, 공유재산사용료 등

셋째, 사용제한을 받는 권리
법정지상권, 분묘기지권, 선순위지상권 등

결국 권리분석이란 이들 권리, 즉 매각후에도 살아있는 권리를 선별하는 과정이다.

왜 경매하냐고 묻거든

부동산을 시세보다 싸게 사기 위해 경매를 한다.
이는 경매의 제1 명제다.
전과 달리 경매 정보가 완전경쟁(?) 시장이다보니 정보의 독점에 따른 저가 또는 단독 낙찰이 갈수록 어려워지고 있다.
경매하는 사람의 소망은 첫째는 낙찰받기요 둘째는 남보다 싸게 받기요 셋째는 인도 부담 없는 경매다.

경매의 묘미 중 백미는 매각가 적어내기다. 이 매각가가 마술을 부리곤 한다. 매각가 산정은 경매를 10년 한 사람이나 첫 입찰하는 사람이나 모두 곤혹스럽다.
예를 들어 최저가 3억원인 물건에 나홀로 참여해 3억 100만원에 낙찰 받으면 이거 혹시 사고 친 것 아닌지. 당대의 고수들이 외면한 물건을 나홀로 오도방정 떤 건 아닌지. 노심초사에 안달이 극에 달한다.

그런데 동일 물건을 10명이 참여해 1등은 3억 5,000만원을 쓰고 2등은 3억 4,700만원 나머지는 3억 2,000만원 이하에 참여했다. 1등 한 사람은 좋아 입이 귀에 걸린다. 실제 자기와 2등이 미친 짓(?) 한 것은 생각 않고 오직 2등을 간발의 차로 제쳤다는 희열에 기쁨을 가누지 못한다. 인간은 참으로 간사한(?) 동물인 것 같다.

2013년 8월 21일 서울중앙지방법원 입찰법정에서 천사를 보았다.
종로구 부암동에 있는 다세대주택의 최고가매수인이 천사였다.
최고가매수인은 최초감정가 4억 9,800만원의 84.1%인 4억 1,888만 1,004(천사)원을 적어냈다. 천사의 성은 여자였고 이름도 예뻤다(혜리).

말소기준등기인가? 말소기준권리인가?

경매 책 대부분은 말소기준권리로 표기한 반면 졸저를 비롯한 일부만이 말소기준등기로 기술하였다.

소멸되는 권리의 판단 기준은 등기사항증명서를 기준으로 해야 한다. 등기되지 않는 (우선권 있는) 권리를 기준으로 하면 안된다. 따라서 말소기준등기라는 말이 더 적확한 표현이다. 이런 연유로 확정일자 임차권이나 상법상의 우선특권 등은 말소기준등기가 될 수 없다.

매각으로 소멸되는 '권리'에 방점을 찍으면 말소기준권리가 맞다. 그런데 매각시 소멸되는 권리 여부를 판단하는 '등기'에 방점을 찍으면 등기가 맞다. 필자는 후자의 견해에 동의한다.

> "매수인이 인수하지 아니한 부동산의 부담에 관한 기입인지 여부는 오로지 부동산등기기록에 적힌 것을 기준으로 판단하여야 하고, 등기기록에 기입되지 아니한 권리로서 특별법에 의하여 우선변제권이 인정되는 권리를 기준으로 판단하여서는 안된다."
> (법원행정처, 법원실무제요 민사집행[Ⅱ] p 402~403)

대항력이란? chapter 03

권리분석은 '말소기준등기에서 시작하여 대항력에서 끝난다'는 말이 있을 정도로 대항력은 권리분석에서 중요하다. 오죽하면 권리분석하면 주택임대차보호법이고 주택임대차보호법하면 대항력이라는 말이 생겼을까?

1. 대항력이란?

대항력이란 임차주택의 양도 등 주택 소유권의 변동이 생기더라도 존속기간의 보장을 받으며 보증금도 보호 받을 수 있는 권리를 말한다(주택임대차보호법 제3조 제1항).

쉽게 말하면 "집주인이 바뀌거나 살던 집이 경매를 당한 경우 임대차 기간 동안 새로운 소유자의 간섭없이 거주할 수 있고 그 임대차 기간이 종료되면 임차보증금을 모두 돌려 받을 수 있는 권리"를 말한다.

즉 대항력 있는 임차인은 두 가지 권리를 갖고 있는데 하나는 임대차 계약 기간 동안 거주할 수 있는 권리와 보증금을 전액 돌려 받을 수 있는 권리다.

만일 경매에서 대항력 있는 임차인을 만나면 참여하지 않거나, 참여해야 한다면 인수해야 할 보증금만큼 떨어지고 나서 참여해야 한다. 만일 인수해야 할 금액이 있음에도 낙찰 받으면 매각대금 외 임차보증금을 추가부담해 '경매사고'가 된다.

> 제3조 (대항력 등) ① 임대차는 그 등기가 없는 경우에도 임차인이 주택의 인도와 주민등록을 마친 때에는 그 다음 날부터 제삼자에 대하여 효력이 생긴다. 이 경우 전입신고를 한 때에 주민등록이 된 것으로 본다.

2. 대항력 발생시기

1) 대항력 요건

> 요건 : 주택의인도 + 주민등록
> 효력 : 존속기간 거주, 보증금 보호
> 기준일 : 주택의 인도와 주민등록을 마친 다음날 0시

주택의 인도(점유)와 주민등록(전입신고)을 모두 마친 다음날 0시부터 대항력이 발생한다.

임차인의 전입일자와 점유일자가 다른 경우 대항력 기산일은 언제인가?
대항력 요건이 주택의 인도(이사)와 주민등록 다음 날 0시라는 의미는 이사와 주민등록을 모두 마친 다음 날 0시라는 뜻이다.

따라서 임차인이 이사 즉 점유는 하지 않고 주민등록만 등재됐거나 점유는 하고 있는데 주민등록이 없으면 대항력 요건이 성립하지 않는다.

① 주택인도(2. 1.) + ②주민등록(2. 3.) = 주민등록 다음날 0시(2. 4. 0시)
① 주민등록(2. 1.) + ②주택인도(2. 3.) = 주택인도 다음날 0시(2. 4. 0시)

2) 대항력에서 주의할 점
① 대항력요건과 대항력은 다르다

일반인과 경매 초보자들이 권리분석 초기 단계에서 가장 오해가 많은 부분이다. 대항력 요건을 규정한 주택임대차보호법 제3조 제1항의 임차인은 일반임대차의 임차인에 대한 규정이지 법원경매나 공매에도 적용되는 임차인이 아니다.

일반 임대차에서는 주택의 인도와 주민등록 요건만 구비하면 임대차기간을 보장받고 임대차기간 만료 후에는 임차보증금을 전액 돌려받을 수 있다.

즉 일반임대차에서는 '대항력 요건 = 대항력' 즉 대항력 요건 자체가 대항력이라는 등식이 성립한다.

그러나 임차주택이 경매나 공매로 넘어간 경우 해석이 달라진다.

이사하고 주민등록을 마치면 대항력 요건을 구비하게 된다. 그러나 대항력 요건을 갖췄다고 임차인의 보증금이 보호받는 것은 아니다. 모든 임차인이 대항력 요건을 구비하고 있지만 매수인에게 대항력을 행사하려면 대항력 기산일이 말소기준등기보다 빨라야 한다.

> 일반임대차 : 대항력 요건 = 대항력
> 경·공매 : 대항력 요건 ≠ 대항력(대항력요건 〉 말소기준등기)

② 대항력과 우선변제권은 다르다

대항력 관련해서 두 번째 오해가 많은 부분은 대항력이 있으면 임차보증금을 매각대금에서 배당받는 걸로 알고 있으나 그렇지 않다.

대항력이 있으면 보증금을 돌려 받는다는 뜻은 맞으나, 보증금을 매각대금이 아닌 매수인으로부터 따로 받는다는 의미다. 만약 임차인이 보증금을 경매절차에서 받으려면 확정일자를 받아야 한다. 다시 말하면 대항력은 매수인이 보증금을 내줄 때까지 거주할 수 있는 권리이지 매각대금에서 배당받는 권리가 아니다. 실무에서 대항력이 있어 매수인이 임차보증금을 인수해야 하는 경우는 다음과 같다(대항력기산일 〉 말소기준등기).

> ㉠ 전입(확정일자 + 배당요구 누락)
> ㉡ 전입 + 배당요구(확정일자 누락)
> ㉢ 전입 + 확정일자(배당요구 누락)
> ㉣ 전입 + 확정일자 + 배당요구 종기 後 배당요구(배당요구 종기 前)
> ㉤ 전입 + 확정일자 + 배당요구 → 배당요구 종기 前 배당철회(배당요구 철회)
> ㉥ 전입 + 확정일자 + 배당요구 → 일부배당(미배당금)

임차인의 권리관계가 위와 같은 경우 매수인은 법원감정가에서 임차보증금을 뺀 금액이 사실상 최초감정가라 생각하고 예정가를 산정해야 한다.

예를 들어 법원감정가가 9억 4,000만원인데 대항력있는 임차인의 보증금이 3억원이라면, 최초감정가는 6억 4,000만원으로 보고 입찰 예정가를 산정해야 한다. 즉 적정 매각가는 5억 중·후반대여야 한다.

경매에서 대항력의 의미

① 임차보증금 인수 여부
② 인도명령 대상 여부

3) 주택의 인도

임차인이 대항력을 행사하려면 주택을 인도 받아야 한다. 인도라 함은 점유의 이전을 말하고 점유라 함은 물건을 사실상 지배하는 것을 말한다. 흔히 임차인이 이사 간다고 할 때를 말하며 인도의 대부분이 해당한다.
예) 이삿짐만을 옮기는 경우, 임차주택의 열쇠를 교부받는 경우도 인도에 해당된다. 간이인도(임차인이 이미 점유하고 있는 경우).

4) 주민등록

주민등록은 거래의 안전을 위해 임대차의 존재를 제3자가 명백히 인식할 수 있게 하는 공시방법이다. 통상적으로 주택의 권리관계에 관한 사항은 등기부에 의하여 파악하므로 임대차의 공시방법으로서 주민등록이 유효한 공시방법이 되기 위해서는 주민등록이 등기부상의 주택의 현황과 일치해야 한다.

① 배우자나 자녀 등 가족의 주민등록

주민등록에는 임차인 본인의 주민등록뿐만 아니라 배우자나 자녀 등 가족의 주민등록도 포함한다. 가족이라 함은 임차인과 세대를 같이 하면서 임차주택에 거주하는 동거가족을 말한다. 지방에 거주하는 부모가 자녀의 학업을 위해 주택을 임차한 경우처럼 임차인(부모)이 점유보조자(자녀)에 의하여 임차주택을 점유하더라도 점유보조자(자녀)의 주민등록에 의하여 임차인(부모)이 대항력을 취득할 수 있다. 점유보조자는 타인의 지시를 받아 사실상의 지배를 하는 자로, 그 지시를 한 타인이 점유자로서 점유보조자의 주민등록이 그 타인을 위한 것으로 해석되기 때문이다. 점유보조자를 구분하여 가족관계에 있는 점유보조자의 주민등록은 대항력을 인정하는 반면 피용자처럼 사업관계에 있는 점유보조자의 주민등록에 대하여는 대항력을 부정하는 견해도 있다. 점유보조자는 가족이나 가게점원, 회사직원 등을 말한다.

② 간접점유자의 주민등록

㉮ 임차권의 적법한 양도나 전대

대항력 요건을 갖춘 임차인이 임대인의 동의를 얻어 적법하게 임차권을 양도하거나 전대한 경우, 양수인이나 전차인이 전입신고 기간 내에 전입신고를 마치고 주택을 인도받아 점유를 계속하고 있다면, 비록 임차권의 양도나 전대에 의해 임차권의 공시방법인 점유와 주민등록이 변경되었다 하더라도, 원래의 임차인이 갖는 대항력은 소멸되지 아니하고 동일성을 유지한 채 존속한다.

이 때 "대항력을 가지는 것은 임차인이고 전차인은 임차인의 권리를 원용할 수 있다(대법원 1988. 4. 25. 선고 87다카2509 판결)."

임대인의 동의를 얻지 않고 전대한 경우에도 인정되는 경우가 있다.

> "임차인이 비록 임대인으로부터 별도의 승낙을 얻지 아니하고 제3자에게 임차물을 사용·수익하도록 한 경우에 있어서도, 임차인의 당해 행위가 임대인에 대한 배신적 행위라고 할 수 없는 특별한 사정이 인정되는 경우에는, 임대인은 자신의 동의 없이 전대차가 이루어졌다는 것만을 이유로 임대차계약을 해지할 수 없으며, 전차인은 그 전대차나 그에 따른 사용·수익을 임대인에게 주장할 수 있다."(대법원 2007. 11. 29. 선고 2005다64255 판결)

㉯ 간접점유자의 주민등록은 유효한 공시방법이 될 수 없다

문: 갑은 임차하여 거주하다가 직장 문제로 임대인의 동의를 받아 을에게 주택을 전대하였다. 갑은 주민등록을 퇴거하지 않았고 을도 주민등록을 이전하지 않았다. 갑이 임차주택을 전대한 이후에 근저당권

이 설정되고 그 근저당권에 기해 경매가 실행되었다. 갑은 대항력이 있는가?

대항력은 임차인이 당해 주택에 거주하면서 이를 직접 점유하는 경우뿐만 아니라 타인의 점유를 매개로 하여 이를 간접점유하는 경우에도 인정된다. 단, 임차인이 임차주택을 간접점유의 방법으로 인도 받은 경우 주민등록은 간접점유자인 임차인의 주민등록이 아니라 직접점유자의 주민등록을 요한다.

답 : 갑은 임대인의 동의를 얻어 을에게 전대를 하였더라도 직접점유자인 을이 주민등록법상의 전입신고 기간 내에 전입신고를 하지 않아 갑은 대항력이 없다.

"주택임대차보호법 제3조 제1항 소정의 대항력은 임차인이 당해 주택에 거주하면서 이를 직접 점유하는 경우뿐만 아니라 타인의 점유를 매개로 하여 이를 간접점유하는 경우에도 인정될 수 있을 것이나, 그 경우 당해 주택에 실제로 거주하지 아니하는 간접점유자인 임차인은 주민등록의 대상이 되는 '당해 주택에 주소 또는 거소를 가진 자'(주민등록법 제6조 제1항)가 아니어서 그 자의 주민등록은 주민등록법 소정의 적법한 주민등록이라고 할 수 없고, 따라서 간접점유자에 불과한 임차인 자신의 주민등록으로는 대항력의 요건을 적법하게 갖추었다고 할 수 없으며, 임차인과의 점유매개관계에 기하여 당해 주택에 실제로 거주하는 직접점유자가 자신의 주민등록을 마친 경우에 한하여 비로소 그 임차인의 임대차가 제3자에 대하여 적법하게 대항력을 취득할 수 있다."(대법원 2001. 1. 19. 선고 2000다55645 판결)

5) 공부상의 표시와 주민등록 불일치

(가) 단독주택

① 원칙

단독주택(다가구용 단독주택 포함)은 건축물관리대장 내지 등기사항증명서의 지번과 주민등록 지번이 일치해야 한다.

② 다가구 주택

다가구 주택은 건축법상 단독주택에 해당되므로 주민등록은 지번만 기재하면 된다. 즉 집주인이 편의상 구분해 놓은 호수까지 기재할 필요는 없다.

> "다가구용 단독주택에 관하여 집합건물의소유및관리에 관한 법률에 의하여 구분건물로의 구분등기가 경료되었으나 집합건축물관리대장이 작성되지 않은 경우, 그 건물의 일부나 전부의 임차인이 전유부분의 표시 없이 지번만 기재하여 한 전입신고는 그 임대차의 유효한 공시방법이다."(대법원 2002. 3. 15. 선고 2001다80204 판결)

③ 건축물관리대장 지번과 등기사항증명서 지번이 다른 경우

주민등록과 관련된 경우의 수는 다음과 같다.

첫째, 공부상의 대장(건축물관리대장)과 주민등록이 불일치하는 경우 대항력이 인정되지 않는다.

둘째, 주택의 보존등기 후 토지의 분할 등으로 인하여 토지대장, 건축물대장 등의 주택표시는 분할 후의 지번으로 등재됐으나, 등기부는 분할 전의 지번으로 기재 되어 있는 경우 임차인의 전입신고 방법은 두 가지가 있다. 등기부상의 지번으로 하는 경우와 건축물대장 상의 지번으로 하는 경우다. 유효한 주민등록은 건축물대장과 일치한 경우다.

> "임차인이 주민등록을 함에 있어 건축물대장에 일치하게 주택의 지번과 동호수를 기재하였다면 설사 그것이 등기부의 기재와 다르다 하여도 일반의 사회통념상 임차인이 그 지번에 주소를 가진 것으로 제3자가 인식할 수 있다고 봄이 상당하기 때문이다."(대법원 2001. 12. 27. 선고 2001다63216 판결)

즉 건축물관리대장 = 주민등록이나 등기사항증명서 ≠ 주민등록인 경우 : 대항력 성립

건축물관리대장 ≠ 주민등록이나 등기사항증명서 = 주민등록 : 대항력 성립하지 않음

(나) 공동주택

① 원칙

단독주택과 달리 공동주택은 지번 외에 (명칭)동·호수도 기재해야 한다. 동·호수를 누락하거나 주민등록상 동·호수와 다르게 기재된 경우 대항력을 취득할 수 없다.

② 임대차계약서에 동·호수 누락

임대차계약서는 임대차계약 사실을 입증하는 증거서류에 불과하다. 임대차계약서에 임대차목적물을 표시하면서 아파트의 명칭과 동·호수가 누락되었다 하더라도 주민등록과 실제 거주하는 주택이 일치하면 대항력에 영향을 미치지 않는다.

단, 상가건물임대차에 있어서 임대차계약서가 사업자등록의 첨부서류로 공시되므로 임대차계약서의 목적물 표시가 건축물관리대장이나 등기사항증명서의 표시와 일치해야 대항력이 성립한다.

③ 집합건물 공용부분 임차인은 전유부분에 전입신고 해야 한다

다세대주택의 공용부분을 주거목적으로 임차한 경우, 임차한 공용부분이 아닌 전유부분에 전입신고를 해야 한다.

다세대주택의 옥상에 구분소유자들이 지분에 따라 분할해 만든 방을 임차한 경우 공용부분에 전입신고를 하면 대항력이 성립하지 않는다.

대항력의 요건인 주민등록은 거래의 안전을 위해 임대차의 존재를 제3자가 인식할 수 있게 하는 공시방법으로 마련된 것이므로 공시의 기능을 제대로 수행하기 위해선 부합물 또는 종물에 불과한 공용부분이 아닌 전유부분에 주민등록 전입신고를 해야 한다.

그밖에 건축물관리대장 명칭과 건물 외벽의 명칭이 다른 경우 건축물관리대장이 기준이 된다.

6) 대항력있는 임차인이 무서운 이유

경매에서 대항력있는 임차인은 여러모로 신경 쓰이는 존재다.

첫째, 임차보증금을 인수해야 한다. 둘째, 인도소송 대상이다.

인도협상에 실패하면 소송을 통해 내보내야 하는데 시간이 생명인 매수인 입장에서는 소송 보다는 시간 지연이 견디기 힘들다.

혹 그 누군가가 배당기일에 대항력있는 임차인을 상대로 배당이의의 소를 제기하면 배당표가 확정될 때 까지, 즉 소송이 종결될 때 까지 인도를 할 수 없고 그 기간 동안의 점유에 대해서도 부당이득을 청구하지 못하기 때문이다.

"주택임대차보호법상의 대항력과 우선변제권의 두 권리를 겸유하고 있는 임차인이 우선변제권을 선택하여 임차주택에 대하여 진행되고 있는 경매절차에서

> 보증금에 대한 배당요구를 하여 보증금 전액을 배당받을 수 있는 경우에는, 특별한 사정이 없는 한 임차인이 그 배당금을 지급받을 수 있는 때, 즉 임차인에 대한 배당표가 확정될 때까지는 임차권이 소멸하지 않는다고 해석함이 상당하다 할 것이므로, 경락인이 낙찰대금을 납부하여 임차주택에 대한 소유권을 취득한 이후에 임차인이 임차주택을 계속 점유하여 사용·수익하였다고 하더라도 임차인에 대한 배당표가 확정될 때까지의 사용·수익은 소멸하지 아니한 임차권에 기한 것이어서 경락인에 대한 관계에서 부당이득이 성립되지 아니한다."
> (대법원 2004. 8. 30. 선고 2003다23885 판결)

3. 대항력의 경우의 수

대항력은 경우의 수가 대항력이 있는 경우와 없는 경우 두 가지다.

① 전입 > 기준등기 : 대항력 있음

가능한 입찰에 참여하지 않는 것이 좋으나 꼭 참여하려면 예정가에서 인수 보증금(2억원) 만큼 떨어지고 난 후 참여해야 한다.

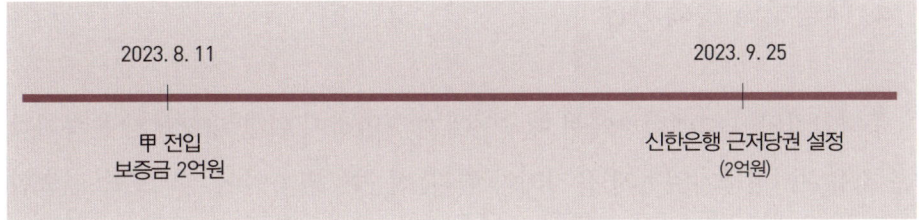

② 기준등기 > 전입 : 대항력 없음

인수 부담이 없다. 단, 보증금 손실 정도에 따른 인도시 저항이 예상된다.

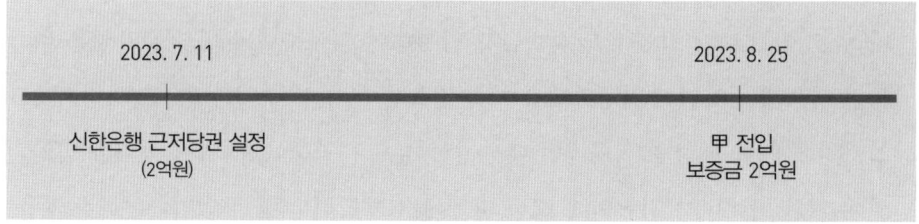

③ 전입 = 기준등기 : 대항력 없음

전입일자와 근저당권 설정일이 같더라도 대항력 기산일은 다음날 0시라는 조건 때문에 대항력이 없다.

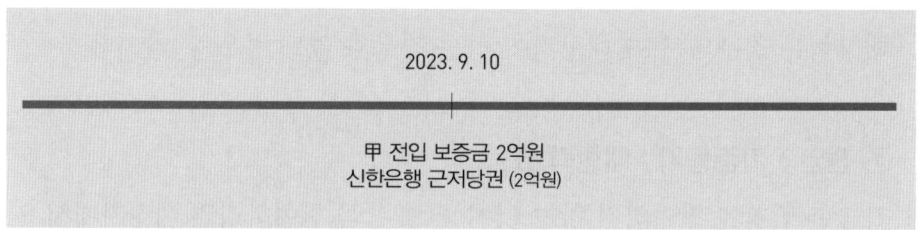

4. 대항력의 존속기간

주택임차인이 경매절차에서 매수인에게 대항하기 위한 대항력의 존속기간은 소유권이전등기일까지 유지해야 한다. 선순위 임차인이 경매도중 전출함으로써 대항력 상실 시 매수인이 아닌 임대인이 임차보증금 반환의무를 부담한다(대법원 2023. 6. 29. 선고 2020다276914 판결). 반면 우선변제권이나 최우선변제권 행사시에는 대항력 요건을 배당요구 종기일까지 유지해야 한다.

5. 존속기간 소멸시점

임차권은 존속기간의 만료에 의해 소멸한다. 그러나 존속기간이 남은 상태에서 경매절차가 진행될 경우 임차인은 남은 존속기간을 매수인에게 주장할 수 있는가?

1) 선순위 임차인

선순위 임차인 즉 대항력있는 임차인은 존속기간을 선택할 수 있다. 존속기간 동안 거주를 원하면 배당요구를 안하면 된다. 그러나 보증금 반환을 원하면 배당요구를 해야 한다. 즉 선순위 임차인이 배당요구를 하면 임대차는 소멸되고, 그 보증금을 전부 반환 받을 때까지 임대차관계가 존속하는 것으로 의제된다.

> "대항력을 갖춘 임차인이 임대차기간이 종료되지 아니하였음에도 경매법원에 배당요구를 하는 것은, 스스로 더 이상 임대차관계의 존속을 원하지 아니함을 명백히 표명하는 것이어서 다른 특별한 사정이 없는 한 이를 임대차해지의 의사표시로 볼 수 있다."(대법원 1996. 7. 12. 선고 94다37646 판결)

2) 후순위 임차인

후순위 임차인의 임대차는 매각과 동시에 소멸한다. 따라서 후순위 임차인은 배당요구를 해야 한다. 만일 배당요구를 하지 않으면 임차보증금을 한 푼도 받지 못한 상태에서 매수인에게 집을 비워줘야 한다.

대항력있는 임차인은 경매시 선택권을 행사할 수 있다. 존속기간 동안 거주하고 싶으면 배당요구를 안 하면 되고, 임차보증금을 받고 싶다면 배당요구를 하면 된다.

반면 대항력없는 임차인은 선택권이 없다. 오직 배당요구를 해야 순위에 따른 배당금을 받고 나갈 수 있다.

6. 대항력의 범위

임차인이 매수인에게 대항력을 행사할 수 있는 범위는 매수인이 인수하여야 할 보증금의 범위와 같다.

1) 대항력있는 임차인의 동시이행 항변

대항력과 우선변제권을 겸유한 임차인이 우선변제권을 행사하여 일부만 배당 받고 나머지를 배당 받지 못하자 동시이행항변권에 기해 임대부분 전부를 사용하여 실질적인 이익을 얻고 있으면, 그 점유는 불법점유가 아니어서 손해배상 책임은 지지 않는다. 다만 배당 받지 못한 부분을 제외한 나머지 부분에 대하여는 부당이득을 얻고 있으므로 이를 반환하여야 한다.

대항력과 우선변제권을 겸유한 임차인이 우선변제권을 행사하여 보증금 전부를 배당 받았으나, 배당이의로 배당금 수령을 못하면, 임차인은 매수인에 대항하여 보증금을 반환 받을 때까지 임대차관계의 존속을 주장할 수는 없다고 하더라도 임차인이 배당금을 지급 받을 수 있을 때, 즉 임차인에 대한 배당표가 확정될 때까지는 매수인에 대하여 임차주택의 인도를 거절할 수 있다.

2) 대항력있는 임차인이 일부만 배당

임차인이 보증금 5,000만원 중 4,000만원을 배당받아야 하는데 집행법원이 2,000만원만 배당 하고 배당표가 확정되었다.

임차인은 매수인에게 1,000만원을 주장할 수 있는가 아니면 3,000만원을 주장할 수 있는가?

> "대항력 있는 임차인이 경매절차에서 배당요구를 하여 그 순위에 따른 배당이 실시될 경우 보증금 전액을 배당 받을 수 없었던 때에는 보증금 중 경매절차에서 배당 받을 수 있었던 금액을 공제한 잔액에 관하여 매수인에게 대항하여 이를 반환 받을 때까지 임대차 관계의 존속을 주장할 수 있다. 여기서 매수인에게 대항할 수 있는 보증금 잔액은 올바른 배당 순위에 따른 배당이 실시될 경우의 배당액을 공제한 나머지 잔액을 의미하는 것이지 현실로 배당 받은 금액을 공제한 나머지 금액을 의미하는 것이 아니다. 따라서 임차인이 배당 받을 수 있었던 금액이 현실로 배당 받은 금액보다 많은 경우에는 그 차액에 관하여는 과다 배당 받은 후순위 채권자를 상대로 부당이득의 반환을 구하는 것은 변론으로 하고 매수인을 상대로 그 반환을 구할 수 없다."(대법원 2001. 3. 23. 선고 2000다30165 판결)

임차인은 매수인으로부터 보증금 5,000만원 중 바른 배당순위에 따른 배당액인 4,000만원을 공제한 나머지 1,000만원에 대해서만 대항력이 있다. 나머지 2,000만원은 과다 배당받은 후순위 배당권자를 상대로 부당이득 반환을 해야 한다.

3) 대항력의 예외 – 대지의 매수인

임차주택이 대지만 매각되는 경우 임차인은 대지만의 매수인에게 대항력을 주장하지 못한다. 대지만 낙찰 받은 자는 임차주택 양도인의 지위를 승계 받은 양수인에 해당되지 않기 때문이다.

경매에서 토지 매수인은 여러 가지 특혜를 누린다. 그 특혜의 결정판은 법정지상권과 유치권에서 땅만 낙찰 받은 사람이다.

> "주택임대차보호법 제3조 제2항에서 말하는 임대인의 지위를 승계한 것으로 보는 임차주택의 양수인이라 함은 같은 법 제1조 및 제2조의 규정 내용에 비추어 보면 임대차의 목적이 된 주거용 건물의 양수인을 의미하고, 같은 법 제3조의2 제1항이 같은 법에서 정한 대항요건을 갖춘 임차인에게 경매 또는 공매에 의한 임차주택의 대지의 환가대금에서 후순위권리자들보다 보증금을 우선변제받을 권리를 인정하였다고 하여도 그 대지를 경락받은 자를 위에서 말하는 임차주택의 양수인이라고 할 수는 없다."(대법원 1998. 4. 10. 선고 98다3276 판결)

chapter 04

우선변제권

 우선변제권이란 경매 또는 공매로 임대차관계가 소멸될 경우, 임차보증금을 후순위권리자나 기타 채권자보다 먼저 변제 받을 수 있는 권리를 말한다(주택임대차보호법 제3조의2). 대항력 있는 임차인은 존속기간 동안 거주할 수 있는 권리와 보증금을 전액 보호 받을 수 있는 두 가지 권리를 가지고 있다. 반면 우선변제권은 존속기간의 이익을 포기하는 대신 보증금의 반환을 요구하는 권리다.

 우선변제권은 대항력 기산일과 확정일자 보다 뒤에 돈을 빌려 준 채권자나 후순위 임차인보다 먼저 매각대금에서 임차보증금을 돌려받을 수 있는 권리를 말한다. 반면 최우선변제권은 후순위임에도 선순위 권리를 침해할 수 있다는 점에서 우선변제권과 차이가 있다.

 대항력은 1981년 3월 5일 주택임대차보호법 제정시 도입되었고 이어 1983년 12월 30일 제1차 개정에서 최우선변제권 제도가 신설되었다. 마지막으로 1989년 12월 30일 제2차 개정에서 우선변제권 제도를 신설하여 주택임대차보호법의 3대 요건이 완성되었다.

> **주택임대차보호법 제3조의2(보증금의 회수)**
> ② 제3조제1항 또는 제2항의 대항요건과 임대차계약증서(제3조제2항의 경우에는 법인과 임대인 사이의 임대차계약증서를 말한다)상의 확정일자를 갖춘 임차인은 「민사집행법」에 따른 경매 또는 「국세징수법」에 따른 공매를 할 때에 임차주택(대지를 포함한다)의 환가대금에서 후순위권리자나 그 밖의 채권자보다 우선하여 보증금을 변제받을 권리가 있다.

1. 우선변제권 요건

> 첫째, 대항력 요건을 갖출 것
> 둘째, 확정일자를 받을 것
> 셋째, 배당요구를 할 것

계약 당시 임차보증금이 전액 지급되어 있는 것을 요구하지 않는다(대법원 2017. 8. 29. 선고 2017다212194 판결).

우선변제권 발생시점

> 대항력 요건과 확정일자 일 중 늦은 날

① 주민등록(1월 1일) + ②확정일자(1월 3일) = 1월 3일
① 주민등록(1월 2일) + ②확정일자(1월 2일) 또는 그 이전 확정일자(1월 1일) = 1월 3일 0시(주민등록 다음날)

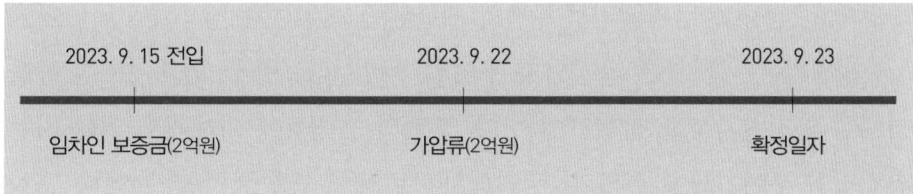

말소기준등기는 2023년 9월 22일 가압류다. 반면 대항력 기산일은 2023년 9월 16일로 임차인은 대항력이 있다. 그러나 확정일자가 늦어 배당순위는 가압류권자와 안분 배당을 한다. 매각금액이 3억원이라고 하면 임차인과 가압류권자가 각각 1억 5,000만원씩 배당 받는다. 매수인은 임차인의 미배당금 5,000만원을 인수해야 한다.

2. 확정일자 제도

확정일자란 증서에 관하여 그 작성한 일자에 관한 완전한 증거가 될 수 있는 것으로 법률상 인정되는 일자를 말하며, 당사자가 나중에 변경하는 것이 불가능한 확정된 일자를 말한다(대법원 98다28879 판결).

확정일자는 경매에서 세 가지 의미가 있다.

첫째, 채권인 임차권의 물권화

확정일자를 받으면 채권인 임차권이 물권화되어 우선변제권이 부여돼 매각대금에서 후순위 권리자보다 먼저 배당을 받을 수 있다(대법원 1992. 10. 13. 선고 92다30597 판결).

둘째, 임차보증금 사후 변경 금지

임대인과 임차인이 담합하여 계약일자나 임차 보증금을 사후에 변경하는 것을 방지하기 위해 도입됐다(대법원 1999. 6. 11. 선고 99다7992 판결).

셋째, 주민등록과 외국인등록부의 제한된 공시기능 보강

확정일자 부여기관은 확정일자 부여일, 차임 및 보증금, 임대차기간 등을 기재한 확정일자부를 작성해야 한다. 주택의 임대차에 이해관계 있는 자는 확정일자 부여기관에 위와 같은 임대차정보의 제공을 요청할 수 있다. 또한 외국인(외국국적동포 포함)도 확정일자를 받을 수 있는 대상자에 포함하여 확정일자부에 의한 임대차계약의 공시효과는 내국인과 외국인이 같다(주택임대차보호법 제3조의6).

① 확정일자는 어디서 받나

확정일자는 전입신고 하는 날 읍·면·동사무소에서 받는 것이 가장 좋다. 전세권계약서에 날인된 등기관의 접수인도 확정일자에 해당된다.

> "주택에 관하여 임대차계약을 체결한 임차인이 자신의 지위를 강화하기 위한 방편으로 따로 전세권설정계약서를 작성하고 전세권설정등기를 한 경우 양자의 동일성(계약당사자, 계약목적물, 보증금액)을 인정할 수 있다면 그 전세권설정계약서를 임대차계약서로 볼 수 있고, 전세권설정계약서가 첨부된 등기필증에 찍힌 접수인은 주택임대차보호법 소정의 확정일자에 해당한다."(대법원 2002. 11. 8. 선고 2001다51725 판결)

상가건물임대차보호법은 확정일자를 관할 세무서장으로부터만 받을 수 있다.

② 아파트의 명칭과 동·호수 누락

임대차계약서에 아파트의 명칭과 동·호수의 기재를 누락하였더라도 확정일자의 효력에는 영향이 없다.

"확정일자 요건을 규정한 것은 임대인과 임차인 사이의 담합으로 임차보증금 액수를 사후에 변경하는 것을 방지하고자 하는 취지일 뿐, 대항요건으로 규정된 주민등록과 같이 당해 임대차의 존재 사실을 제3자에게 공시하고자 하는 것은 아니므로, 확정일자를 받은 임대차계약서가 당사자 사이에 체결된 당해 임대차계약에 관한 것으로서 진정하게 작성된 이상, 위와 같이 임대차계약서에 임대차 목적물을 표시하면서 아파트의 명칭과 그 전유 부분의 동·호수의 기재를 누락하였다는 사유만으로 주택임대차보호법 제3조의2 제2항에 규정된 확정일자의 요건을 갖추지 못하였다고 볼 수는 없다."(대법원 1999. 6. 11. 선고 99다7992 판결)

③ 확정일자 받은 계약서 분실

공인중개사가 중개인으로 참여한 경우 공인중개사가 보관(공인중개사는 5년 동안 보관)하고 있는 임대차계약서의 사본에 임대인(공인중개사)의 진술서와 확정일자 발급기관의 발급대장을 첨부하여 집행법원에 제출하면 된다.

확정일자를 부여받은 임대차계약서를 분실 또는 멸실하였다하여 우선변제권이 없어지는 것은 아니며 확정일자를 발급받은 사실은 확정일자 발급대장에 의하여 입증할 수 있다.

3. 배당요구

임차인은 배당요구 종기일까지 배당요구를 해야 임차보증금을 매각대금에서 받을 수 있다. 경매에서 배당요구는 다음과 같은 의미를 지니고 있다.

① 배당참여 권리 부여

우선변제권이나 최우선변제권을 행사 하려면 배당요구를 해야 한다. 대항력있는 임차인은 배당요구를 안 해도 매수인한테 보증금을 돌려받을 수 있지만 대항력없는 임차인은 반드시 배당요구를 해야 한다.

② 임대차 해지 의사표시

일반매매와 달리 경매는 임차인의 존속기간에 대한 해석이 대항력 유무에 따라 다르다. 대항력있는 임차인은 경매와 관계없이 존속기간 동안 거주 후 보증금을 돌려받거나 존속기간의 이익을 포기하고 조기에 보증금을 돌려 받을 수 있다. 이 때 임차인이 전자를 선택할 것인지 아니면 후자를 선택할 것인지의 기준이 배당요구다. 대항력있는 임차인이 배당요구를 하면 임차인은 남은 기간에 관계없이 보증금을 반환 받고 매수인에게 집을 비워줘야 한다. 단, 보증금을 돌려 받을 때(배당기일 또는 실제 받는 날)까지 임대차관계는 존속하는 것으로 본다. 배당요구를 하지 않으면 존속기간 동안 거주 후 보증금을 돌려 받을 수 있다.

대항력없는 임차인은 선택의 여지없이 배당요구를 해야 한다. 가뜩이나 대항력이 없어 배당요구를 해도 보증금을 받을까 말까이기 때문이다. 그래서 대항력없는 임차인은 경매개시결정 기입등기와 동시에 사실상(?) 임대차 관계가 해지됐다는 말이 생긴 것이다.

그렇다면 대항력있는 임차인은 굳이 배당요구를 할 필요가 없지 않은가?

그렇지 않다. 대항력있는 임차인도 배당요구를 해야 한다. 대항력있는 임차인이 배당요구를 하지 않으면 계약기간 동안 거주 후 보증금을 돌려 받을 수 있지만 영원히(?) 전세만 살 수도 있다. 그러나 배당요구를 하면 경우의 수가 다양하다. 먼저 보증금을 전액 보호 받을 수 있을 뿐만 아니라 이 참에 내 집도 마련하고 더불어 재테크의 묘미도 맛 볼 수 있다.

예를 들어 보증금이 1억원인 집이 경매나왔는데 시세는 2억원 정도 한다. 임차인이 배당요구 후 직접 참여하여 1억 6,000만원에 낙찰 받는다면 단 한 번의 선택으로 4,000만원을 벌 수 있다. 뿐만 아니라 모자라는 돈 6,000만원은 경락잔금 대출을 이용할 수 있다. 결국 임차인은 보증금만으로 내 집도 마련하고 차익도 챙길 수 있다.

4. 우선변제권의 경우의 수

서울시 영등포구 여의도동 대교아파트(95㎡)의 권리관계가 다음과 같다.

> 근저당권 2023. 6. 26 신한국상호저축 7억 3,190만원
> 임차인   2023. 6. 27 전입
>   2023. 6. 26 확정
>   2억 5,000만원

배당요구를 했다. 우선변제권 기산일은 언제인가?

말소기준등기는 2023년 6월 26일 신한국상호저축의 근저당권이다. 대항력 기산일은 2023년 6월 28일 0시로 대항력이 없다. 확정일자를 근저당권 설정일과 같은 날 받았어도 우선변제권 기산일은 2023년 6월 28일 0시다.

대항력은 경우의 수가 두 가지로 대항력이 있는 경우와 없는 경우다. 반면 우선변제권은 대응방법이 다양하다. 그러나 어느 경우이든 우선변제권의 경우의 수는 세 가지다. 즉 임차인이 우선하거나 아니면 근저당권자가 우선하는 경우, 아니면 우열을 가릴 수 없어 안분배당 하는 경우다.

① 전입 〉 근저당권 〉 확정일자 : 근저당권자 우선, 단, 임차인은 대항력이 있어 배당에서 부족분은 매수인 인수

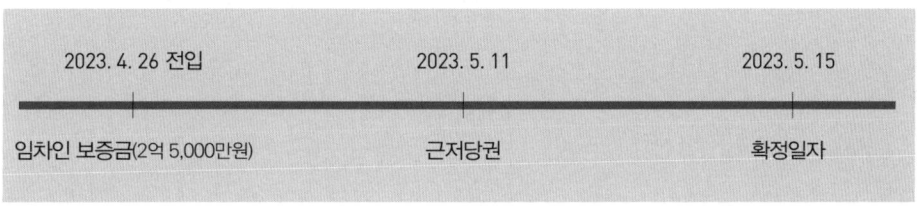

말소기준등기일은 2023년 5월 11일이다.

대항력 기산일은 2023년 4월 27일 0시로 임차인은 대항력이 있다. 그러나 확정일자가 늦어 우선변제권 기산일은 2023년 5월 15일이다. 따라서 배당은 근저당권자가 먼저 받는다.

다음은 우선변제의 순위를 오해한 사례다.

서울시 서초구 서초동에 있는 삼성래미안 아파트 111㎡가 11억 5,000만원에서 두 차례 떨어져 7억 3,600만원에 주인을 기다리고 있다. 나홀로 참여해 8억 1,080만원에 팔렸다. 시세가 10억원에서 11억원 정도 임을 감안하면 외관상 아주 잘 받은 물건이다. 그런데 매수인은 대금을 납부하지 않고 매수보증금 7,360만원을 포기하였다.

사연인즉 이렇다. 말소기준등기는 2006년 10월 17일 우리은행 근저당권이다. 임차인은 2003년 7월 7일 3억 5,000만원에 전입신고를 하였으나 확정일자는 2006년 10월 19일에 받았다. 즉 대항력은 있으나 우선변제 순위는 근저당권이 빠르다. 임차인이 확정일자를 늦게 받는 동안 2건의 근저당권이 설정됐고 그 금액은 9억 8,000만원에 달한다. 매수인은 임차인의 보증금 전액을 물어줘야 한다. 매수인은 확정일자만 있으면 임차인이 1순위로 배당 받는 것으로 착각을 한 것이다.

② 전입 〉확정일자 〉근저당권 : 대항력 있고 우선변제권 빠름
③ 전입 〉확정일자 = 근저당권 : 배당은 안분하나 임차인은 대항력이 있어 부족분은 매수인 인수

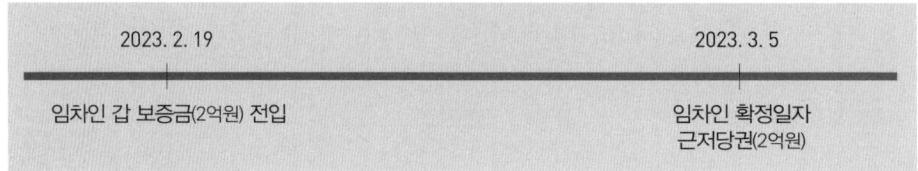

전입일자는 빠르나 확정일자와 근저당권 설정일은 같다. 말소기준등기는 2023년 3월 5일이다.

대항력 기산일은 2023년 2월 20일 0시로 임차인은 대항력이 있다. 그러나 확정일자가 늦어 우선변제권 기산일은 3월 5일이다. 이 경우 기준등기일과 확정일자가 같아 상호 우열을 가릴 수 없어 안분배당을 한다.

매각가가 3억원이라면 임차인이 1억 5,000만원 , 근저당권자가 1억 5,000만원씩 각각 배당받는다.

보증금 2억원 중 배당에서 받지 못한 5,000만원은 매수인이 인수해야 한다.

위 사례에서 주의할 점은 임차인은 언제나 대항력이 있다는 점이다.

④ 전입 = 확정일자 = 근저당권 : 대항력 없음, 근저당권자 빠름

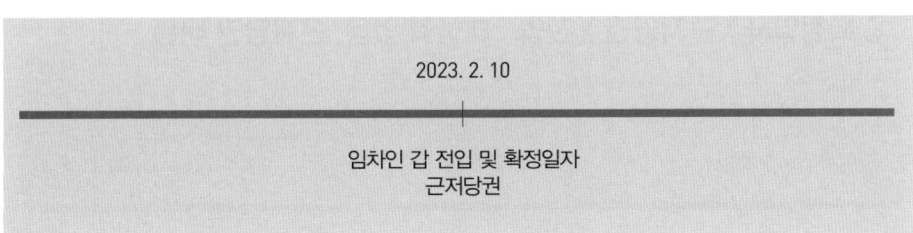

말소기준등기일은 2023년 2월 10일이다. 대항력 기산일은 2월 11일 0시고 우선변제권 기산일은 확정일자(2월 10일)와 대항력 기산일 중 늦은 날이므로 2월 11일 0시다. 따라서 임차인은 배당순위에서도 밀리고 대항력도 없다.

가장 서러운 경우이다.

⑤ 전입 = 근저당권 〉 확정일자 : 대항력 없음, 근저당권 빠름

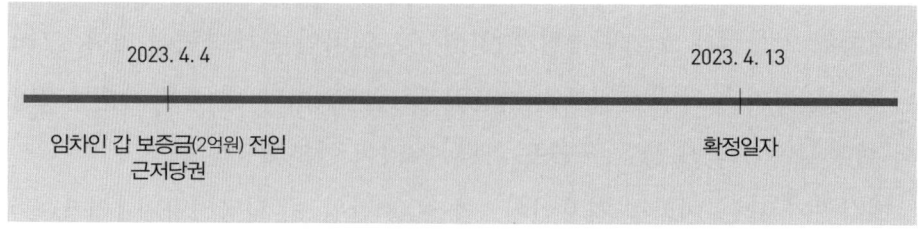

말소기준등기는 2023년 4월 4일이다.

대항력 기산일은 4월 5일 0시로 임차인은 대항력이 없다. 임차인은 확정일자 또한 늦어 배당순위도 근저당권자에게 밀린다.

⑥ 근저당권 〉 전입(확정일자) : 대항력 없음, 근저당권 빠름
⑦ 확정일자 〉 전입 〉 근저당권 : 대항력 있음, 임차인 빠름
⑧ 확정일자 〉 근저당권 〉 전입 : 대항력 없음, 근저당권 빠름

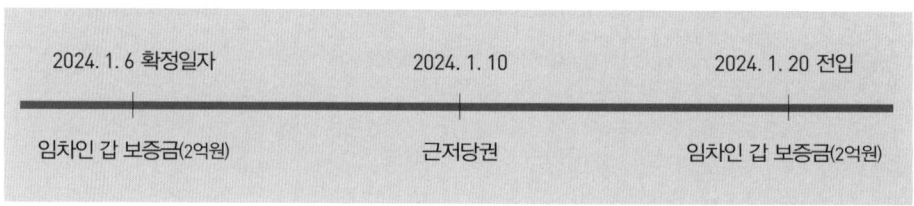

기준등기일은 2024년 1월 10일이다. 반면 대항력 기산일은 2024년 1월 21일 0시로 임차인은 대항력이 없다. 우선변제권은 확정일자와 대항력 기산일 중 늦은 날이므로 비록 확정일자를 빨리 받았더라도 우선변제 순위는 근저당권 다음이다.

그래서 확정일자는 전입과 동시에 받는 것이 제일 좋다.

5. 우선변제권의 내용

1) 임차권의 갱신과 우선변제권

임차권이 갱신돼도 종전 대항력 요건과 확정일자를 갖춘 시점에 우선변제권을 행사할 수 있다.

2) 보증금의 증액과 우선변제권

증액부분 확정일자 없는 경우 - 증액부분 우선변제 불가
증액부분 확정일자 있는 경우 - 증액부분 우선변제 가능

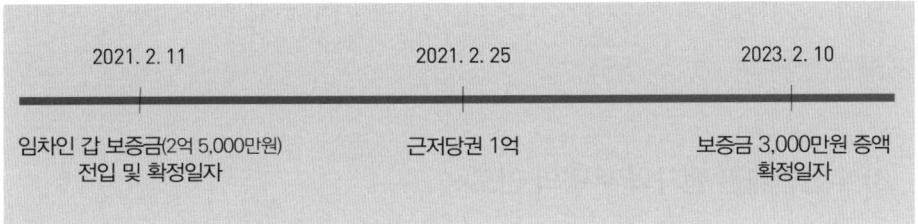

임차인 갑이 보증금 2억 5,000만원에 임대차 계약을 체결하고 2021년 2월 11일 전입과 동시에 확정일자를 받았다. 같은 해 2월 25일 국민은행에서 1억원의 근저당권 설정 등기를 하였다. 2023년 2월 10일 보증금 3,000만원을 증액해서 재계약을 하였다. 임차인 갑은 매수인에게 보증금 2억 8,000만원의 대항력을 주장할 수 있는가?

임차인 갑은 최초 계약 분 2억 5,000만원에 한해서 대항력을 주장할 수 있다. 증액 부분은 대항력을 주장할 수 없다. 2023년 2월 10일 증액해 말소기준등기(2021년 2월 25일)보다 늦기 때문이다. 그러나 증액일자에 확정일

자를 받았다면 그 날 이후에 설정된 채권자나 후순위 임차인보다 먼저 배당을 받을 수 있다. 만일 배당과정에서 부족 분이 발생하면 2억 5,000만원 한도 내에서 인수를 해야 한다.

가등기 후 보증금 증액

두 가지로 생각할 수 있다.

하나는 가등기를 하고 그 가등기에 기해 본 등기가 이루어진 경우, 임차인은 보증금의 증액분을 가지고 가등기권리자에게 대항하지 못한다. 왜냐하면 가등기 후 본등기를 하면 물권취득의 효력이 가등기 당시로 소급되는 것은 아니지만 가등기의 순위보전 효력에 의해 중간처분이 실효되기 때문이다.

그러나 가등기 후 본등기가 이루어지지 않으면 증액분에 대해서 우선변제가 가능하다.

3) 우선변제권 행사와 주택의 인도

임차인이 보증금을 우선변제 받기 위해서는 매수인으로부터 인도확인서를 받아 집행법원에 제출해야 한다. 인도확인서를 제출하지 않으면 보증금을 수령할 수 없고 공탁된다.

단, 대항력있는 임차인이 배당요구를 하였으나 보증금 중 일부만 배당받는 경우에는 그 일부에 대한 인도확인서는 필요 없다. 주택임대차보호법 제3조의5 단서에 의하여 임차권이 소멸되지 않기 때문이다.

> 제3조의5 (경매에 의한 임차권의 소멸) 임차권은 임차주택에 대하여「민사집행법」에 따른 경매가 행하여진 경우에는 그 임차주택의 경락에 따라 소멸한다. 다만, 보증금이 모두 변제되지 아니한, 대항력이 있는 임차권은 그러하지 아니하다.

4) 우선변제권 행사의 제한

대항력있는 임차인이 제1차 경매에서 보증금을 못(또는 일부만) 받은 경우, 제2차 경매에서 나머지 보증금에 대해 우선변제권을 주장할 수 있는가?

제1차 : 경매 2018. 7. 20. 2억원 매각

설정일자	권리내용	배당순위	배당금액
2016년 5월 10일 전입 7월 11일 확정	임차인 보증금 2억원	2	
2016년 6월 8일	근저당권 2억원	1	2억원

제2차 : 경매 2021. 3. 15. 2억원 매각

설정일자	권리내용	배당순위	배당금액
2016년 5월 10일 전입 7월 11일 확정	임차인 보증금 2억원	2	
2018년 9월 10일	근저당권 2억원	1	2억원

제1차 경매에서 임차인은 대항력은 있으나 확정일자를 늦게 받아 배당순위에서 근저당권에 밀려 한 푼도 못 받았다. 임차인은 대항력에 기해 매수인으로부터 임차보증금을 반환 받을 때까지 임차주택에 거주하던 중 두번째 경매를 당했다. 임차인이 배당요구를 했고 확정일자도 근저당권보다 빨라 당연히 배당 받을 것으로 알고 입찰에 참여한 매수인은 배당표를 보고 하늘이 노래졌다. 임차인이 배당을 한 푼도 받지 못했기 때문이다.

"주택임대차보호법상의 대항력과 우선변제권의 두 가지 권리를 함께 가지고 있는 임차인이 우선변제권을 선택하여 제1경매절차에서 보증금 전액에 대하여 배당요구를 하였으나 보증금 전액을 배당받을 수 없었던 때에는 경락인에게 대항

> 하여 이를 반환받을 때까지 임대차관계의 존속을 주장할 수 있을 뿐이고, 임차인의 우선변제권은 경락으로 인하여 소멸하는 것이므로 제2경매절차에서 우선변제권에 의한 배당을 받을 수 없다."(대법원 2006. 2. 10. 선고 2005다21166 판결)

2차 경매에서 우선변제권에 의한 배당을 받을 수 없는 경우는 1차 경매에서 확정일자있는 임대차계약서를 첨부하거나 임차권등기명령을 받아 임차권등기를 근거로 배당요구를 한 경우다. 또한 임대인을 상대로 보증금반환청구소송을 제기 후 그 확정판결에 기한 강제경매를 신청한 경우도 마찬가지다. 대항력있는 소액임차인이 1차경매에서 보증금의 일부만 받은 상태에서 거주하던 중 제2차 경매에서 나머지 소액보증금에 대해 최우선변제를 주장할 수 없다. 단, 임차인이 1차 경매 매수인과 새로운 임대차계약을 작성하지 않았을 경우다. 새로운 임대차 계약서를 작성하면 그 계약서에 준해 확정일자를 받을 수 있고 이럴 경우 우선변제권의 효력이 새로 생기기 때문이다.

연속경매시 우선변제권 행사 여부

1차 경매	2차 경매	우선변제권	판례
전부	일부	우선변제권 불가	대법원 98다2754 판결
	전부		
일부	일부	우선변제권 가능	서울고법 2016나203306 판결
	전부		

6. 우선변제 대상

1) 대지와 주택 모두 경매

주택과 대지에 공동저당권이 설정되었다가 그 저당권의 실행으로 대지와 주택에 대하여 동시에 경매가 진행된 경우, 임차인은 건물뿐만 아니라 대지의 환가대금에서도 보증금의 우선변제를 받을 수 있다.

2) 대지와 주택 따로 경매

대지와 주택이 시기를 달리하여 따로 경매가 진행되더라도 대지와 건물의 소유자가 동일한 경우, 건물에 대한 경매 신청이 취하되어 대지부분만 매각되더라도 보증금 전액에 대해 우선변제를 받을 수 있다(대법원 1999. 7. 23. 선고 99다25532 판결).

3) 대지 저당권 설정 당시 주택 존재

주택이 있음에도 대지에만 저당권이 설정되어 그 저당권의 실행으로 대지만 경매시, 주택임차인은 대지의 환가대금으로부터 우선변제를 받을 수 있다. 소액임차인도 대지의 환가 대금에서 최우선변제를 받을 수 있다.

4) 대항력과 우선변제권있는 임차인 일부 배당

대항력과 우선변제권을 겸유하고 있는 임차인이 배당요구를 하였으나 일부만 배당 받은 후, 임차목적물을 계속하여 사용·수익하는 경우, 매수인은 임차인에게 배당받은 보증금에 대해 부당이득반환청구를 할 수 있다.

> "주택임대차보호법상의 대항력과 우선변제권을 겸유하고 있는 임차인이 배당요구를 하였으나 보증금 전액을 배당받지 못하였다면 임차인은 임차보증금 중 배당받지 못한 금액을 반환받을 때까지 그 부분에 관하여는 임대차관계의 존속을 주장할 수 있으나 그 나머지 보증금 부분에 대하여는 이를 주장할 수 없으므로, 임차인이 그의 배당요구로 임대차계약이 해지되어 종료된 다음에도 계쟁 임대 부분 전부를 사용·수익하고 있어 그로 인한 실질적 이익을 얻고 있다면 그 임대 부분의 적정한 임료 상당액 중 임대차관계가 존속되는 것으로 보는 배당받지 못한 금액에 해당하는 부분을 제외한 나머지 보증금에 해당하는 부분에 대하여는 부당이득을 얻고 있다고 할 것이어서 이를 반환하여야 한다."(대법원 1998. 7. 10. 선고 98다15545 판결)

단, 배당이의시는 배당표가 확정될 때까지 부당이득반환 청구를 할 수 없다.

"임차인에 대한 배당표가 확정될 때까지는 임차권이 소멸하지 않는다고 해석함이 상당하다 할 것이므로, 경락인이 낙찰대금을 납부하여 임차주택에 대한 소유권을 취득한 이후에 임차인이 임차주택을 계속 점유하여 사용·수익하였다고 하더라도 임차인에 대한 배당표가 확정될 때까지의 사용·수익은 소멸하지 아니한 임차권에 기한 것이어서 경락인에 대한 관계에서 부당이득이 성립되지 아니한다."(대법원 2004. 8. 30. 선고 2003다23885 판결)

5) 보증금중 일부만 지급해도 우선변제권 가능

"주택임대차보호법은 임차인에게 우선변제권이 인정되기 위하여 대항요건과 임대차계약서상의 확정일자를 갖추는 것 외에 계약 당시 임차보증금이 전액 지급되어 있을 것을 요구하지는 않는다. 따라서 임차인이 임대인에게 임차보증금의 일부만을 지급하고 주택임대차보호법 제3조 제1항에서 정한 대항요건과 임대차계약증서상의 확정일자를 갖춘 다음 나머지 보증금을 나중에 지급하였다고 하더라도 특별한 사정이 없는 한 대항요건과 확정일자를 갖춘 때를 기준으로 임차보증금 전액에 대해서 후순위권리자나 그 밖의 채권자보다 우선하여 변제를 받을 권리를 갖는다고 보아야 한다."(대법원 2017. 8. 29. 선고 2017다212194 판결)

7. 대항력과 우선변제권의 차이

① 모든 부동산 VS 경·공매

대항력은 민사집행법에 의한 경매, 국세징수법에 의한 공매 외에 매매, 증여, 상속 등 부동산 시장 전반에 적용되는 범용적인 용어인 반면 우선변제권은 경매·공매에만 적용된다.

② 두 가지 권리 VS 한 가지 권리

대항력은 존속기간 동안 거주와 보증금 반환이라는 두 가지 권리를 행사할 수 있는 반면 우선변제권은 보증금 반환이라는 권리만 행사할 수 있다.

③ 영속성 VS 소멸성

동일 주택에 대해 연속 경매가 진행되는 경우, 대항력은 보증금을 전액 반환 받을 때까지 경매 횟수에 관계없이 존속하는 반면, 우선변제권은 1차 경매에서 배당요구를 하면 매각으로 소멸한다. 2차 경매에서는 우선변제권을 행사할 수 없다. 대항력은 영속적인 권리인 반면 우선변제권은 소멸성 권리이다.

임차권의 인수·소멸 시기

1. **대항력이 없는 경우** - 매각대금 납부시 소멸
   매각대금에서 배당유무를 불문하고 매수인이 매각대금 납부시 임차권은 소멸한다.

2. **대항력이 있는 경우**
   ㉮ 원칙 - 매각대금 납부시 인수
      대항력이 있는 임차인은 매수인이 매각대금 납부시에 임차권을 인수한다.
   ㉯ 예외 - 배당표 확정시 임차권 인수(소멸)
      ① 대항력 있는 임차인이 매각대금에서 임차보증금을 전액 배당 받는 경우 - 배당표 확정시에 임차권 소멸
      ② 대항력 있는 임차인이 매각대금에서 임차보증금을 일부 못 받는 경우 - 배당표 확정시에 임차권 인수

chapter 05 최우선변제권

　서울 성수동에 거주하는 김모씨는 서울 관악구 신림동에 있는 다가구주택을 담보로 박모씨에게 5억 3,000만원을 빌려줬다. 시세가 13억원이나 하는 부동산에 1순위 근저당권을 설정하는 조건이라 안심하고 빌려 주었다. 그러나 약속과 달리 박씨가 원금과 이자를 갚지 않자 김씨는 경매신청을 통지하였다. 박씨는 세 달의 말미를 주면 집을 처분해서라도 빚을 갚겠다고 해 김씨는 경매신청을 뒤로 미뤘다.
　약속된 기일이 지나도 박씨가 빚을 갚지 않자 김씨는 결국 경매 신청을 했다. 경매 진행을 기다리던 김씨는 법원의 연락을 받고 깜짝 놀랐다. 세 달의 유예 기간동안 박씨가 무려 23명의 임차인과 임대차 계약을 체결한 것이다. 이들은 한결같이 보증금이 2,000만원으로 최우선변제 대상이다. 결국 이들 중 18명이 최우선변제를 받아 3억 6,000만원을 받아갔고 김씨는 그만큼 배당 몫이 줄어들었다.

최우선변제권이란 임차주택의 경매나 공매시 임차인이 소액보증금 중 일정액을 선순위 권리자 보다 먼저 주택가액의 2분의 1 범위 내에서 배당 받을 수 있는 제도를 말한다(주택임대차보호법 제8조).
　주택가액이란 매각대금에 매수신청보증금에 대한 배당기일까지의 이자, 반환하지 않은 매수신청보증금 등을 포함한 금액에서 집행비용을 공제한 실제 배당금액을 말한다.

> 주택임대차보호법 제8조 (보증금 중 일정액의 보호) ① 임차인은 보증금 중 일정액을 다른 담보물권자보다 우선하여 변제받을 권리가 있다. 이 경우 임차인은 주택에 대한 경매신청의 등기 전에 제3조 제1항의 요건을 갖추어야 한다.
> ③ 제1항에 따라 우선변제를 받을 임차인 및 보증금 중 일정액의 범위와 기준은 제8조의2에 따른 주택임대차위원회의 심의를 거쳐 대통령령으로 정한다. 다만, 보증금 중 일정액의 범위와 기준은 주택가액(대지의 가액을 포함한다)의 2분의 1을 넘지 못한다.

1. 최우선변제권 요건

> 첫째, 보증금이 소액일 것
> 둘째, 경매개시결정기입등기 전에 대항력 요건을 갖출 것
> 셋째, 배당요구를 할 것

소액임차인 최우선변제액

(단위: 만원)

시행일	지 역	소액보증금	최우선변제금
84. 1. 1~ 87. 11. 30	특별시, 광역시	300만원	300만원
	그 밖의 지역	200만원	200만원
87. 12. 1~ 90. 2. 18	특별시, 광역시	500만원	500만원
	그 밖의 지역	400만원	400만원
90. 2. 19~ 95. 10. 18	특별시, 광역시	2,000만원	700만원
	그 밖의 지역	1,500만원	500만원
95. 10. 19~ 2001. 9. 14	특별시, 광역시	3,000만원	1,200만원
	그 밖의 지역	2,000만원	800만원
2001. 9. 15~ 2008. 8. 20	*수도권 과밀억제권역	4,000만원	1,600만원
	광역시(인천, 군 제외)	3,500만원	1,400만원
	그 밖의 지역	3,000만원	1,200만원
2008. 8. 21~ 2010. 7. 25	수도권 과밀억제권역	6,000만원	2,000만원
	광역시(인천, 군 제외)	5,000만원	1,700만원
	그 밖의 지역	4,000만원	1,400만원
2010. 7. 26~ 2013. 12. 31	서울	7,500만원	2,500만원
	*수도권 과밀억제권역	6,500만원	2,200만원
	광역시(인천, 군 제외), 안산, 용인, 김포, 광주	5,500만원	1,900만원
	그 밖의 지역	4,000만원	1,400만원
2014. 1. 1~ 2016. 3. 30	서울	9,500만원	3,200만원
	*수도권 과밀억제권역	8,000만원	2,700만원
	광역시(인천, 군 제외), 안산, 용인, 김포, 광주	6,000만원	2,000만원
	그 밖의 지역	4,500만원	1,500만원
2016. 3. 31~ 2018. 9. 17	서울	1억원	3,400만원
	*수도권 과밀억제권역	8,000만원	2,700만원
	광역시(인천, 군 제외), 안산, 용인, 김포, 광주, 세종	6,000만원	2,000만원
	그 밖의 지역	5,000만원	1,700만원
2018. 9. 18~ 2021. 5. 10	서울	1억 1,000만원	3,700만원
	*과밀억제권, 용인, 화성, 세종	1억원	3,400만원
	광역시(인천, 군 제외), 안산, 김포, 광주, 파주	6,000만원	2,000만원
	그 밖의 지역	5,000만원	1,700만원
2021. 5. 11~ 2023. 2. 20	서울	1억 5,000만원	5,000만원
	과밀억제권역, 용인, 화성, 세종, 김포	1억 3,000만원	4,300만원
	광역시(인천, 군 제외), 안산, 광주, 파주, 이천, 평택	7,000만원	2,300만원
	그 밖의 지역	6,000만원	2,000만원
2023. 2. 21~	서울	1억 6,500만원	5,500만원
	과밀억제권역, 용인, 화성, 세종, 김포	1억 4,500만원	4,800만원
	광역시(인천, 군 제외), 안산, 광주, 파주, 이천, 평택	8,500만원	2,800만원
	그 밖의 지역	7,500만원	2,500만원

＊수도권 과밀억제 권역(수도권계획법)
· 서울특별시
· 인천광역시(강화군, 옹진군, 중구 운남동·운북동·운서동·중산동·남북동·덕교동·을왕동·무의동, 서구 대곡동·불노동·마전동·금곡동·오류동·왕길동·당하동·원당동, 인천경제자유구역 및 남동국가산업단지는 제외한다)
· 의정부시   · 구리시
· 남양주시(호평동·평내동·금곡동·일패동·이패동·삼패동·가운동·수석동·지금동 및 도농동에 한한다)
· 고양시·수원시·하남시·성남시·안양시·부천시·광명시·과천시·의왕시·군포시·시흥시(반월 특수지역을 제외한다)

2. 최우선변제권 내용

1) 소액임차인 기준시점
① 제1기준 – 전입당시 보증금이 소액일 것
소액임차인 여부의 제1기준은 전입당시 보증금이 소액이어야 한다.

② 제2기준 – 선순위 담보물권 설정일 당시 보증금이 소액일 것
소액임차인 여부의 제2기준은 선순위 담보물권 설정일 당시 기준금액 이하여야 한다. 전입 당시 보증금이 기준이 아니다.

1순위 근저당권은 대부분 말소기준등기이자 소액임차인 기준등기 역할을 한다. 그러나 말소기준등기 = 소액임차인 기준등기는 아니다. 말소기준등기 중 (근)저당권, 담보가등기, 전세권 등 담보물권은 소액임차인 기준등기에 해당된다. 반면 압류와 가압류는 담보물권이 아니기 때문에 소액임차인 여부를 판단하는 기준등기가 아니다.

한편 확정일자를 갖춘 임차인은 부동산담보권자에 유사한 지위에 있다는 대법원 판례(1992. 10. 13. 92다30597, 2007. 11. 15. 2007다45562)를 근거로 확정일자 임차인도 대부분(수도권)의 집행법원이 판단기준 권리(등기)로 보고 있다.

③ 예외 – 담보물권 없는 경우
근저당권이나 담보가등기 등 담보물권이 없거나 1순위 담보물권이 전액 배당 후, 배당금이 남았으나 다음 순위의 근저당권이 없고 압류나 가압류, 공과금채권, 일반임금채권, 경매개시결정기입등기 등만 있는 경우.

임차인의 전입일에 관계없이 '배당일 당시 규정' 적용한도인 보증금이 1억 6,500만원 이하일 때 5,500만원까지 최우선변제를 받는다(서울지역 기준). 담보물권 등 우선변제권을 가진 권리자가 없어 이들의 지위를 해치지 않기 때문이다.

예를 들어 근저당권이 2020년 8월 13일 2억원 설정되었고 임차인이 2022년 2월 5일 1억 5,000만원에 전입하였다(서울지역).

임차인은 전입일 기준(1억 5,000만원)으로 보면 소액 임차인에 해당돼 최우선변제(5,000만원)를 받을 것처럼 보인다. 그러나 2020년 8월 13일 당시 서울지역의 소액기준(1억 1,000만원)를 넘어 최우선변제 대상이 아니다. 따라서 근저당권자가 1순위로 배당을 받는다. 근저당권자가 전액 배당을 받으면 최우선변제 기준이 달라진다. 임차인의 전입일 당시 기준으로 배당 받는 것이 아니라, 배당일 당시 규정 즉 2023년 2월 21일 이후에는 1억 6,500만원 한도내에서 5,500만원을 배당 받는 기준에 따라 임차인은 5,500만원을 배당 받는다.

최우선변제 적용 기준

① 원칙
 제1기준 - 보증금 소액
 제2기준 - 선순위 저당권설정일 당시 기준 금액 이하
② 예외
 담보물권없는 경우 배당일 당시 규정 적용

이 2가지 요건이 모두 충족돼야 최우선변제를 받을 수 있다. 근저당권 등 담보물권이 없는 경우는 현재 규정을 적용 받는다.

2) 소액임차인이 우선변제권 겸유

소액임차인이 확정일자를 받아 우선변제권의 요건까지 겸비한 경우, 보증금 중 일정액을 최우선순위로 배당 받고 이어 우선변제권의 성립 시기(대항력 요건+확정일자)에 따라 나머지 금액을 배당 받는다.

만일 소액임차인이면서 대항력까지 있다면 보증금의 일부에 대해서는 최우선변제를 받고, 나머지 보증금은 반환받을 때까지 대항력에 기해 인도를 거부할 수 있다.

3) 소액임차인은 같은 순위

소액임차인이 여러 명인 경우 배당순위는 그들의 대항력요건 취득 시기(전입일자)에 관계없이 같은 순위이다.

(최선순위 근저당설정일 : 2023년 9월 10일, 서울)

순위	권리	권리자	전입일	보증금	최우선변제액	실제배당 금액
1	임차인	甲	2023. 2	1억 3,000만원	5,500만원	4,000만원
2	임차인	乙	2023. 3	1억원	5,500만원	4,000만원
3	임차인	丙	2023. 4	9,000만원	5,500만원	4,000만원

주택가액이 2억 4,000만원이라면 최우선변제금액은 그 1/2인 1억 2,000만원 한도에서 배당된다.

갑, 을, 병이 각각 5,500만원을 최우선변제 받을 수 있으나, 합계액이 1억 6,500만원으로 배당할 금액 1억 2,000만원을 초과하기 때문에 최우선변제액의 비율에 따라 안분배당을 하게 된다.

갑, 을, 병이 각각 4,000만원(1억 2,000만원×5,500만원/1억 6,500만원)씩 배당 받는다.

4) 보증금의 증감·변동 있는 경우

① 보증금 증액

임대차기간 동안 보증금의 증감 또는 변동이 있는 경우 소액임차인 여부 판단시점은 배당요구 시점이다.

전입당시에는 보증금이 적어(7,000만원) 소액임차인에 해당됐으나 갱신

과정에서 보증금이 증액(2억원)되어 한도를 초과하면 소액임차인에 해당되지 않아 최우선변제를 받을 수 없다.

② 보증금 감액

계약 체결당시에는 1억 6,500만원을 초과하여 최우선변제 대상이 아니더라도 경매개시결정 기입등기 이전에 보증금의 감액이 이루어지면 보호를 받을 수 있다. 그러나 보증금 감액은 배당요구 종기까지 가능하다. 임차인은 배당요구 종기까지 감액된 임대차계약서를 제출할 수 있어서다. 이런 일이 가능한 이유는 우선변제권과 달리 최우선변제권에는 확정일자 제도가 없어 경매개시결정 이후에도 임대인과 담합하여 얼마든지 보증금의 감액이 가능하기 때문이다.

이런 연유로 법원 경매계에서 거짓말 1위가 소액임차인의 최우선변제권이다. 2위는 유치권이다.

5) 최우선변제권의 예외 - 가처분 이후 소액임차인

문 : 근저당권이 설정된 상태에서 A가 B에게 소유권을 이전하였다. 그 후 A의 채권자가 사해행위취소를 원인으로 B에 대하여 처분금지가처분을 하였다. 임차인 C가 B와 소액으로 임대차계약을 체결하였다. 위 주택에 대하여 근저당권자가 임의경매를 신청하였고 소액임차인 C는 배당요구를 하였다. 가처분권자가 사해행위취소소송을 통해 B명의의 소유권이전등기를 말소한 사안에서 임차인 C는 최우선변제를 받을 수 있는가?

답 : 최우선변제를 받을 수 없다.

처분금지가처분의 경우 가처분 명령 주문에서 금지하는 것이 양도,

저당권, 전세권, 임차권의 설정이다. 즉 가처분 이후에 설정된 임차권은 가처분에 위배되는 처분행위가 된다.

여기서 요점은 가처분권자가 본안소송을 했느냐 안했느냐에 따라 해석이 달라진다. 사례처럼 본안소송을 통해 소유권을 B에서 A로 환원한 경우 C의 최우선변제권은 인정되지 않는다. 그러나 가처분권자가 가처분만 해놓고 본안소송을 하지 않은 경우 C는 최우선변제권을 행사할 수 있다.

6) 가등기에 기한 근저당권설정등기

국민은행이 2020년 3월 21일 근저당권설정청구권가등기를 마친 후 2023년 2월 2일 가등기에 기한 근저당권설정등기를 마쳤다.

임차인 갑은 2022년 9월 25일 서울 마포구 아파트에 전입했고 보증금은 1억 5,000만원이다.

임차인 갑은 대항력이 있는가?

말소기준등기가 언제냐에 따라 갑의 운명이 달라진다.

말소기준등기가 근저당권설정일이라면 갑은 대항력이 있다.

그러나 임차인 갑은 대항력이 없다. 말소기준등기가 2020년 3월 21일이기 때문이다. 이는 가등기의 순위보전 효 때문이다.

최우선변제 여부도 2020년 3월 21일 당시를 기준으로 판단하기 때문에 임차인 갑은 최우선변제도 받지 못한다.

가등기는 순위를 보전하기 위한 등기로 물권변동의 효력이 가등기 당시로 소급하여 발생하는 것은 아니나, 본등기를 하면 본등기의 순위가 가등기한 때로 소급하여 가등기 이후 본등기 사이에 이루어진 중간 등기가 말소된다.

3. 최우선변제 대상

1) 대지만의 매각대금

소액임차인은 대지와 주택의 소유자가 동일한 경우 대지만의 매각대금에서 최우선변제를 받을 수 있다. 주택과 대지가 따로 경매되는 경우에도 임차인은 각 경매절차에 참여하여 최우선변제를 받을 수 있다. 즉 먼저 경매되는 목적물의 2분의 1 한도 내에서 우선변제를 받을 수 있다. 만일 배당시 부족분이 있으면 후에 경매되는 목적물의 2분의 1 한도 내에서 부족분을 배당 받을 수 있다.

2) 대지 저당권 설정 후 건물 신축시 대지의 최우선변제권

토지의 저당권자는 신축건물에 대해 일괄경매신청을 할 수 있으나, 건물의 매각대금에서는 우선변제를 받을 수 없다. 저당권자는 신축 건물의 소유자가 저당권설정자인 경우에 한해 일괄경매를 신청할 수 있다.

대지에 관한 저당권의 실행으로 경매시 그 지상건물의 소액임차인이 최우선변제를 받기 위해서는 대지에 저당권설정 당시 지상건물이 존재해야 한다.

저당권설정 후에 신축한 건물에까지 공시방법이 불완전한 소액임차인에게 최우선변제권을 인정하면 저당권자가 예측할 수 없는 손해의 범위가 지나치게 확대되어 부당하기 때문이다.

3) 토지건물 일괄경매 후 건물만 취하

다가구용 단독주택의 대지 및 건물에 대한 근저당권자가 대지 및 건물에 대해 경매를 신청하였다. 그 중 건물에 대한 경매신청을 취하한 경우, 소액임차인은 대지의 매각대금에서 담보물권자보다 먼저 배당 받을 수 있다.

4) 미등기주택 소액임차인 대지에서 최우선변제 여부

소유권등기가 되지 아니한 미등기 주택을 임차한 임차인이 주택대지의 환가대금에서 최우선변제권을 행사할 수 있다.

"대항요건 및 확정일자를 갖춘 임차인과 소액임차인에게 우선변제권을 인정한 주택임대차보호법 제3조의2 및 제8조가 미등기 주택을 달리 취급하는 특별한 규정을 두고 있지 아니하므로, 대항요건 및 확정일자를 갖춘 임차인과 소액임차인의 임차주택 대지에 대한 우선변제권에 관한 법리는 임차주택이 미등기인 경우에도 그대로 적용된다. 이와 달리 임차주택의 등기 여부에 따라 그 우선변제권의 인정 여부를 달리 해석하는 것은 합리적 이유나 근거 없이 그 적용대상을 축소하거나 제한하는 것이 되어 부당하고, 민법과 달리 임차권의 등기 없이도 대항력과 우선변제권을 인정하는 같은 법의 취지에 비추어 타당하지 아니하다." (대법원 2007. 6. 21. 선고 2004다26133 전원합의체 판결)

5) 공동임대인 중 일부 공유지분 경매

갑과 을이 각각 2분의 1씩 공유하는 주택에 임차인 병이 보증금 2억원에 임대차계약을 체결했다(서울지역).

경매는 갑의 지분에 대해서만 진행될 경우, 임차인 병은 배당요구를 2억원으로 해야 하는가 아니면 갑의 지분에 해당하는 1억원으로 해야 하는가? 만일 1억원으로 신고하면 최우선변제를 받을 수 있는가?

공동임대인 중 일부의 공유지분이 경매되는 경우 공동임대인의 보증금반환채무는 불가분채무다. 따라서 공동임대인 중 1인의 공유지분이 경매되더라도 소액임차인 여부는 공유지분에 해당하는 금액으로 판단하는 것이 아니라 임차보증금 전액을 가지고 판단한다. 임차인 병은 2억원에 대해 배당요구를 해야 한다. 따라서 최우선변제 대상이 아니다.

6) 근린생활시설을 근저당권 설정 후 주거용으로 변경

1층은 교회, 2층은 당구장, 3층은 사무실, 4층은 주택으로 사용 중인 건물을 근저당권 설정 후, 전체를 원룸으로 용도 변경했더라도 소액임차인은 최우선변제를 받을 수 있다.

> "주택임대차보호법 제2조가 주거용 건물의 전부 또는 일부의 임대차에 관하여 적용된다고 규정하고 있을 뿐 임차주택이 관할관청의 허가를 받은 건물인지, 등기를 마친 건물인지 아닌지를 구별하고 있지 아니하며, 건물 등기부상 '건물내역'을 제한하고 있지도 않으므로, 점포 및 사무실로 사용되던 건물에 근저당권이 설정된 후 그 건물이 주거용 건물로 용도 변경되어 이를 임차한 소액임차인도 특별한 사정이 없는 한 주택임대차보호법 제8조에 의하여 보증금 중 일정액을 근저당권자보다 우선하여 변제받을 권리가 있다." (대법원 2009. 8. 20. 선고 2009다26879 판결)

7) 최우선변제 배제

① 기존채권 회수 목적

채권자가 채무자 소유 주택에 관하여 임대차 계약을 체결하고 거주하나 실제 임대차 계약의 주된 목적이 주택을 사용·수익하려는 데에 있지 않다. 소액임차인으로 보호받아 선순위 담보권자에 우선하여 채권을 회수하려는 것에 주된 목적이 있다면 소액임차인으로 최우선변제를 받을 수 없다.

그러나 '기존채권을 임대차보증금으로 전환'한 경우 통정허위표시로 무효라는 등의 특별한 사정이 없는 한 인정받는다.

② 채무초과 상태 알면서 싸게 임대계약

집주인이 채무초과 상태인 줄 알면서 시세보다 저렴한 금액으로 임대차 계약을 체결했다면 이는 사해행위에 해당돼 임차보증금이 소액일지라도 최우선변제를 받을 수 없다.

대법원은 "임차인 권모씨가 임대인의 채무초과상태가 충분히 의심되는

데도 당시 전세 시세인 1억여원보다 훨씬 저렴한 액수인 1,600만원을 보증금으로 내고 임대차계약을 체결했는데, 이는 관행을 벗어나는 비정상적인 거래로 보인다"고 판시했다(대법원 2015. 5. 28. 선고 2015다2553 판결).

대법원은 "주택임대차보호법 제8조의 소액보증금 최우선변제권을 인정받는 임차인은 통상적인 거래 때보다 임대인의 채무초과상태 여부에 관해 주의를 덜 기울이게 되긴 하지만, 당시 보증금 액수는 적정했는지, 채무초과상태를 의심할 만한 사정이 있었는데도 무시하지는 않았는지 등을 종합적으로 고려해 임차인에게 사해의사가 없었는지 여부를 판단해야 한다"고 보았다.

소액임차인 선의 판단 기준(대법원 2005. 5. 13. 선고 2003다50771 판결)

① 실제로 보증금이 지급되었는지
② 보증금의 액수는 적정한지
③ 등기부상 다수의 권리제한관계가 있어 임대인의 채무초과상태를 의심할 만한 사정이 있는데도 굳이 임대차계약을 체결할 사정이 있었는지
④ 임대인과 친인척관계 등 특별한 사정은 없는지

8) 최우선변제 불가

① 전세권자

전세권자는 보증금이 소액일지라도 최우선변제를 받을 수 없다. 단, 전세권 설정 이후에 전입한 임차인의 보증금이 소액이면 최우선변제를 받을 수 있다.

② 임차권등기명령 이후 임차인

임차권 등기명령 이후에 주택이나 상가를 임차한 임차인은 최우선변제를 받을 수 없다. 단, 순위에 따른 우선변제는 가능하다.

③ 법인

법인은 최우선변제를 받을 수 없다.

4. 최우선변제권 요건 예외

채무자에 대하여 파산절차가 선고되면 원칙적으로 강제집행이 금지된다. 그러나 저당권, 전세권 등을 가진 자는 파산 재산에 대하여 별제권을 갖는다. 별제권은 파산절차에 관계없이 행사할 수 있다.

주택임차인도 채무자 회생 및 파산에 관한 법률 제415조에 의해 대항력 요건 및 확정일자를 받으면 우선변제권을 행사할 수 있다.

단, 소액임차인으로 최우선변제권를 행사하려면 대항력요건을 경매개시결정 등기일 전이 아닌 '파산신청일'까지 갖춰야 한다. 파산절차에서 소액임차인의 대항력 기산일을 파산선고일이나 경매개시결정 등기일 전이 아닌 파산신청일로 정한 이유는, 파산신청 이후 파산선고를 받은 임대인이 가장 임차인을 입주시켜 최우선변제를 받아가는 탈법을 막기 위해서다.

5. 우선변제권과 최우선변제권의 차이

① 보증금 제한

우선변제권은 대지를 포함한 주택의 환가대금 전부에서 배당을 받으며, 보증금의 제한이 없다. 반면 소액임차인의 최우선변제권은 대지 포함 주택 가액의 2분의 1 한도 내에서 배당 받는다.

② 대항력 요건 개시일

우선변제권은 배당요구종기일까지 대항력 요건을 갖추어도 우선변제권을 행사할 수 있다. 소액임차인은 경매개시결정 등기 전에 대항력 요건을 갖추어야 한다.

③ 나대지에 저당권 설정 후 주택 신축

우선변제는 가능하나 최우선변제는 받을 수 없다. 우선변제의 경우 나대지 저당권자는 건물의 확정일자 임차인보다 배당 순위에 앞서 임차인에게 대지에 대해 우선변제권을 인정하더라도 불이익을 받지 않는다. 반면 최우선변제의 경우 저당권 설정 후에 건물이 신축된 경우까지 최우선변제권을 인정하면 저당권자가 예측할 수 없는 손해를 입게되는 범위가 확대되기 때문이다.

④ 지역에 따른 제한

지역에 따른 우선변제 임차인은 보증금에 대한 제한이 없다. 그러나 소액임차인은 서울, 수도권과밀억제권역과 광역시, 기타지역에 따라 최우선변제 받는 금액이 다르다.

⑤ 전대차

우선변제권의 대상은 임차인에 한한다. 따라서 전차인이나 양수인 자신은 우선변제권을 주장할 수 없다. 단, 전차인이나 양수인은 임차인의 권리를 원용할 수 있다. 즉 임차인이 보증금을 반환받을 때까지 주택을 적법하게 점유·사용할 수 있다. 반면 전대인이 소액임차인에 해당되면 전대인으로부터 적법하게 전차한 소액전차인도 최우선변제권을 행사할 수 있다.

대항력과 우선변제권, 최우선변제권 비교

구분	정의	요건	보증금	대항력 존속기간
대항력	집주인이 바뀌더라도 임차기간 보장받고 보증금 반환받을 때까지 살 수 있는 권리	주택의 인도 + 주민등록	보증금 전액 매수인에게 대항	소유권 이전등기일
우선 변제권	후순위권리자보다 먼저 보증금 받을 수 있는 권리	대항력 요건 + 확정일자 + 배당요구	보증금 순위에 따라 우선변제	배당요구 종기일
최우선 변제권	보증금 중 일정액 선순위 권리자보다 먼저 받을 수 있는 권리	보증금소액 + 경매신청 전 대항력요건 + 배당요구	보증금 중 일정액 최우선 변제	배당요구 종기일

chapter 06 여러 가지 대항력에 대하여

　　서울 마포구 연남동에 있는 다세대 주택 10가구가 통으로 경매 나왔다. 최초감정가 7억 9,500만원에서 유찰을 거듭 해 1억 3,623만원까지 떨어졌다. 떨어진 이유는 임차인 10명 가운데 8명이 대항력이 있어 이들의 보증금 6억 3,700만원을 인수해야 하기 때문이다. 결국 1억 9,000만원에 팔려 대항력있는 임차인은 보증금 6억 3,700만원 중 8,700만원만 배당받았다. 매각 후 임차인들은 매수인이 미 배당금 5억 5,000만원을 돌려 줄줄 알았는데 임차인에게 돌아온 건 잔금 낸 날로부터 부당이득금을 매수인에게 지급하고 집을 비우라는 마른하늘에 날벼락 같은 인도소장이었다.

　　화장실 갈 때와 올 때가 다르다고 했던가. 매수인은 애초 대항력있는 임차인의 돈을 물어줄 심산으로 저가에 낙찰 받았으나 낙찰을 받고 나니 생각이 싹 달라졌다. 문제는 매수인이 1심에서 승소 했다는 점이다.

　　임차인은 말(변호사)을 갈아타고 약 2년에 걸친 지리한 공방 끝에 항소심에서는 승소했다. 임차인은 매수인의 흑심 때문에 지옥과 천당을 오고 갔다.

그래도 이 게임의 승자는 매수인이다. 전세 보증금만 8억이 넘어 내 돈 한 푼 안 들이고 5층짜리 다세대 주택을 마련했다. 뿐만 아니라 치열한 법정공방이 벌어지는 동안 집 값이 하늘 높은 줄 모르고 치솟았다(13억).

1. 배우자나 자녀 등 가족의 주민등록

2017년 1월 임대차 계약을 한 황희진씨는 지방에서 서울로 근무지를 옮기는게 늦어지자 가족들만 먼저 보내고 자신은 3월이 돼서 올라왔다.

이처럼 임차인 황씨가 임대차 계약 후 부인과 자녀만 먼저 전입신고를 하고 세대주인 자신은 나중에 전입하면, 부인과 자녀의 전입일자 대신 합가한 일자를 기준으로 세대주의 주민등록이 기재된다. 그러나 대항력은 가족이 최초 전입한 일자가 기준이 된다. 대항력 요건으로서의 주민등록은 임차인 본인뿐만 아니라 배우자나 자녀 등 가족의 주민등록도 포함되기 때문이다(대법원 1998. 6. 12. 선고 98다5968 판결).

가족의 주민등록은 남겨둔 채 임차인이 일시적으로 주민등록을 다른 곳으로 옮긴 경우에도 역시 대항력은 유지된다.

민법 제779조(가족의 범위)에 의하면 가족이란 자기를 중심으로 자기의 배우자, 직계혈족(부모와 자녀), 형제자매를 포함하는 것으로 규정하고 있다. 또한 생계를 같이 하는 경우라면, 자기 직계혈족의 배우자, 배우자의 직계혈족, 배우자의 형제자매까지 포함 한다.

> **민법 제779조(가족의 범위)** ① 다음의 자는 가족으로 한다.
> 1. 배우자, 직계혈족 및 형제자매
> 2. 직계혈족의 배우자, 배우자의 직계혈족 및 배우자의 형제자매
> ② 제1항 제2호의 경우에는 생계를 같이 하는 경우에 한한다.

"주민등록이 주택임차인의 의사에 의하지 않고 제3자에 의하여 임의로 이전되었고 그와 같이 주민등록이 잘못 이전된 데 대하여 주택임차인에게 책임을 물을 만한 사유도 없는 경우에는, 주택임차인이 이미 취득한 대항력은 주민등록의 이전에도 불구하고 그대로 유지된다."(대법원 2000. 9. 29. 선고 2000다37012 판결)

입찰 참가자는 '주소별 세대열람'을 통해 세대합가 여부를 알 수 있다.

대법원 경매정보홈페이지 등에서 입찰물건을 출력 후 가까운 읍·면·동 주민센터나 구청을 방문하면 열람이 가능하다(주민등록법 제29조 제2항 3호, 주민등록법 시행규칙 제14조).

【사례1】 주소별 세대열람 내역

주소 : 서울특별시 노원구 수락산로 210, 103동 1602호
부터 서울특별시 노원구 수락산로 210, 103동 1602호

열람 또는 교부대상 건물 또는 시설 소재지		서울특별시 노원구 수락산로 210, 103동 1602호(상계동)							
세대순번	세대주/ 최초 전입자	성명	전입일자	등록구분	동거인 사항	순번	성명	전입일자	등록구분
		최초 전입자의 전입일자							
1	세대주	김식영 (金植榮)	2023-06-02	거주자	동거인				
	최초 전입자		2023-06-02						

대부분은 〈사례1〉처럼 세대주의 전입일자와 세대원 중 최초전입자의 전입일이 같은 날이다.

【사례2】 주소별 세대열람 내역

주소 : 서울특별시 노원구 수락산로 210, 103동 1602호
부터 서울특별시 노원구 수락산로 210, 103동 1602호

세대순번	세대주/ 최초 전입자	성명	전입일자	등록구분	동거인 사항	순번	성명	전입일자	등록구분
		최초 전입자의 전입일자							
1	세대주	백지수 (白智秀)	2024-01-19	거주자	동거인				
	최초 전입자	백경훈 (白景勳)	2013-10-12	거주자					

〈사례2〉의 경우 세대합가 가능성이 있는 물건이다. 세대주 백지수의 전입일은 2024년 1월 19일이나 백지수의 자녀 백경훈의 전입일은 그보다 앞선 2023년 10월 12일이다. 만일 이 물건의 말소기준등기일이 2023년 12월 10일이라면 백지수는 대항력이 있다.

2. 친인척간의 임대차

친인척 간의 임대차는 대항력이 인정되는 경우와 인정되지 않는 경우로 나눌 수 있다.

사건번호	주 소	면 적(㎡)	감정평가	임차관계	등기부상 권리관계
06-12345 아파트 외환은행 진수교역 박도경	성남 분당구 분당동 66 건영 1○○동 5○○호 · 대진고교북동측 인근 · 지역난방 · 버스(정)도보5-10분 소요	대지 91.5/116099.2 (27.7평) 건물 131.55 (39.8평) – 방1 19층 1994.07.04 보존	850,000,000 프라임감정 (06.09.06) 680,000,000 ───── 유찰 07.04.09 낙찰 07.05.14 771,390,000 2명	전입00.06.23 서이수	소유 박도경 1996.06.15 근저 외환은행 2006.03.16 2억 6,000만 근저 외환은행 2006.03.16 6억 외1 가압 신용보증 2006.08.03 15억6,420만

말소기준등기는 2006년 3월 16일 외환은행 저당권으로 이후에 설정된 저당권과 가압류는 모두 소멸된다. 서이수는 2000년 6월 23일 전입하여 외관상 대항력이 있어 보인다. 그러나 속내를 들여다보면 서이수는 소유자의 장모다. 참여자가 없을 것 같아 최저가에 조금 얹어 7억원을 적어냈다. 예

상대로 참여자는 단 2명에 불과했다. 그런데 웬걸 한 분이 무지막지하게 썼다. 이런 분 만나면 괜히 잔머리 굴린 놈만 머쓱해진다. 2등과 차이가 너무 많이 난다. 7,000만원이 동네 강아지 이름이 아닌데 말이다. 분당에서는 동네 강아지도 7,000만원 하나보다.

첫째, 대항력이 성립되는 경우
형제간, 성년의 부자간, 친인척간, 자녀가 부모나 처가에 전세 사는 경우 등.

둘째, 대항력이 성립되지 않는 경우
부부사이, 부모와 미성년 자녀간, 부모가 자식 집에 전세 사는 경우(소유자는 며느리 임차인은 시어머니) 등.

선순위 임차인 조사 요령

① 주민센터에서 주민등록 전입세대 열람을 한다.

열람을 통해 소유자 외 제3자가 전입됐는지 확인한다. 확인시 담당자에게 점유자와 소유자의 관계를 물어본다. 세대원 유무 등.

② 근저당권 설정 금융기관을 방문하여 근저당권 설정시 임대차 현황(무상거주확인서 내지 불거주확인서, 임대차사실확인서 등)을 파악한다.

대부분의 가장 또는 허위 임차인은 이 단계에서 알 수 있다.

③ 관리사무소 등을 방문하여 밀린 관리비와 공과금 등을 확인한다. 공과금 납부 주체가 누군지 알아본다.

④ 세입자를 만나 진정한 임차인 유무와 임차보증금을 확인한다. 가장 정확한 자료를 얻을 수 있으나 임차인 만나기가 쉽지 않다. 용감하면 때로는 생각지 않은 큰 보상(과외의 성과)을 받을 수 있다.

⑤ 점유자를 만나지 못하면 경비원이나 이웃 주민을 통해 점유자의 실거주 여부를 확인한다.

3. 부부간의 임대차

부부간은 대항력이 인정되지 않는다. 협의이혼 다음날부터 대항력을 주장할 수 있다. 이혼한 시점이 대부분 말소기준등기보다 늦어 대항력을 주장할 수 없다.

그러나 이혼 하고도 동거를 하고 있다면 즉 서류상으로만 이혼하면 사실혼으로 인정되어 주택임대차보호법이 적용되지 않는다. 주택임대차보호법은 임차인이 사망시 사실혼 관계의 배우자가 임차인의 권리를 승계하기 때문이다(주택임대차보호법 제9조).

또 하나 부부간의 임대차에 있어 임차인이 '소유자의 처'냐 '채무자의 처'냐 아니면 '채무자 겸 소유자의 처'냐에 따라서도 상황이 달라진다.

먼저 '채무자 겸 소유자의 처'는 대항력이 인정되지 않는다.

'소유자의 처'도 대항력이 인정되지 않는다. 그러나 '채무자의 처'일 경우에는 해석이 달라진다. 즉 채권·채무관계와 임대차 관계는 별건으로 가능하기 때문이다. 주택임대차보호법이 임차인의 범위에서 채무자를 제한하는 규정이 없어 단지 채무자의 처라는 이유만으로 임차인임을 배제할 수 없기 때문이다.

4. 어제는 소유자 오늘은 임차인

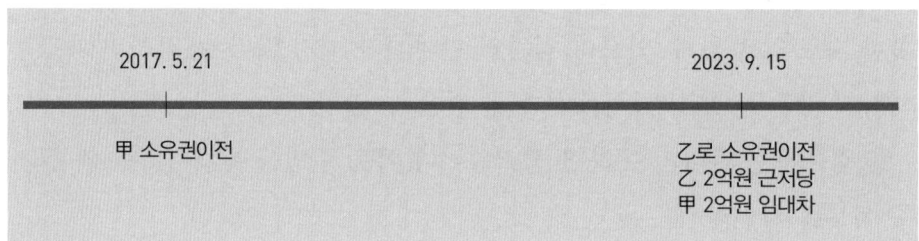

갑이 6억원에 주택을 을에게 매도하면서 2억원에 임차하는 조건으로 계약을 체결하였다. 을은 잔금 4억원 중 2억원은 은행 대출을 통해 치렀다.
이럴 경우 전 소유자 갑의 대항력 기산일이 포인트다.
갑의 주민등록은 두 가지로 나눌 수 있다.

① 2017년 5월 21일 ~ 2023년 9월 15일 : 소유자의 주민등록
② 2023년 9월 16일 0시 ~ 현재   : 임차인의 주민등록

권리분석의 대상은 임차권으로 갑의 주민등록은 을 명의의 소유권이전등기가 마친 날 비로소 갑과 을 사이의 임대차를 공시하는 효력이 있다. 따라서 전소유자 갑의 대항력 취득일은 2023년 9월 16일 0시다.
말소기준등기보다 늦으므로 안심하고 참여해도 된다.

실무에서 말소기준등기보다 전입일자는 빠르나 대항력은 없는 3대 사례 중 하나다.
3대 사례란 어제는 소유자 오늘은 임차인(점유개정), 부부간의 임대차, 친인척간의 임대차를 말한다.

"갑이 주택에 관하여 소유권이전등기를 경료하고 주민등록 전입신고까지 마친 다음 처와 함께 거주하다가 을에게 매도함과 동시에 그로부터 이를 다시 임차하여 계속 거주하기로 약정하고 임차인을 갑의 처로 하는 임대차계약을 체결한 후에야 을 명의의 소유권이전등기가 경료된 경우, 제3자로서는 주택에 관하여 갑으로부터 을 앞으로 소유권이전등기가 경료되기 전에는 갑의 처의 주민등록이 소유권 아닌 임차권을 매개로 하는 점유라는 것을 인식하기 어려웠다 할 것이므로, 갑의 처의 주민등록은 주택에 관하여 을 명의의 소유권이전등기가 경료되기 전에는 주택임대차의 대항력 인정의 요건이 되는 적법한 공시방법으로서의 효력이 없고 을 명의의 소유권이전등기가 경료된 날에야 비로소 갑의 처

> 와 을 사이의 임대차를 공시하는 유효한 공시방법이 된다고 할 것이며, 주택임대차보호법 제3조 제1항에 의하여 유효한 공시방법을 갖춘 다음날인 을 명의의 소유권이전등기일 익일부터 임차인으로서 대항력을 갖는다."(대법원 2000. 2. 11. 선고 99다59306 판결)

5. 다가구 주택과 다세대 주택의 대항력

> A - 다가구 주택 201호 거주
> B - 다세대 주택 201호 거주

A와 B는 201호에 거주한다는 공통분모가 있지만 대항력 구비 요건은 다르다. A가 거주하는 주택은 다가구 주택으로 건축법상 단독주택에 해당돼 주민등록은 '지번'까지만 기재하면 된다. 201호는 거주자의 '편의상' 구분하여 놓은 호수에 불과하기 때문이다. 반면 B의 다세대 주택은 공동주택에 해당돼 '명칭이나 동·호수'까지 기입해야만 대항력이 성립한다.

실무에서 신축 주택의 경우 등기상의 호수와 현관문에 부착한 호수가 다른 경우가 많다. 집주인이 빠른 분양을 위해 반 지하를 101호로 1층을 201호로 표기했으나 실제 건축물대장에 1층이 101호로 등재했다. 임차인이 1층 101호에 임대차계약 시 101호로 전입신고 해야지 201호로 전입신고를 하면 대항력을 취득할 수 없다.

필자가 접한 황당한 사례 중 하나는 전입신고는 101호로 되어 있는데 실제 현장 확인 결과 101호는 온데 간데 없고 자동차만 주차되어 있었다. 1층이 필로티 구조로 주차장 자리에 전입신고를 했던 것이다.

6. 주민등록의 정정과 대항력

1) 주민등록 정정
임차인은 바른 주소로 주민등록을 정정했을 때 대항력이 생긴다.

① 단독주택
단독주택은 주민등록상의 주소가 임차주택의 지번과 일치하는 것으로 정정된 때 대항력이 생긴다.

② 공동주택
주민등록법 시행령 제9조 제4항에 "주택법에 따른 공동주택은 지번 다음에 건축물대장 등에 따른 공동주택의 이름과 동번호와 호수를 기록한다"고 정하고 있으므로, 공동주택은 주민등록상의 주소가 공동주택의 (명칭) 동·호수와 일치하는 것으로 정정된 때 대항력이 생긴다.

③ 다가구용 단독주택
임차인이 5월 3일 다가구용 단독 주택 101호로 전입신고 후 7월 1일 근저당권이 설정되었다. 이후 임차인이 9월 1일 같은 주택의 301호로 다시 전입신고를 한 경우의 대항력은?

다가구용 단독주택의 101호에서 같은 주택의 301호로 이사한 후, 다시 전입신고(301호)를 하였더라도 대항력은 임차인이 주택의 지번을 정확히 기재하여 전입신고를 마친 최초의 전입일이 기준이 된다. 그러나 공동주택은 나중에 전입신고(301호) 한 날이 기준이 된다.

2) 특수주소변경
특수주소변경이란 주택법 규정에 의한 공동주택의 호수를 표기할 때 지번 다음에 명칭·동·호수를 표기하는 것을 말한다. 주민등록법상으로는 거주지 이동없이 명칭·동·호수가 변경된 것을 말한다.

전입신고는 새로운 주소에 거주한다는 점에서 다르다.

특수주소변경이 있는 경우 주민등록표에 특수주소변경을 하였다는 취지를 기재한다.

연립주택의 명칭과 동·호수를 추가하는 경우에는 기존의 주민등록표 서울시 서초구 서초동 1234번지의 1호를 서울시 서초구 서초동 1234번지의 1호 장미연립 1동 301호 특수주소변경이라고 기재한다.

동·호수를 정정하는 경우에는 기존의 주민등록표 서울시 서초구 서초동 1234번지의 1호 장미연립 1동 201호를 서울시 서초구 서초동 1234번지의 1호 장미연립 1동 301호 특수주소변경이라고 기재한다.

주민등록의 정정과 대항력

주민등록이 사실과 다르게 기재된 경우 과실의 주체에 따라 대항력 유무가 달라진다.

먼저 주민등록 의무자인 임차인의 잘못된 신고에 의한 정정인 경우, 특수주소변경에 의해 올바르게 주민등록이 됐을 때 대항력이 발생한다(대법원 1987. 11. 10. 선고 87다카1573 판결).

반면 임차인은 바르게 신고했으나 담당공무원의 실수로 사실과 다른 사항이 등록된 경우, 특수주소변경을 전제로 당초 주민등록 전입신고일로 소급하여 대항력이 발생한다(대법원 1991. 8. 13. 선고 91다18118 판결).

3) 직권말소

주민등록이 임차인의 의사와 관계없이 주민등록법 등 관련 규정에 따라 직권 말소된 경우 대항력은 상실한다.

단, 직권 말소 후 소정의 이의 절차에 따라 말소된 주민등록이 회복된 경우, 임차인의 주민등록 유지 의사가 명백하다면 소급하여 대항력이 유지된다. 다만, 그 직권말소가 주민등록법 소정의 이의절차에 의하여 회복된 것이 아닌 경우에는, 직권말소 후 재등록이 이루어지기 이전에 주민등록이 없는 것으로 믿고 임차주택에 관하여 새로운 이해관계를 맺은 선의의 제3자에 대하여는 임차인은 대항력을 주장할 수 없다(대법원 2002. 10. 11. 선고 2002다20957 판결).

전출 후 재전입시 대항력 여부

선순위 임차인이라도 전출 후 재전입하면 재전입일 다음날부터 대항력이 발생한다. 그러나 다음과 같은 경우는 최초 전입 당시에 대항력이 발생한다.

① 직권말소

주민등록법에 따라 회복하거나 재전입이 이루어진 경우.

② 가족의 주민등록

가족 등 점유보조자의 주민등록은 유지된 상태에서 임차인만 일시적으로 전출했다가 재전입한 경우.

③ 제3자의 임의이전

채권자나 임대인 등 제3자에 의해 임의이전이 되고 임차인 본인의 잘못이 없는 경우.

7. 다가구 주택에서 다세대 주택으로

최초 전입 당시에는 다가구 주택이어서 지번까지만 전입신고를 하고 거주하던 중, 임차주택이 다세대 주택으로 용도가 변경된 경우 임차인은 전입당시 취득한 대항력이 유지되는가?

강씨가 2014년 3월 2일 다가구 주택에 전입신고를 하고 거주하던 중 임대인이 2017년 4월 11일 다세대 주택으로 용도를 변경하였다.

이런 문제는 다가구 주택과 다세대 주택의 대항력 요건이 다르기 때문이다.

원칙은 강씨가 대항력을 인정받기 위해서는 특수주소변경을 해야 한다. 그러나 대법원 판결은 특수주소변경을 하지 않더라도 대항력을 인정 해준다.

"처음에는 다가구용 단독주택으로 소유권보존등기가 경료되었다가 나중에 다세대 주택으로 변경된 경우 당해 주택에 관해 등기부상 이해관계를 가지려는 제3자는 위와 같이 다가구용 단독주택이 다세대 주택으로 변경되었다는 사정을 등기부상 확인할 수 있고, 따라서 지번의 기재만으로 당해 다세대 주택에 주소 또는 거소를 가진 자로 등록된 자가 존재할 가능성을 인식할 수 있다 할 것이므로, 처음에 다가구용 단독주택으로 소유권보존등기가 경료된 건물의 일부를 임차한 임차인은 이를 인도받고 임차 건물의 지번을 정확히 기재하여 전입신고를 하면 주택임대차보호법 소정의 대항력을 적법하게 취득하고, 나중에 다가구용 단독주택이 다세대 주택으로 변경되었다는 사정만으로 임차인이 이미 취득한 대항력을 상실하게 되는 것은 아니라 할 것이다."(대법원 2007. 2. 8. 선고 2006다70516 판결)

8. 집합건축물대장이 없는 다세대 주택

대항력 유무를 판단하는 기준은 '집합건축물관리대장'의 작성 유무다. 건축물관리대장이 만들어져 있으면 임차인은 동·호수까지 기재해야 한다. 그러나 실제 구분건물의 요건을 구비하고 구분등기까지 마쳐다 하더라도 집합건축물관리대장이 작성되지 않았다면 임차인은 지번까지 전입신고를 해도 대항력을 인정받는다.

"원래 단독주택으로 건축허가를 받아 건축되고, 건축물관리대장에도 구분소유가 불가능한 건물로 등재된 이른바 다가구용 단독주택에 관하여 나중에 집합건물의소유및관리에관한법률에 의하여 구분건물로의 구분등기가 경료되었음에도 불구하고, 소관청이 종전에 단독주택으로 등록한 일반건축물관리대장을 그대로 둔 채 집합건축물관리대장을 작성하지 않은 경우에는, 임차인이 위 건물의 일부나 전부를 임차하여 전입신고를 하는 경우 지번만 기재하는 것으로 충분하고, 그 전유부분의 표시까지 기재할 의무나 필요가 있다고 할 수 없으며, 임차인이 실제로 위 건물의 어느 부분을 임차하여 거주하고 있는지 여부의 조사는 단독주택의 경우와 마찬가지로 위 건물에 담보권 등을 설정하려는 이해관계인의 책임하에 이루어져야 할 것이므로, 임차인이 위 건물의 지번으로 전입신고를 한 이상 일반사회 통념상 그 주민등록으로도 위 건물에 임차인이 주소 또는 거소를 가진 자로 등록되어 있는지를 인식할 수 있는 경우에 해당된다 할 것이고, 따라서 임대차의 공시방법으로 유효하다."(대법원 2002. 3. 15. 선고 2001다80204 판결)

9. 대항력있는 임차권의 양도와 전차인 대항력?

임대인의 동의를 받아 대항력있는 임차인으로부터 임차권을 양도 또는 전대 받아 입주와 전입신고를 마친 경우, 전차인은 자신의 대항력 구비일이 아닌 임차인이 대항력을 취득한 시기를 자신의 대항력 취득 시기로 주장할 수 있다. 단, 전차인이 주민등록을 하지 않고 임차인이 주민등록을 한 경우, 임차인은 대항력이 없다.

왜냐하면 실제로 거주하지 않는 간접점유자인 임차인은 주민등록의 대상이 되는 임차주택에 주소 또는 거소를 가진 자가 아니기 때문이다.

	임차인	전차인	대항력
주택의 인도	×	○	없음
주민등록	○	×	

10. 대항력 요건을 갖추지 않은 임차권 양도시 전차인 대항력?

임차인이 임차주택에 입주하지 않고 주민등록도 이전하지 않은 상태에서, 임대인의 동의를 받아 그 임차권을 양도 또는 전차한 경우, 전차인이 그 주택에 입주하여 주민등록을 마치면 전차인은 그 때로부터 대항력을 취득하게 된다. 이 경우 임차인의 대항력 취득일은 전차인이 대항력을 취득한 날부터 시작한다.

	임차인	전차인	대항력
주택의 인도	×	○	있음
주민등록	×	○	

11. 토지와 건물 근저당권 설정일 다름

> 토지 근저당 설정일 5월 1일
> 건물 근저당 설정일 7월 1일
> 임차인 전입일   6월 1일

경매물건을 분석하다 보면 사례처럼 토지와 건물의 근저당 설정일이 다른 물건을 접하게 된다. 말소기준등기가 누가 되느냐에 따라 희비가 엇갈린다. 말소기준등기가 토지 근저당권이라면 매수인은 임차인의 보증금을 인수하지 않아도 된다. 그러나 말소기준등기가 건물 근저당권이라면 임차인은 대항력이 있다. 매수인은 임차인의 보증금을 인수해야 한다.

건물임차권의 대항력은 기본적으로 건물에 관한 것으로 토지를 목적으로 하는 것이 아니기 때문이다. 토지와 건물의 근저당권 설정일이 다른 경우, 임차인이 매수인한테 대항력을 행사할 수 있느냐 여부는 '건물'이 기준이 된다. 임차인은 건물에서는 대항력과 (최)우선변제권을 행사할 수 있으나 토지에서는 우선변제권만 행사할 수 있다.

구분	대항력·우선변제권	인수·배당 여부
건물	대항력 가능	-
	우선변제권 가능	-
토지	대항력 불가	매수인 임차인 인수 불가
	우선변제권 가능	임차인 배당요구 가능

12. 담보가치 조사 당시 무상(불)거주확인서 작성

성남시 수내동에 있는 아파트 134㎡가 경매 나왔다. 최초감정가 7억원에서 1회 유찰돼 최저 매각가는 4억 9,000만원. 1회 불허가와 2회 대금미납을 거듭하여 몰수된 보증금만 1억 4,700만원에 달한다. 이유는 임차인 때문이다. 말소기준등기는 2012년 4월 10일 에스비아이저축은행 근저당권이다. 임차인 김모씨는 2006년 9월 4일 전입신고를 하고 확정일자는 그 보다 앞선 2005년 4월 30일 받았다. 임차보증금 2억 2,800만원에 대하여 배당요구도 제 때 하여 외견상 매각가에서 임차보증금을 전액 배당 받을 수 있음에도 사상자가 속출하였다.

이처럼 선순위 전입자가 있는 경우 금융기관에서는 대출 전 임대차 여부를 조사 후 대출을 한다. 임차인 김모씨는 에스비아이저축은행에게 무상거주확인서를 작성해 주었다. 김씨는 그 후 경매절차에서 진성 임차인임을 매수인에게 주장할 수 있는가? 김씨의 대항력은 부정된다. 이유는 임차인이 금융기관의 대출과정에서 임차인으로서 권리를 주장하지 않겠다는 내용의 무상임대차 확인서를 작성한 후, 그 후 경매절차에서 매수인에게 대항력 주장하는 것은 금반언 또는 신의성실의 원칙에 반하기 때문이다.

> "근저당권자가 담보로 제공된 건물에 대한 담보가치를 조사할 당시 대항력을 갖춘 임차인이 임대차 사실을 부인하고 건물에 관하여 임차인으로서의 권리를 주장하지 않겠다는 내용의 무상임대차 확인서를 작성해 주었고, 그 후 개시된 경매절차에 무상임대차 확인서가 제출되어 매수인이 확인서의 내용을 신뢰하여 매수신청금액을 결정하는 경우와 같이, 임차인이 작성한 무상임대차 확인서에서 비롯된 매수인의 신뢰가 매각절차에 반영되었다고 볼 수 있는 사정이 존재하는 경우에는, 비록 매각물건명세서 등에 건물에 대항력 있는 임대차 관계가 존재한다는 취지로 기재되었더라도 임차인이 제3자인 매수인의 건물인도청구에 대하여 대항력 있는 임대차를 주장하여 임차보증금반환과의 동시이행의 항변을 하는 것은 금반언 또는 신의성실의 원칙에 반하여 허용될 수 없다."(대법원 2016. 12. 1. 선고 2016다228215 판결)

더 나아가 금융기관이 무상거주확인서 작성여부를 집행법원에 고지하지 않은 상태에서 경매절차가 종결된 경우에도 임차인은 매수인에게 대항력을 주장할 수 없다. 즉 매각물건명세서에 무상거주여부가 공시되지 않은 상태에서 선순위 임차인이 우선변제권을 행사한 경우, 매수인은 임차인이 보증금을 매각대금에서 전액 배당 받을 수 있다는 기대하에 매수가격을 정하게 된다. 그런데 임차인이 배당절차에서 무상거주확인서 작성 내용이 밝혀져 임차보증금을 배당받지 못하게 되었더라도 신의칙에 위반되어 매수인에게 대항력을 주장할 수 없다.

> "주택임차인이 주택에 관하여 개시된 경매절차에서 임차보증금 액수, 주택인도일, 주민등록일, 임대차계약서상 확정일자 등 대항력 및 우선변제권 관련 사항을 밝히고 권리신고 및 배당요구를 한 경우 그 내용은 매각물건명세서에 기재되어 공시되므로, 매수희망자는 보통 이를 기초로 매각기일에서 선고할 매수가격을 정하게 된다.
> 따라서 경매절차의 매수인이 권리신고 및 배당요구를 한 주택임차인의 배당순

> 위가 1순위 근저당권자보다 우선한다고 신뢰하여 임차보증금 전액이 매각대금에서 배당되어 임차보증금반환채무를 인수하지 않는다는 전제 아래 매수가격을 정하여 낙찰을 받아 소유권을 취득하였다면, 설령 그 주택임차인이 1순위 근저당권자에게 무상거주확인서를 작성해 준 사실이 있어 임차보증금을 배당받지 못하게 되었다고 하더라도 그러한 사정을 들어 주택의 인도를 구하는 매수인에게 주택임대차보호법상 대항력을 주장하는 것은 신의칙에 위반되어 허용될 수 없다."(대법원 2017. 4. 7. 선고 2016다248431 판결)

무상임대차계약서 관련해 주의할 점은 이들 서류가 채권은행에 제출되었다 하더라도 본인이 직접 확인할 때까지는 주의해야 한다. 흔치 않지만 채무자 겸 소유자가 급박한 사정을 이유로 임차인 대신 무상임대차계약서에 서명을 하는 경우가 있다. 이런 경우 임차인의 진정한 의사가 아니기 때문에 임차인의 대항력은 살아 있다. 은행 직원의 관리 감독 소홀 책임도 없지 않지만 이는 매수인이 보증금을 물어주는 것하고 별개의 문제다. 무상거주확인서의 효력에 대해 알지 못했다면 무서워서 안 들어갔을 텐데, 무상거주확인서가 있다는 말만 믿고 덜컥 들어가 단독으로 낙찰 받았다. 그런데 그 무상거주확인서가 집주인이 임차인 대신 서명한 서류라 한다. 때로는 너무 알아도 탈이다.

무상(불)거주확인서 작성시 대항력 유무

신뢰	항목	배당	대항력
1차 신뢰(대출과정)	금융기관 대출시 무상거주확인서 작성	×	×
2차 신뢰 (경매절차)	금융기관 집행법원에 무상거주확인서 제출	×	×
	금융기관 집행법원에 무상거주확인서 미 제출	×	×
	집행관 현황조사서 기재	×	×
	집행관 현황조사서 미 기재	×	×
	권리신고 및 배당요구	×	×
	권리신고 및 배당요구 안 함	×	×

13. 기존채권을 임차보증금으로 전환

1) 주거 목적으로 사용

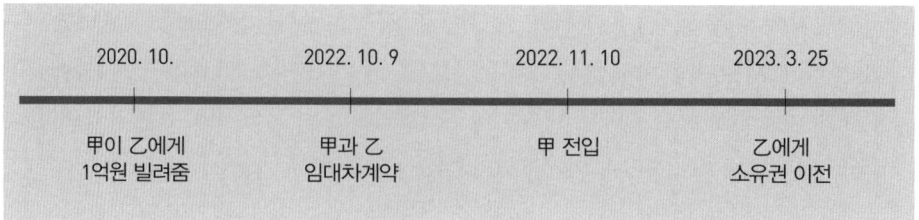

대항력 요건은 임대차 계약을 체결하고 주택의 인도와 주민등록 유무로 판단한다. 임차보증금이 어디서 근거하느냐로 판단하는 것이 아니다. 임차인이 임대인에게 돈을 빌려주고 그 돈을 받을 수 없자, 빌려준 돈을 임차보증금으로 전환하여 임대차계약을 체결하고 전입신고를 마쳤다. 대항력이 인정된다.

> "주택임차인이 대항력을 갖는지 여부는 임대차계약의 성립, 주택인도, 주민등록이라는 요건을 갖추었는지 여부에 의하여 결정되므로, 임대차계약이 통정허위표시로 무효라는 등의 특별한 사정이 없는 한 임대차 계약의 당사자가 기존채권을 임차보증금으로 전환하여 임대차 계약을 체결하였다는 사정만으로 임차인이 대항력을 갖지 못한다고 볼 수는 없다."(대법원 2002. 1. 8. 선고 2001다47535 판결)

대항력을 인정하더라도 다른 채권자들의 이익을 해하지 않기 때문이다.

2) 주거 목적으로 사용 않음

임차인이 대항력요건을 갖추었더라도 실제 임대차 계약의 주된 목적이

'기존채권의 회수'에 있다면 대항력이 인정되지 않는다.

임대차는 임차인으로 하여금 목적물을 사용·수익하게 하는 것이 계약의 기본 내용이다.

> "채권자가 채무자 소유의 주택에 관하여 채무자와 임대차계약을 체결하고 전입신고를 마친 다음 그곳에 거주하여 형식적으로 주택임대차로서의 대항력을 취득한 외관을 갖추었다고 하더라도 임대차계약의 주된 목적이 주택을 사용수익하려는 것에 있는 것이 아니고, 실제적으로는 대항력 있는 임차인으로 보호받아 후순위권리자 기타 채권자보다 우선하여 채권을 회수하려는 것에 있었던 경우에는 그러한 임차인에게 주택임대차보호법이 정하고 있는 대항력을 부여할 수 없다."(대법원 2007. 12. 13. 선고 2007다55088 판결)

공사업자가 공사비를 못 받자 소유자와 짜고 근저당권 설정 전으로 임대차계약서를 작성해 놓은 경우다. 임차인(공사업자)이 임대차계약을 체결하고 세대원 전부의 유일한 거주공간이라면 주택임대차보호법이 적용돼 대항력이 있다. 반면 가족의 일부가 살지만 임대차가 단지 채권을 회수하기 위한 목적이라면 대항력이 인정되지 않는다.

14. 토지 또는 건물만 매각

1) 토지와 건물 소유자 동일

경매개시결정 당시 토지와 건물의 소유자가 동일한 경우, 토지 매수인에게 건물 임차인은 대항력을 주장할 수 없다. 단, 매수인의 건물철거청구에 불응하여 인도를 거부할 수 있다.

건물만 매각시 임차인은 건물 매수인에게 대항력 유무에 따라 보증금의 반환을 주장할 수 있다.

2) 토지와 건물 소유자 다름

법정지상권이 성립하지 않아 토지 매수인에게 대항력을 주장하지 못한다. 건물임차권의 대항력은 건물에 관한 것으로 토지를 목적으로 하는 것이 아니기 때문에 토지소유권을 제약할 수 없다. 즉 건물에 대항력있는 임차권이 존재한다고 하더라도 이를 토지소유자에게 대항할 수 있는 토지사용권이라고 할 수 없다(대법원 2010. 8. 19. 선고 2010다43801 판결).

15. 재개발에 따른 주택 멸실

종전 주택에 대항력요건과 확정일자를 갖추고 거주하던 임차인은 종전 주택이 멸실되더라도, 재개발에 의한 신축 건물에 대항력과 우선변제권이 그대로 유지 된다. 임차인은 신축 건물 경매시 배당요구를 하면 우선변제권을 행사할 수 있다(도시및주거환경정비법 제55조 제1항).

임차주택의 멸실에도 불구하고 신축건물에 대항력과 우선변제권이 그대로 유지된다는 특별규정이다.

> 도시및주거환경정비법 제55조(대지 및 건축물에 대한 권리의 확정) ① 대지 또는 건축물을 분양받을 자에게 제54조제2항의 규정에 의하여 소유권을 이전한 경우 종전의 토지 또는 건축물에 설정된 지상권·전세권·저당권·임차권·가등기담보권·가압류 등 등기된 권리 및 주택임대차보호법 제3조제1항의 요건을 갖춘 임차권은 소유권을 이전받은 대지 또는 건축물에 설정된 것으로 본다.

16. 선순위 임차인 보증금 지급한 매수인의 전소유자에 대한 구상권

대항력있는 임차인이 배당요구를 했는데 전액 배당을 받지 못해 그 차액만큼 매수인이 인수하였다. 매수인은 추가 부담한 금액을 전소유자에게 구상 내지 손해배상 청구를 할 수 있는가?

매수인이 임차인의 보증금을 전액 또는 일부를 부담한 것은 채무인수의 법률효과로 자기채무를 이행한 것일 뿐 그로 인하여 원래의 임대인이 법률상 원인없이 부당한 이득을 얻었거나, 원래 임대인의 보증금반환채무를 매수인이 대위변제하였다거나, 매수인에게 손해가 발생하였다고 볼 수 없다.

매수인은 전 소유자를 상대로 부당이득반환청구, 대위변제로 인한 구상금 청구, 채무불이행에 기한 손해배상의 청구 등을 할 수 없다. 판례는 면책적 채무인수설을 따른다.

경매로 종전 임대인 지위 승계시 양도인의 보증금반환채무

① 원칙 – 소멸

양도인의 보증금 반환채무는 소멸한다.

② 예외 – 인수

법인에게 주택을 임대한 경우 법인은 주택임대차보호법상 대항력요건의 하나인 주민등록을 갖출 수 없으므로 양수인이 임대인의 지위를 당연히 승계하는 것은 아니다.

"주택임대차보호법 제3조 제3항은 같은 조 제1항이 정한 대항요건을 갖춘 임대차의 목적이 된 임대주택의 양수인은 임대인의 지위를 승계한 것으로 본다고 규정하고 있는바, 이는 법률상의 당연승계 규정으로 보아야 하므로, 임대주택이 양도된 경우에 양수인은 주택의 소유권과 결합하여 임대인의 임대차 계약상의 권리·의무 일체를 그대로 승계하며, 그 결과 양수인이 임대차보증금반환채무를 면책적으로 인수하고, 양도인은 임대차관계에서 탈퇴하여 임차인에 대한 임대차보증금반환채무를 면하게 된다."(대법원 2013. 01. 17. 선고 2011다49523 전원합의체 판결[추심금])

17. 경매중에는 월차임을 안내도 되는가?

경매시 임차인은 월세(차임)를 임대인에게 납부해야 하는 것인지, 아니면 권리금(상가임차인)은 커녕 임차보증금도 못 찾는 판에 월세가 웬말이냐며 고민에 빠진다.

임차인은 사연이 어떻든 임차보증금의 손실과 관계없이 월세를 납부해야 한다. 경매개시결정에 따른 압류의 효력이 임차인에게 무상으로 거주할 수 있는 권리를 부여한 것이 아니기 때문이다.

"임대차계약에 있어서 임대차보증금은 임대차계약 종료 후 목적물을 임대인에게 인도할 때까지 발생하는 임대차에 관한 임차인의 모든 채무를 담보한다. 따라서 그 피담보채무 상당액은 임대차관계의 종료 후 목적물이 반환될 때에 특별한 사정이 없는 한 별도의 의사표시 없이 보증금에서 당연히 공제되는 것이므로 임대인은 임대차보증금에서 그 피담보채무를 공제한 나머지만을 임차인에게 반환할 의무가 있다. 그리고 임차인이 임대차목적물을 사용·수익하는 동안 그 사용·수익을 위하여 그 목적물에 관하여 발생한 관리비·수도료·전기료 등 용익에 관한 채무는 임대차계약에서 달리 약정하였다는 등의 특별한 사정이 없는 한 임대차관계의 성질상 임대차보증금에 의하여 담보되는 임차인의 채무에 속한다고 할 것이다."(대법원 2012. 06. 28. 선고 2012다19154 판결[보증금반환])

① 연체된 차임 배당에서 공제 여부

임차인의 배당금 산정시 연체된 차임을 공제하고 배당표를 작성할 수 있는지 여부에 대하여는 견해의 대립이 있다. 그러나 실무에서는 민법 제359조에서 규정하고 있는 과실은 천연과실을 의미하고, 법정과실은 제외되므로 경매개시결정에 따른 압류의 효력이 밀린 임료에는 미치지 않는다는 이유로 임차보증금에서 밀린 임료를 공제한 금액만을 배당하고 있다.

② 관리비

임대차계약관계에서의 관리비채권의 소멸시효기간은 3년이다. 그러나 임대인이 3년 이상 동안 관리비채권을 행사하지 않더라도 소멸시효에 관계없이 보증금에서 밀린 관리비를 당연히 공제할 수 있다(대법원 2012. 10. 25. 선고 2012다75055호 판결).

18. 대항력 기산일(다음날 0시) 예외 – 소유권이전등기 즉시 대항력 발생

① 전차인 전입신고 후 임차인 소유권 취득

전차인이 전입신고를 마치고 거주하던 중 임차인이 소유권을 양도받고 근저당권을 설정하였다. 임차인 명의의 소유권이전등기 즉시 전차인은 대항력을 취득한다. 전차인은 매수인에게 대항할 수 있다.

甲 회사가 임대아파트를 乙에게 임대(임대기간 만료 후 乙에게 분양하기로 약정)한 후, 乙이 다시 丙에게 임대하여 96년 1월 12일 전입신고, 97년 3월 19일 乙 명의로 소유권이전등기, 丁의 근저당권등기가 같은 날 순차로 등기하였다.

丙의 주민등록은 제3자가 임차권을 매개로 하는 점유라는 것을 인식할 수 있으므로 96년 1월 12일부터 임대차를 공시하는 기능을 수행한다. 丙은 乙 명의의 소유권이전 등기를 마친 즉시 대항력을 취득한다(대법원 2001. 1. 30. 선고 2000다58026, 58033 판결).

② 매수인 대항력 없는 종전 임차인과 새로 임대차 계약 체결 후 매각대금 납부

甲이 94년 10월 10일 확정일자, 95년 7월 31일 1순위 근저당권 설정, 96년 7월 3일 甲 전입신고 후 97년 2월 21일 1차 임의경매가 개시되었다. 이어 97년 10월 8일 甲이 매수인 乙과 임대차계약을 체결하였다. 97년 10월 9일 乙 대금완납 후 10월 10일 소유권이전 및 丙이 근저당권 설정등기를 하였다.

이후 99년 1월 11일 2차 임의경매가 개시되어 2000년 5월 18일 매수인 丁이 대금완납 및 소유권이전 등기를 하였다.

이 때 甲의 주민등록은 乙의 소유권취득 이전부터 乙과 甲 사이의 임대차 관계를 공시하는 기능을 수행하고 있었으므로, 임차인 甲은 乙이 매각대금을 납부하여 소유권을 취득하는 즉시 대항력을 취득한다. 丙의 근저당권은 甲의 대항력 취득 이후에 마친 것이어서 甲은 2차 경매에서의 매수인 丁에게 대항할 수 있다(대법원 2002. 11. 8. 선고 2002다38361, 38378 판결).

대항력기산일이 당일 즉시인 경우

	항목	비고
법률	임차권등기명령	주임법 제3조의3⑤, 상임법 제6조⑤
	주택임대차등기	민법 제621조
	전세권	민법 제303조
판례	전차인 전입신고 후 임차인 소유권 취득	대법원 2000다58026, 58033 판결
	대항력없는 임차인 임대차계약 후 매수인 대금 납부	대법원 2002다38361, 38378 판결
	신탁계약 중 임대차계약 후 임대인 소유권 취득	대법원 2018다44879, 44886 판결

19. 등기부와 현관문의 표기 불일치

임차인이 등기부와 다른 주소에 거주시 매수인에게 대항력을 주장할 수 없다.

서울 마포구 성산동에 있는 다세대주택 지하 52.03m^2가 경매 나왔다.

다세대주택의 지하층 및 1, 2층의 입구 오른쪽 세대 전유부분 면적은 50.44m^2이고, 입구 왼쪽 세대 전유부분 면적은 52.03m^2이며, 모두 방 3개, 거실·주방·욕실 각 1 개씩이나 구조, 면적 등은 서로 다르다.

다세대주택 각 세대에 대한 소유권보존등기 당시 제출된 도면상에는 각 층 입구 오른쪽의 면적이 작은 세대가 각 층 01호로, 입구 왼쪽의 면적이 큰 세대가 각 층 02호로 기재되었다.

그런데 실제 다세대주택의 각 세대 현관문에는 도면 기재와 달리 각 층 입구 오른쪽 세대가 02호로, 각 층 입구 왼쪽 세대가 01호로 각 표기되었다.

김영섭은 1995년 5월 2일 등기부상 01호를 낙찰 받았으나 실 거주는 등기부상이 아닌 현관문 표기인 01호에 거주하였다.

최영철은 2000년 9월 27일 등기상 02호를 낙찰 받았으나 역시 거주는 현관문 표기인 02호에 거주하였다.

김옥희는 2002년 6월 12일 김영섭으로부터 등기부상 01호를 매수하여 지하층 오른쪽에 거주하여야 함에도 불구하고 현황상 표시에 따라 김영섭이 점유하는 지하층 왼쪽(02호) 부동산을 인도받아 거주하였다.

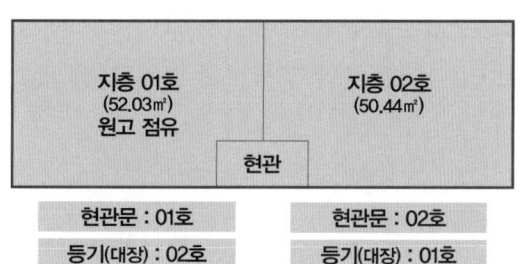

다세대주택에 관한 등기부상 지층에서 2층까지의 각 층 02호는 입구 왼편에 위치한 세대를, 각 층 01호는 입구 오른편에 위치한 세대를 표상하는 것으로 볼 수 있다. 따라서 각 현관문에 등기부상 표시와 다르게 표기되어 있다는 사정만으로 각 층 02호에 대한 등기가 입구 오른편에 위치한 면적 50.44㎡의 세대의 표상하는 것으로 볼 수 없다(대법원 2015. 3. 26. 선고 2014다13082 판결).

건축물 현황도 정정 절차

건축물대장의 기재 및 관리 등에 관한 규칙 제21조 제3항에 따라, 건축물의 소유자가 별지 제15호 서식의 건축물표시 정정신청서에 '잘못이 있는 부분의 건축물현황도면과 이를 증명하는 서류'를 첨부하여 관할구청에 신청하면 정정이 가능하다.

20. 임차인의 사망과 대항력

임차인이 대항력(우선변제권) 요건을 갖추고 거주하다가 계약기간 만료 전에 사망한 경우 임차권은 상속인에게 승계된다. 상속인이 가정공동생활을 하는 경우에는 상속인이, 상속인이 가정공동생활을 하지 않는 경우에는 2촌 이내의 친족이 임차권을 승계한다(주택임대차보호법 제9조). 2촌 이내의 친족은 가정공동생활을 하지 않았더라도 배당요구를 할 수 있다. 상속인은 대항력있는 임차인의 우선변제 받지 못한 보증금을 매수인에게 대항할 수 있다.

21. 가장임차인 식별 요령

경북 구미시 남통동 다세대 주택.
최초감정가 5,200만원에서 한 차례 떨어져 최저가는 3,640만원. 3명이 참여해 4,300만원에 팔렸다. 말소기준등기는 2003년 5월 대구은행 근저당권.
2008년 6월 임차인이 3,000만원에 입주하고 채 두 달도 안돼 대구은행에서 임의경매를 신청했다.
경매신청 채권자가 배당배제 신청을 해 임차인은 배당을 한 푼도 받지 못했다. 채권자는 여러 정황을 고려하여 가장 임차인으로 보았다.
임차인이 전입할 당시 채무자가 채무초과상태였고. 시세가 7,000만원도 안되는 물건에 이미 근저당권 5,000만원, 가압류 3,000만원이 설정된 상태에서 3,000만원의 임대차는 진정성이 의심된다는 점.
또한 채무자 겸 소유자가 이미 경매실행 사실을 안 시점에서 임대차계약이 체결되고 임대차계약서도 쌍방합의라는 점. 그밖에 임차인이 보증금의 절반은 현금으로 나머지 절반은 수표로 지급했다고 하나 은행을 통하지 않고 직접 임대인에게 전달했다는 점 등을 들어 배당배제 신청을 했고 집행법원은 이를 받아들였다.

권리분석 과정에서 가장임차인 때문에 골머리를 앓은 적이 있을 것이다. 심증은 가장인데 물증이 없어 들어갈까 말까 고민에 고민을 거듭하곤 한다. 약한 고리를 잘 공략하면 대박이지만 어설프게 손대면 쪽박을 찰 수 있기 때문이다. 경매대중화만큼 가장임차인의 골도 깊다. 오죽하면 경매는 '가장임차인과의 전쟁'이라는 말이 생겼을까?

임차인의 가장유무를 판단하는 것은 쉽지 않다. 그러나 실무에서 자주 접하는 가장 임차인 식별코드를 정리하면 다음과 같다.

① 임대차계약서

열의 아홉은 임대차계약서가 중개업자 없이 쌍방합의로 작성됐다. 계약일은 10년전이나 계약서 양식은 최신 양식을 사용한 경우. 중개업자가 날인한 인감이 계약서 작성 이후에 관할 관청에 등록된 경우도 있다.

임대차계약서는 15년전이나 핸드폰 번호는 최근 것(010-****)을 기재한 경우 등 내용이 부실하다.

② 전입일자

경매개시결정 등기가 임박해 전입신고를 했거나 1개월 전후로 신고한 경우. 경매개시결정 3개월 전에 전입한 임차인에 대해 배당배제한 사례도 있다. 임대차계약서 작성일자와 전입신고일 사이에 상당한 시차가 있는 경우.

채무자는 적어도 경매개시결정 6개월 전부터 경매 진행 여부를 알 수 있어 맘 먹기에 따라 얼마든지 가장 임차인을 만들 수 있다.

③ 확정일자

확정일자는 두 종류로 나눌 수 있다. 먼저 보증금이 고액인 경우 확정일자 받은 날이 경매개시결정 기입등기 임박해서거나 아니면 개시결정 이후다.

보증금이 소액이어서 최우선변제권에 해당할 때는 확정일자를 안 받은 경우가 대부분이다.

④ 보증금

가장 임차인을 밝혀내는 최고 카드다. 인도소송 중 열의 아홉은 실제 보증금이 오간 증빙자료(온라인 송금영수증, 은행 입금영수증 등)를 제시하지 못한다.

보증금액이 시세와 맞지 않는다. 가장임차인의 한계가 전입신고는 10년 전에 했는데 임차보증금은 현재시점(신고 당시)으로 한 경우다. 시세에 비해 터무니없이 비싸도 문제지만 때로는 터무니없이 저렴한 가격에 신고된 경우도 있다. 고가 아파트에 보증금은 달랑 4,000만원으로 신고한 경우다.

계약 관행과 달리 보증금을 계약일에 일시불로 지불한 경우. 궁지에 몰리면 빌려준 돈으로 임대차계약을 체결했다고 한다. 소송시 임차보증금 입금내역을 입증하지 못한다. 이들은 대부분 현금으로 주었다고 한다.

⑤ 임대차관계

부부관계이거나, 부모와 자식관계, 사위집에 장모가 전세사는 경우, 형제간, 동서간, 친인척간, 사장과 종업원의 관계, 임차인이 미성년자로 경제능력이 없는 경우 등.

⑥ 주택의 구조

방 하나에 한 가구씩 전입한 경우는 그래도 매너 있는 편이다. 방 2개인 25평형 아파트에 3가구가 옹기종기 모여 산다고 신고한 경우도 있다.

방 5개인 아파트에 임차인 5명 포함 6가구가 거주한다고 신고된 경우.

⑦ 각종 고지서

관리비, 도시가스, 전기요금, 신문대금, 우편물 등 각종 고지서가 누구 명의로 발급되는지 확인한다.

⑧ 기타

임대차계약 당시 임차주택에 과도한 근저당권이나 가압류가 설정된 경우. 집행법원에서 발송한 우편물(배당요구 및 권리신고서, 배당기일통지서)을 누가 수령하는지.

임대차계약서 상의 필체가 1인인 경우, 임차인들이 법원에 제출한 배당요구서의 필체가 같은 경우. 금융기관으로부터 무상거주 확인서 또는 배당배제 신청서가 제출된 경우.

그밖에 주민등록초본을 통해 전에 살던 집의 거주기간 등을 확인할 필요가 있다. 근로소득원천징수영수증에 직계존속으로 등재 여부. 대출시 주민등록등본에 동거인으로 등록된 사실 등(이 경우 후에 세대분리를 한다).

22. 가장임차인 형사처벌

임대차관계가 없음에도 실제 임대차관계가 있는 것처럼 신고하는 것이 자연스런 현상처럼 만연되고 있다. 특히 최우선변제에 해당하는 소액임차인은 약 90%가 가짜라고 할 정도로 그 정도가 심하다. 그럼에도 그간 관대했던 이유는 경매에 처한 딱한 사정과 매수인 역시 채권자가 다 받아가든 가장 임차인이 일부 받든 인도를 생각해 모른체 하였다. 그러나 갈수록 수법이 진화하자 채권자들이 적극적으로 권리주장을 하고 있다.

① 사기죄, 강제집행면탈죄

실제 임대차관계가 없음에도 최우선변제 자격이 있는 것처럼 허위로 임대차계약서를 작성(아들과 짜고 방1칸에 2,000만원에 계약)하여 배당을 받아가는 행위는, 채권자들에게 손해를 입히고 법원을 기망하며 경매의 공정성을 해치는 행위다.

서울남부지방법원에서는 위와 같은 사안에서 형법상 사기죄와 강제집행면탈죄를 적용하여 징역 6개월의 실형을 선고했다(서울남부지방법원 2008.

3. 26. 선고 2007고단2137호 판결).

> **형법 제347조 (사기)**
> 사람을 기망하여 재물의 교부를 받거나 재산상의 이익을 취득한 자는 10년 이하의 징역 또는 2,000만원 이하의 벌금에 처한다.
>
> **형법 제327조 (강제집행면탈죄)**
> 강제집행을 면할 목적으로 재산을 은닉, 손괴, 허위양도 또는 채무를 부담하여 채권자를 해한 자는 3년 이하의 징역 또는 1,000만원 이하의 벌금에 처한다.

② 위계에 의한 경매방해죄

주택 소유자가 전처 명의로 허위임대차계약서(이혼 위자료 담보조로 1억 5,000만원)를 작성 후, 집행법원에 전처가 주택임대차보호법상 대항력 있는 주택임차인인 것처럼 권리신고를 하였다. 입찰참가자로 하여금 그 보증금액만큼 입찰가를 저감시켜 공정한 경매를 방해한 죄를 물어 징역 10개월의 실형을 선고했다(인천지법 부천지원 2001. 5. 18. 선고 2001고단23 판결).

> **형법 제315조 (경매, 입찰의 방해)**
> 위계 또는 위력 기타 방법으로 경매 또는 입찰의 공정을 해한 자는 2년 이하의 징역 또는 700만원 이하의 벌금에 처한다.

23. 부동산신탁과 대항력

부동산신탁 시 부동산의 소유권은 신탁회사 소유지만 그 관리와 이용은 위탁자가 한다. 위탁자는 부동산을 담보로 제공하기 위해 일시적으로 수탁자인 신탁회사에 소유권을 이전 했을 뿐 자신이 소유자라고 생각한다. 임차인이 위탁자와 임대차계약 체결 후 신탁부동산이 경매 시 임차인은 수탁자의 동의여부와 관계없이 매수인에게 대항력을 주장할 수 없다.

항목	대항력(매수인)	판례
수탁자의 사전 승인을 받아 위탁자가 임대차계약을 체결하도록 정하고 있음에도 수탁자의 사전승낙을 받지 못한 경우	불가	대법원 2014.7.24. 선고 2012다62561, 62578 판결
수탁자의 동의없이 임대차계약을 체결하였다가 수탁자로부터 소유권을 회복한 경우	가능	대법원 2019.3.28. 선고 2018다44879, 44886 판결
수탁자의 동인을 받아 위탁자가 임대차계약을 체결한 경우(위 약정이 신탁원부에 기재 시)	불가 (위탁자 가능)	대법원 2022.2.17. 선고 2019다300095, 300101 판결

PART 02

주택·상가건물임대차보호법의 모든 것

chapter 01 주택임대차보호법

주택임대차보호법은 주거용 건물의 임대차에 관하여 민법에 대한 특례를 규정함으로써, 주택 소유자에 비해 상대적으로 약자인 주택임차인을 보호하여 국민의 주거생활 안정을 보장함을 목적으로 제정되었다. 즉, 모든 건물이 아닌 주거용 건물에 한해 특례를 인정한다.

1. 주거용 건물의 판단기준

사회 통념상 건물로 인정하기에 충분한 요건을 구비하고 주거용으로 사용되고 있다면 건물의 종류나 구조, 본건물인지 부속건물인지 묻지 않는다. 즉 건축물 관리대장이나 부동산 등기사항증명서와 같은 공부상의 용도로 판단하는 것이 아니라, 실제 주거용 건물로 사용하고 있는가에 의한 사실상의 용도로 판단한다.

첫째, 주된 용도가 주거용

가장 중요한 판단기준이다. 주거용과 비주거용으로 겸용인 경우, 주거용 부분이 주가 되고 부수적으로 비주거용 부분을 이용하는 경우에는, 이를 전부 주거용 건물로 보고, 반대의 경우에는 적용 대상이 아니다.

둘째, 일정면적 이상 주거용으로 사용

겸용주택의 경우 임차 면적 중 주거용 면적이 2분의 1을 넘지 않더라도 그 사용 면적이 상당함에 이르면 주거용으로 인정한다.

주택의 일부를 점포로 개조하여 주거와 영업을 겸용 하더라도 주택임대차보호법의 적용을 받을 수 있다. 그러나 비주거용 건물의 일부를 주거용으로 사용하는 경우에는 법의 적용을 받지 못한다.

셋째, 유일한 주거수단

용도와 면적이 판단 기준에 다소 못 미치더라도 임차한 공간이 임차인에게 유일한 주거공간인지 또 가족과 함께 거주하는지 여부 등이 중요한 판단기준이다.

2. 주택여부 기준시점

주택인지 여부의 기준시점은 임대차계약 체결시점을 기준으로 한다.

단, 계약체결 당시에는 비주거용 건물이었으나 임대인의 승낙을 얻어 주거용으로 개조한 경우, 개조한 때부터 주택임대차보호법이 적용된다.

3. 적용범위

1) 주택임대차보호법 적용 받는 건물 범위
① 등기된 건물
② 미등기 건물
사용승인(임시사용승인) 여부는 관계없다.
③ 무허가 건물
④ 불법 건축물

근린생활시설로 건축허가 받은 상가의 발코니를 트고 방과 화장실 주방을 설치해 원룸으로 불법 용도변경 했더라도 법의 보호를 받을 수 있다. 주택임대차보호법 입법취지상 보호대상 여부는 공부(公簿)상 건축물의 용도와 같은 형식이 아닌 실제 용도에 따라 판단한다.

⑤ 가건물

비닐하우스 거주자도 주택임대차보호법의 적용을 받을 수 있다.

대법원 전원합의체(대법원 2009. 6. 18. 2008두10997 판결)는 전입신고자가 해당 주소지에 거주 목적으로 30일 이상 살았다면 지방자치단체의 무허가 건축물 관리 등 다른 사항을 고려하지 말고 전입신고를 받아들여야 한다고 판결했다.

> **제2조** (적용 범위) 이 법은 주거용 건물(이하 "주택"이라 한다)의 전부 또는 일부의 임대차에 관하여 적용한다. 그 임차주택의 일부가 주거 외의 목적으로 사용되는 경우에도 또한 같다.
> **제12조** (미등기 전세에의 준용) 주택의 등기를 하지 아니한 전세계약에 관하여는 이 법을 준용한다. 이 경우 "전세금"은 "임대차의 보증금"으로 본다.

2) 주택으로 인정

공부상 근린생활시설이나 주거와 개척 교회 용도로 임차한 경우

> "용도가 지상 3층 부분은 모두 주택이고 지하층 부분만 근린생활시설(소매점)로 예정된 건물을 주거용으로 만들어 처와 자녀 2명과 함께 일상생활을 하면서 소규모 교회의 목회활동으로 이용하고 있다. 예배당으로 사용되는 면적이 주거용으로 사용되는 면적에 비해 다소 넓기는 하나 주거용으로 사용되는 부분도 적지 않은 면적을 차지하고 있을 뿐만 아니라 임차인이 유일한 주거로 사용하는 경우에는 주택임대차보호법이 적용된다."(대법원 2003. 5. 13. 선고 2003다11455 판결)

3) 주택 불인정

주거용과 비주거용을 겸용한 경우 그 임대차의 목적, 전체 건물과 임대차 목적물의 구조와 형태, 임차인의 임차목적물의 이용관계 그리고 임차인이 그곳에서 일상생활을 영위하는지 등을 고려하여 합목적적으로 판단한다.

4. 임대차계약

1) 임대인

임대인은 임차주택의 소유자일 필요는 없으나 임차주택에 대한 처분권한이 있거나 적법한 임대권한을 가진 자이어야 한다.

가. 소유자
소유자는 단독소유자, 공동소유자를 불문한다.

나. 부부 일방 명의의 주택

남편(아내)이 임대차계약서 상의 임대인이고 아내(남편)가 주택의 소유자인 경우, 소유자를 임대인으로 보아야 하기 때문에 위임장이 없는 경우 남편(임대차계약서상 임대인)을 적법한 임대인으로 보기 어렵다.

다. 공유자중 일부와 임대차계약

A, B, C 3인이 각 ⅓의 지분비율로 공유하고 있는 주택을 A, B 2인으로부터 임차하였다. C에 대하여도 임차권을 주장할 수 있는가?

민법 제265조는 공유물의 관리에 관한 사항은 지분의 과반수로써 결정하도록 규정하고 있는데 공유주택의 임대행위는 위 관리행위에 해당한다. 따라서 임차인은 ⅔의 공유지분을 보유한 A, B와 임대차계약을 체결하였기 때문에 C가 임대인에서 제외되었더라도 C에 대하여 유효한 임차권을 가지고 대항할 수 있다.

라. 사실상의 소유자

"건물이 미등기인 관계로 그 건물에 대하여 아직 소유권이전등기를 경료하지는 못하였지만 그 건물에 대하여 사실상 소유자로서의 권리를 행사하고 있는 자는 전소유자로부터 건물의 일부를 임차한 자에 대한 관계에서는 사실상 소유자가 주택의 양수인으로서 임대인의 지위를 승계하였다고 볼 수 있다."(대법원 1987. 3. 24. 선고 86다카164 판결)

마. 소유자는 아니지만 적법한 임대권한을 가진 자 – 명의신탁자

"명의수탁자는 명의신탁의 법리에 따라 대외적으로는 완전한 소유자이므로 명의신탁자와 사이의 대내관계에서의 제한에도 불구하고 적법한 임대인이 될 수 있다. 또 주택의 소유자는 아니지만 주택에 관하여 적법하게 임대차계약을 체결할 수 있는 권한(적법한 임대권한)을 가진 명의신탁자 사이에 임대차계약이 체결된 경우에도 포함된다. 이 경우 임차인은 등기부상 주택의 소유자인 명의수탁자에 대한 관계에서도 적법한 임대차임을 주장할 수 있는 반면 명의수탁자는 임차인에 대하여 그 소유자임을 내세워 인도를 구할 수 없다."(대법원 1999. 4. 23. 선고 98다49753 판결)

바. 원시취득자인 건축업자

"건축주가 타인의 대지를 매수하여 연립주택을 신축하면서 대지 소유자와의 합의에 따라 대지 매매대금 채무의 담보를 위하여 그 연립주택에 관한 건축허가 및 그 소유권보존등기를 대지 소유자의 명의로 하여 두었다면, 완성된 연립주택은 일단 이를 건축한 건축주가 원시적으로 취득한 후 대지 소유자 명의로 소유권보존등기를 마침으로써 담보 목적의 범위 내에서 대지 소유자에게 그 소유권이 이전되었다고 보아야 하고, 이러한 경우 원시취득자인 건축주로부터 연립주택을 적법하게 임차하여 입주하고 있는 임차인에 대하여 대지 소유자가 그 소유자임을 내세워 인도를 구할 수는 없다."(대법원 1996. 6. 28. 선고 96다9218 판결)

사. 종전 임대인의 지위

임대인의 지위가 신소유자에게 승계되는 경우에는 임차보증금반환채무도 부동산의 소유권과 결합하여 일체로서 임대인의 지위를 승계한 신소유자에게 이전되는 것이므로, 종전 임대인의 보증금반환채무는 소멸한다. 따라서 신소유자가 임차인에게 보증금을 반환하였다 하더라도 그것은 자기 채무의 이행에 불과하므로 종전 임대인에게 부당이득반환을 구할 수는 없다(대법원 2013. 1. 17. 선고 2011다49523 전원합의체 판결).

2) 임차인

가. 자연인

① 임차인의 승계인

임차인이 상속권자 없이 사망시 그 주택에서 가정공동 생활을 하던 사실상의 혼인관계에 있는 자가 임차인의 권리 의무를 승계한다.

임차인 사망시 상속권자가 그 주택에서 공동생활 하지 아니한 때는, 가정공동생활을 하던 사실상의 혼인 관계자와 2촌 이내 친족이 공동으로 상속한다.

② 전차인

전차인은 임차인의 임차보증금 범위 내에서 주택임대차보호법의 적용을 받을 수 있다. 그러나 주택임대차보호법상 대항력 요건을 갖추지 못했거나 임대인의 동의가 없을 때는 보호를 받지 못한다.

나. 법인

① 원칙

주택임대차보호법의 입법 취지가 국민의 주거생활 보호다 보니 법인은 주택임대차보호법의 보호 대상이 아니다.

② 예외

㉮ 주택도시기금 재원 법인 - LH, SH 등

주택도시기금을 재원으로 하여 저소득층 무주택자에게 주거생활 안정을 목적으로 전세임대주택을 지원하는 법인이 주택을 임차한 후, 지방자치단체의 장 또는 그 법인이 선정한 입주자가 주택을 인도 받고 주민등록을 마쳤을 때 대항력을 취득한다. 대항력이 인정되는 법인은 한국토지주택공사와 지방공기업법에 따라 설립된 지방공사가 있다. 지방공사중에는 서울특별시SH공사와 경기지방공사가 있다(2007. 11. 4. 시행).

㉯ 중소기업인 법인

중소기업기본법 제2조에서 정한 중소기업인 법인이 소속 직원의 주거용 주택을 임차한 후, 법인이 선정한 직원이 주택을 인도받고 주민등록과 확정일자를 마치면 대항력을 취득한다(2014. 1. 1. 시행).

법인이 주식회사인 경우 '직원'은 대표이사나 사내이사로 등기된 임원을 제외한 사람을 의미한다(대법원 2023. 12. 14. 선고 2023다226866 판결).

단, 대항력이 인정되는 법인일지라도 우선변제권은 인정되나 최우선변제권은 인정되지 않는다. 주택임대차보호법 제8조 제1항의 최우선변제 규정은 자연인인 임차인만 보호 대상이기 때문이다.

다. 재외국민

① 대항력 인정 – 2015년 1월 21일까지 거소신고자

2015년 1월 21일 이전에 거주한 재외국민은 재외동포법에 따른 국내거소신고나 거소이전신고를 하면 대항력이 인정된다.

"구 재외동포법에 출입국관리법 제88조의2 제2항과 같이 재외국민의 국내거소신고와 거소이전신고가 주민등록과 전입신고를 갈음한다는 명문의 규정은 없지만, 출입국관리법 제88조의2 제2항을 유추적용하여 재외국민이 구 재외동포법 제6조에 따라 마친 국내거소신고와 거소이전신고도 외국국적동포의 그것과 마찬가지로 주민등록과 전입신고를 갈음한다고 보아야 한다. 따라서 재외국민의 국내거소신고는 주택임대차법 제3조 제1항에서 주택임대차의 대항요건으로 정하는 주민등록과 같은 법적 효과가 인정되어야 하고, 이 경우 거소이전신고를 한 때에 전입신고가 된 것으로 보아야 한다."(2019. 4. 11. 선고 2015다254507 판결)

② 대항력 인정 – 2015년 1월 22일 이후 주민등록 신청자

2015년 1월 22일 이후부터 재외국민도 주민등록을 신청하고 주민등록증을 발급받을 수 있어 대항력이 인정된다. 이전에는 주민등록 거주자가 국외이주를 하는 경우 주민등록증이 말소되거나 주민등록증이 회수되었다. 그러나 지금은 주민등록이 유지되고 주민등록증도 미회수 및 불처리된다. 또한 주민등록 말소자는 재외국민으로 주민등록이 재등록되며, 미등록자는 재외국민으로 신규등록이 가능하다. 재외국민 국내거소신고제도는 2015년 1월 22일자로 폐지되었다.

라. 외국국적 동포 – 대항력 인정

출입국관리법 제88조의2 제2항과 재외동포의 출입국과 법적 지위에 관한 법률 제10조가 외국국적동포가 국내거소신고와 거소이전신고를 하면 주민등록법에 의한 주민등록 및 전입신고를 한 것으로 간주하는 것은, 외국국적동포는 주민등록법에 의한 주민등록을 할 수 없는 대신 국내거소신고와 거소이전신고를 하면 주민등록을 한 것과 동등한 법적 보호를 해 주고자 하는 데 그 취지가 있다. 외국인등록 등이 공시기능에 있어 주민등록에 비해 그 효과가 제한적이지만, 주민등록의 경우에도 열람이나 등·초본의 교부가 본인이나 세대원 또는 정당한 이해관계가 있는 자 등에게만 허용되어 그 공시기능은 부동산등기와 같은 정도에 미치지 못하는 한계가 있어, 외국인등록 등과 비교한 공시효과의 차이가 상대적이다. 따라서 외국인 또는 외국국적동포가 출입국관리법이나 재외동포법에 따라서 한 외국인등록이나 체류지변경신고 또는 국내거소신고나 거소이전신고는, 주택임대차보호법 제3조 제1항에서 주택임대차의 대항력 취득 요건으로 규정하고 있는 주민등록과 동일한 법적 효과가 인정된다(대법원 2016. 10. 13. 선고 2014다218030 판결).

마. 외국인 – 대항력 인정

출입국관리법 제88조의2 제2항이 외국인이 외국인등록과 체류지 변경신고를 하면 주민등록법에 의한 주민등록 및 전입신고를 한 것으로 간주하는 것은, 외국인은 주민등록법에 의한 주민등록을 할 수 없는 대신 외국인등록과 체류지 변경신고를 하면 주민등록을 한 것과 동등한 법적 보호를 해 주고자 하는 데 그 취지가 있다. 따라서 외국인이 출입국관리법에 따라서 한 외국인등록이나 체류지변경신고는, 주택임대차보호법 제3조 제1항에서 주택임대차의 대항력 취득 요건으로 규정하고 있는 주민등록과 동일한 법적 효과가 인정된다(대법원 2016. 10. 13. 선고 2015다14136 판결).

재외국민, 외국국적동포, 외국인의 대항력

	대항력	근거
재외국민	2015. 1. 21 이전 인정(국내거소신고, 거소이전신고)	재외동포법 제6조 대법원 2015다254507 판결
	2015. 1. 22 이후 인정(전입신고)	
외국국적동포	국내거소신고, 거소이전신고시 인정	재외동포법 제10조 대법원 2014다215030 판결
외국인	외국인등록, 체류지 변경신고시 인정	출입국관리법 제88조의2 제2항 대법원 2015다14136 판결

3) 일시사용을 위한 임대차

여관 등의 장기투숙자, 학원수강, 휴가여행 등 단기적인 거주를 목적으로 하는 임대차는 일시사용을 위한 임대차로 보아 주택임대차보호법의 적용대상이 아니다. 일시사용을 위한 임대차인지 여부는 기간을 주로 판단하고 그 외 목적·동기 등도 함께 판단한다.

"공중접객업인 숙박업을 경영하는 자가 투숙객과 체결하는 숙박계약은 숙박업자가 고객에게 숙박을 할 수 있는 객실을 제공하여 고객으로 하여금 이를 사용

> 할 수 있도록 하고 고객으로부터 그 대가를 받는 일종의 일시사용을 위한 임대차계약이다."(대법원 1994. 1. 28. 선고 93다43590 판결)

5. 존속기간

1) 임대차기간

기간의 정함이 없거나 기간을 2년 미만으로 정한 경우는 2년으로 본다. 단, 2년 미만으로 약정시 임차인은 2년 미만으로 정한 기간이 유효함을 주장할 수 있다. 즉 임차인은 약정기간까지 살 수도 있고 2년까지 살 수도 있다. 기간을 2년 이상으로 정한 경우 기간이 만료되거나, 합의해지 또는 법정해지가 되지 않는 한 임대차는 종료되지 않는다. 또한 임차인의 갱신요구권(주임법 제6조의3 제2항) 규정에 의해 사실상 그 기간이 4년으로 늘어났다고 볼 수 있다. 기간을 2년 이상으로 정한 경우 기간이 만료되거나, 합의해지 또는 법정해지가 되지 않는 한 임대차는 종료되지 않는다.

2) 임대차관계의 존속의제

임대차가 종료돼도 임차인은 보증금을 반환 받을 때까지 임대차관계가 존속하는 것으로 본다. 단, 임차인은 계속 거주하는 한 차임지급의무를 부담하나, 거주하지 않고 이사한 경우에는 차임지급의무를 지지 않는다. 이 점이 계약기간 중이면 실제 거주여부를 불문하고 차임을 지급하는 본래의 임대차와 다르다.

3) 계약의 갱신

가. 묵시적 갱신

임대인이 임대차기간 만료 전 6월에서 2월까지, 임차인이 임대차기간 만료 전 2월까지 상대방에 대하여 갱신거절의 통지, 조건을 변경하지 않으면 갱신하지 않는다는 뜻의 통지를 하지 않은 경우에는, 그 기간이 만료된 때 전 임대차와 동일한 조건으로 재 임대차 한 것으로 본다.

이처럼 묵시적으로 갱신된 주택임대차는 기간의 정함이 없는 것으로 본다. 그 기간은 주택임대차보호법 제4조 제1항(기간의 정함이 없거나 기간을 2년 미만으로 정한 임대차는 그 기간을 2년으로 본다. 다만 임차인은 2년 미만으로 정한 기간이 유효함을 주장할 수 있다)에 의하여 2년이 된다.

이 경우 임차인은 언제든지 임대인에 대하여 계약해지 통지가 가능하고, 임대인이 그 통지를 받은 날로부터 3월이 경과하면 계약 해지의 효력이 발생한다. 다만, 2기의 차임액에 달하도록 차임을 연체하거나 기타 임차인으로서의 의무를 현저히 위반한 임차인에 대하여는 위 묵시갱신의 규정을 적용하지 아니한다.

그러나 임차인이 1년 약정 후 그 기간이 경과하자 다시 묵시의 갱신을 주장하여 새로운 2년의 임차기간을 주장할 수 없다.

"임차인이 2년 미만의 약정 임대차기간이 만료되고 다시 임대차가 묵시적으로 갱신되었다는 이유로 같은 법 제6조 제1항, 제4조 제1항에 따른 새로운 2년간의 임대차의 존속을 주장하는 경우까지 같은 법이 보장하고 있는 기간보다 짧은 약정 임대차기간을 주장할 수는 없다." (대법원 1996. 4. 26. 선고 96다5551,5568 판결)
주택임대차보호법 제4조(임대차기간 등) ① 기간을 정하지 아니하거나 2년 미만으로 정한 임대차는 그 기간을 2년으로 본다. 다만, 임차인은 2년 미만으로 정한 기간이 유효함을 주장할 수 있다.
제6조 (계약의 갱신) ① 임대인이 임대차기간이 끝나기 6개월 전부터 1개월 전까지의 기간에 임차인에게 갱신거절의 통지를 하지 아니하거나 계약조건을 변경하지 아니하면 갱신하지 아니한다는 뜻의 통지를 하지 아니한 경우에는 그 기간이 끝난 때에 전 임대차와 동일한 조건으로 다시 임대차한 것으로 본다. 임차인이 임대차기간이 끝나기 1개월 전까지 통지하지 아니한 경우에도 또한 같다.

> ② 제1항의 경우 임대차의 존속기간은 2년으로 본다.
> ③ 2기(기)의 차임액에 달하도록 연체하거나 그 밖에 임차인으로서의 의무를 현저히 위반한 임차인에 대하여는 제1항을 적용하지 아니한다.
> **제6조의2** (묵시적 갱신의 경우 계약의 해지) ① 제6조제1항에 따라 계약이 갱신된 경우 같은 조 제2항에도 불구하고 임차인은 언제든지 임대인에게 계약해지를 통지할 수 있다.
> ② 제1항에 따른 해지는 임대인이 그 통지를 받은 날부터 3개월이 지나면 그 효력이 발생한다.

나. 경매시 존속기간

① 대항력 없는 임차인

대항력없는 임차인은 임차권이 임차주택의 매각에 의하여 소멸하므로 존속기간 유무에 관계없이 매수인에게 인도해야 한다.

② 대항력 있는 임차인

대항력 있는 임차인은 압류 즉 경매와 관계없이 존속기간의 보장을 받는다. 그러나 대항력있는 임차인이 배당요구를 하면 임대차가 종료된다. 배당요구는 임대차 해지의 의사표시다. 단, 대항력과 우선변제권이 있는 임차인이 우선변제권을 행사하여 배당요구를 하였으나 매각대금에서 보증금을 전액 변제받지 못한 경우, 보증금을 전액 변제 받을 때까지 임대차가 유지된다.

대항력이 있는 임차인의 존속기간은 두 가지로 나뉜다.

㉠ 배당요구를 한 경우

남은 기간에 관계없이 배당기일에 임차보증금을 전액 배당 받거나, 매수인으로부터 보증금을 전액 받으면 매수인에게 인도해야 한다.

ⓒ 배당요구를 하지 않은 경우

임차인은 2년의 임대차 기간을 주장할 수 있어 매각과 관계없이 남은 기간 동안 거주할 수 있다.

6. 임차인의 사망과 주택임차권의 승계

임차인이 상속인 없이 사망한 경우에는 그 주택에서 가정공동생활을 하던 사실상의 혼인 관계에 있는 자가 임차인의 권리와 의무를 승계한다(주택임대차보호법 제9조 제1항).

임차인이 사망한 때에 사망 당시 상속인이 그 주택에서 가정공동생활을 하고 있지 아니한 경우에는, 그 주택에서 가정공동생활을 하던 사실상의 혼인 관계에 있는 자와 2촌 이내의 친족이 공동으로 임차인의 권리와 의무를 승계한다(주택임대차보호법 제9조 제2항).

사실혼 관계자가 없는 경우에는 상속인이 권리와 의무를 승계한다.

임대차 관계에서 생긴 채권·채무는 임차인의 권리의무를 승계한 자에게 귀속되며, 상속인은 임차인이 사망한 후 1개월 이내에 임대인에게 반대의사를 표시하여 승계를 거부할 수 있다.

반면 상가건물임대차보호법은 임차인 사망시 임차권 승계 규정이 없다.

7. 차임 등 정보제공 요청권

임대차 계약을 체결하려는 자는 동사무소 등 확정일자 부여기관에게 선순위 임대차 현황(전입, 확정일자, 보증금 및 차임) 등에 대한 정보제공을 요청할 수 있다(2014. 1. 1. 시행).

chapter 02 상가건물임대차보호법

1. 적용범위

이 법은 상가건물(부가가치세법, 소득세법, 법인세법의 규정에 의해 사업자 등록의 대상이 되는 건물)의 임대차에 적용한다. 단, 보증금이 대통령령이 정하는 보증금액을 초과하는 임대차에는 적용하지 아니한다(상가건물임대차보호법 제2조 제1항).

대통령령이 정하는 보증금액

1. 서울특별시 : 9억원
2. 과밀억제권역, 부산 : 6억 9,000만원
3. 광역시(부산, 인천 제외) 안산, 용인, 김포, 광주, 파주, 화성, 세종 : 5억 4,000만원
4. 그 밖의 지역 : 3억 7,000만원

2. 요건

> 첫째, 사업자 등록 대상 건물
> 둘째, 보증금액 일정액 이하

1) 상가건물에 대한 임대차

상가건물임대차보호법의 적용대상이 되는 건물은 사업용 내지 영업용 건물이어야 하고, 비사업용 내지 비영업용 건물은 적용되지 않는다. 따라서 비영리단체인 종중이나 동창회사무실, 교회(종교단체) 등의 건물임대차는 상가건물임대차보호법이 적용되지 않는다. 임차한 건물의 전체가 영업용으로 사용되는 경우는 물론 주된 부분을 영업용으로 사용하는 경우에도 적용 된다.

① 상가건물 임대차의 의미

사업자등록의 대상이 되는 건물로서 임대차 목적물인 건물을 영리를 목적으로 하는 영업용으로 사용하는 임대차를 말한다.

② 상가건물 판단 기준

> 원칙 : 영리 목적 영업용으로 사용
> 예외 : 영리 행위 + 사실 행위
> 불가 : 사실 행위

상가건물에 해당하는지 여부는 공부상 표시가 아닌 건물의 현황·용도 등에 비추어 영업용으로 사용하느냐에 따라 실질적으로 판단하여야 한다. 따라서 단순히 상품의 보관·제조·가공 등 사실행위만이 이루어지는 공장·창고 등은 영업용으로 사용하는 상가건물이라고 할 수 없다.

> "상가건물 임대차보호법이 적용되는 상가건물 임대차는 사업자등록 대상이 되는 건물로서 임대차 목적물인 건물을 영리를 목적으로 하는 영업용으로 사용하는 임대차를 가리킨다. 그리고 상가건물 임대차보호법이 적용되는 상가건물에 해당하는지는 공부상 표시가 아닌 건물의 현황·용도 등에 비추어 영업용으로 사용하느냐에 따라 실질적으로 판단하여야 하고, 단순히 상품의 보관·제조·가공 등 사실행위만이 이루어지는 공장·창고 등은 영업용으로 사용하는 경우라고 할 수 없으나 그곳에서 그러한 사실행위와 더불어 영리를 목적으로 하는 활동이 함께 이루어진다면 상가건물 임대차보호법 적용대상인 상가건물에 해당한다."(대법원 2011. 07. 28. 선고 2009다40967 판결[임대차보증금])

2) 보증금액의 일정액

주택임대차와 달리 상가건물임대차는 임차보증금의 제한이 있다. 또한 차임이 있는 경우 월 단위의 차임액으로 하며, 차임액에 100을 곱한 환산금액(보증금+월차임×100)이 적용 여부 기준이 된다.

📚 부가가치세

차임 환산시 부가가치세가 포함되느냐는 사안에 따라 다르다.
① 인정되지 않음 : 임대차계약서에 '부가가치세 별도'라는 기재가 있는 경우에는 차임의 범위가 분명하므로 부가가치세가 포함되지 않는다.
② 인정 : 임대차계약서에 부가가치세에 대한 언급이 없는 경우 부가가치세를 포함하여 환산보증금을 산정해야 한다.

판례는 부가가치세액을 포함하여 산정해야 한다는 입장이다(대법원 2017. 12. 5. 선고 2017다9657 판결).

3. 대항력

1) 대항력 요건

대항력 요건

> 첫째, 상가건물의 인도
> 둘째, 사업자등록의 신청

대항력은 법 제2조 제1항 단서에도 불구하고 보증금액을 초과하는 임대차에도 적용하고, 최소 10년간 계약갱신요구권도 보장 받을 수 있다. 즉 상가임차인은 환산보증금에 관계없이 대항력요건만 갖추면 대항력과 10년간 계약갱신요구권을 행사할 수 있다.

그러나 백화점이나 대형마트, 쇼핑센터, 전문상가 등 유통산업발전법에서 규정한 대규모 점포는 적용되지 않는다.

단, 대항력과 갱신요구권은 2015년 5월 13일 이후 새로 계약하거나 갱신된 임대차부터 적용된다.

대항력에서 주의할 점은 임대차계약서의 내용과 사업자등록사항이 일치해야 할 뿐만 아니라, 임대차목적물이 등기사항증명서와 일치해야 한다.

2) 상가건물의 인도

주택임대차보호법의 주택의 인도와 같이 현실인도는 물론 간이인도, 점유개정에 의한 인도 그리고 목적물 반환 청구권에 의한 인도 등도 포함된다.

3) 사업자 등록

사업자등록이라 함은 과세 업무를 효율적으로 처리하고 납세의무자의 동태를 정확히 파악하기 위하여, 납세의무자의 사업에 관한 일련의 사항을 사업장 관할 세무서 사업자등록부에 등재하는 것을 말한다. 사업자등록에 관한 규정을 두고 있는 법률은 부가가치세법, 소득세법, 법인세법이 있다.

서울 강남구에 본점이 있는 A상사가 안성의 물류창고를 임차했다. A상사는 사업자등록을 안성세무서에 등록해야 하는가? 아니면 강남세무서에 등록된 사업자등록만으로 유효한가?
사업자등록은 각 사업장마다 해야 한다. 즉 물류창고 사업자 등록지 관할 세무서인 안성세무서에 사업자등록을 해야 A상사는 매수인에게 대항력을 주장할 수 있다.

4) 대항력 발생시기
가. 발생시기
임차인이 건물의 인도와 부가가치세법, 소득세법, 법인세법의 규정에 의한 사업자등록을 신청하면 다음날부터 대항력이 생긴다.
나. 존속요건
주택임대차보호법과 마찬가지로 사업자등록이 말소, 변경되지 않고 유지되어야 한다. 사업종류의 변경은 대항력의 존속에 영향을 미치지 않으나 소재지, 사업자의 변경은 대항력에 영향을 미쳐 대항력을 상실할 수 있다.

5) 보증금 제한 없음
2015년 5월 13일 이후 최초로 계약이 체결되거나 갱신된 임대차부터 환산보증금이 대통령령이 정하는 보증금액을 초과하는 임차인 즉 고액임차인도 대항력을 주장할 수 있다(상가건물임대차보호법 제2조 제3항).

① 환산보증금 이하 임차인

임차인이 선순위인 경우 대항력과 우선변제권을 모두 행사할 수 있으며, 후순위인 경우는 우선변제권만 행사할 수 있다.

② 환산보증금 초과 임차인

임차인이 선순위인 경우 보증금 액수에 관계없이 매수인에게 대항력을 주장할 수 있다. 그러나 대항력만 인정되는 임차인은 민사집행법 제88조 제1항의 배당요구권자에 해당되지 않아 우선변제권은 주장할 수 없다. 단, 집행력있는 정본을 구비하여 배당요구를 한 경우 일반채권자로서 배당에 참여할 수 있다.

> 상가건물임대차보호법 제2조(적용범위) ③ 제1항 단서에도 불구하고 제3조, 제10조제1항, 제2항, 제3항 본문, 제10조의2부터 제10조의8까지의 규정 및 제19조는 제1항 단서에 따른 보증금액을 초과하는 임대차에 대하여도 적용한다

4. 우선변제권

우선변제권 요건

> 첫째, 대항력 요건을 갖출 것
> 둘째, 확정일자를 받을 것
> 셋째, 배당요구를 할 것

대항력요건을 갖추고 관할세무서장으로부터 임대차계약서에 확정일자를 받은 임차인은 경매 또는 공매시 임차건물의 환가대금에서 후순위권리자 또는 그 밖의 채권자보다 먼저 보증금을 변제 받는다.

5. 최우선변제권

최우선변제권 요건

첫째, 보증금이 소액일 것
둘째, 경매기입 등기 전 대항력 요건을 갖출 것
셋째, 배당요구를 할 것

보증금 요건

1. 서울특별시   : 6,500만원 / 2,200만원
2. 과밀억제권역, 부산   : 5,500만원 / 1,900만원
3. 광역시(군지역과 부산, 인천광역시는 제외) 안산, 용인, 김포,
   광주, 파주, 화성, 세종   : 3,800만원 / 1,300만원
4. 그 밖의 지역   : 3,000만원 / 1,000만원

 부천시 원미구에 있는 상가가 경매 나왔다. 8층 중 5층으로 1억 9,600만원에서 유찰을 거듭해 6,722만원까지 떨어졌다. 보증금 1,000만원에 월 90만원의 선순위 임차인이 거주하고 있다. 임차인은 전입일자는 빠르나 확정일자가 늦어 배당을 한 푼도 못 받는다. 보증금이 1,000만원이라 최우선변제를 받을 것 같으나 실은 그렇지도 않다. 주택과 달리 상가건물임대차는 차임을 환산해야 한다. 환산금액이 1억원(보증금 1,000만원+월 90만원×100)으로 당시(2015년) 부천시의 기준금액인 5,500만원을 넘기 때문이다. 매수인이 1,000만원을 인수해야 한다.
 단, 최우선변제금액은 상가건물 임대건물가액의 2분의 1 한도내에서 우선변제권이 있다.

소액임차인 최우선변제액

(단위: 만원)

시행일	지역	보증금액	소액보증금	최우선변제금
2002. 11 .1 ~ 2008. 8. 20	서울	2억 4,000만원	4,500만원	1,350만원
	수도권 과밀억제권역	1억 9,000만원	3,900만원	1,170만원
	광역시(인천, 군 제외)	1억 5,000만원	3,000만원	900만원
	그 밖의 지역	1억 4,000만원	2,500만원	750만원
2008. 8. 21 ~ 2010. 7. 25	서울	2억 6,000만원	4,500만원	1,350만원
	수도권 과밀억제권역	2억 1,000만원	3,900만원	1,170만원
	광역시(인천, 군 제외)	1억 6,000만원	3,000만원	900만원
	그 밖의 지역	1억 5,000만원	2,500만원	750만원
2010. 7. 26 ~ 2013. 12. 31	서울	3억원	5,000만원	1,500만원
	수도권 과밀억제권역	2억 5,000만원	4,500만원	1,350만원
	광역시(인천, 군 제외)수도권 과밀억제권역 아닌 인천(군 제외),안산, 용인, 김포, 광주	1억 8,000만원	3,000만원	900만원
	그 밖의 지역	1억 5,000만원	2,500만원	750만원
2014. 1. 1 ~ 2018. 1. 25	서울	4억원	6,500만원	2,200만원
	수도권 과밀억제권역	3억원	5,500만원	1,900만원
	광역시(인천, 군 제외)수도권 과밀억제권역 아닌 인천(군 제외),안산, 용인, 김포, 광주	2억 4,000만원	3,800만원	1,300만원
	그 밖의 지역	1억 8,000만원	3,000만원	1,000만원
2018. 1. 26~ 2019. 4. 1	서울	6억 1,000만원	6,500만원	2,200만원
	과밀억제권역, 부산	5억원	5,500만원	1,900만원
	광역시(부산, 인천 제외) 과밀억제권역 아닌 인천(군 제외), 안산, 용인, 김포, 광주, 파주, 화성, 세종	3억 9,000만원	3,800만원	1,300만원
	그 밖의 지역	2억 7,000만원	3,000만원	1,000만원
2019. 4. 2~	서울	9억원	6,500만원	2,200만원
	과밀억제권역, 부산	6억 9,000만원	5,500만원	1,900만원
	광역시(부산, 인천 제외) 과밀억제권역 아닌 인천(군 제외), 안산, 용인, 김포, 광주, 파주, 화성, 세종	5억 4,000만원	3,800만원	1,300만원
	그 밖의 지역	3억 7,000만원	3,000만원	1,000만원

＊2002년 11월 1일 이전 담보물권 취득자에게는 적용 안됨
2015년 5월 13일 이후 임차인은 대항력, 계약갱신청구권, 권리금 보호 규정 등은 환산보증금 초과시에도 적용

6. 임대차기간

1) 약정

기간의 정함이 없거나 기간을 1년 미만으로 정한 임대차는 그 기간을 1년으로 본다. 다만 임차인은 1년 미만으로 정한 기간이 유효함을 주장할 수 있다.

2) 묵시적 갱신

임차인이나 임대인이 기간 만료 6월에서 1월 사이에 갱신 요구를 하지 않은 경우, 기간이 만료된 때에 전과 동일한 조건으로 다시 임대차 한 것으로 간주된다.

3) 임대차 기간은 10년을 넘을 수 있는가?

임차인은 10년 한도내에서 계약 갱신을 요구할 수 있다. 그러나 임대인이 기간 내 계약갱신 거절 의사표시를 하지 않으면, 10년이 지났더라도 임대차 기간은 1년 단위로 자동갱신 된다(대법원 2010. 6. 10. 선고 2009다64307 판결).

4) 모든 임대차에 10년 갱신요구권 보장

임대차 갱신 요구권은 환산보증금과 관계없이 모든 상가 임대차에 적용된다(2018. 10. 16. 이후 체결 또는 갱신되는 임대차부터 적용).

7. 권리금

권리금이란 임대차 목적물인 상가건물에서 영업을 하는 자 또는 영업을 하려는 자가 영업시설·비품, 거래처, 신용, 영업상의 노하우, 상가건물의 위치에 따른 영업상의 이점 등 유형·무형의 재산적 가치의 양도 또는 이용대가로서 임대인, 임차인에게 보증금과 차임 이외에 지급하는 금전 등의 대가를 말한다(상가건물임대차보호법 제10조의3 제1항).

임대인은 임대차기간이 끝나기 3개월 전부터 임대차 종료 시까지 다음 각 호의 어느 하나에 해당하는 행위를 함으로써 권리금 계약에 따라 임차인이 주선한 신규임차인이 되려는 자로부터 권리금을 지급받는 것을 방해하면 그 손해를 배상하여야 한다. 이 경우 그 손해배상액은 신규임차인이 임차인에게 지급하기로 한 권리금과 임대차 종료 당시의 권리금 중 낮은 금액이다.

　상가건물이 유통산업발전법 제2조에 따른 대규모점포 또는 준대규모점포의 일부인 경우나 국유재산이거나 공유재산인 경우는 권리금이 적용되지 않는다.

8. 상가건물임대차보호법 쟁점

1) 주택임대차보호법과 상가건물임대차보호법의 혼용

　임차 건물의 일부는 주거용으로, 일부는 상가로 사용하면서 주민등록과 사업자등록이 모두 되어 있는 경우, 주택임대차인가 아니면 상가건물임대차인가?

　양 법률을 규율하는 언급이 없어 구체적인 사안에 따라 적용해야 한다. 어느 법률의 적용이 임차인의 권리보호에 보다 유리한지 따져 적용해 볼 수 있다.

2) 사업자 등록의 유효 여부

사업자등록 신청이 수리되지 않은 경우

가. 적법한 사업자등록

　임차인이 적법하게 사업자등록에 필요한 서류를 갖추어 신청하였으나 관할 세무서장이 이를 수리하지 않은 경우, 최초 신청시에 사업자등록 신청이 있었던 것으로 본다.

나. 부적법한 사업자등록

　사업자등록에 필요한 요건을 갖추지 못하여 관할 세무서장이 그 신청을 거부 또는 반려하거나 보완을 명하는 경우, 그 요건을 갖추어 재신청하거나 보완을 한 때에 사업자등록이 있는 것으로 본다.

다. 사업자등록의 직권 말소

직권말소된 때부터 사업자등록의 효력은 상실한다. 직권말소처분이 부적법하여 관할 세무서장이 위 말소처분을 철회하거나, 취소소송에 의해 위 처분이 취소된 때는 소급효를 인정하여 처음부터 사업자등록이 유효하게 존속한 것으로 본다.

라. 사업을 폐업했으나 사업자등록은 말소하지 않은 경우

사업을 폐업한 경우는 이미 사업자의 지위를 상실하였다 할 것이므로 사업자등록이 형식적으로 존속한다 하더라도 대항력은 인정되지 않는다.

> "상가건물을 임차하고 사업자등록을 마친 사업자가 임차 건물의 전대차 등으로 당해 사업을 개시하지 않거나 사실상 폐업한 경우에는 그 사업자등록은 부가가치세법 및 상가건물 임대차보호법이 상가임대차의 공시방법으로 요구하는 적법한 사업자등록이라고 볼 수 없다."(대법원 2006. 1. 13. 선고 2005다64002 판결)

마. 폐업 신고 후 다시 사업자등록을 신청한 경우

폐업신고로 대항력이 소멸하므로 새로이 사업자등록을 신청한 때부터 대항력이 발생한다.

> "사업자등록은 대항력 또는 우선변제권의 취득요건일 뿐만 아니라 존속요건이기도 하므로, 배당요구의 종기까지 존속하고 있어야 하는 것이며, 상가건물을 임차하고 사업자등록을 마친 사업자가 폐업한 경우에는 그 사업자등록은 상가건물 임대차보호법이 상가임대차의 공시방법으로 요구하는 적법한 사업자등록이라고 볼 수 없으므로(대법원 2006. 1. 13. 선고 2005다64002 판결 참조), 그 사업자가 폐업신고를 하였다가 다시 같은 상호 및 등록번호로 사업자등록을 하였다고 하더라도 상가건물 임대차보호법상의 대항력 및 우선변제권이 그대로 존속한다고 할 수 없다."(대법원 2006. 10. 13. 선고 2006다56299 판결[배당이의])

3) 이해관계인의 사업자등록 열람

이해관계인은 임차인의 성명, 주소, 주민등록번호, 건물의 소재지, 임차목적물 및 면적, 임차보증금 및 차임, 임차기간, 사업자등록 신청일 등을 열람할 수 있다(상가건물임대차보호법 제4조 제1항).

① 임차인, 임대인 및 소유자
② 상가건물에 대한 권리를 취득하고자 하는 자

임차건물을 매수하려는 자와 담보권을 취득하고자 하는 자는 입증할 수 있는 서류를 첨부하면 된다.

③ 경매절차의 이해관계인

부동산 경매 절차의 이해관계인은 압류채권자와 집행력있는 정본에 의하여 배당요구한 채권자, 채무자 및 소유자, 등기부에 기입된 부동산 위의 권리자, 부동산 위의 권리자로서 그 권리를 증명한 사람이다. 단, 매수희망자는 이해관계인에 해당되지 않아 사업자등록을 열람할 수 없다.

4) 사업자등록의 적법 여부 판단기준

가. 부동산등기부와 임대차계약서

임대차계약서가 사업자등록의 첨부서류로써 공시되므로 임대차계약서 상 목적물의 표시가 등기부등본과 일치해야 대항력이 발생한다.

나. 사업자등록신청서와 임대차계약서

"상가건물임대차보호법 제3조 제1항은 임차인이 건물의 인도와 부가가치세법 제5조, 소득세법 제168조 또는 법인세법 제111조의 규정에 의한 사업자등록을 신청한 때에는 그 다음날부터 제3자에 대하여 효력이 생긴다." 라고 규정하고 있으므로 사업자등록인과 임차인이 동일인이 아니면 대항력이 발생하지 않는다.

다. 임대차계약서와 도면

임대차계약서에 기재된 건물의 표시와 도면에 표시된 임차목적물의 표시가 그 위치 및 면적에 있어서 다른 경우가 있다. 이때에는 임대차계약서와 도면을 비교하여 그 범위가 더 작은 쪽을 임차목적물로 판단한다.

① 원칙

사업자등록신청서에 해당 부분의 도면을 첨부해야 법의 적용을 받을 수 있다.

② 예외

일반 사회통념상 사업자등록의 도면이 없어도 제3자가 해당 임차인이 임차한 부분이 어디인지 객관적으로 명백히 인식할 수 있을 정도로 특정되어 있는 경우 법의 적용이 가능하다.

라. 임차인과 사업자등록명의인 다름

상가건물임대차보호법은 임차인과 사업자등록인이 동일인일 것을 요건으로 하고 있으므로 임차인인 사업자가 타인 명의로 사업자등록을 한 경우 대항력이 인정되지 않는다. 단, 부부 중 1인이 사업자등록명의인이고 1인은 임대차계약서상에 임차인으로 기재되어 있는 경우, 사업자등록 신청시에 임차인과 사업자등록인 사이의 관계를 소명(주민등록등본이나 호적등본)하도록 한 후 대항력을 인정할 수 있다.

마. 임대차계약서와 지번

주택임대차보호법은 주민등록에 의해 당해 지번에 임차인이 거주하는지 여부를 판단한다. 따라서 임대차계약서 상의 지번 기재가 부정확하더라도 주민등록이 정확하면 된다. 그러나 상가건물임대차보호법은 사업자등록이 주민등록을 대신하여 공시방법으로서의 역할을 담당하고 사업자등록에 있어 주소는 임대차계약서를 원용하게 된다. 결국 임대차계약서상의 지번이 공시의 유효여부를 판단하는 기준이 된다. 임대차계약서상의 지번이 등기부상의 지번과 불일치하면 대항력이 성립하지 않는다.

바. 임대차계약 내용과 사업자등록사항의 불일치

사업자등록신청서에 첨부한 임대차계약서와 등록사항현황서에 기재되어 공시된 임대차보증금 및 차임에 따라 환산된 보증금액이 상가임대차법의 보증금액 한도를 초과한 경우, 실제 임대차계약의 내용에 따라 환산된 보증금액이 기준을 충족하더라도, 임차인은 대항력을 주장할 수 없다.

이는 임대차계약이 변경되거나 갱신되었는데 임차인이 사업자등록정정신고를 하지 아니하여 등록사항현황서 등에 기재되어 공시된 내용과 실제 임대차계약의 내용이 불일치하게 된 경우에도 마찬가지다(대법원 2016. 6. 9. 선고 2013다215676 판결).

임대차계약이 실제로는 차임 없이 임대차보증금 1억 5,000만원의 임대차계약으로 변경되었다. 그러나 등록사항현황서 등에 공시된 각 임대차보증금(1억 5,000만원) 및 차임(200만원)에 따라 환산된 보증금액은 3억 5,000만원이다. 상가임대차법의 적용대상인(2008년 2월) 서울지역 환산 보증금액 한도인 2억 4,000만원을 초과하여, 임차인은 매수인에게 대항력을 주장할 수 없다.

5) 구분건물을 통합하여 하나의 상가로 사용

상가건물의 한 층에 각각 10개의 호실이 있다. 한 층을 통째로 계약해서 임차보증금이 환산보증금을 초과하는 경우 또는 2~3개 호를 점유하고 있지만 역시 임차보증금이 환산보증금을 초과하는 경우가 있다. 이런 경우 임차인의 대항력 유무는 보증금을 1개 호실로 안분하여 적용 받는가? 아니면 임대차계약서 대로 전체를 1개 호실로 보고 적용 받는가?

두 가지 경우의 수로 해석할 수 있다.

첫째, 10개 호수가 독립하여 구분등기가 된 건물을 임대인이 통합하여 하나의 상가로 개조하여 계약서를 작성한 경우.

구분등기에 따라 호수별로 임대차계약을 하면 법의 보호를 받을 수 있는데, 단지 계약서를 하나로 작성했다는 이유만으로 임대차를 부정하면 가혹하다는 견해와 상가건물임대차보호법 입법취지 등을 감안해 배제해야 한다는 견해가 있다. 그러나 실무에서는 배제가 다수이다.

둘째, 구분상가 소유자가 각각 다르고 계약도 개별적으로 한 경우.

임차인이 이를 통합하여 대형마트나 헬스장 등 하나의 상가로 사용하는 경우 상가건물임대차보호법이 적용된다. 즉 임차인이 법의 보호를 받으려면 구분등기된 호수별로 임대차계약을 체결해야 한다.

6) 소유권 양도시 임대인과 임대차계약 새로 체결시 대항력

임차인이 대항력(2010년 7월 22일 사업)과 우선변제권(2010년 7월 22일 확정)을 취득한 후에 임차건물의 소유권이 제3자에게 양도된 경우(2010년 9월 28일), 임차인은 새로운 소유자에게 대항력과 우선변제권을 주장할 수 있다. 그런데 임차인이 새로운 소유자와 종전 임대차계약의 효력을 소멸시키려는 의사로 임대차계약을 새로 작성하면(2010년 9월 29일 사업, 확정), 종전 임대차 계약은 그 효력을 상실하여 종전 임대차계약에 터 잡은 대항력과 우선변제권은 소멸한다. 따라서 임차인은 새로운 소유자(2010년 9월 28일 근저당)에게 대항력과 우선변제권을 주장할 수 없다.

> "임차인이 상가건물임대차보호법상의 대항력 또는 우선변제권 등을 취득한 후에 목적물의 소유권이 제3자에게 양도된 다음 새로운 소유자와 임차인이 종전 임대차계약의 효력을 소멸시키려는 의사로 별개의 임대차계약을 새로이 체결한 경우, 임차인이 종전 임대차계약을 기초로 발생하였던 대항력 또는 우선변제권 등을 새로운 소유자 등에게 주장할 수 없다."(대법원 2013. 12. 12. 선고 2013다211919 판결)

된장찌개 식당을 운영하는 최씨는 바뀐 상가 주인의 솔깃한 제안에 마음이 흔들렸다. 기존 임차보증금 1억 4,000만원을 그대로 유지할 뿐만 아니라 권리금 6,000만원도 인정해주겠다는 제안 때문이다. 대신 건물주가 은행 대출을 최대한 받을 수 있도록 새로 임대차 계약을 체결하는 조건이다. 고민 끝에 최씨는 건물주의 제안을 받아들여 계약서를 새로 작성하고 세무서에 사업자등록과 확정일자도 받았다. 그러나 기쁨은 채 9개월을 넘기지 못했다. 경매가 진행된 것이다. 최씨는 1억 4,000만원의 보증금 중 약 240만원만 배당 받았다. 결국 최씨는 권리금 6,000만원도 잃고 보증금 1억 3,760만원도 날렸다.

7) 양수인은 승계 이전의 차임연체를 이유로 임대차계약을 해지할 수 없다

양수인은 연체차임채권을 양수받지 않은 이상, 임차인이 양도인에게 밀린 차임을 이유로 임대차계약을 해지할 수 없다.

> "임대인 지위가 양수인에게 승계된 경우 이미 발생한 연체차임채권은 따로 채권양도의 요건을 갖추지 않는 한 승계되지 않고, 따라서 양수인이 연체차임채권을 양수받지 않은 이상 승계 이후의 연체차임액이 3기 이상의 차임액에 달하여야만 비로소 임대차계약을 해지할 수 있다."(대법원 2008. 10. 09. 선고 2008다3022 판결[건물인도 등])

8) 1동 건물을 주거용과 상업용으로 일괄 임차한 경우

임차인이 1동의 건물을 일괄 임차하여 건물의 일부는 주거용으로 일부는 상업용으로 사용하는 경우가 있다. 이 경우 실무상 주택임대차보호법과 상가건물임대차 보호법을 어떻게 적용할 것인가 즉 대항력의 범위와 배당을 어떻게 할 것인가가 문제다. 예를 들어 임차인 갑이 서울 노원구에 소재하는 3층짜리 근린주택 전부를 2010년 2월 17일 임차보증금 2억 5,000만원 및 월세 350만원에 임차하여 1, 2층은 식당으로 3층은 주거용으로 점유하고 있다. 1, 2층에 대하여는 2010년 2월 17일 관할 세무서에 확정일자를 받았으나, 3층은 같은 날 전입신고는 하였지만 확정일자는 받지 않았다.

2010년 3월 21일 하나은행에서 채권최고액 4억 8,000만원의 근저당권을 설정하였다.

사례처럼 주거용과 상업용이 혼재된 건물이 일괄 감정평가된 경우, 임차보증금을 산정하기가 쉽지 않다. 일반적인 실무예인 면적 기준에 따라 각 용도별로 임차보증금 및 월세 그리고 매각대금을 나누면 다음과 같다.

구 분		상가(1,2층)	주택(3층)	계
면적		70.0%	30.0%	100%
감정가액		525,000,000	225,000,000	750,000,000
감정가액	토지(60%)	315,000,000	135,000,000	750,000,000
	건물(40%)	210,000,000	90,000,000	
매각대금		245,000,000	105,000,00	350,000,000
임차보증금		175,000,000	75,000,000	250,000,000
월세		2,450,000	1,050,000	3,500,000
환산보증금		420,000,000		

말소기준등기가 2010년 3월 21일 이므로 갑은 주택임차인과 상가건물임차인 모두 외견상 대항력이 있는 것처럼 보인다. 그러나 상가건물은 환산보증금이 4억 2,000만원으로 2010년 당시 서울지역 환산보증금 2억 6,000만원을 초과하여 상가건물임대차보호법의 적용을 받을 수 없다. 즉 매수인에게 대항력을 행사할 수 없다. 반면 주택임차인의 지위에서는 갑은 매수인에게 대항력을 행사할 수 있다. 행사 금액은 임차보증금 2억 5,000만원 중 주택에 해당하는 7,500만원이다. 갑은 당시 서울지역 최우선변제금액인 6,000만원을 초과하여 매각대금에서는 배당을 받을 수 없다.

주택임대차보호법과 상가건물임대차보호법 비교

chapter 03

내 용	주택임대차보호법	상가건물임대차보호법
건물용도	주거용	주된 부분이 영업용
적용범위	무허가, 미등기 건물도 적용	사업자등록의 대상이 되는 건물
공시방법	주택인도와 주민등록	상가건물의 인도와 사업자등록
대항력	제한없음	제한없음
우선변제	제한없음	서울 : 9억원 과밀억제권역, 부산 : 6억 9,000만원 광역시(부산, 인천 제외) 안산, 용인, 김포, 광주, 파주, 화성, 세종 : 5억 4,000만원 그밖의 지역 : 3억 7,000만원
최우선변제	주택가액의 1/2	임대건물가액의 1/2
확정일자 받는기관	법원, 등기소, 공증인사무소 읍·면·동사무소	관할세무서
보호대상	자연인(법인은 일부 포함)	사업자등록을 한 개인 또는 법인
계약기간	2년, 최장 4년	1년, 최장 10년간 보장
임대료 인상	연 5%	연 5%
보증금 월세 전환이율	2.5%	12%
계약해지 사유	2회 이상 차임 연체	3회 이상 차임 연체
임차권 승계	사실혼 배우자 인정	승계제도 없음
임차권 등기	가능	가능
묵시적갱신 해지통고	3월 후 효력 발생	3월 후 효력 발생
최우선 변제금액	서울 : 1억 6,500만원/5,500만원 과밀억제권역, 용인, 화성, 세종, 김포 : 1억 4,500만원/4,800만원 광역시(인천, 군 제외) 안산, 광주, 파주, 이천, 평택 : 8,500만원/2,800만원 그밖의 지역 : 7,500만원/2,500만원	서울 : 6,500만원/2,200만원 과밀억제권역, 부산 : 5,500만원/1,900만원 광역시(부산, 인천 제외) 안산, 용인, 김포, 광주, 파주, 화성, 세종 : 3,800만원/1,300만원 그밖의 지역 : 3,000만원/1,000만원

PART 03

권리분석 마무리

chapter 01 전세권

1. 전세권이란

전세권이란 전세금을 지급하고 타인의 부동산을 점유하여 그 부동산의 용도에 따라 사용·수익하며, 그 부동산 전부에 대하여 후순위권리자 기타 채권자보다 전세금을 먼저 받을 수 있는 권리다(민법 제303조 제1항).

> 민법 제303조(전세권의 내용) ① 전세권자는 전세금을 지급하고 타인의 부동산을 점유하여 그 부동산의 용도에 좇아 사용·수익하며, 그 부동산 전부에 대하여 후순위권리자 기타 채권자보다 전세금의 우선변제를 받을 권리가 있다.

2. 전세권과 임차권 중 하나를 선택 한다면

임차인이 전세권과 임차권 중 하나만 선택해야 한다면 당연히 물권인 전세권이 좋은 제도다. 그러나 경매를 염두에 뒀을 때는 오히려 임차권이 더 유리하다. 임차인 입장에서는 굳이 집주인이 꺼려하는 전세권보다 전입과 동시에 확정일자를 받는 것이 보증금을 지키는 가장 좋은 방법이다.

단, 상가건물 임차인은 보증금의 제한이 있으므로 보증금이 한도 금액을 넘을 때는 전세권이 더 유리하다.

전세권과 주택임차권 비교

항목	전세권(민법 제303조)	주택임차권(주택임대차보호법)
방법	건물등기부에 등기	임대차계약서에 확정일자인 날인
취급 관공서	등기과(소)	등기과(소), 공증사무소, 동사무소, 구청
임대인 협력	임대인 동의 요	임차인 단독
비용	등록세(전세금의 0.2%) 교육세(등록세의 20%)	600원~1,000원
거주(전입신고)	거주, 전입신고는 요건 아님	거주 및 전입신고가 요건
효력범위	건물, 제3자 효력승계 가능, 임대인 동의없이 전전세 가능	대지, 건물 전부 제3자 효력승계 불가능
경매신청	소송 없이 바로 경매신청	지급명령 결정문이나 소송에서 판결문 받아야 가능
존속기간	최단 1년, 최장 10년	최단 2년, 최장은 제한없음
대항력 기산일	전세권 설정일 즉시	주택인도 + 주민등록 다음날 0시
우선변제 기산일	전세권 설정일 즉시	대항력 + 확정일자 중 늦은 날
최우선변제	불가	가능
선순위(배당요구시)	소멸	인수

3. 임차권이 전세권보다 좋은 점

첫째, 비용 저렴
확정일자는 보증금에 관계없이 600원이다(정액제). 반면 전세권은 전세보증금의 0.24%에 해당하는 등록비용이 든다(정률제).

둘째, 대항력
선순위 임차인은 어떤 경우든 보증금 전액을 보호 받는다. 반면 선순위 전세권자가 배당요구나 경매신청을 하면, 배당에서 부족분이 발생하더라도 이를 매수인에게 받을 수 없다.

셋째, 효력(단독주택)
임차권은 대지, 건물에 효력이 미쳐 모두에서 배당을 받을 수 있다. 전세권은 건물에만 효력이 미쳐 건물분에서 배당을 받는다. 단, 집합건물의 전세권은 전유부분의 종된 권리인 대지권까지 효력이 미친다.

넷째, 최우선변제권
주택임차인은 보증금이 소액일 경우 최우선변제를 받을 수 있다. 반면 전세권자는 보증금이 소액이더라도 최우선변제를 받을 수 없다.

다섯째, 이중배당
임차권 등기명령이후 대항력 요건을 갖춘 임차인은 보증금이 소액이더라도 최우선변제를 받을 수 없다. 반면 전세권이 설정된 주택의 임차인은 보증금이 소액이면 전세권자보다 먼저 배당을 받을 수 있다.

사건번호	주 소	면 적(㎡)	감정평가	임차관계	등기부상 권리관계
11-31645 단독주택 이영진 한정우 한정우 대 462,645,000 건 641,455,200	대구 동구 신암동 ○○○-14 · 파티마삼거리남동측 · 주상복합,단독,원룸 근린생활시설혼재 · 차량출입용이 · 세장형토지 · 일반상업지역 · 남서측10m도로 접함	대지 342.7㎡ (103.67평) 건물 · 1층계단실,부속경비실 32.91 · 2층의원 214.5 · 3층사무소 214.5 · 4층사무소 214.5 · 5층주택 122.95 · 5층의원 91.55 5층 2009.07.09 보존	1,104,100,200 미래새한감정 (12.01.04) 772,870,000 유찰 12.06.20 낙찰 12.07.23 915,000,000 (83%) 5명 2위 911,060,000	이은영 전입09.12.30 확정09.12.30 배당11.12.20 45,000,000 강성수 전입10.12.15 확정10.12.15 배당11.12.19 50,000,000 전용일 전입11.05.02 확정11.05.02 배당11.12.20 20,000,000 배당요구종기 12.02.24	근저 대구축협 2009.07.09 650,000,000 근저 이영진 2009.07.22 130,000,000 전세 구희천 2010.01.11 50,000,000 전세 조용수 2011.07.13 45,000,000 전세 임정택 2011.11.15 17,000,000 전세 박호일 2011.11.15 17,000,000 임의 이영진 2011.12.15 청구 100,000,000 등기부채권총액 1,061,000,000

말소기준등기는 2009년 7월 9일 대구축협 근저당권이다.

전세권자 구희천, 조용수, 임정택, 박호일 그리고 임차인 이은영, 강성수, 전용일 등은 모두 대항력이 없다. 그러나 2009년 7월 당시 대구는 보증금이 5,000만원 이하면 1,700만원까지 최우선변제를 받을 수 있다.

이은영과 강성수, 전용일은 소액임차인에 해당 돼 각각 1,700만원씩 배당 받았다. 그러나 전세권자인 구희천, 조용수, 임정택, 박호일은 전세보증금이 5,000만원 이하였지만 배당에서 한 푼도 못 받았다. 전세권은 최우선변제 규정이 없기 때문이다.

4. 전세권의 존속기간

전세권의 존속기간은 당사자간 약정으로 정할 수 있다.

존속기간은 최장기 10년을 넘을 수 없으며 주택은 1년 미만의 전세권을 설정할 수 없다. 기간을 1년 미만으로 정한 경우 1년으로 본다.

기간의 정함이 없는 전세권은 각 당사자가 언제든지 상대방에 대하여 전세권의 소멸을 통고할 수 있고, 상대방이 그 통고를 받은 날로부터 6월이 경과하면 전세권은 소멸한다.

또, 전세기간이 만료되면 전세권은 당사자 사이의 약정에 의하든 법정에 의하든 갱신할 수 있다.

법정갱신이란 전세권설정자(건물주)가 전세권의 존속기간 만료 전 6월부터 1월까지 사이에 전세권자에게 갱신거절의 통지 또는 조건을 변경하지 아니하면 갱신하지 아니한다는 뜻의 통지를 하지 않은 경우, 그 기간이 만료된 때에 전 전세권과 동일한 조건으로 다시 전세권이 설정된 것으로 본다. 법적 갱신에 의해 전세권의 존속기간이 연장되면 새로 등기를 하지 않더라도 제3자에게 대항할 수 있다. 단, 기간에 관하여는 존속기간의 정함이 없는 것으로 본다. 따라서 전세권자든 집주인이든 언제든지 전세권의 소멸통보를 할 수 있으며, 소멸통보를 받은 후 6개월이 지나면 전세권은 소멸된다.

5. 전세권자의 권리와 의무

전세권자가 목적물을 위하여 지출한 유익비에 대하여는 그 목적물 가액의 증가가 현존하는 경우에 한하여 소유자의 선택에 따라 그 지출액 또는 증가액의 상환을 청구할 수 있다.

단, 전세권자는 목적물의 현상을 유지하고, 그 통상의 관리에 속한 수선의 의무가 있기 때문에 필요비상환청구권은 인정되지 않는다.

6. 전세권 권리분석

가. 후순위 전세권 : 소멸

서울시 강남구 대치동에 있는 우성아파트 $200m^2$가 33억원에 경매 나왔다. 전세보증금이 10억원이다. 그러나 임차인은 후순위 전세권자로 소멸 대상일 뿐만 아니라 배당순위도 밀려 전세보증금을 한 푼도 받지 못했다.

후순위 전세권은 경매절차에서 전세보증금을 배당 받건 배당 받지 못하건, 존속기간이 남아있건 만료됐건 소멸한다.

나. 선순위 전세권

서울시 성북구 성북동에 있는 다세대 주택이 1억 2,000만원에서 연거푸 유찰돼 4,915만원 대로 뚝 떨어졌다.

그 사이 세 사람이 낙찰을 받았으나 모두 매수보증금만 날렸다.

1차 매각은 1억 2,000만원에서 1회 유찰 후 3명이 참여해 1억 2,199만원에 낙찰됐으나 매수인이 대금을 납부하지 않아 보증금 960만원이 몰수되었다.

2차 매각은 9,600만원에 2명이 참여해 1억 4,333만 3,300원에 낙찰됐으나 역시 잔금을 납부하지 않아 보증금 1,920만원(재매각은 보증금이 20%)이 몰수되었다.

3차 매각은 한 번 더 유찰돼 최저매각가가 7,680만원. 3명이 참여해 1억 1,300만원에 매각됐으나 매수인이 또 대금을 납부하지 않아 보증금 1,536만원을 날렸다.

도대체 어떤 권리가 숨어 있길래 번번이 매수인이 보증금을 포기했을까?
말소기준등기는 2006년 12월 11일 강제경매개시결정 등기다. 그러나 2005년 3월 7일 전세권 7,000만원이 설정되어 있다. 선순위 전세권이다.
전세권의 존속기간은 이미 지났다. 그러나 선순위 전세권자가 배당요구를 하지 않아 매수인은 매각가 외 7,000만원을 인수해야 한다.
이런 사정을 모른 순진한(?) 형제·자매들이 용감하게 참여했다가 인수 사실을 알고 장렬하게 전사하셨다.
그런데 정말 한심하고 안타까운 것은 이런 물건에 2명 이상의 경합자가 있다. 도대체 뭘 믿고 참여한 건지.

선순위 전세권의 권리분석은 다음과 같다.

① 원칙 – 인수
선순위 전세권은 존속기간이 남았든 아니면 존속기간이 지났든 매수인이 인수해야 한다.

② 예외 – 소멸
선순위 전세권이 실무에서 소멸되는 경우는 두 가지 뿐이다.
첫째, 배당요구
배당요구를 하면 역시 소멸된다. 선순위 전세권자가 존속기간의 이익을 포기하고 전세 보증금을 돌려 받겠다는 의사표시인 배당요구를 하면 선순위 전세권은 소멸된다.

둘째, 경매 신청

선순위 전세권자가 전세 보증금을 받기 위해 경매를 신청한 경우다.

전세권은 특수한 용익물건으로 담보물권의 성질도 있다. 즉, 전세권은 저당권처럼 후순위 권리자보다 먼저 배당을 받을 뿐만 아니라 전세권에 기해 경매신청을 할 수 있다. 이 경우 선순위전세권은 존속기간 유무에 관계없이 매각으로 소멸된다.

③ 선순위 전세권자가 못 받은 전세보증금은 어떻게 되나

선순위 전세권자의 보증금이 2억원인데 매각대금이 1억 5,000만원이다. 5,000만원은 어떻게 되나?

배당받지 못한 전세금은 무담보 채권으로 전세권자는 전세권설정자의 다른 재산에 대해 가압류 후 강제집행을 거쳐 회수해야 한다. 그러나 경매를 당한 집주인의 다른 재산이 있기를 기대하는 것은 어려운 일. 사실상 회수 불능이라고 봐야 한다.

바로 이점이 대항력있는 임차권과 선순위 전세권의 가장 큰 차이다.

만약 선순위 전세권자가 못 받은 전세금을 이유로 인도 요구에 불응할 경우 매수인은 인도명령으로 다툴 수 있다.

다. 경매에서 전세권이 소멸되는 경우

첫째, 후순위 전세권
둘째, 선순위 전세권자가 배당요구
셋째, 선순위 전세권자가 경매 신청

7. 전세권의 말소기준등기 요건

전세권은 제한적으로 말소기준등기가 될 수 있다. 즉, 전세권이 건물 전부에 설정된 상태에서, 전세권자가 경매신청을 하거나 아니면 다른 채권자가 신청한 경매사건에 배당요구를 하면 말소기준등기가 된다.
① 건물전부 설정
② 배당요구
③ 경매신청 ⇒ ① + ② 또는 ① + ③

8. 전세권자의 이중적 지위

주택임대차보호법상 대항력 있는 임차인이 임차주택에 대하여 전세권 등기까지 한 경우, 임차인은 전세권자로서의 지위와 대항력 있는 임차인으로서의 지위 중 유리한 지위를 선택할 수 있다.

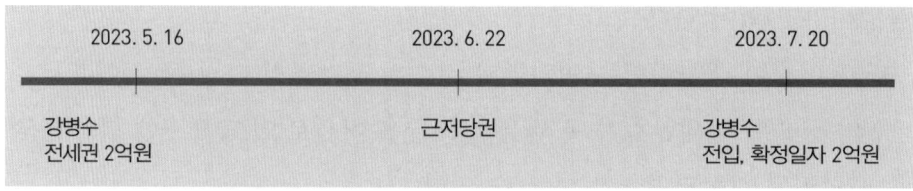

임차인 강병수는 2023년 5월 16일 보증금 2억원에 전세권을 설정하였다. 강병수는 전세권 설정을 한 것만으로 안심이 되지 않자 7월 20일 전입 후 확정일자까지 받았다. 강병수의 전세권 설정일(2023년 5월 16일 9시)은 말소기준등기(2023년 6월 22일)보다 빨라 전세보증금은 전액 보호된다.

단, 사례에서 입찰참여자가 주의해야 할 점이 있다. 강병수는 배당요구를 임차권자의 지위에서 할 수 있고, 전세권자로서 할 수도 있다. 강이 전세권자의 지위에서 배당요구를 하면 전세권은 매각으로 소멸된다. 반면 임차인의 지위에서 배당요구를 하면 전세권은 소멸하지 않는다. 강이 배당에서 전액 배당(2억원)을 받으면 문제가 없지만 부족분이 발생하면 그 금액만큼 매수인이 인수해야 한다. 매각물건명세서의 점유자 현황란을 꼼꼼히 확인해야 한다.

> "주택임차인으로서 우선변제를 받을 수 있는 권리와 전세권자로서 우선변제를 받을 수 있는 권리는 그 근거규정과 성립요건을 달리 하는 별개의 권리이기 때문이다."(대법원 1993. 12. 24. 선고 93다39676 판결)

9. 전세권자는 확정일자를 안 받아도 된다

임대차 계약을 체결한 임차인이 자신의 지위를 강화하기 위한 방편으로 전세권까지 설정한 경우 당사자, 목적물, 보증금액이 같으면 전세권설정 계약서를 원래의 임대차 계약서로 볼 수 있다. 이 때, 임대차계약서에 확정일자를 받지 않았더라도 전세권설정서 위의 접수인을 확정일자로 보고 대지 및 건물 전부에 대해 배당을 받을 수 있다.

> "등기필증에 찍힌 등기관의 접수인은 첨부된 등기원인계약서에 대하여 확정일자에 해당한다고 할 것이므로, 위와 같은 전세권설정계약서가 첨부된 등기필증에 등기관의 접수인이 찍혀 있다면 그 원래의 임대차에 관한 계약증서에 확정일자가 있는 것으로 보아야 할 것이고, 이 경우 원래의 임대차는 대지 및 건물 전부에 관한 것이나 사정에 의하여 전세권설정계약서는 건물에 관하여만 작성되고 전세권등기도 건물에 관하여만 마쳐졌다고 하더라도 전세금액이 임대차보증금액과 동일한 금액으로 기재된 이상 대지 및 건물 전부에 관한 임대차의 계약증서에 확정일자가 있는 것으로 봄이 상당하다."(2002. 11. 8 2001다51725 판결)

10. 전세권자와 임대차 계약을 체결한 전차인 최우선변제 여부

전차인이 임차보증금을 소액으로 전세권자와 임대차 계약을 체결한 경우 최우선변제를 받을 수 있다. 단, 이 때 전대인(전세권자)이 주택임대차보호법 제8조에 의한 소액임차인이어야 한다.

11. 건물 일부에 대한 전세권

건물의 일부를 목적으로 하는 전세권은 목적물인 건물부분에 한하여 그 효력이 미친다. 따라서 일부 전세권이 임차인이 대항력을 취득하기 전에 설정되었다가 경매로 인하여 소멸된다 하여도, 목적물이 아닌 부분에 대한 임차권은 소멸되지 않는다.

건물 일부에 대한 전세권자의 경매신청 방법

첫째, 전세권에 기한 임의경매로 전세권자는 건물 일부에 대해서만 경매를 신청할 수 있다. 그러나 배당은 건물 전부에 대하여 우선변제권이 있다.

둘째, 전세보증금반환청구소송을 제기하여 건물 전부에 대하여 강제경매를 신청하는 경우다.

12. 선순위 전세권자가 배당요구를 하지 않은 경우, 전세권부 근저당권자 배당 여부

선순위 전세권이 존속기간 만료 전인지, 만료 후인지에 따라 해석이 달라진다.

① 전세권의 존속기간 만료 전 : 배당 불가

선순위 전세권은 배당요구를 하지 않으면 매수인이 인수해야 한다. 따라서 전세권을 목적으로 한 저당권도 인수된다고 보아야 하므로 전세권의 존속기간 만료 전에는 전세권부 저당권자는 전세금에 대하여 압류 및 전부명령 또는 추심명령으로 집행을 할 수 없다.

② 전세권의 존속기간 만료 후 : 배당 가능

선순위 전세권자가 배당요구를 하지 않은 경우, 전세권부 저당권자는 전세기간이 만료된 후 채권 압류 및 전부, 추심명령을 받아 배당금을 수령할 수 있다.

13. 전세권의 효력발생일은 등기일인가? 존속기간 시작일인가?

말소기준등기일은 2015년 2월 16일이다. 전세권등기일은 2015년 2월 13일이고 전세권 존속기간 시작일은 2015년 2월 24일이다. 전세권자는 매수인에게 대항력을 주장할 수 있는가?

전세권은 당사자 사이에 설정 계약과 등기에 의하여 성립하고 취득한다. 설정계약상 존속기간 시작일이 도래하지 않더라도 전세권의 설정등기가 가능하다. 전세권의 존속기간은 전세권설정등기 신청서의 필수적 기재사항이 아니다. 전세권자는 매수인에게 대항력을 주장할 수 있다.

> "전세권자는 전세금을 지급하고 타인의 부동산을 점유하여 그 부동산의 용도에 좇아 사용·수익하며, 그 부동산 전부에 대하여 후순위권리자 기타 채권자보다 전세금의 우선변제를 받을 권리가 있다(민법 제303조 제1항). 이처럼 전세권이 용익물권적인 성격과 담보물권적인 성격을 모두 갖추고 있는 점에 비추어 전세권 존속기간이 시작되기 전에 마친 전세권설정등기도 특별한 사정이 없는 한 유효한 것으로 추정된다. 한편 부동산등기법 제4조 제1항은 '같은 부동산에 관하여 등기한 권리의 순위는 법률에 다른 규정이 없으면 등기한 순서에 따른다.'라고 정하고 있으므로, 전세권은 등기부상 기록된 전세권설정등기의 존속기간과 상관없이 등기된 순서에 따라 순위가 정해진다." (대법원 2018. 1. 25. 자 2017마1093 결정)

14. 전세권과 임차권의 지위를 겸하는 경우

선순위 전세권 등기 후 근저당권 등이 없는 상태에서 전세권설정계약과 동일성이 인정되는 임대차계약을 체결하여 대항요건을 갖추었다면, 임차인은 전세권자의 지위와 임차권자의 지위를 함께 가지게 된다. 전세권자가 경매절차에서 배당요구를 하면 전세권은 말소기준등기가 되어 매각으로 소멸하게 된다. 이 때 임차권자가 변제받지 못한 보증금에 대하여 매수인에게 대항력을 주장할 수 있느냐다. 임차권은 후순위일지라도 변제 받지 못한 보증금에 기하여 대항력을 행사할 수 있다. 전세권이 조건부 말소기준등기가 되는 또 다른 이유다.

"주택에 관하여 최선순위로 전세권설정등기를 마치고 등기부상 새로운 이해관계인이 없는 상태에서 전세권설정계약과 계약당사자, 계약목적물 및 보증금(전세금액) 등에 있어서 동일성이 인정되는 임대차계약을 체결하여 주택임대차보호법상 대항요건을 갖추었다면, 전세권자로서의 지위와 주택임대차보호법상 대항력을 갖춘 임차인으로서의 지위를 함께 가지게 된다. 이러한 경우 전세권과 더불어 주택임대차보호법상의 대항력을 갖추는 것은 자신의 지위를 강화하기 위한 것이지 원래 가졌던 권리를 포기하고 다른 권리로 대체하려는 것은 아니라는 점, 자신의 지위를 강화하기 위하여 설정한 전세권으로 인하여 오히려 주택임대차보호법상의 대항력이 소멸된다는 것은 부당하다는 점, 동일인이 같은 주택에 대하여 전세권과 대항력을 함께 가지므로 대항력으로 인하여 전세권 설정 당시 확보한 담보가치가 훼손되는 문제는 발생하지 않는다는 점 등을 고려하면, 최선순위 전세권자로서 배당요구를 하여 전세권이 매각으로 소멸되었다 하더라도 변제받지 못한 나머지 보증금에 기하여 대항력을 행사할 수 있고, 그 범위 내에서 임차주택의 매수인은 임대인의 지위를 승계한 것으로 보아야 한다."(대법원 2010. 7. 26. 자 2010마900 결정)

임차권등기명령 제도

chapter 02

 서울에 거주하는 회사원 하관수씨는 군산 공장으로 발령을 받고 고민에 빠졌다. 임대차 존속기간이 훌쩍 지났음에도 집주인으로부터 보증금을 돌려 받지 못해서다. 보증금을 받지 못한 상황에서 이사를 가면 대항력을 잃게 되고, 그렇다고 보증금을 지키기 위해 사표를 낼 수는 더욱 없는 일.
 그러나 하씨가 보증금도 지키면서 맘 놓고 군산으로 전근 갈 수 있는 제도가 있다. 임차권등기명령 제도다(주택임대차보호법 제3조의3).
 임차권등기명령이란 임차인이 임대차기간이 만료 된 후, 임대인으로부터 보증금을 반환 받지 못했을 때, 단독으로 임차권등기를 하면 대항력과 우선변제권이 유지돼 자유롭게 이주할 수 있는 제도다(1999. 3. 1. 신설).

> **주택임대차보호법 제3조의3 (임차권등기명령)** ① 임대차가 끝난 후 보증금을 반환 받지 못한 임차인은 임차주택의 소재지를 관할하는 지방법원·지방법원지원 또는 시·군 법원에 임차권등기명령을 신청할 수 있다.

> ② 임차권등기명령의 신청서에는 다음 각 호의 사항을 적어야 하며, 신청의 이유와 임차권등기의 원인이 된 사실을 소명하여야 한다.
> 1. 신청의 취지 및 이유
> 2. 임대차의 목적인 주택(임대차의 목적이 주택의 일부분인 경우에는 해당 부분의 도면을 첨부한다)
> 3. 임차권등기의 원인이 된 사실(임차인이 제3조제1항 또는 제2항에 따른 대항력을 취득하였거나 제3조의2제2항에 따른 우선변제권을 취득한 경우에는 그 사실)
> 4. 그 밖에 대법원규칙으로 정하는 사항

1. 요건

> 첫째, 임대차 계약 종료
> 둘째, 보증금 반환받지 못했을 때
> 셋째, 임차인 단독 신청

존속기간의 만료든 아니면 합의해지 등 기간 만료 전 어떤 사유에 의해서 종료됐든 임대차의 종료 이유는 묻지 않는다.

보증금은 전액을 반환 받지 못한 경우는 물론 일부 못 받아도 가능하다.

2. 절차

임차인이 임차주택의 소재지를 관할하는 지방법원·지방법원 지원 또는 시·군 법원에 임차권등기명령 신청(신청취지 및 이유, 주택의 특정, 임차권 등기의 원인이 된 사실 등을 기재)을 한다.

　임차권등기명령은 판결에 의한 때에는 선고를 한 때에, 결정에 의한 때에는 임대인에게 고지를 한 때에 효력이 발생한다(임차규칙 제4조).

　법원은 임차권등기명령의 효력이 발생하면 임차주택의 소재지를 관할하는 등기소에 지체없이 재판서 등본을 첨부하여 임차권등기의 기입을 촉탁한다.

　등기관은 건물등기부에 임차권등기의 기입을 하여야 한다.

3. 대상

가. 실질적으로 주거용으로 사용하면 가능

나. 미등기나 무허가건물(불법건축물) 불가

　공부상으로는 비록 공장이나 사무실, 상가, 오피스텔 등으로 등재되어 있어도 내부구조를 변경하여 주거용으로 사용하고 있으면 임차권등기명령이 가능하다. 주거용으로 사용하고 있다는 것을 사진이나 도면 등을 통해 증명하면 된다.

　임차권등기명령은 주민등록 요건이 아니기 때문에 건축물관리대장상 주거용이 아니어서 전입신고를 할 수 없더라도 임차권등기명령은 가능하다.

다. 주택의 일부분을 임차한 경우에도 가능

4. 효력

1) 종전의 대항력과 우선변제권 유지

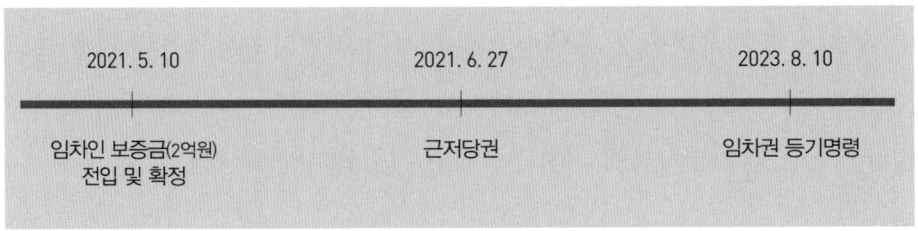

임차인이 2023년 8월 10일 임차권등기명령을 하고 이사를 갔다. 임차권등기명령일인 2023년 8월 10일 새로운 대항력과 우선변제권이 생긴다. 말소기준등기일이 2021년 6월 27일이어서 일견 대항력과 우선변제권이 없는 것처럼 보인다. 그러나 임차권등기 이전에 이미 대항력과 우선변제권을 취득한(2021년 5월 11일) 경우, 그대로 인정 받기 때문에 맘 놓고 새 집에서 살아도 된다.

주의할 점은 위와 같은 효력은 임차권등기가 완료된 시점부터 발생하므로 임차권등기명령을 신청한 후 바로 이사나 전출을 하여서는 안된다.

2) 임차권등기명령 후 소액임차인 최우선변제 불가

새로 전입한 임차인은 주택임차권등기가 말소되지 않는 한, 보증금이 소액이더라도 최우선변제권은 없고 순위에 따른 우선변제권만 있다.

3) 임대인의 임차보증금반환의무와 임차인의 임차권등기 말소의무

임대인의 임차보증금반환의무와 임차인의 임차권등기 말소의무는 동시이행관계가 아니다. 임대인의 보증금 반환의무가 임차인의 임차권등기 말소의무보다 먼저 이행되어야 한다.

> "임차권등기는 이미 임대차계약이 종료하였음에도 임대인이 그 보증금을 반환하지 않는 상태에서 경료되게 되므로, 이미 사실상 이행지체에 빠진 임대인의 임대차보증금의 반환의무와 그에 대응하는 임차인의 권리를 보전하기 위하여 새로이 경료하는 임차권등기에 대한 임차인의 말소의무를 동시이행관계에 있는 것으로 해석할 것은 아니고, 특히 위 임차권등기는 임차인으로 하여금 기왕의 대항력이나 우선변제권을 유지하도록 해 주는 담보적 기능만을 주목적으로 하는 점 등에 비추어 볼 때, 임대인의 임대차보증금의 반환의무가 임차인의 임차권등기 말소의무보다 먼저 이행되어야 할 의무이다."(대법원 2005. 6. 9. 선고 2005다4529 판결)

4) 임차권등기명령의 배당순위

임차권등기명령 전 대항력과 우선변제권을 갖추면, 그 시점을 기준으로 배당 받는다. 임차권등기명령자의 보증금이 소액이면 최우선적으로 배당을 받는다. 경매개시결정 등기 전의 임차권등기명령은 배당요구와 관계없이 배당 받는다.

① 압류 전 임차권등기명령자는 자동배당 대상이다.
② 압류 후 배당요구종기일까지 임차권등기명령자는 배당요구를 해야 배당 받을 수 있다.
③ 배당요구종기일 후 임차권등기명령자는 배당 받을 수 없다.

5) 임차인이 배당요구 후 배당요구 종기일이 연기될 줄 모르고 전출한 경우

임차인이 배당요구 후 이사를 갔다. 그 후 부득이한 사정으로 배당요구 종기일이 연기되었다. 첫 배당요구 종기일 후에 이사를 갔으므로 임차인은 배당을 받을 수 있는지 아니면 최종 배당요구 종기일 전에 이사를 갔기 때문에 대항력을 상실하고 우선변제에 따른 배당도 받을 수 없는지?

판례에 따르면 연기된 즉 최종 배당요구 종기일까지 대항력요건을 구비하고 있어야 한다.

> "임차인이 주택임대차보호법에 의한 대항력과 우선변제권을 인정받기 위한 주택의 인도와 주민등록이라는 요건은 그 대항력 및 우선변제권의 취득시에만 구비하면 족한 것이 아니고 경매절차의 배당요구의 종기인 경락기일까지 계속 존속하고 있어야 하는데, 처음의 경락허가결정이 취소되어 신경매를 하였거나 경락허가결정의 확정 후 최고가매수인이 경락대금을 납부하지 아니하여 재경매를 한 경우에 있어서, '배당요구의 종기인 경락기일'이라 함은 배당금의 기초가 되는 경락대금을 납부한 경락인에 대하여 경락허가결정을 한 마지막 경락기일을 말한다."(대법원 2002. 8. 13. 선고 2000다61466 판결)

임차인은 경매도중 이사를 가야 한다면 임차권등기명령을 해야 한다.

5. 경매에서의 지위

1) 경매절차의 이해관계인

임차권등기명령에 의한 등기를 한 임차인은 민법상 등기된 임차권자와 같은 지위를 갖는다. 등기부상 알 수 있는 권리자이므로 경매절차상 이해관계인이 된다.

임차권등기명령 임차인과 저당권, 전세권, 당해세 이외의 국세·지방세 등과의 우열관계는 임차권 등기일이 아닌 대항력 및 확정일자 취득일의 선후에 의하여 결정한다.

2) 인도확인서 불요

임차권등기명령에 의한 등기를 한 임차인은 이미 집을 비우고 이사를 하였기 때문에 매수인의 인도확인서가 필요 없다. 단, 임차권등기명령 이후에도 거주를 하고 있으면 인도확인서가 필요하다.

6. 민법의 주택임대차등기도 임차권등기명령 준용

임차권등기명령 제도가 임대인의 협력없이 임차인이 단독으로 행해도 대항력과 우선변제권이 인정되는데, 임대인의 협력을 얻어 행한 민법의 주택임대차등기가 대항력만 있고 우선변제권이 인정되지 않으면 법의 형평과 맞지 않기 때문이다.

임차권등기명령과 주택임대차등기 비교

항 목	임차권등기명령(주택임대차보호법 제3조의3)	주택임대차등기(민법 제621조)
신 청	임대차 종료 후, 임차인이 지방법원에 단독 신청	임대차 종료 불문, 임대인 협력 얻어 임차인 등기소 청구
대 상	주택(상가건물)임대차(무허가 건물 불가)	모든 부동산임대차
등기내용	목적 : 주택임차권 원인 : 지방법원의 임차권등기명령	목적 : 임차권설정 원인 : 설정계약
효 력	① 효력 동일 ② 대항력, 우선변제권 취득 ③ 경매신청권 없음(보증금 반환 청구 소송 요) ④ 자동배당	

chapter 03 가압류

보전처분은 앞으로 있을 강제집행이 불가능하거나 곤란해지는 것을 막기 위하여 채무자 재산의 권리나 사실 관계를 현재 상태 그대로 묶어 두는 처분을 말한다.

보전처분은 가압류와 가처분이 있다.

가압류 = 假(임시적) + 押留(처분금지)로 임시적인 처분금지를 뜻한다.

가압류란 금전채권이나 금전으로 환산할 수 있는 청구권을 가지고 있는 채권자가 채무자의 재산 빼돌리기로 장래 강제집행이 불가능하거나 곤란에 대비하여, 미리 채무자의 재산을 압류(묶어두어)하여 장래의 강제집행에 대비하는 절차를 말한다.

즉 가압류의 목적물에 대하여 채무자의 매매, 증여, 담보설정 등 그밖의 일체의 처분을 금지하는 효력을 발생한다. 그러나 가압류집행 후의 처분행위는 당사자 사이에서는 유효하다. 즉 채무자와 제3취득자(소유권 또는 담보권을 취득한 자)사이에서는 거래행위가 유효하고, 단지 그것을 가압류채권자에게 주장할 수 없을 뿐이다. 즉 상대적 처분금지의 효력이 있다. 또한 가압류는 원인채권에 대한 시효중단의 효력이 있다. 시효중단 효력은 가압류집행이 존속하는 한 계속된다.

가압류와 가처분의 차이는 가압류가 채무자의 일반재산의 감소를 방지하여 금전채권이나 금전으로 환산할 수 있는 채권에 대한 보전수단이라면, 가처분은 다툼의 대상물에 대한 청구권보전을 위해 그 현상변경을 금지한다는 점이다.

1. 경매에서 가압류의 지위

① 이해관계인 아님

가압류권자는 경매절차에서 이해관계인이 아니다. 따라서 매각기일이 통보되지 않는다. 대신 배당기일은 통보된다[이해관계인이 아닌 사람: 가압류권자, 가처분권자 등(대법원 1999.4.9. 선고 98다 53240판결)].

② 안분배당

채권자 평등 원칙에 따라 순위에 관계없이 안분배당 받는다. 선순위 물권자(근저당권, 전세권, 담보가등기, 확정일자임차인)에게는 언제나 뒤진다. 반면 후순위 물권자와는 동순위로 안분배당 받는다.

실제 배당할 금액이 5,000만원이고 가압류(1월 2일)가 5,000만원, 근저당권(1월 3일)이 5,000만원이라면, 가압류권자가 5,000만원을 먼저 배당 받는 것이 아니라 2,500만원을 받는다.

다음은 배당과정에서 가압류권자의 비애를 실감한 사례다.

강남구 논현동에 있는 거평 프리젠 아파트가 통째로 경매 나왔다.

가압류권자인 한솔종합금융은 200억원을 청구했으나 실제 배당할 금액 62억 4,500만원에서 불과 7,735만원을 배당 받았다. 배당비율이 0.37%에 불과했다.

가압류권자는 배당요구를 하지 않더라도 배당에 참여할 수 있다. 가압류는 자동배당 대상이다. 단, 경매개시결정 기입등기 이후에 설정된 가압류는 배당요구를 해야 배당에 참여할 수 있다.

③ 말소기준등기

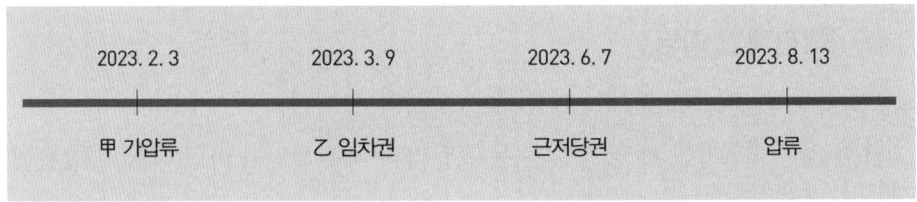

말소기준등기가 근저당권이라면 乙의 임차권은 매수인이 인수해야 한다. 그러나 甲의 가압류가 말소기준등기가 되어 임차권, 근저당권, 압류는 매각 후 모두 소멸된다.

2. 전 소유자 가압류

① 원칙 : 소멸

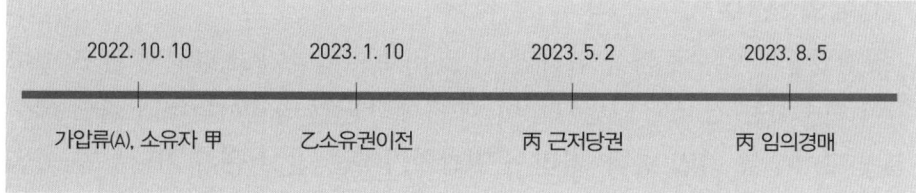

전 소유자 가압류(A)는 배당을 받고 소멸된다. 단, A의 가압류는 안분배당을 하지 않고 가압류결정 당시의 청구금액 한도내에서 전액배당을 받는다. 남는 금액은 근저당권자(丙)가 배당 받는다.

가압류의 처분금지효가 미치는 매각대금 부분은 가압류채권자가 우선적인 권리를 행사할 수 있고 제3취득자의 채권자들은 이를 수인하여야 하므로, 전 소유자에 대한 가압류채권자는 그 매각절차에서 당해 가압류목적물의 매각대금에서 가압류결정 당시의 청구금액을 한도로 하여 배당을 받을 수 있다(대법원 2006. 7. 28. 선고 2006다19986 판결).

"부동산에 대한 가압류집행 후 가압류목적물의 소유권이 제3자에게 이전된 경우 가압류의 처분금지적 효력이 미치는 것은 가압류결정 당시의 청구금액의 한도 안에서 가압류목적물의 교환가치이고, 위와 같은 처분금지적 효력은 가압류채권자와 제3취득자 사이에서만 있는 것이므로 제3취득자의 채권자가 신청한 경매절차에서 매각 및 경락인이 취득하게 되는 대상은 가압류목적물 전체라고 할 것이지만, 가압류의 처분금지적 효력이 미치는 매각대금 부분은 가압류채권자가 우선적인 권리를 행사할 수 있고 제3취득자의 채권자들은 이를 수인하여야 하므로, 가압류채권자는 그 매각절차에서 당해 가압류목적물의 매각대금에서 가압류결정 당시의 청구금액을 한도로 하여 배당을 받을 수 있고, 제3취득자의 채권자는 위 매각대금 중 가압류의 처분금지적 효력이 미치는 범위의 금액에 대하여는 배당을 받을 수 없다."(대법원 2006. 07. 28. 선고 2006다19986 판결[배당이의])

② 예외 : 인수

집행법원이 인수주의를 취하면 전 소유자 가압류가 소멸되지 않고 매수인이 인수하는 경우도 있다. 단, 이 때는 매각물건 명세서의 비고란에 매수인 인수여부를 기입 한다. 따라서 입찰참가자는 전 소유자 가압류가 있을 경우, 무조건 소멸하는 것으로 판단하지 말고 법원의 처리지침(매각물건명세서의 비고 란)을 확인해야 한다.

> "부동산에 대한 선순위가압류등기 후 가압류목적물의 소유권이 제3자에게 이전되고 그 후 제3취득자의 채권자가 경매를 신청하여 매각된 경우, 가압류채권자는 그 매각절차에서 당해 가압류목적물의 매각대금 중 가압류결정 당시의 청구금액을 한도로 배당을 받을 수 있고, 이 경우 종전 소유자를 채무자로 한 가압류등기는 말소촉탁의 대상이 될 수 있다. 그러나 경우에 따라서는 집행법원이 종전 소유자를 채무자로 하는 가압류등기의 부담을 매수인이 인수하는 것을 전제로 하여 위 가압류채권자를 배당절차에서 배제하고 매각절차를 진행시킬 수도 있으며, 이와 같이 매수인이 위 가압류등기의 부담을 인수하는 것을 전제로 매각절차를 진행시킨 경우에는 위 가압류의 효력이 소멸하지 아니하므로 집행법원의 말소촉탁이 될 수 없다. 따라서 종전 소유자를 채무자로 하는 가압류등기가 이루어진 부동산에 대하여 매각절차가 진행되었다는 사정만으로 위 가압류의 효력이 소멸하였다고 단정할 수 없고, 구체적인 매각절차를 살펴 집행법원이 위 가압류등기의 부담을 매수인이 인수하는 것을 전제로 하여 매각절차를 진행하였는가 여부에 따라 위 가압류 효력의 소멸 여부를 판단하여야 한다."(대법원 2007. 4. 13. 선고 2005다8682 판결)

3. 가압류 권리분석

후순위 가압류는 배당 참여 유무를 불문하고 매각으로 소멸되고, 근저당권보다 빠른 가압류는 가압류권자가 말소기준등기가 되어 역시 매각으로 소멸된다. 즉 가압류는 순위를 불문하고 매각으로 소멸된다.

가처분

chapter 04

　가처분이란 금전채권 이외의 권리 또는 법률관계에 관한 보전처분이다. 어떤 권리관계에 대해 다툼이 있는 경우, 본안 소송 판결이 확정되기까지 많은 시간이 걸리기 때문에 임시로 그 지위를 고정해 놓고 장래에 확정판결을 받아 집행하기 위한 예비적 조치를 말한다. 즉 소송 중에 다툼의 대상이 된 부동산에 관하여 다른 사람 앞으로 소유권이전등기가 되면 채권자는 양수인을 상대로 다시 소를 제기하여야 한다. 이런 번거로움을 피하기 위해 처분금지가처분을 하게 된다. 이를 당사자항정 효력이라고 하고 가처분을 하는 주된 이유다. 또한 채권자는 본안승소 확정판결을 받으면 가처분등기 이후 다른 권리자들보다 우선하여 판결에 따른 등기를 할 수 있다. 이를 가처분의 순위보전 효력이라고 한다.

　본안(재판)을 청구하기 전이나 재판청구와 동시에 신청한다.

1. 가처분의 종류

가처분은 다툼의 대상에 대한 가처분과 임시의 지위를 정하기 위한 가처분으로 나눈다.

먼저 다툼의 대상에 대한 가처분은 물건 또는 권리를 대상으로 하는 청구권의 강제집행을 보전하기 위하여 법률적·사실적 변경이 생기는 것을 방지하고자 다툼의 대상에 대한 현상의 동결을 명하는 가처분을 말한다.

현상 변경을 금지하는 방법이 천태만상이어서 그 형식도 다양하다. 그 가운데 부동산에 관한 것으로는 처분금지가처분과 점유이전금지가처분이 대표적이다.

임시의 지위를 정하기 위한 가처분은 확정판결이 있기 전까지 현상을 방치하면 나중에 확정판결을 받더라도 그 목적 달성이 어려울 경우, 잠정적으로 권리자에게 임시의 지위를 부여하여 손해나 위험을 피하기 위한 보전처분이다. 부동산에 관한 것으로는 건물인도와 철거단행 가처분이 있다.

2. 경매에서 기억해야 할 가처분 두 가지

가등기처럼 가처분도 선순위일 경우 말소기준등기에 해당되지 않아 매수인이 인수해야 한다.

경매에서 가처분이 의미를 갖는 것은 입찰 전 권리분석 단계에서 처분금지 가처분과 매각 후 인도 단계에서 점유이전금지 가처분이다.

① 처분금지 가처분

처분금지 가처분은 권리분석에서 흔히 말하는 가처분으로 말소기준등기 이후에 오는 가처분은 매각으로 소멸된다.

그러나 기준등기에 앞서 오는 가처분은 매각으로 소멸되지 않아 어렵게 낙찰 받은 부동산의 소유권을 뺏길수 있어 조심해야 한다.

처분금지 가처분은 목적 부동산에 대한 가처분 채무자의 소유권이전, 저당권·전세권 설정, 임차권 설정, 기타 일체의 처분행위를 금지시켜 가처분 당시의 상태대로 현상을 고정 유지할 필요가 있을 때 하는 처분이다.

소유권이전등기청구권이나 소유권말소등기청구권이 처분금지가처분의 주종을 이룬다.

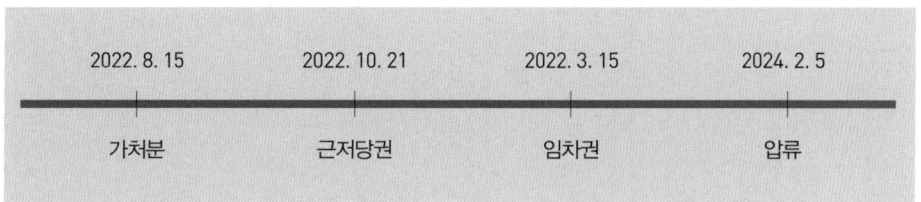

말소기준등기는 2022년 10월 21일 근저당권으로 2022년 8월 15일에 설정된 가처분은 매각으로 소멸되지 않는다. 만약 가처분권자가 본안 소송에서 승소하면 경매의 효력을 가지고 가처분권자에게 대항할 수 없어 매수인은 소유권을 뺏길 수 있다.

② 점유이전금지 가처분

점유이전금지가처분은 인도 단계에서 매수인이 온전한 재산권 행사를 위한 예비적 조치를 말한다.

임차인의 과도한 인도비 요구나 인도소송 대상자를 상대로 불가피하게 강제집행을 해야 할 때 안전장치로 해두는 조치다.

즉 매수인이 완강히 버티는 임차인 임꺽정을 상대로 판결문을 받아 집행관과 함께 집행하려고 찾아갔더니, 임꺽정은 온데 간데 없고 장길산이 버티고 있을 경우 매수인은 장길산을 내보낼 수 없다. 왜냐하면 판결문은 임꺽정이 피고로 특정돼 제3자인 장길산에게는 효력이 미치지 않기 때문이다. 결국 매수인은 장길산을 피고로 판결문을 받아 집행하려는데 이제는 홍길동이 살고 있다면…. 이처럼 판결문만 받다 해 떨어지는 일을 피하기 위해 피고 임꺽정은 재판이 확정되고 인도집행이 끝날 때까지 점유를 제3자에게 이전하지 못하도록 하는 예비적 조치가 필요하다.

이런 불편을 방지하기 위해 인도소송은 점유이전금지가처분을 같이 한다. 반면 인도명령 신청시에는 점유이전금지 가처분이 꼭 필요치 않으나 상대방이 깐깐하거나 인도저항이 예상된다면 점유이전금지 가처분을 신청하는 것이 좋다.

3. 가처분 권리분석

1) 선순위 가처분

가. 원칙 : 인수

선순위 가처분은 매각으로 소멸되지 않는다. 가처분권자가 본안 소송에서 승소하면 매수인은 소유권을 잃을 수 있다. 이 경우 매수인은 배당받은 채권자를 상대로 부당이득반환청구소송을 통해 매각대금을 받아야 한다.

나. 예외 : 소멸

① 제소기간 도과(민사집행법 제287조)

채무자의 제소명령신청시 집행법원은 채권자에게 2주 이상의 제소기간을 정하여 본안소송을 하도록 한다. 위 제소기간 내에 제소증명을 제출하지 않으면 설사 제소기간 내에 본안을 제기했더라도 보전처분은 취소된다.

② 사정변경에 의한 취소(민사집행법 제288조)
ⓐ 원칙 – 취소

사정변경이란 보전처분이 집행된 후 1) 보전처분의 이유가 소멸되거나 기타 사정이 바뀐 경우 즉 피보전권리의 소멸 또는 보전필요성의 소멸 등, 2) 본안의 제소기간이 지난 경우다.

㉮ 보전처분 이유 소멸 또는 기타 사정 변경
㉠ 선순위가처분권자와 강제경매신청채권자 동일

A가 채무면탈을 목적으로 B에게 소유권을 이전하자, A의 채권자인 C가 채권자취소권에 의하여 B에 대한 소유권이전등기의 말소를 구하는 가처분을 하였다. C가 본안소송에서 승소하여 B 명의의 소유권이전등기를 말소 후, A를 상대로 강제경매를 신청하였다. 이 때 C의 가처분은 그 목적을 달성하여 해제신청과 말소촉탁만 기다리는 가처분이다.

㉡ 선순위가처분권자와 근저당권자 동일

집행법원은 가처분을 한 근저당권자로 하여금 가처분을 한 법원에 가처분의 목적달성을 이유로 가처분등기의 말소촉탁을 하도록 하고, 그 후 말소된 것이 확인되면 매각절차를 진행한다.

㉯ 3년내 본안소송을 제기하지 않았을 때

가처분(압류) 채권자가 가처분 집행 후 3년내 본안소송을 제기하지 않으면 채무자나 이해관계인(매수인 등 제3취득자)이 사정변경에 의한 가처분(압류) 취소신청을 할 수 있다.

가처분(압류)은 권리관계가 최종적으로 실현될 때까지 긴급하고 잠정적으로 권리를 보전하는 조치에 불과하므로 채권자로 하여금 채권의 보전에만 머물지 말고 채권의 회수·만족이라는 절차까지 진행하여 법률관계를 신속히 마무리 짓기 위해서다. 만약 채권자가 이를 게을리 한 경우 채무자가 가처분(압류)로 인한 제약에서 벗어나도록 하려는 데 있다.

경과기간	설정기간
10년	과거 ~ 2002년 6월 30일
5년	2002년 7월 1일 ~ 2005년 7월 27일
3년	2005년 7월 28일 ~ 현재

ⓑ 예외 - 취소 불가

소송과정에서 확정판결과 같은 효력이 있는 조정이나 재판상 화해가 성립하는 경우뿐만 아니라 집행증서와 같이 소송절차 밖에서 채무자의 협력을 얻어 집행권원을 취득한 경우에는 가압류집행 후 3년 내에 본안소송을 따로 제기하지 않았더라도 가압류는 취소되지 않는다(대법원 2016. 3. 24. 자 2013마1412 결정).

2) 후순위 가처분

가. 원칙 : 소멸

후순위 가처분은 매각으로 소멸된다.

나. 예외 : 인수

후순위 가처분은 매각으로 소멸하는 것이 원칙이나 건물철거 및 토지인도 가처분, 원인무효에 의한 소유권이전등기 가처분 등은 예외적으로 소멸되지 않는다.

소유권이전 > 근저당권 > 가처분의 경우, 비록 가처분은 후순위이나 근저당권에 선행하는 소유권이전이 조건부 매매였는데 그 이행을 하지 않음으로써 매매 자체가 무효가 되는 경우다.

4. 가압류와 가처분 차이점

① 청구목적
가압류는 금전채권이나 금전으로 환산할 수 있는 채권에 대한 보전수단인 반면, 가처분은 다툼의 대상물 즉 특정물건이나 권리관계에 대한 청구권보전이 목적이다.

② 목적달성 방법
가압류는 판결을 거쳐 경매실행으로 그 목적을 달성할 수 있다. 반면 가처분은 판결을 통해 권리이행을 하게 된다.

③ 말소기준등기
가압류는 경매절차에서 배당을 받고 소멸하기 때문에 말소기준등기가 될 수 있다. 가처분은 배당절차에 참여할 수 없어 말소기준등기가 될 수 없다.

④ 대상
가압류는 채무자의 일반재산이 대상이나, 가처분은 특정의 물건이나 권리가 대상이다.

	가압류	가처분
청구목적	금전채권	다툼의 대상물
권리이행	경매	판결
말소기준등기	○	×
대상	일반재산	특정물건, 권리

기간

구 분		기 간
가압류(가처분)	3년	2005년 7월 28일 ~ 현재
	5년	2002년 7월 1일 ~ 2005년 7월 27일
	10년	과거 ~ 2002년 6월 30일
환매등기		부동산 : 5년, 동산 : 3년
가등기		10년
법정지상권	15년	일반 건축물, 공작물의 종류와 구조를 정하지 않은 경우
	30년	견고한 건물, 수목

chapter 05 가등기

가등기란 물권의 설정이나 소유권의 이전, 변경, 소멸의 청구권을 보전하기 위하여 하는 등기를 말한다(부동산등기법 제88조).

즉 본등기를 할 수 있을 만한 실체법적 또는 절차법적 요건을 완비하지 못한 경우, 장래 그 요건이 완비된 때에 행하여질 본등기를 위하여 미리 그 순위를 보전해 두는 효력을 가지는 등기다.

가등기는 순위보전의 효력만 있지 본등기에 의한 물권변동의 효력이 가등기 당시로 소급하는 것은 아니다. 즉 본등기의 순위를 확보하여 미리 등기부상 공시를 할 필요가 있을 때 하고, 나중에 본등기를 하면 물권변동은 본등기를 한 때 발생한다.

본등기를 하면 본등기의 순위가 가등기한 때로 소급하여 가등기 이후 본등기 사이에 이루어진 중간 등기는 본등기의 순위에 저촉되어 무효가 돼 말소 대상이다.

> 부동산등기법 제88조(가등기의 대상) 가등기는 제3조 각 호의 어느 하나에 해당하는 권리의 설정, 이전, 변경 또는 소멸의 청구권을 보전하려는 때에 한다. 그 청구권이 시기부 또는 정지조건부일 경우나 그 밖에 장래에 확정될 것인 경우에도 같다.

1. 가등기의 종류

가등기는 두 종류가 있다. 매매의 예약을 위한 소유권이전청구권가등기와 대물반환예약을 위한 소유권이전담보가등기다.

가등기가 있으면 실무에서는 순위를 불문하고 가등기권자에게 담보가등기 여부를 배당요구 종기일까지 소명하라고 한다.

문건처리 내역

접수일	접수내역	결과
2009.11.10	등기소 동작등기소 등기필증 제출	
2009.11.27	가압류권자 삼성카드주식회사 채권계산서 제출	
2009.11.27	압류권자 서울특별시 구로구 교부청구 제출	
2009.12.04	채권자 교보생명주식회사 야간송달신청 제출	
2009.12.04	기타 재우감정 감정평가서 제출	
2009.12.28	기타 서울중앙지방법원집행관 현황조사서 제출	
2010.01.12	채권자 교보생명주식회사 공시송달신청 제출	
2010.01.15	가압류권자 삼성카드주식회사 채권계산서 제출	
2010.01.19	가압류권자 피닉스제일차유동화전문유한회사 채권계산서 제출	
2010.01.28	임차인 윤경애 권리신고 및 배당요구신청 제출	
2010.01.29	압류권자 서울특별시 구로구 교부청구 제출	
2011.06.08	가등기권자 임재환 배당요구신청 제출	
2011.06.16	가처분권자 피닉스제일차유동화전문유한회사 보정서 제출	

선순위라면 가등기 종류에 민감하게 반응하는 것을 이해하겠는데 후순위 가등기까지 뭘 신경 쓰냐고 반문할 수 도 있다. 그러나 중급 이상의 경매를 지향할 때는 후순위 가등기가 담보가등기인지 확인 할 필요가 있다. 배당시 영향을 미쳐 임차인이 보증금을 못 받는 상황이 발생할 수 있기 때문이다.

담보가등기 신고 여부는 대법원 법원경매정보(www.courtauction.go.kr)에서 경매물건 검색 → 경매사건 검색 → 문건/송달내역 검색을 통해 그 신고 내역을 확인할 수 있다.

1) 소유권이전청구권 가등기

소유권이전청구권 가등기는 실제 매매 잔금은 전부 지불했으나 사정상 본 등기를 할 수 없을 경우나 아니면 의도적으로 늦춰야 하는 경우 하는 등기다.

안양 사는 문영호는 평택의 땅을 샀으나 피치 못할 사정으로 소유권이전 등기를 할 수 없었다. 이처럼 매매 잔금은 지불했으나 사정상 이전 등기를 하지 못한 상태에서 땅주인이 제3자에게 이중으로 매매하는 것을 방지하기 위해 하는 등기다.

가등기를 한 후 본등기를 하면 본등기의 순위는 가등기의 순위에 의한다. 즉 순위를 보전하기 위해 하는 등기이다.

2) 담보 가등기

담보가등기는 채무변제의 담보를 위한 등기를 말한다.

예를 들어 이민우가 사업자금이 필요해 김영교로부터 1년 뒤 갚는 조건으로 1억원을 빌렸다. 이씨는 청주에 있는 시가 3억원의 논을 담보로 제공하고 가등기를 했다.

이와 같이 돈을 빌리면서 그에 대한 담보목적으로 하는 가등기가 바로 담보가등기이다. 가등기담보법의 적용을 받는다.

이 때 이민우가 변제기가 지나도록 빚을 갚지 않으면 가등기권자인 김영교는 두 가지 권리 중 하나를 선택할 수 있다.

하나는 소유권을 이전 받는 방법이다. 청산 기간이 경과하면 부동산(3억원)과 빌려준 돈(1억원)의 차액인 2억원을 지급하겠다는 청산금평가통지서를 내용증명으로 보낸다. 2개월의 청산기간이 지나면 이씨에게 2억원을 지급하고 소유권을 취득한다.

다른 하나는 경매를 신청하는 방법이다.

담보가등기권자는 경매의 매각대금에서 배당을 받아 채권을 회수할 수 있다. 경매에서 담보가등기는 저당권과 동일한 것으로 간주된다.

2. 권리분석

1) 소유권이전청구권 가등기
① 후순위 : 소멸
매매예약 가등기가 후순위일 경우 매각으로 소멸한다.

② 선순위 : 인수
말소기준등기보다 빠른 가등기는 매각으로 말소되지 않아 매수인이 인수해야 한다.

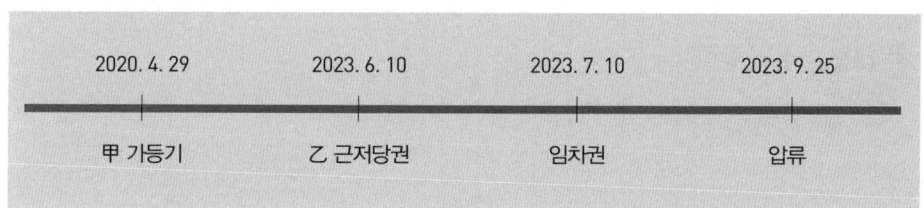

말소기준등기는 甲의 가등기가 아닌 乙의 근저당권이다. 따라서 매각이 되면 乙의 근저당권과 임차권, 압류는 모두 소멸하지만 甲의 가등기는 매수인이 인수해야 한다.

매수인이 소유권을 취득했더라도 가등기권자 甲이 가등기에 기한 소유권이전의 본등기를 하면 소유권을 뺏긴다.

2) 담보 가등기
① 원칙 : 소멸

담보가등기는 경매에서 저당권으로 간주되어 성립시기를 불문하고 소멸된다.

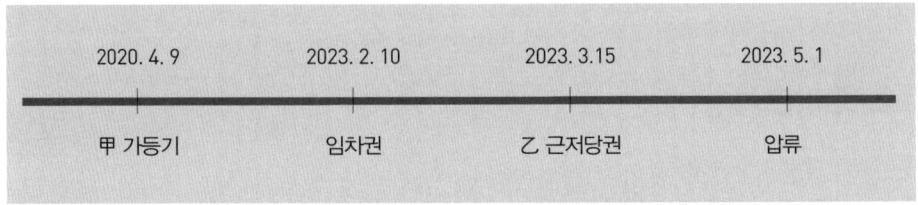

외견상 甲의 가등기가 선순위여서 입찰하면 안되는 물건이다.

이 경우 말소기준등기가 누구냐에 따라 희비가 엇갈린다.

甲 가등기권자가 채권신고를 하지 않았다면 말소기준등기는 乙 근저당권자로 매수인은 가등기와 임차권을 인수해야 한다.

그러나 甲 가등기권자가 법원에 채권신고서를 제출하였다. 즉 담보가등기라고 소명하였다.

이 경우 甲의 가등기가 말소기준등기가 되어 이후에 설정된 모든 등기는 매각으로 소멸한다.

> **가등기담보 등에 관한 법률 제13조(우선변제청구권)** 담보가등기를 마친 부동산에 대하여 강제경매등이 개시된 경우에 담보가등기권리자는 다른 채권자보다 자기채권을 우선변제 받을 권리가 있다. 이 경우 그 순위에 관하여는 그 담보가등기권리를 저당권으로 보고, 그 담보가등기를 마친 때에 그 저당권의 설정등기(設定登記)가 행하여진 것으로 본다.
> **제15조(담보가등기권리의 소멸)** 담보가등기를 마친 부동산에 대하여 강제경매등이 행하여진 경우에는 담보가등기권리는 그 부동산의 매각에 의하여 소멸한다.

② 예외 : 인수-경매개시 결정 전 청산절차 완료

담보가등기권자가 청산금을 지급하기 전에 경매신청이 있으면(청산금이 없는 경우에는 청산기간이 지나기 전) 담보가등기권리자는 본등기를 청구할 수 없다(가등기 담보 등에 관한 법률 제14조).

그러나 선순위 담보가등기권자가 경매개시결정 기입등기 전에 본등기를 위한 절차(청산절차)를 마치면 그 가등기는 경매로 소멸되지 않는다. 청산절차를 완료한 담보가등기는 소유권이전청구권 가등기의 효력을 갖는다. 청산절차 완료 여부는 배당요구 유무로 알 수 있다. 선순위 가등기권자가 청산절차를 마쳤다면 집행법원에 배당요구를 하지 않는다.

그밖에 재산의 예약 당시 가액이 빌린 돈보다 적거나, 매매대금 지급을 담보하기 위해 담보가등기를 한 경우다.

> **가등기담보 등에 관한 법률 제14조(강제경매등의 경우의 담보가등기)** 담보가등기를 마친 부동산에 대하여 강제경매등의 개시 결정이 있는 경우에 그 경매의 신청이 청산금을 지급하기 전에 행하여진 경우(청산금이 없는 경우에는 청산기간이 지나기 전)에는 담보가등기권리자는 그 가등기에 따른 본등기를 청구할 수 없다.

③ 담보가등기는 어떻게 확인하나

담보가등기는 등기사항증명서상 표시나 등기시에 주고 받은 서류의 종류에 의하여 형식적으로 결정되는 것이 아니고 거래의 실질과 당사자의 의사해석에 따라 판단해야 한다.

3. 소유권이전 청구권가등기와 담보가등기 식별 요령

소유권이전 청구권가등기와 담보가등기를 구별하기 위해서는 등기사항증명서를 열람해야 한다.

문제는 등기부를 열람하면, 청구권가등기나 담보가등기 모두 소유권이전 청구권가등기로 표기돼 있어 식별이 불가능하다.

실무에서는 선순위 가등기 물건일지라도 경매개시 결정은 받아주되, 개시결정 단계에서 매각절차를 중지한다.

집행법원은 가등기권리자에게 그 가등기가 담보가등기인 경우에는 그 내용 및 채권의 존부·원인·액수를 담보가등기가 아닌 경우에는 그 내용을 법원에 신고하도록 한다.

선순위 가등기권자가 채권신고 기간(배당요구 종기일)까지 신고를 하지 않으면 집행법원은 매매예약의 가등기로 간주한다. 담보가등기라면 채권신고를 해야 한다. 담보가등기는 채권신고를 한 경우에 한해서 배당을 받을 수 있기 때문이다(가등기담보 등에 관한 법률 제16조 제2항).

드물지만 등기부 등본의 열람을 통해 청구권가등기와 담보가등기를 구분할 수도 있다. 등기목적 란을 보면 '소유권이전 청구권가등기'와 '소유권이

전담보가등기'로 표기돼 있고, 등기원인 란에는 '매매예약'과 '대물반환예약'으로 구분하여 표기하고 있다.

① 소유권이전청구권 가등기

【 갑 구 】		(소유권에 관한 사항)		
순위번호	등기목적	접수	등기원인	권리자 및 기타사항
3	소유권이전청구권 가등기	2023년 8월 21일 제1234호	2023년 8월 20일 매매예약	가등기권자 황석규 630521-1545111 서울시 노원구 상계동 12

② 소유권이전담보 가등기

【 갑 구 】		(소유권에 관한 사항)		
순위번호	등기목적	접수	등기원인	권리자 및 기타사항
2	소유권이전	2024년 1월 7일 제28415호	2024년 1월 6일 매매	소유자 김영교 640310-1523101 서울시 강서구 화곡동 150-1
3	소유권이전담보 가등기	2024년 2월 15일 제13972호	2024년 2월 10일 대물반환예약	가등기권자 박경욱 630925-1213721 서울시 성북구 정릉동 212

4. 소유권이전청구권가등기 소멸시효

가등기가 보전하는 청구권은 채권적 청구권으로 이는 행사할 수 있는 때인 매매예약완결일로부터 10년의 시효완성으로 소멸된다.

따라서 선순위가등기일지라도 가등기 설정 이후 10년이 지났다면 매수인은 소유권에 기한 방해배제청구로서 그 가등기권리자에 대하여 본등기 청구권의 소멸시효를 주장하여 그 가등기의 말소를 구할 수 있다.

즉 선순위 가등기일지라도 등기된 지 10년이 지났으면 그 가등기는 매수인이 인수하지 않는 권리이다. 그러나 이런 가등기는 경매를 통해 소멸되는 것이 아니기 때문에 매수인이 별도로 가등기권리자를 상대로 소송을 통하여 그 가등기를 말소해야 한다.

단, 가등기권리자가 목적부동산을 인도받아 점유하고 있는 경우 소유권이전등기청구권은 소멸시효가 진행하지 않는다.

> "가등기에 기한 소유권이전등기청구권이 시효의 완성으로 소멸되었다면 그 가등기 이후에 그 부동산을 취득한 제3자는 그 소유권에 기한 방해배제청구로서 그 가등기권자에 대하여 본등기청구권의 소멸시효를 주장하여 그 등기의 말소를 구할 수 있다."(대법원 1991. 3. 12. 선고 90다카27570 판결)

5. 가등기와 가처분 차이점

① 선순위

매매예약의 청구권가등기일 경우 매수인이 인수해야 하나 대물반환예약의 담보가등기는 말소기준등기가 되어 소멸한다.

반면 가처분이 선순위인 경우 인수해야 한다.

② 후순위

가등기가 후순위일 경우 예외없이 모두 소멸하나 가처분은 후순위 일지라도 소멸되지 않는 경우가 있다(건물철거 및 토지인도 가처분).

③ 선순위 일 경우 실무처리

선순위로 가등기나 가처분 등기가 있는 물건은 매각 후 말소가 되지 않아 등기 내용을 알지 못하는 한 참여에 신중을 기해야 한다.

㉮ 선순위 가처분 - 사실상 중지

선순위 가처분등기가 되어 있다는 이유만으로 경매신청을 기각할 수는 없으므로, 경매개시결정 후 경매개시결정등기만을 촉탁한 단계에서 그 이후의 절차를 사실상 중지하고 가처분 또는 본안소송의 결과에 따라 처리한다.

단, 실무상 보전처분 집행 후 3년간 본안소송을 제기하지 않아 가처분 취소를 구할 수 있다고 보이는 경우 경매절차를 진행하는 경우도 있다.

㉯ 선순위 가등기 - 매각 절차 속행

종래에는 가등기권자가 순위보전의 가등기라고 하거나 답변서를 보내지 않으면 순위보전의 가등기로 보아 경매절차를 중지하였다.

그러나 최선순위의 소유권이전등기청구권의 순위보전을 위한 가등기가 있는 경우라도 매수인에게 부담이 인수될 수 있다는 취지를 매각물건명세서에 기재한 후 그에 기하여 경매절차를 진행하면 족한 것이지, 반드시 그 가등기가 담보가등기인지 순위보전의 가등기인지 밝혀질 때까지 경매절차를 중지하여야 하는 것은 아니라는 대법원 결정(대법원 2003. 10. 6. 2003마1438 결정)이 있은 후로는 매각절차를 진행하는 것이 실무례이다.

쓰리 가(3 假) 비교표

	가압류	가처분	가등기
정의	채무자가 본안 소송 전 재산 빼돌리는 것을 방지하기 위해 미리 채무자 재산 압류하는 절차	금전 채권 외 특정물 채권자 장차 집행 위해 현재 상태대로 현상 고정·유지할 필요 있을 때 하는 절차	본등기 할 수 없는 불가피한 상황 있는 경우, 장래 요건 완비시 본등기 위해 미리 순위 보전하는 등기
경매에서 의미	말소기준등기	선순위 가처분 인수, 인도소송시 점유이전금지가처분 신청	담보가등기 말소기준등기
경매시 주의할점	전 소유자 가압류 인수여부	선순위 가처분 인수 후순위 소멸 안됨(건물철거)	선순위 가등기 인수 (소유권이전청구권 가등기)

PART 04

종목별 권리분석

chapter

01 대지권미등기

집합건물 권리분석에서 눈여겨봐야 할 점은 대지권 부분과 관리비 체납 여부다. 대지권 등기를 위해 추가 부담은 안 해도 되는지 확인해야 한다. 밀린 관리비 가운데 공용부분의 원금은 매수인이 부담해야 한다.

토지는 농지와 산지로 나뉜다. 농지는 농지취득자격증명 발급 여부가 중요하다. 반면 산지는 특별히 주의해야 할 사항은 없다. 그래서 토지는 권리분석이 아니라 물건분석이 중요하다.

아파트나 연립·다세대, 상가 등 집합건물은 전유부분과 공용부분 그리고 대지지분으로 이루어진다.

이들 집합건물의 등기사항증명서를 열람하면 표제부는 1동의 건물의 표제부와 전유부분의 표제부로 이루어지고 각각의 표제부는 다시 건물의 표시란과 대지권의 표시란으로 이루어진다.

등기사항증명서(말소사항 포함) – 집합건물

서울특별시 노원구 상계동 624 상계주공아파트 제1603동 제12층 제1205호

【 표 제 부 】 (1동의 건물의 표시)

표시번호	접 수	소재지번, 건물명칭 및 번호	건 물 내 역	등기원인 및 기타사항
1 (전 1)	1985년 11월5일	서울특별시 노원구 상계동 624 상계주공아파트 제1603동	철근콘크리트 벽식조 콘크리트 평지붕 15층 아파트 1층 724.66㎡ 2층 701.73㎡ 15층 701.73㎡	도면편철장 제25책 제70장 부동산등기법 제177조의 6 제1항의 규정에 의하여 1999년 01월 25일 전산이기

(대지권의 목적인 토지의 표시)

표시번호	소 재 지 번	지 목	면 적	등기원인 및 기타사항
1 (전 1)	1. 서울특별시 노원구 상계동 624	대	170507.8㎡	1992년6월12일 부동산등기법 제177조의 6 제1항의 규정에 의하여 1999년 01월 25일 전산이기

서울특별시 노원구 상계동 624 상계주공아파트 제1603동 제12층 제1205호

【 표 제 부 】 (전유부분의 건물의 표시)

표시번호	접 수	건물번호	건 물 내 역	등기원인 및 기타사항
1 (전 1)	1988년11월5일	제12층 제1205호	철근콘크리트 벽식조 59.39㎡	도면편철장 제25책 제70호 부동산등기법 제177조의 6 제1항의 규정에 의하여 1999년 01월 25일 전산이기

(대지권의 표시)

표시번호	소 재 지 번	대지권비율	등기원인 및 기타사항
1 (전 1)	1. 소유권대지권	170507분의 37.05	1992년4월16일 1992년2월12일 부동산등기법 제177조의 6 제1항의 규정에 의하여 1999년 01월 25일 전산이기

1. 대지사용권

1) 대지사용권이란?

대지사용권이란 집합건물의 구분소유자가 건물의 전유부분을 소유하기 위하여 대지에 대하여 가지는 권리를 말한다(집합건물의 소유 및 관리에 관한 법률 제2조 제6호). 대지소유자에 의해 집합건물이 철거되지 않을 권원으로

물권·채권, 등기·미등기 등을 불문한 권리다.

대지사용권은 반드시 대지에 대한 소유권과 같은 물권에 한정되는 것은 아니다. 지상권, 전세권, 임차권, 무상사용권(시영아파트의 경우), 등기가 되지 않는 채권적 토지사용권도 대지사용권이 될 수 있고, 신탁계약이나 그에 따른 토지사용승낙을 통한 토지사용권도 대지사용권이 될 수 있지만 대부분 소유권이다. 등기부등본의 표제부에서 대지권의 표시를 보면 '소유권 대지권'으로 표기되어 있다.

> 집합건물의 소유 및 관리에 관한 법률 제2조(정의) 6. "대지사용권"이란 구분소유자가 전유부분을 소유하기 위하여 건물의 대지에 대하여 가지는 권리를 말한다.

2) 전유부분과 대지사용권의 일체성 원칙

집합건물의 소유 및 관리에 관한 법률 제20조는 집합건물과 대지 사이의 일체불가분성을 인정함으로써 대지사용권이 구분건물로부터 분리되는 것을 최대한 억제하고 있다. 이를 전유부분과 대지사용권의 일체성 내지 분리처분금지원칙이라고 한다. 집합건물의 대지지분은 일정시점 이후에는 집합건물의 전유부분과 일체(一體)가 되어 분리가 법적으로 금지된다. 즉 구분소유자가 대지사용권을 취득한 때부터다. 대지권등기 여부는 관계가 없다. 이를 위반하여 대지지분을 전유부분과 분리하는 처분행위는 무효가 된다. 대지사용권만을 처분하는 것은 무효이지만 전유부분만을 처분하면 그 처분은 유효하고, 대지사용권은 전유부분에 종속하여 이전되므로 전유부분의 양수인은 대지사용권을 취득한다.

> 집합건물의 소유 및 관리에 관한 법률 제20조(전유부분과 대지사용권의 일체성)
> ① 구분소유자의 대지사용권은 그가 가지는 전유부분의 처분에 따른다.
> ② 구분소유자는 그가 가지는 전유부분과 분리하여 대지사용권을 처분할 수 없다. 다만, 규약으로써 달리 정한 경우에는 그러하지 아니하다.

2. 대지권

1) 대지권 성립요건

> 첫째, 구분건물 존재
> 둘째, 대지사용권 존재
> 세째, 구분건물 소유권과 대지사용권 시점 관계없이 동일인에게 1회 동시 존재

대지사용권 중 건물과 분리하여 처분할 수 없는 것을 대지권이라고 한다.

대지권은 구분건물에 대한 소유권과 대지사용권이 어느 시점에 동일인에게 1회 동시에 존재하면 그 시점에서 대지권이 성립한다. 그 이후에는 대지권이 구분건물에 대한 종된 권리로서 구분건물의 처분에 따라 함께 이전한다.

분리처분이 가능한 규약이나 공정증서가 존재하지 아니하면 대지권은 구분소유자가 대지사용권을 취득하는 때에 취득한다.

'대지권의 목적인 토지의 표시'란이나 '대지권 표시'란에 아무런 기재가 없는 경우에도 대지권은 성립한다.

분리처분 금지의 원칙상 토지의 소유권이 대지권인 경우, 대지권인 취지가 등기된 토지의 등기용지에는 소유권이전의 등기를 하지 못한다. 대지권을 등기한 건물의 등기용지에도 그 건물만을 목적으로 하는 소유권이전 등기를 하지 못한다.

📚 대지권 성립시점

① 대지에 대한 사용권을 이미 확보한 자가 집합건물을 신축한 때
② 기존건물을 구분하여 집합건물로 하는 때에는 구분한 때
③ 대지에 대한 사용권이 없는 구분소유자가 사후적으로 사용권을 취득한 때

2) 구분소유권

가. 구분소유권

1동의 건물 중 독립한 건물로서 사용될 수 있는 건물부분, 즉 전유부분을 목적으로 하는 소유권을 구분소유권이라고 한다(집합건물법 제2조 제1호, 제3호).

나. 구분소유권 성립요건

> 첫째, 객관적·물리적 측면 – 구조상·이용상 독립성
> 둘째, 주관적 측면 – 건물을 구분소유권의 객체로 하려는 의사표시
>   즉 구분행위

다. 구분소유권 성립시기

구분행위란 건물의 물리적 형질에 변경을 가함이 없이 법률관념상 그 건물의 특정부분을 구분하여 별개의 소유권의 객체로 하려는 일종의 법률행위를 말한다. 처분권자의 구분의사가 객관적으로 외부에 표시되면 인정된다.

① 건축허가신청	② 분양계약	③ 건축물 완성	④ 부동산담보신탁 등기	⑤ 등록	⑥ 등기
〈구분행위 존재〉	〈기둥,주벽,천장 슬래브 공사〉			〈집합건축물대장〉	〈등기부〉
	〈구조상, 이용상 독립성〉	〈부동산담보신탁 계약은 집합건물법 제20조 위배〉			

① 건축허가신청, ② 분양계약 (구분행위) + ③ 건축물 완성 시점에 구분소유권이 성립한다. 따라서 ④ 부동산담보신탁 등기는 구분소유권의 분리를 초래해 무효가 된다.

"구분건물이 물리적으로 완성되기 전에도 건축허가신청이나 분양계약 등을 통하여 장래 신축되는 건물을 구분건물로 하겠다는 구분의사가 객관적으로 표시되면 구분행위의 존재를 인정할 수 있고, 이후 1동의 건물 및 그 구분행위에 상응하는 구분건물이 객관적·물리적으로 완성되면 아직 그 건물이 집합건축물대장에 등록되거나 구분건물로서 등기부에 등기되지 않았더라도 그 시점에서 구분소유가 성립한다."(대법원 2013. 1. 17. 선고 2010다71578 전원합의체 판결)

3. 대지권 미등기

① 대지권 미등기란

대지권 미등기란 대지권이 처음부터 없는 경우(시유지와 국유지에 건축한 경우)와 달리, 실제 대지권이 있으나 지적 정리 등의 지연으로 전유부분에 대한 소유권이전등기만 수분양자(분양 받은 자)에게 되거나, 부동산 양도시 전유부분에 대한 소유권이전등기만 되고 대지지분에 대한 소유권이전등기가 상당기간 지체되는 상태를 말한다.

② 대지권미등기 사유

㉠ 아파트와 같은 대규모 집합건물의 경우 대지의 분·합필 및 환지절차의 지연
㉡ 각 세대당 지분비율 결정의 지연
㉢ 타 전유부분 소유자의 분양대금 완납지연
㉣ 채권자가 근저당, 경매신청을 위해 대위등기
㉤ 대지에 대한 소유권이전등기청구권이 가압류된 경우
㉥ 토지에 근저당권이나 가압류 등이 설정된 상태에서 집합건물을 건축(토지별도등기)
㉦ 대지권 등기 요건을 갖추고 있으나 고의로 대지권등기를 하지 않는 경우(세금미납) 등

> "대지 지분이 재건축 조합에 신탁되어 있는 상태에서 조합원의 채권자가 대지 지분에 대해 조합을 제3채무자로 소유권이전등기 청구권을 가압류·가처분하여 대지권이 미등기인 경우에도 매수인은 온전한 대지권을 취득할 수 있다."(대법원 2006. 3. 10. 선고 2004다742 판결)

4. 대지사용권 유형

경매에서 대지권미등기가 문제되는 경우는 다음과 같다.
㉠ 전유부분 매수인이 대지사용권 취득여부
㉡ 대지만 경매시 전유부분 소유자의 지위
㉢ 전유부분과 대지 채권자의 배당순위 등

1) 대지권 미등기

매수인은 집합건물의 전유부분만 낙찰 받더라도 대지부분에 대한 추가부담없이 대지사용권을 취득할 수 있다.

가. 대지지분 감정 분양대금 납부 : 추가부담 없음

대지권 미등기 관련 경매 물건의 전형적인 사례다.

신도시 아파트처럼 대지사용권은 원래 있으나 절차 미비로 대지지분이 미등기 상태를 말한다. 매각대금을 납부하면 대지지분의 소유권이전이 가능하다. 즉 대지권이 미등기라도 소유권 취득에는 문제가 없다. 다만, 차후 대지지분에 대한 소유권 이전등기시 매수인은 분양자로부터 본인에게 이전등기에 따른 추가비용은 발생할 수 있다.

"집합건물에 대지권 등기가 경료되지 않은 사정은 여러 가지가 있다. 그러나 저당권 설정 당시에 저당권 설정자(소유자)가 대지사용권을 취득하고 있었으나 대지권 등기만을 경료하지 않고 있어 집합건물의 전유부분에만 저당권 설정등기가 경료된 경우에는 저당권의 효력이 대지권에도 미친다."(대법원 1995. 8. 22. 선고 94다12722 판결)

나. 대지지분 미감정, 대지분양대금 납부 : 추가부담 없음

사건번호	주 소	면 적(평방)	감정평가	임차관계	등기부상 권리관계
12-58497 아파트 하나캐피탈 한정숙 유상일 건 99,400,000	경기 남양주시 오남읍 양지리 623 오남쌍용 ○○○동 ○○○호 · 양오초등학교북 서측인근 · 도시가스 개별 난방 · 버스(정)인근소재	대지권미등기 건물 59.957 (18.14평)방3 15층 2005.10.28 보존	99,400,000 해강감정 (13.01.03) 99,400,000 낙찰 13.08.26 115,200,000 (115.9%) 4명	허 준 전입10.12.22 확정10.12.22 배당13.03.08 30,000,000/ 350,000 배당요구종기 13.03.18	소유 유상일 2009.03.09 근저 하나캐피탈 2011.02.28 273,000,000 근저 하나캐피탈 2011.02.28 175,500,000 임의 하나캐피탈 2012.12.26 청구 112,211,950

집합건물의 전유부분을 낙찰 받더라도 매수인은 토지지분에 대한 추가부담 없이 소유권을 취득할 수 있다.

【 사례 】

갑은 우성건설로부터 아파트의 전유부분과 대지부분을 분양받고 분양대금을 완납하였다. 그러나 갑은 전유부분에 대해서는 소유권이전등기를 마쳤으나 지적정리의 지연으로 대지부분은 등기를 하지 못했다. 교보생명은 갑에게 분양대금 대출시 대지권이 미등기여서 전유부분에 대해서만 근저당권을 설정하고 그 후 임의경매를 신청하였다.

집행법원은 1억원(전유부분 7,000만원, 대지부분 3,000만원)의 평가 내역 중, 대지지분을 제외하고 건물만 진행하여 매수인이 6,810만원에 낙찰 받았다.
채무자의 항고로 매각이 확정되지 못한 상태에서 대지권 등기가 마쳐졌다. 그 후 매각허가결정이 확정되자 집행법원은 전유부분과 대지부분에 대해 매수인 명의로 소유권이전등기를 하였다.

> "구분건물의 전유부분에 대한 소유권이전등기만 경료되고 대지지분에 대한 소유권이전등기가 경료되기 전에 전유부분만에 관하여 설정된 근저당권에 터잡아 임의경매절차가 개시되었고, 집행법원이 구분건물에 대한 입찰명령을 함에 있어 대지지분에 관한 감정평가액을 반영하지 않은 상태에서 경매절차를 진행하였다고 하더라도, 전유부분에 대한 대지사용권을 분리처분할 수 있도록 정한 규약이 존재한다는 등의 특별한 사정이 없는 한 매수인은 경매목적물인 전유부분을 낙찰받음에 따라 종물 내지 종된 권리인 대지지분도 함께 취득하였다 할 것이므로, 구분건물의 대지지분 등기가 경료된 후 집행법원의 촉탁에 의하여 매수인이 대지지분에 관하여 소유권이전등기를 경료받은 것을 두고 법률상 원인 없이 이득을 얻은 것이라고 할 수 없다."(대법원 2001. 9. 4. 선고 2001다22604 판결)

사례 물건은 집행법원에서 대지부분을 포함해 매각을 해야 하는 물건이다. 집행법원의 법리오해로 매수인이 횡재를 하였다.

핵심포인트

수분양자의 대지지분에 대한 분양대금 완납 유무다. 대지지분에 대한 분양대금을 납부하였다면 매수인은 대지지분의 감정과 관계없이 대지지분의 소유권을 취득한다.

다. 대지지분 감정 대지분양대금 미납

수분양자는 분양대금 미납 유무를 불문하고 대지사용권을 취득한다.

그러나 수분양자가 대지분양대금을 미납한 경우, 매수인은 대지권 등기 시 대지대금을 부담하는 경우도 있다.

【 사례 】

분양자(성남시)가 부동산을 수분양자에게 분양했으나 그 대금이 완납되지 않은 상태에서 수분양자에게 전유부분에 대한 소유권이전등기를 하였다. 전유부분에 대한 등기때까지 택지개발사업이 끝나지 않아 지적 불확정으로 대지권 등기를 할 수 없었다. 매수인은 비록 대지권은 미등기이지만 감정평가에 대지지분이 포함되어 있어 안심하고 낙찰 받았다. 매수인이 대지권등기를 위해 성남시에 대지지분에 대한 이전등기를 요구하자 성남시는 토지대금을 납부해야 등기를 해주겠다고 하였다.

"집합건물의 분양자가 수분양자에게 대지지분에 관한 소유권이전등기나 대지권변경등기는 지적정리 후 해 주기로 하고 우선 전유부분에 관하여만 소유권이전등기를 마쳐 주었는데, 그 후 대지지분에 관한 소유권이전등기나 대지권변경등기가 되지 아니한 상태에서 전유부분에 대한 경매절차가 진행되어 제3자가 전유부분을 경락받은 경우, 그 경락인은 집합건물의 소유 및 관리에 관한 법률 제2조 제6호의 대지사용권을 취득하고, 이는 수분양자가 분양자에게 그 분양대금을 완납한 경우는 물론 그 분양대금을 완납하지 못한 경우에도 마찬가지이다. 따라서 그러한 경우 경락인은 대지사용권 취득의 효과로서 분양자와 수분양자를 상대로 분양자로부터 수분양자를 거쳐 순차로 대지지분에 관한 소유권이전등기절차를 마쳐줄 것을 구하거나 분양자를 상대로 대지권변경등기절차를 마쳐줄 것을 구할 수 있고, 분양자는 이에 대하여 수분양자의 분양대금 미지급을 이유로 한 동시이행항변을 할 수 있을 뿐이다."(대법원 2006. 9. 22. 선고 2004다58611 판결)

매수인의 소유권 취득은 감정평가에 그 부분이 포함되었느냐 아니면 매각목적물에 표시되었느냐에 달려있는 것이 아니라 그 물건의 실체법상의 법률관계에 의해 결정된다.

핵심포인트

매수인은 수분양자의 분양대금 완납 유무에 관계없이 대지사용권을 취득한다. 드물지만 대지권 등기를 하기 위해 추가 부담해야 하는 경우도 있다.

대지권 미등기

> 원칙 : 대지사용권 있음
>   매수인은 추가부담없이 대지사용권 등기가 가능하나, 수분양자가 분양대금을 미납한 경우 추가부담 있을 수 있음
> 예외 : 대지사용권 없음
>   분양자가 토지 분양대금을 미납한 경우, 토지별도등기 등

2) 대지권 없음

대지권 없음은 대지사용권이 없는 집합건물을 말한다. 대지권 없음은 처음부터 대지사용권이 없는 경우와 대지사용권이 있었으나 토지별도등기권자의 채권 실행으로 대지사용권이 구분건물로부터 분리된 경우로 나뉜다.

같은 아파트 단지 내 경매 물건임에도 불구하고 시세의 절반 가격이나 3분의 2 가격에 경매 나온 물건을 볼 수 있는데, 이는 지분 경매 물건 아니면 대지권 없이 전유부분만 나온 경우다.

어떤 때 대지권이 없나?

첫째, 분양자가 남의 땅 위에 건물을 지은 경우.
둘째, 분양자가 대지 계약금만 주고 집합건물을 건축하였으나 매매잔금을 지급하지 못해 대지의 매매계약이 해제된 경우.
셋째, 토지에 근저당권이나 가압류 등이 설정된 상태에서 집합건물인 아파트나 다세대 주택을 지은 경우.

가. 대지권 없는 전유부분 경매

【 사례 】

처음에는 대지권이 존재하였으나 후에 어떠한 사정으로 대지권이 소멸된 경우다. 채권자가 대지권이 없는 전유부분만 경매시 생기는 문제다.

집합건물이 건축되기 전 대지부분에 법률적 처분행위가 있으면 가능하다. 저당권이나 전세권, 담보가등기, 압류 또는 가압류, 가처분이 실행되는 경우다. 즉 대지에 설정된 근저당권을 변제하지 않은 상태에서 집합건물이 건축되고 대지권 등기가 된 경우, 근저당권자는 대지에 대해 경매를 신청할 수 있다. 대지가 매각되면 그 위의 집합건물은 대지권없는 집합건물이 된다.

전유부분 매수인은 대지소유자와의 관계에서 불법점유자가 되어 대지의 점유·사용료를 납부해야 하고 전유부분도 시가로 매도해야 한다. 다행인 점은 집합건물은 단독건물과 달리 법정지상권이 의제되어 철거의 대상은 아니다.

핵심포인트

대지권이 없는 전유부분 낙찰시 토지등기부등본의 열람을 통해 대지권의 향배를 확인해야 한다. 또한 취득 목적을 분명히 해야 한다. 대지권을 취득할 것인지 아니면 대지지분 사용료를 납부하고 이용할 것인지 아니면 매도를 염두에 둔다면 저가에 낙찰을 받아야 한다.

나. 대지권 전부 전유부분 일부

[사례]

공유자 갑과 을은 특수 관계인으로 갑이 주가 되어 세 필지에 각각 존재하던 단독주택을 매입하여 각각 1/2의 지분으로 소유권이전등기를 하였다. 국민은행은 갑을 채무자로 하여 토지와 건물을 공동담보로 근저당권을 설정하였다.

단독주택을 철거 후, 총 14세대의 다세대주택을 건축하여 각 세대를 갑과 을이 2분의 1씩 공유지분자로 소유권보존등기를 마쳤다. 근저당권자에게 신축 건물에 대해서 추가근저당권을 설정해주어야 할 것이나, 그렇지 못한 상태에서 국민은행은 토지와 건물을 일괄하여 14세대 전부를 경매 신청[1]하였다.

매수인은 101호의 대지권에 해당하는 대지 지분 전부와 전유부분 중 갑의 2분의 1만 취득하였다.

을은 대지권없는 전유부분의 2분의 1 소유자가 되었다.

항소심까지 가는 치열한 법리 공방 끝에 을은 법정지상권이 성립하지 않아(토지·건물에 공동저당권 설정 후 신축 건물은 토지의 저당권과 동일한 순위의 공동저당권을 설정하지 않는 한 신축 건물은 법정지상권이 성립하지 않음. 대법원 2003. 12. 18. 선고 98다43601 전원합의체 판결) 매수인에게 구분건물을 시가로 매도(4,400만원)하고 소유권이전등기일로부터 인도완료일까지 월 792,000원의 비율로 계산한 임료상당 부당이득금을 공제한 나머지 잔액을

---

1) 민법 제365조 (저당지상의 건물에 대한 경매청구권) 토지를 목적으로 저당권을 설정한 후 그 설정자가 그 토지에 건물을 축조한 때에는 저당권자는 토지와 함께 그 건물에 대하여도 경매를 청구할 수 있다. 그러나 그 건물의 경매대가에 대하여는 우선변제를 받을 권리가 없다.

받음과 동시에 소유권이전등기절차를 이행하라는 판결을 받았다.

매수인은 판결문의 확정증명원을 받아 을의 협력없이 단독으로 을 소유 전유부분에 대해 매매를 원인으로 한 소유권이전등기를 마쳤다.

> **핵심포인트**
> 전유부분이 없거나 일부만 있는 대지 부분 매각시, 매수인은 구분소유권매도청구권을 행사해 온전한 집합건물로 만들 수 있다. 단, 구분소유권매도청구시 산정가의 기준이 되는 시가를 잘 파악해야 한다.

다. 대지부분 경매

대지 소유자는 구분건물 소유자를 상대로 건물을 철거할 수 있다.

대지 소유자는 대지사용권을 갖지 아니한 구분소유자에 대하여 전유부분의 철거를 구할 수 있고, 일부 전유부분만의 철거가 사실상 불가능하다고 하더라도 이는 집행개시의 장애요건에 불과할 뿐이어서 대지 소유자의 건물 철거청구가 권리남용에 해당한다고 볼 수 없다(대법원 2011. 9. 8. 선고 2010다18447 판결).

3) 정리

가. 대지권 미등기

① 아파트

아파트 등 집합건물의 대지권 관련 포인트 중 하나는 감정평가에 대지 지분 포함 유무다. 대지권 미등기일지라도 감정평가서에 대지지분이 포함됐다면 매각 후 추가부담없이 대지권을 취득할 수 있다.

② 상가·아파트형공장

상가나 아파트형 공장 등의 대지권 관련 포인트는 분양대금 납부 여부다. 대지권 미등기일지라도 분양 대금을 납부했다면 추가 부담없이 대지권을 취득할 수 있다. 반면 드물지만 수분양자가 토지 분양대금을 미납하면 대지권 등기를 위해서 추가부담을 하는 경우가 있다.

대지권 미등기

매수인 대지지분 추가부담	없음	있음	없음	있음
감정평가에 포함	○	○	×	×
분양대금납부	○	×	○	×

나. 대지권 없음

① 전유부분 경매

대지에 대한 점유·사용료를 납부해야 한다.

대지권이 없어 대지소유자가 전유부분의 매도를 요구하면 이에 응해야 한다.

② 대지부분 경매

전유부분 소유자에게 대지에 대한 점유·사용료를 부과할 수 있다.

전유부분 소유자에게 시가로 매도를 청구할 수 있다.

대지권 없음

전유부분 경매	대지 점유·사용료 납부
	전유부분 매도 대상
대지부분 경매	대지 점유·사용료 부과
	전유부분 매도 청구

다. 대지권 미등기와 대지권 없음 구별 요령
◆ 감정평가서 열람
등기사항증명서의 열람만으로 대지권 미등기와 대지권 없음을 구분하기 어렵다. 둘 다 대지권 등기가 생략돼 있는 경우가 많기 때문이다.

표제부의 '대지권의 표시' 란이 공란으로 되어 있을 경우, 그 사유가 '대지권 미등기'인지 아니면 '대지권 없음'인지 알 수 없다. 그러나 감정평가서를 보면 구분할 수 있다.

대지권 미등기는 감정평가액 중 대지분의 평가액을 포함하는 반면 대지권 없음은 감정평가액이 건물분만으로 구성돼 있다. 단, 감정평가 포함 유무는 절대적 기준은 아니나 상당한 변별력이 있어 실무에서 유용하게 활용할 수 있다.

4) 대지권미등기 등기 절차

전유부분 매수인이 대지권 등기를 하려면 토지등기부에 지분이전등기와 집합건물 등기부에 대지권 표시등기를 해야 한다.

먼저 매수인은 대지사용권에 대한 이전등기를 분양자와 공동으로 신청한다. 만일 분양자가 등기 이전에 협조를 하지 않으면 매수인은 분양자를 상대로 판결을 받아 단독으로 신청할 수 있다.

집합건물의 전유부분에 대해서는 매수인이 단독으로 대지권 표시등기를 할 수 있다. 주의할 점은 대지사용권에 대한 이전등기와 대지권 표시등기를 동시에 하여야 한다는 것이다.

구분건물이 전전 양도된 경우, 구분건물의 최종 매수인은 중간자 명의의 등기를 하지 않아도 된다. 즉, 분양자로부터 매수인에게 지분이전등기를 할 수 있다.

대지권미등기 물건 중에는 건물주가 토지소유자인 지방자치단체와 장기

분할상환조건으로 토지불하계약을 체결하고 그 분양대금을 미납하여 대지권이 미등기인 경우가 있다.

이 때 매수인은 전 소유자의 (양도)동의를 받으면 불하당시의 가격 조건으로 대금을 납부할 수 있다. 만약 양도를 받지 못하면 대지 지분을 다시 감정 평가한 금액으로 납부해야 한다.

5) 대지권 미등기시 집행법원의 조치

전유부분 건물에 대한 대지권이 미등기 상태로 있는 이유와 건물의 소유자가 사실상 대지권을 취득하였는지 여부(분양계약서 사본, 분양대금납부계약서 등). 대지사용권이 전유부분과 분리처분이 가능하다는 규약이나 공증 증서가 있는지 여부 등에 대한 소명자료 제출을 명한다.

전유부분만 경매신청시 집행법원은 경매신청채권자에게는 보정서를, 분양회사, 감정평가사 등에게는 사실조회서를 각각 보낸다.

서울남부지방법원
사 실 조 회 서

에스에이치공사 귀하

사 건 202 타경   호 부동산 강제경매
채 권 자
채 무 자
소 유 자

우리법원에서 별지목록 기재 구분건물에 대하여 경매절차가 진행중인바, 위 구분건물은 등기부상 아직 대지권의 등기가 되어 있지 아니하여 대지사용권의 존재여부 등에 관하여 다음과 같은 사실을 조회하오니 조속히 회신하여 주시기 바랍니다.

다 음

1. 위 구분건물에 대한 대지권이 등기되지 아니한 이유
2. 위 구분건물의 분양당시 대지권까지 분양된 것인지 여부 및 분양되었다면 대지사용권의 종류 및 비율
3. 분양계약의 내용, 분양대금의 완납여부
4. 분양계약서를 보관하고 있는 경우 그 사본을 송부하여 주시기 바랍니다.

202 년 월 일

사법보좌관 김 학 기

이에 대해 SH 공사는 다음과 같은 회신을 하였다.

서울특별시 SH공사

수신자 서울남부지방법원

제목 사실조회서에 대한 회신

1. 사실조회 사항에 대하여 아래와 같이 회신합니다.

    [조회사항]
    가. 대지권이 등기되지 아니한 이유 - 토지보존등기가 이루어지지 않아 대지권등기 불가
    나. 분양당시 대지권까지 분양여부 - 대지권까지 분양함
       대지사용권의 종류 및 비율 - 지적확정측량 미완료로 확정된 사항 없음
    다. 분양계약의 내용 - 분양계약서 사본 참조
    라. 분양대금의 완납여부 - 분양금 납부내역서 참조

    붙임 분양금 납부내역서 및 분양계약서 사본 끝.

                                    서울주택도시공사

회신에 따르면 분양당시 대지권까지 포함해서 분양 했을 뿐만 아니라, 수분양자도 분양대금을 완납하여 매수인은 추가부담이 없다. 단, 차후 지적정리 완료시 토지소유권이전등기비용은 부담해야 한다. 토지소유권이전등기 절차는 SH공사에서 수분양자(양수인)를 거치지 않고 바로 매수인 앞으로 할 수 있다.

5. 토지별도등기

1) 토지별도등기란

토지별도등기란 토지에 건물과 다른 등기가 있다는 의미다. 토지가 대지권으로 정리되기 전 토지에 저당권이나 가압류, 지상권 등이 설정된 상

등기사항증명서(말소사항 포함) - 집합건물

[집합건물] 서울특별시 강동구 상일동 121 고덕주공아파트 제367동 제4층 제406호

【 표 제 부 】		(1동의 건물의 표시)		
표시번호	접 수	소재지번, 건물명칭 및 번호	건물내역	등기원인 및 기타사항
1 (전 2)	1986년 5월22일	서울특별시 강동구 상일동 121 고덕주공아파트 제367동	철근콘크리트조스라브지붕5층 아파트 1층 345.6㎡ 5층 345.6㎡	부동산등기법 제177조의 6 제1항의 규정에 의하여 2001년 06월 14일 전산이기

(대지권의 목적인 토지의 표시)				
표시번호	소 재 지 번	지 목	면 적	등기원인 및 기타사항
2	1. 서울특별시 강동구 상일동 121	대	180563.4㎡	1986년11월10일
				부동산등기법 제177조의 6 제1항의 규정에 의하여 2001년 06월 14일 전산이기

[집합건물] 서울특별시 강동구 상일동 121 고덕주공아파트 제367동 제4층 제406호

【 표 제 부 】		(전유부분의 건물의 표시)	
표시번호	접 수	건물번호	건물내역	등기원인 및 기타사항
1 (전 1)	1984년2월25일	제4층 제406호	철근콘크리트조 48.60㎡	도면편철장 제2책 제389호
				부동산등기법 제177조의 6 제1항의 규정에 의하여 2001년 06월 14일 전산이기

(대지권의 표시)			
표시번호	대지권종류	대지권비율	등기원인 및 기타사항
1 (전 1)	1. 소유권대지권	180563.4분의 76.83	1983년12월5일 대지권 1988년4월11일
2 (전 2)			1. 토지에 관하여 별도등기 있음 1988년4월11일 부동산등기법 제177조의 6 제1항의 규정에 의하여 2001년 06월 14일 전산이기

태에서 대지권 등기가 되면, 집합건물 등기부 표제부의 〈대지권 표시란〉에 '토지별도등기 있음'이라고 공시한다.

집합건물의 전유부분 표제부 중 대지권의 표시에서 등기원인 및 기타사항 란에 "별도등기 있음 1토지(갑구3, 4번 가압류등기, 을구 1번 근저당권설정등기)" 등으로 기재되어 있다.

2) 집행법원 처리

① 원칙 : 소멸

㉠ 토지별도등기권자에게 배당

토지 저당권자에게 채권신고를 하게 하여 그 중 경매대상 구분건물의 대지권 비율만큼 토지저당권을 말소시킨다. 토지저당권자는 건물의 매각대금에서는 우선변제를 받을 수 없다.

㉡ 재개발·재건축

재개발이나 재건축으로 공급된 아파트 경매시 종전 등기부상의 저당권·가등기담보권·가압류·전세권·지상권 등이 새로운 등기부에 이기되지 않았더라도 등기된 것과 동일하게 보아 법원에서는 이들에게 이해관계인에 대한 통지, 권리신고의 최고, 채권계산서 제출 등의 통지를 한다.

㉢ 토지별도등기를 인수한다는 특별매각조건 없는 경우

집행법원에서 인수조건을 붙이지 않은 경우, 토지별도등기권자가 배당요구를 하지 않았더라도 배당대상 채권자로 보고 경매 대상 구분건물의 대지권 비율만큼 배당한다. 그 비율만큼 토지에 대한 저당권을 말소한다.

"집합건물의 전유부분과 함께 그 대지사용권인 토지공유지분이 일체로서 경락되고 그 대금이 완납되면, 설사 대지권 성립 전부터 토지만에 관하여 별도등기로 설정되어 있던 근저당권이라 할지라도 경매과정에서 이를 존속시켜 경락인이 인수하게 한다는 취지의 특별매각조건이 정하여져 있지 않았던 이상 위 토

> 지공유지분에 대한 범위에서는 매각부동산 위의 저당권에 해당하여 소멸한다."
> (대법원 2008. 3. 13. 선고 2005다15048 판결)

   ㉣ 토지와 건물의 등기상 권리자 동일
   ㉤ 토지 위의 권리가 실제는 변제됐으나 말소만 안된 경우

  ② 예외 : 인수
  토지 별도등기가 인수되는 경우 매각물건명세서의 비고란에 '토지에 대한 별도등기를 매수인이 인수해야 한다'는 특별매각조건으로 진행한다.

  ③ 배당시 주의
  선순위임차인이 있는 경우 조심해야 한다. 토지별도등기 물건의 배당은 토지와 건물분으로 나눈 후, 토지는 토지저당권자에게 배당한다.
  예를 들어 선순위 임차인 김학기가 8,000만원에 아파트에 살고 있던 중 1억원에 경매로 팔렸다. 외견상 전액 배당을 받아 매수인의 부담이 없다. 그러나 속내는 다르다. 아파트의 토지 건물에 대한 감정 평가 배분표는 통상 3 : 7 이다. 건물분에 70%, 토지분에 30% 배당 된다는 의미다. 김학기는 매각가 1억원에서 배당을 받는 것이 아니라 건물분인 7,000만원(매각가의 70%)에 대해서만 배당 받는다. 미 배당분 1,000만원은 매수인이 인수해야 한다.

  토지별도등기 물건 중 선순위 임차인이 있는 물건은 매수인 인수문제가 발생할 수 있으므로 입찰 전 가(假) 배당표를 통해 인수 금액 유무를 확인해야 한다.
  토지별도등기에 관한 위험은 구법에서는 토지별도등기 자체를 인수하는 부담이 컸다. 그러나 지금은 토지별도등기 인수 위험보다 대항력있는 임차인의 보증금 인수 위험이 더 크다.

chapter 02 밀린 관리비

- 도봉구 쌍문동 성원아파트 650만원
- 마포구 신공덕동 대우월드마크마포 아파트 121m^2 1,500만원
- 용산구 이촌동 삼성아파트 234m^2 2,000만원
- 강남구 삼성동 아이파크 아파트 195m^2 2,500만원
- 중구 저동 오피스텔 2,600만원
- 관악구 봉천동 건영아파트 107m^2 4,000만원
- 송파구 송파동 현대레이크빌 200m^2 8,900만원
- 성동구 금호동1가 상가 1억원
- 종로구 인사동 대일빌딩 지하상가 2억 7,000만원
- 강남구 역삼동 유니온 지하상가 3억 4,000만원
- 고양시 일산서구 주엽동 상가 5억원

사례는 매각보증금이 아니다. 매각 당시 밀린 관리비다.

아파트는 수익률 10% 게임이다. 자선사업가가 아닌 이상 밀린 관리비 기 백만원을 선뜻 물어주기가 쉽지 않다.

1. 밀린 관리비 누가 내나

실무에서 빨리 인도해야 한다는 이유로 대부분 매수인이 밀린 관리비를 대납해왔다. 그러나 점유자의 밀린 관리비 부담여부는 '뜨거운 감자'였다. 두 차례의 대법원 판결을 거쳐 논란이 정리 되었다.

대법원 판결로 밀린 관리비 부담주체가 정리 되었으나 아직도 일부 관리사무소(입주자대표회의)에서는 매수인에게 밀린 관리비를 떠넘기고 있다.

2. 공유부분은 매수인 부담

가. 1차 대법원 판결(2001년) - 공용부분 매수인 부담

지난 2001년 9월 22일 대법원 전원 합의체 판결(2001다8677)은 아파트 관리비를 전유부분과 공용부분으로 나누고, 전유부분은 입주자대표회의가 부담하고 공용부분에 한해 매수인이 부담하도록 하였다.

전유부분	전기료, 수도료, 하수도료, 급탕비, 난방비, TV수신료 등
공용부분	청소비, 오물수거비, 소독비, 승강기유지비, 공용난방비, 수선유지비, 일반관리비, 장부기장료, 위탁수수료, 화재보험료 등

나. 2차 대법원 판결(2006년) - 공용부분 원금 부담

2001년 9월 1차 대법원 판결은 매수인이 전액 부담하던 밀린 관리비를 전유부분과 공용부분으로 나눠 매수인의 부담을 반감시켰다는 점에서 의미가 있었다. 그러나 공유부분에 딸려 있는 연체료가 쟁점으로 부상했다. 연체기간이 1년을 넘으면 이자율이 20%를 넘어 몇 년 묵은 물건은 배보다 배꼽이 더 큰 경우가 적지 않기 때문이다.

그러나 2006년 2차 판결(2004다3598,3604)은 공용부분 연체료는 매수인이 인수하지 않아도 된다는 점을 분명히 했다.

관리비 납부를 연체할 경우 부과되는 연체료는 위약벌의 일종이고, 집합건물의 특별승계인이 전 입주자가 체납한 공용부분 관리비를 승계한다고 하여 전 입주자가 관리비 납부를 연체함으로 인해 이미 발생하게 된 법률효과까지 그대로 승계하는 것은 아니다.

> "집합건물의 전 구분소유자의 특정승계인에게 승계되는 공용부분 관리비에는 집합건물의 공용부분 그 자체의 직접적인 유지·관리를 위하여 지출되는 비용뿐만 아니라, 전유부분을 포함한 집합건물 전체의 유지·관리를 위해 지출되는 비용 가운데에서도 입주자 전체의 공동의 이익을 위하여 집합건물을 통일적으로 유지·관리해야 할 필요가 있어 이를 일률적으로 지출하지 않으면 안 되는 성격의 비용은 그것이 입주자 각자의 개별적인 이익을 위하여 현실적·구체적으로 귀속되는 부분에 사용되는 비용으로 명확히 구분될 수 있는 것이 아니라면, 모두 이에 포함되는 것으로 봄이 상당하다. 한편, 관리비 납부를 연체할 경우 부과되는 연체료는 위약벌의 일종이고, 전 구분소유자의 특별승계인이 체납된 공용부분 관리비를 승계한다고 하여 전 구분소유자가 관리비 납부를 연체함으로 인해 이미 발생하게 된 법률효과까지 그대로 승계하는 것은 아니라 할 것이어서, 공용부분 관리비에 대한 연체료는 특별승계인에게 승계되는 공용부분 관리비에 포함되지 않는다." (대법원 2006. 6. 29. 선고 2004다3598,3604 판결)

다. 3년이내 공용부분 부담

만약 아파트의 밀린 관리비가 천만원대를 넘고 상가는 억대를 넘으면 그 밀린 기간도 확인해야 한다. 1개월 단위로 지급되는 관리비채권은 민법 제 163조 1호에서 3년의 단기 소멸시효에 걸리는 것으로 규정한 '1년 이내의 기간으로 정한 채권'에 해당한다(대법원 2007. 2. 22. 선고 2005다65821 판결). 따라서 매수인은 매각대금 납부 시점에서 3년이 지난 관리비는 내지 않아도 된다. 단, 밀린 관리비를 이유로 가압류나 소를 제기하지 않은 경우다. 가압류나 판결은 시효 중단의 효력이 있다. 일부 관리사무소는 다목적 카드로 이용하기 위해 가압류를 해놓는 경우가 있다.

전 소유자에 대한 시효중단 효력은 매수인에게 미친다

집합건물의 전 구분소유자가 공용부분에 대한 관리비를 체납한 상태에서 집합건물의 관리회사가 전 구분소유자를 상대로 관리비의 지급을 구하는 소를 제기하여 승소판결을 받았다.

민법 제169조는 시효중단의 효력이 당사자 및 그 승계인 간에 미친다고 규정하고 있다. 여기서 당사자라 함은 중단행위에 관여한 당사자를 가리키고 시효의 대상인 권리 또는 청구권의 당사자는 아니며, 승계인이라 함은 시효중단에 관여한 당사자로부터 중단의 효과를 받는 권리 또는 의무를 그 중단 효과 발생 이후에 승계한 자를 뜻하고 포괄승계인은 물론 특정승계인도 이에 포함된다(대법원 1997. 4. 25. 선고 96다46484 판결 등 참조).

따라서 매수인은 위 법리에 비추어 전 구분소유자의 공용부분에 대한 밀린 관리비를 인수해야 한다(대법원 2015. 5. 28. 선고 2014다81474 판결).

> "집합건물의 전 구분소유자가 공용부분에 관한 관리비를 체납한 상태에서 그 전유부분에 관한 구분소유권을 취득하여 전 구분소유자의 체납관리비 채무를 인수한 자가 민법 제169조의 '승계인'에 해당하여 채권자의 전 구분소유자에 대한 시효중단의 효력이 신 구분소유자에게도 미친다."(대법원 2015. 5. 28. 선고 2014다81474 판결)

라. 공용부분은 얼마나 되나

전체 관리비를 100이라고 하면 대단위 아파트 단지는 그 중 전유부분이 60~70% 내외이고 공용부분은 30~40%를 차지한다. 따라서 밀린 관리비가 100만원이라고 하면 그중 약 30만원 내외는 매수인이 부담해야 한다.

그러나 나홀로 등 세대수가 300세대 미만인 경우 관리비 중 공용부분의 비중이 약 60~70%로 높아진다. 관리비 항목 중에서 비중이 상대적으로 높은 일반관리비(인건비) 때문이다.

마. 집합건물 구분소유권 순차양도시 각 특별승계인 책임-중첩적 채무인수

집합건물법상의 특별승계인은 관리규약에 따라 집합건물의 공용부분에 대한 유지·관리에 소요되는 비용의 부담의무를 승계한다는 점에서 채무인수인으로서의 지위를 갖는다. 집합건물법의 입법 취지와 채무인수의 법리에 따르면 구분소유권이 순차로 양도된 경우 각 특별승계인들은 이전 구분소유권자들의 채무를 중첩적으로 인수한다. 따라서 현재 구분소유권을 보유하고 있는 최종 특별승계인뿐만 아니라 그 이전의 구분소유자들도 구분소유권의 보유 여부와 상관없이 공용부분에 관한 종전 구분소유자들의 체납관리비채무를 부담한다(대법원 2008. 12. 11. 선고 2006다 50420 판결).

바. 임차인은 건물반환 거부해도 관리비는 실제 사용한 경우만 지급

임차인이 임대차계약이 종료되었으나 임대차보증금이 반환되지 않은 상태에서 임차목적물을 사용·수익하지 않고 점유만 계속하고 있는 경우. 임대차목적물 인도 시까지의 관리비는 임대인이 부담하여야 한다(대법원 2005. 4. 29. 선고 2005다1711 판결).

3. 관리사무소에서 입주를 방해하는 경우

가. 단전·단수

매수인은 공용부분의 원금만 부담하면 되나 아직도 일부 관리사무소에서는 전유부분 체납액뿐만 아니라 그간 듬뿍 밀린 이자까지도 매수인에게 요구하고 있다. 관리사무소에서는 매수인은 말만 하면 다 들어주는 아주 마음씨 좋고 돈 많은 사람(?)으로 알고 있다. 착한 매수인에게 받아낼 요량으로 체납자에게는 형식적인 압박만 하고, 매수인이 이제오나 저제오나 목이 빠지게 기다리다 왜 이제야 오셨느냐고 반색하는 곳도 있다.

그처럼 체납자에게는 성현군자 같은 관리사무소가 매수인한테는 마치 빌려준 돈 악착같이 챙기는 추심업자(?)로 둔갑한다. 혹 매수인이 말을 안들으면 전가의 보도를 꺼내 든다. 입주 지연은 기본이고 단전·단수하겠다고 엄포 아닌 엄포를 둔다. 아파트는 밀린 관리비를 이유로 단전·단수를 하는 경우는 거의 없다. 그러나 상가의 경우 단전·단수 및 엘리베이터 이용을 못하게 하여 매수인에게 직접접인 영업 방해 및 심리적 압박을 가하는 경우가 있다. 그러면 맘 좋고 돈 많은 우리 매수인은 좋은게 좋은거 라며 대부분 타협을 한다. 저들이 노리는걸 뻔히 알면서 말이다.

그러나 관리사무소에서 밀린 관리비를 이유로 단전·단수 조치는 엄연한 불법행위(업무방해죄나 공갈죄 등으로 형사고소 대상)일 뿐만 아니라 오히려 임료 상당의 손해배상을 청구할 수 있다.

"집합건물의 관리단 등 관리주체의 위법한 단전·단수 및 엘리베이터 운행정지 조치 등 불법적인 사용방해 행위로 인하여 건물의 구분소유자가 그 건물을 사용·수익하지 못하였다면, 그 구분소유자로서는 관리단에 대해 그 기간 동안 발생한 관리비채무를 부담하지 않는다고 보아야 한다."(대법원 2006. 6. 29. 선고 2004다3598,3604 판결)

단전·단수를 업무방해로 인정한 사례

"호텔 내 주점의 임대인이 임차인의 차임 연체를 이유로 계약서상 규정에 따라 위 주점에 대하여 단전·단수조치를 취한 경우, 약정 기간이 만료되었고 임대차 보증금도 차임연체 등으로 공제되어 이미 남아있지 않은 상태에서 미리 예고한 후 단전·단수조치를 하였다면 형법 제20조의 정당행위에 해당하지만, 약정 기간이 만료되지 않았고 임대차보증금도 상당한 액수가 남아있는 상태에서 계약해지의 의사표시와 경고만을 한 후 단전·단수조치를 하였다면 정당행위로 볼 수 없다."(대법원 2007. 09. 20. 선고 2006도9157 판결[업무방해·여신전문금융업법위반])

나. 이삿짐 반출 막음

매수인이 밀린 관리비 납부를 거부하면 이삿짐 반출을 막고 입주를 방해하는 풍경을 볼 수 있다. 말이 통하지도 않을뿐더러 막무가내다. 이렇듯 막무가내로 버티는 자들에겐 다소 시간이 걸리더라도 강제집행이 최선이다. 집행관의 강제집행까지 이들이 막을 수 없다. '강제집행효용침해죄' 때문이다.

4. 관리비 대납시 돌려 받는 방법

조기 입주를 위해 울며 겨자 먹기로 관리사무소의 요구대로 밀린관리비를 매수인이 납부하였다. 그런데 아무리 생각해도 너무 억울해서 전유부분과 연체료를 돌려 받고 싶다. 가능한가?

두 가지 경우를 생각할 수 있다. 먼저 관리사무소의 요구에 아무런 이의를 제기하지 않고 납부한 경우 돌려받기 어렵다. 채무승인 내지 대위변제가 되어 부당이득반환청구를 할 수 없기 때문이다.

다음은 납부의 불가피성이다. 어쩔수 없이 밀린 관리비를 납부했다면 관리사무소의 압박으로 납부했다는 증거를 남겨야 한다. 내용증명을 이용 한다. 내용증명에 관리사무소의 강박에 의해 어쩔 수 없이 관리비를 납부하나 추후 소를 제기하겠다는 점을 명시하면 유용하다.

5. 밀린 공과금

경기 하남시 창우동에 있는 은행마을 아파트 $102m^2$는 200만원의 도시가스 요금이 밀려있다.

밀린 도시가스 요금은 누가 내야 하는가?

전기요금, 도시가스요금, 수도요금 등 밀린 공과금은 매수인이 부담하지 않는다. 이들 요금은 전유부분 사용료에 해당되기 때문이다(서울고법 2011. 4. 21. 선고 2010누33476 판결).

전기(한국전력)와 수도요금(수도사업소), 도시가스(가스회사)는 매수인이 매각대금을 완납한 시점부터 부담한다(대법원 2015. 6. 11. 선고 2015다10097 판결).

1) 근거

대법원 판결(2001다8677 등)에 따르면 매수인은 공용부분만 부담하고 전유부분은 입주자대표회의가 부담한다.

관리비와 공과금의 부담주체 결정시 기본전제가 수익자(이용자) 부담원칙이다. 이런 연유로 전유부분은 이용자가 부담을 하고, 이용자의 권리를 승계한 입주자대표회의가 부담한다.

2) 전기요금

"한국전력공사의 전기공급규정에 신수용가가 구수용가의 체납전기요금을 승계하도록 규정되어 있다 하더라도 이는 공사 내부의 업무처리지침을 정한 데 불과할 뿐 국민에 대하여 일반적 구속력을 갖는 법규로서의 효력은 없고, 수용가가 위 규정에 동의하여 계약의 내용으로 된 경우에만 효력이 생긴다."(대법원 1992. 12. 24. 선고 92다16669 판결)

3) 수도요금

서울특별시 수도조례 제30조(수도요금의 정산)
① 건물 또는 토지의 매매 등으로 수도사용자등이 변경되는 경우에 신규 수도사용자와 기존의 수도사용자등은 수도요금을 정산하여 신규 수도사용자가 납부하여야 한다. 다만, 경매·공매처분에 따라 명의 변경된 경우에는 그러하지 아니하다.

4) 도시가스

> 서울특별시 도시가스공급규정 제9조(계약의 준수)
> ① 가스사용자는 다음 사항을 준수하여야 합니다.
> 1. 가스요금 및 그 밖의 이 규정에 정한 제 징수금을 기한내에 납부하여야 합니다.
> 2. 가스공급 및 사용시설의 관리는 선량한 관리자로서의 주의의무를 다하여야 하며, 가스공급 및 사용시설을 설치 또는 변경하고자 하는 경우에는 사전에 당사에 통지하여야 합니다.
> 3. 가스공급 및 사용시설이 속한 건축물이 매매·임대·상속·경매 등의 사유로 가스사용자가 변경된 경우 변경된 가스사용자는 문서(전자문서 포함) 또는 전화로 회사에 가스사용자 명의변경을 신청하여야 하며, 가스사용자 명의변경 신청이 있는 경우 회사는 이전 가스사용자의 체납확인 등 필요한 조치를 취하여야 합니다. 다만, 가스사용자가 명의변경없이 가스를 계속 사용할 경우에는 변경요인이 발생한 일로부터 실제 변경기준일까지의 요금은 납부하여야 합니다.
> 4. 법원경매로 취득한 물건의 경우 소유권 이전일 이전 사용자의 체납요금은 변경된 가스사용자에게 승계되지 않습니다.
> 5. 그밖의 이 규정에 정한 사항.

매수인은 소유권이전등기 이후의 공과금만 부담한다.

이들 기관을 방문해 등기사항증명서를 제출하거나 유선상으로 경매를 통해 소유권이 변경됐음을 알리면 소유권이전등기 전의 연체료는 납부하지 않아도 된다.

chapter 03 농지

1. 농지란?

농지란 논, 밭 또는 과수원 기타 그 법적 지목여하에 불구하고 실제의 토지현상이 농작물의 경작 또는 다년생 식물재배지로 이용되는 토지 및 그 토지의 개량시설과, 그 토지에 설치하는 농축산물 생산시설(고정식 온실, 버섯재배사, 비닐하우스와 그 부속시설, 농막 또는 간이퇴비장 등)을 말한다(농지법 제2조 1호).

농지법은 농지에 관해 현황주의를 채택하고 있다. 즉 어떤 토지가 농지냐의 여부는 공부상의 지목에 의하지 않고 그 토지의 사실상의 이용 용도에 의해 판단한다.

> 농지법 제2조 (정의)
> 1. "농지"란 다음 각 목의 어느 하나에 해당하는 토지를 말한다.

> 가. 전·답, 과수원, 그 밖에 법적 지목을 불문하고 실제로 농작물 경작지 또는 다년생식물 재배지로 이용되는 토지. 다만, 「초지법」에 따라 조성된 초지 등 대통령령으로 정하는 토지는 제외한다.
> 나. 가목의 토지의 개량시설과 가목의 토지에 설치하는 농축산물 생산시설로서 대통령령으로 정하는 시설의 부지

2. 농지 소유자격

농지는 원칙적으로 농업인과 농업법인(영농조합법인과 농업회사법인) 그리고 앞으로 농업인이 되고자 하는 자가 취득할 수 있다. 예외적으로 농업인이 아닌 개인은 주말 등을 이용하여 취미 또는 여가활동으로 농작물이나 다년생 식물을 재배하고자 할 때 1,000㎡ 미만의 농지를 취득할 수 있다(농지법 제2조 2, 3호).

3. 취득면적

가. 신규 농지 취득
① 면적 1,000㎡ 이상

농업인 또는 농업인이 되고자 하는 도시민은 면적 제한없이 농지를 취득할 수 있다. 단, 1,000㎡이상은 농업경영 목적이기 때문에 농업경영계획서를 작성해야 한다.

② 면적 1,000㎡ 미만

도시민이 주말·체험영농 목적일 때는 1,000㎡ 미만에 한해 소유가 가능하다. 면적 계산은 세대원 전부가 소유하는 총 면적으로 하며 주말·체험영농계획서를 제출하여야 한다. 농업진흥지역 내 농지는 주말체험영농 목적으로는 취득이 불가하므로 일반영농 목적으로 취득하여야 한다.

나. 기존 농지 있는 경우

① 기존 농지가 1,000㎡ 이상

면적 제한 없이 취득이 가능하다.

② 기존 보유 1,000㎡ 미만

첫 구입 면적이 500㎡여서 주말·체험 영농 용도로 취득하였다. 그런데 아주 맘에 드는 농지가 있어 추가로 낙찰을 받으려고 보니 합산 면적이 1,000㎡를 넘는다. 추가 농지는 어떻게 낙찰 받아야 하나?

일반영농 용도로 농지를 취득할 수 있다. 대신 기존의 주말·체험 영농 용도로 취득한 농지는 일반농지로 전환해야 한다. 즉, 농업경영계획서를 추가로 제출해야 한다. 기존 농지와 신규 농지의 면적이 1,000㎡ 이상이면 일반영농 용도로 취득할 수 있다. 기존 농지와 신규 농지의 면적이 1,000㎡ 미만이면 주말·체험 영농 용도로 취득할 수 있다.

4. 농지취득자격증명

농지를 취득하고자 하는 자는 원칙적으로 농지취득자격증명을 발급받아야 한다(농지법 제8조 제1항).

경매로 농지를 취득하는 경우 토지거래허가구역일지라도 토지거래허가를 받지 않아도 된다. 대신 농지취득자격증명을 제출해야 한다.

> 국토의계획및이용에관한법률 제121조(국가 등이 하는 토지거래계약에 관한 특례 등)
> ② 다음 각 호의 경우에는 제118조를 적용하지 아니한다.
> 1. 「공익사업을 위한 토지 등의 취득 및 보상에 관한 법률」에 따른 토지의 수용
> 2. 「민사집행법」에 따른 경매
> 3. 그 밖에 대통령령으로 정하는 경우

가. 농지취득자격증명의 성질

농지취득자격증명은 농지를 취득하는 자에게 농지 취득의 자격이 있다는 것을 증명하는 것일 뿐, 농지취득의 원인이 되는 법률행위의 효력을 발생시키는 요건은 아니다. 즉 농지취득자격증명은 등기요건이지 효력발생요건이 아니다(대법원 97다49251, 2013다86878, 96885 판결). 그러나 경매는 농지취득자격증명이 매각허가 요건 즉 취득요건이다. 반면 공매는 농지취득자격증명이 등기(소유권 이전)요건이어서 최장 72일 정도 여유가 있다.

농지취득자격증명 발급대상 농지에 대한 해석이 집행법원과 농지취득자격증명 발급 행정관서 간 다르다.

집행법원은 지목이 논, 밭, 과수원이면 실제 현황상 잡종지나 공장용지 등 전용 여부를 불문하고 농지취득자격증명 제출을 요한다. 즉 집행법원은 지목주의다.

반면 읍·면·동사무소는 지목이 농지라도 실제 현황이 경작이 불가능하면 농취증 발급을 반려한다. 또한 지목이 임야라도 현황상 농지면 농지취득자격증명을 요한다. 행정관서는 지목주의+현황주의다.

입찰 전 현장 조사시 법적 지목과 실제 현황이 일치하는지 확인해야 한다. 일치하지 않을 경우 담당자로부터 농지취득자격증명 발급 유무를 확인 후 참여해야 한다.

공부상 지목과 실제 현황이 다른 경우, 집행법원은 농지소재지 관서에 농지취득자격증명이 필요한지에 관해 사실조회를 한다. 사실조회결과에 따라 농지취득자격증명의 제출 여부를 정한다. 그러나 실무에서는 사실조회 결과에 관계없이 농지취득자격증명 제출주의를 취하고 있다.

사건번호	주 소	면 적(㎡)	감정평가 최저가	임차관계	등기부상 권리관계
09-7432 전 우리은행 전상억 전상억 감정지가 190,000 표준공시지가 130,000	경기 평택시 고덕면 해창리 ○○○ · 고덕초등학교 남측 · 주변농가주택및 전답 등 농경지 혼재 · 차량접근가능 · 부정형토지 · 관리지역 · 택지개발예정지구	전 1174 (355.14평) 제시외 비닐하우스 28 농취증 필요	229,230,000 우일감정 (2009.06.12) 182,984,000 (80%) 유찰 10.01.04 낙찰 10.02.08 191,500,000 (83.5%) 2명	소유자 미상의 제시외 비닐하우스 1동 있음	소유 전상억 01.09.20 근저 한빛은행 01.11.07 39,000,000 근저 한빛은행 01.11.07 30년 가압 경기신용보증 08.05.16 127,449,000 근저 경기신용보증 08.11.25 158,400,000 임의 우리은행 09.06.08 청구 39,000,000

○○ 지방법원
사 실 조 회 서

○○ 시장(군수, 구청장) 귀하

사　건　202 타경　　　호 부동산 강제(임의)경매

　별지목록 기재 토지에 대한 위 경매사건의 심리상 필요하여 다음 사항을 조회하니 조사한 후 회보하여 주시기 바랍니다.

다　음

1. 별지목록 기재 토지의 현황이 농지인지 여부
2. 토지현황이 농지가 아닌 경우에는 전용허가가 이루어졌는지 여부
3. 전용허가가 이루어진 경우에는 그 허가연월일, 허가조항, 전용목적 및 허가신청자의 주소와 성명
4. 전용허가를 얻지 않고 토지현황이 변경된 경우에는 향후 원상회복명령이 발하여질 가능성이 있는지 여부
5. 별지목록 기재 토지를 민사집행절차에서 매수한 때 농지취득자격증명이 필요한지 여부

202 년 월 일

사법보좌관　○　○　○

○ ○ 면

수신자 : 수원지방법원 평택지원 경매1계, ○○○ 귀하
제 목 : 사실조회 의뢰에 따른 회신

   1. 귀 기관의 무궁한 발전을 기원합니다.
   2. 사건 202 타경 1234 부동산임의경매에 따른 사실조회 의뢰에 대하여 다음과 같이 회신하오니 업무에 참고하시기 바랍니다.

다 음

조회의뢰 내용	회신 내용
1. 별지목록 기재토지의 현황이 농지인지 여부	- 농지임 ※ 농지 내 비닐하우스 및 창고 존재 비닐하우스는 농지이용행위에 해당하여 설치하여도 무방하나, 창고(약 67㎡)는 철거 대상임
2. 토지현황이 농지가 아닌 경우에는 전용허가가 이루어졌는지 여부	- 없음
3. 전용허가가 이루어진 경우에는 그 허가 연월일, 허가조항, 전용목적 및 허가신청자의 주소와 성명	- 해당없음
4. 전용허가를 얻지 않고 토지현황이 변경된 경우에는 향후 원상회복명령이 발하여질 가능성이 있는지 여부	- 불법농지전용에 해당하여 원상회복을 하여야 함(창고는 철거 대상 임)
5. 별지목록 기재 토지를 낙찰 받을 때 농지취득자격증명이 필요한지 여부	- 공부상 및 실제현황이 농지이므로 취득시 농지취득자격증명이 필요함

나. 제출기한

① 원칙

농지취득자격증명은 매각기일로부터 1주일인 매각결정기일까지 제출해야 한다. 기한 내 제출하지 못하면 전국 60개 집행 법원은 예외없이 매각 불허가 하고 대부분의 법원이 매수보증금을 몰수 한다.

② 예외

농지취득자격증명을 기한 내 제출하지 못해 매각불허가 결정에 대한 즉시항고를 하였을 경우, 항고심의 종결시까지 농지취득자격증명을 제출하면 하자가 치유돼 매각 허가 된다. 단, 대법원의 재항고심은 적용되지 않는다. 기한 내 농지취득자격증명 제출이 어려울 경우 '매각결정기일변경신청서'를 소명자료와 함께 집행법원에 제출하여 시간을 벌 수도 있다.

다. 농지취득자격증명 미제출시 보증금 돌려 받을 수 있나

① 매수인 귀책사유시

최고가매수인이 농지취득자격 요건을 갖추지 못했거나 기한 내에 농지취득자격증명을 제출하지 못하면 최고가매수인의 보증금은 몰수된다.

② 매수인 귀책사유 없는 경우

불법건축물 등 부득이한 사정으로 최고가매수인이 농지취득자격증명을 발급받을 수 없었음을 소명하면 매수보증금을 돌려 받을 수 있다.

농지의 불법형질 변경을 이유로 소재지 관서가 농지취득자격증명 발급을 거부하는 경우, 매수인의 귀책 사유없이 농지 소재지 관서가 부당하게 농지취득자격증명 발급을 거부한 경우에 해당돼 보증금을 돌려받을 수 있다. 그러나 농림축산식품부 예규 제17호 농지취득자격증명발급심사요령 제

8조 제1항 제8호에 의하면 "신청대상 농지에 불법으로 형질을 변경한 부분이 있는 경우 농업경영계획서에 실현 가능한 사후원상복구 계획을 포함하거나 별도로 제출할 것"이라고 규정하여 원상복구 조건으로 농지취득자격증명 발급이 가능하다.

라. 농지취득자격증명 발급절차

① 발급대상

㉠ 농업인 또는 농업인이 되고자 하는 자

도시민이 거주지역에 관계없이(서울사람이 서귀포에 있는 감귤 농장이나 민통선의 밭 등) 농지를 취득할 수 있는 근거가 바로 앞으로 농업인이 되고자 하는 자에 해당되기 때문이다.

농업경영계획서는 벼(참깨)를 재배할 예정이며 영농경력은 없으나 노동력을 '일부고용'의 방법으로 확보하여 202 . . .부터 착수할 계획이다.

㉡ 농업(영농)법인

㉢ 주말·체험영농을 하고자 하는 농업인이 아닌 개인 등

주말·체험영농 목적으로 취득한 농지는 본인 또는 가족들이 농작업의 1/3 이상 또는 연간 30일 이상 종사해야 한다. 따라서 월 1회 체험·영농은 처분 대상이 될 수 있다. 주말·체험 영농 목적으로 농지를 취득하는 경우, 주말·체험영농계획서를 제출하여야 한다.

② 발급불가 대상

㉠ 일반법인은 농지취득자격증명을 발급 받을 수 없다. 낙찰 받고자 하는 토지(특히 공장)에 농지가 있는지 확인해야 한다.

㉡ 학생은 농지 발급이 안되나 예외적으로 농업계나 야간계 학생은 발급 받을 수 있다.

③ 발급절차
1. 관할법원에서 최고가 매수인(차순위)으로 선정
2. 집행관실에서 최고가(차순위)매수신고인 증명서 발급
3. 농지소재 시·구·읍·면·동사무소에서 농지취득자격증명 신청
   첨부서류 : 농지취득자격증명신청서, 농업경영계획서(주말·체험영농계획서)
4. 농지취득자격증명 심사
   담당자가 실사 후 발급 여부를 결정한다.
5. 발급 기간 : 일반영농용도나 주말·체험영농용도는 신청 후 7일 이내 발급한다. 농지취득자격증명발급 요건에 부합되지 않아 반려하는 경우 신청서 접수일로부터 7일 이내에 그 사유를 명시한 반려통지서를 교부해준다. 시·구·읍·면의 장은 농지 투기가 성행하거나 성행할 우려가 있는 지역의 농지를 취득하려는 자 등 농림축산식품부령으로 정하는 자가 농지취득자격증명 발급을 신청한 경우 농지법 제44조에 따른 농지위원회의 심의를 거쳐야 한다(농지법 제8조 제3항). 농지위원회의 심의대상 농지는 14일 이내 발급한다.
6. 농지 소유의 세분화 방지 - 7인 이내(농지법 제22조 제3항)
   시장·군수·구청장 등은 농지를 효율적으로 이용하고 농업생산성을 높이기 위하여 1필지를 공유 시 최대 인원은 7인 이하의 범위에서 시·군·구 조례로 정할 수 있다.

농지취득자격증명 및 토지거래허가 대상 비교

구 분	매 매	경 매	공 매	판 결	증 여	상 속
농지취득자격증명	×	○	○	×	○	×
토지거래허가	○	×	×	○	○	×

마. 농지취득자격증명이 필요없는 경우

인천시 서구 불로동에 있는 밭 1,025m^2가 경매 나왔다. 인천지방법원은 지목이 밭임에도 농지취득자격증명 없이 매각을 진행하여 최초감정가(4억 5,100만원)의 93.4%인 4억 2,128만원에 팔렸다. 집행법원의 착오일까?

이 물건은 택지개발예정지구의 농지취득자격증명이 면제되는 물건이다.

📝 **농지취득자격증명 없이 농지 취득(농지취득자격증명 발급심사요령 제3조 제2항)**

1. 국가 또는 지방자치단체가 농지를 취득
2. 상속에 의하여 농지를 취득
3. 농지 저당권자인 금융기관이 농지 저당권의 행사를 위한 경매기일을 2회 이상 진행하여도 매수인이 없을 때에는 그 후의 경매에 응하여 그 담보 농지를 취득(농지법 제13조 제1항)
4. 농지법 제34조 제2항에 따라 농지 전용에 관한 협의를 마친 농지
   ① 국계법에 따른 도시지역 안에 주거·상업·공업지역 또는 도시계획시설예정지로 지정 또는 결정된 농지
   ② 국계법에 따른 계획관리지역의 지구단위계획구역으로 지정된 농지(단, 2009. 11. 28.부터 농림수산식품부장관과 농지전용에 관한 협의를 거친 농지에 한함)
   ③ 국계법에 따른 도시지역 안의 녹지지역 및 개발제한구역 안의 농지에 대하여 개발행위 허가를 받거나 개발제한구역의 지정 및 관리에 관한 특별조치법에 따라 토지형질변경 허가를 받은 농지

바. 농지 (불법) 전용

경기 가평군 청평면에 있는 밭 1,290㎡가 경매 나왔다.

모텔을 짓기 위해 토목 공사를 마쳐 무늬만 밭이다. 그럼에도 의정부지방법원은 농지취득자격증명을 요구하고 기한 내 미 제출시 보증금을 몰수 한다는 특별매각조건으로 진행하였다.

(불법)형질변경된 경우 농지취득자격증명이 반려된다. 반려사유는 "농지취득자격증명이 필요한 농지이나 (불법)형질변경한 부분에 대한 원상복구가 필요하며 현상태에서는 농지취득자격증명을 발급할 수 없음"이라고 기재된다. 문제는 이처럼 농지취득자격증명 반려시 매각을 불허하는 법원이 있다.

꼭 낙찰을 받아야 할 농지라면 행정소송을 통해 농지취득자격증명을 받을 수 있다. 농지취득자격증명 자체가 발급받으려는 자의 자격을 증명하는 것으로서 그 발급은 재량의 여지가 없는 대인적 처분에 불과해 행정청은 불법형질변경을 이유로 농지취득자격증명의 발급을 거절할 수 없기 때문이다(부산고등법원 2006. 12. 22. 선고 2006누1791 판결).

그러나 "신청대상 농지에 불법으로 형질을 변경한 부분이 있는 경우, 농업경영계획서에 실현 가능한 사후 원상복구계획을 포함하거나 별도로 제출할 것"이라고 규정하여 원상복구 전이라도 농지취득자격증명 발급이 가능하다(농지취득자격증명발급심사요령 제8조 제1항 제8호).

농지가 불법으로 전용된 경우, 농지로 원상 복구 후 취득 하여야 한다.

다만, 경매, 공매 등으로 낙찰시 소유권이 없어 이의 원상회복이 어려워, 농업경영계획서의 특이 사항이나 별지에 원상복구 계획서를 시·구·읍·면·동사무소에 제출하고, 시·구·읍·면·동사무소에서 그 계획이 실현 가능하다고 판단되는 경우, 원상복구 이전이라도 농지취득자격증명을 발급 받을 수 있다. 실현 가능성이 없는 경우 농지로 원상 복구한 이후에 취득 하여야 함을 사유로 반려 처리될 수 있다.

① 지목이 전·답·과수원이나 실제의 이용현황이 일부는 농지로 일부는 공장진입로 또는 야적장이나 주택 부지로 농지전용허가가 내려진 상태라도, 별다른 견고한 구조물이 설치되지 않아 그 변경상태가 일시적이고 원상회복이 용이한 경우, 농지에 해당해 농지취득자격증명이 필요하다.

② 지목이 전·답·과수원이지만 실제 이용현황이 상당기간 성토되어 창고가 설치되고, 농지전용허가로 견고한 건축물이 지어졌거나, 터파기 작업으로 토지현상이 크게 변동되어 원상회복이 어렵거나 그 회복에 많은 비용이 들 것으로 판단되는 경우, 농지로써의 성질을 상실하여 농지가 아니다.

농지법상 농지여부 판단기준

"어떤 토지가 농지법 소정의 농지인지의 여부는 공부상의 지목 여하에 불구하고 당해 토지의 사실상의 현상에 따라 가려져야 할 것이고, 공부상 지목이 답인 토지의 경우 그 농지로서의 현상이 변경되었다고 하더라도 그 변경 상태가 일시적인 것에 불과하고 농지로서의 원상회복이 용이하게 이루어질 수 있다면 그 토지는 여전히 농지법에서 말하는 농지에 해당한다."(대법원 1999. 2. 23. 자 98마2604 결정)

사. 농지와 비농지가 혼재된 경우

경매 목적물 중 일부는 지목이 '전' 또는 '답'으로서 농지취득자격증명이 필요한 농지이고, 다른 일부는 지목이 '대지' 또는 '임야'로서 농지에 해당하지 않는다. 이처럼 농지와 농지 아닌 토지간의 이용관계에 있어 견련성이 있다고 보기 어려운 경우 일괄매각이 아닌 분리 매각을 해야 한다.

"농지와 농지가 아닌 토지는 특별한 사정이 없는 한 그 상호간에 이용관계에 있어서 견련성이 없으며, 농지법상의 농지인 경우에는 매수인의 자격이 법령에 의하여 제한되므로 농지와 농지가 아닌 토지를 일괄하여 매각하게 되면 농지취득자격증명을 받을 수 없는 사람은 매수신고를 할 수 없게 되어 매수희망자를 제한하게 되므로 경매목적인 토지 중 일부 토지만이 농지에 해당하는 경우에는 일괄매각의 요건을 갖추지 못한 것이므로(대법원 2004. 9. 24.자 2003마757 결정 참조), 농지가 공장에 속하는 토지 또는 건물 및 공장의 공용물 등과 함께 공장저당의 목적물이 된 경우에 있어서 그 농지 위에 공장에 속하는 건물이나 공장의 공용물 등이 설치되어 있지 아니하면 단순히 공장저당의 목적물이 되었다는 이유만으로 그 농지에 대하여도 일괄매각을 할 수는 없는 것이다."(대법원 2004. 11. 30. 자 2004마796 결정[부동산낙찰불허가])

불법농지 농지취득자격증명 신청 방법

① 원상 복구 후 신청

② 지자체로부터 불법 농지로 추인 상태에서 신청

③ 원상 복구 후 자경하겠다는 원상복구 계획서를 첨부하여 신청

실무에서는 ③의 방법을 통해 농지취득자격증명을 발급 받을 수 있다.

불법형질변경으로 농지취득자격증명신청 반려시 집행법원 처리 예

① 매각결정기일 연기하고 소재지관서에 원상복구 시킬 것을 요청

소재지 관서가 신속하게 농지를 원상복구 시키지 않을 경우 그 실효성 확보에 어려움이 있다.

② 매각불허가결정을 하고 최고가매수신고인에게 매수보증금 반환

최고가매수신고인이 책임질 수 없는 사유로 농지취득자격증명을 제출하지 못한 경우이므로 매수보증금을 몰수한다는 특별매각조건을 정하였더라도 매각을 불허가하고 매수보증금을 반환한다. 그 후 매각물건명세서에서 '농지취득자격증명 제출 요 문구를 삭제하고, 불법형질 변경된 부분은 매수인이 원상복구의무를 부담할 수 있음'이라고 기재한 후 첫 기일부터 다시 매각을 진행한다. 현재 대부분의 집행법원 실무례다.

③ 농지취득자격증명의 반려처분을 무시하고 매각허가결정을 하는 방법

하급심(부산고법 2006누1791 판결)에서 거부처분은 위법한 것으로 판시되었기 때문에 최고가매수인이 행정소송을 제기하면 승소가 예상되고 이에 따라 소재지관서는 농지취득자격증명을 발급해야 하기 때문에 최고가매수인에게 행정소송을 통해 농지취득자격증명을 받아오라고 할 것이 아니라 반려처분을 무시하고 매각허가결정을 하는 방법이다.

농지취득자격증명 발급 유형

유형	사례
1. 농지취득자격증명 발급	· 현재 경작중인 대부분의 농지
2. 농지취득자격증명 발급 대상이 아니나 원상복구 조건으로 발급	· 농지에 불법건축물이 지어져 있는 경우
3. 농지취득자격증명 발급 대상이 아니어서 반려	· 농지에 적법한 건물이 지어져 있는 경우 '농지법상 농지에 해당하지 않는다'는 취지의 문구가 기재된 반려통지서를 발 급받아야 함
4. 농지취득자격증명 불요	· 도시지역의 주거·상업·공업지역 내 농지 · 지구단위계획구역으로 지정된 농지 · 녹지지역 및 개발제한구역 안의 농지
5. 농지취득자격증명 발급 대상이 아니어서 미발급	· 불법으로 형질 변경되거나 불법건축물이 있어 원상복구가 불가능하다고 판단되는 경우 · 무허가 건물이 지어져 있고 사람이 거주하는 경우 · 토지 일부가 묘지로 사용되고 있는 경우

원상복구 계획서

성 명 :
주민번호 :
주 소 :

상기 본인은 _____번지내의 농지를 소유함에 있어
현재 _____ 등 농지가 아니므로 취득 후 농업경영이
가능한 상태로 _____까지 원상복구 할 것이며,
이를 어길 시 어떠한 처벌도 감수 하겠습니다.

202 년 월 일

제 출 인 :   ○   ○   ○

5. 농지원부

가. 작성 목적
행정관서에서 농지의 소유 및 이용실태를 파악하여 이를 효율적으로 이용·관리하기 위해 작성한다.

나. 활용분야
① 농지소유 및 임대차 현황 파악 등 농지관리 업무의 기초자료
② 농업관련 자금지원 대상농가 선정 등 농정시책 추진을 위한 기초자료
③ 기타 농업인, 자경 여부 등을 확인하기 위해 작성한다.

다. 작성대상
$1,000m^2$(비닐하우스 등 $330m^2$) 이상의 농지에서 농작물 또는 다년생식물을 경작하거나 재배하는 농업인 또는 농업법인. $1,000m^2$(비닐하우스 등 $330m^2$) 이상의 농지를 소유하나 자경을 하지 않으면 농지소유자는 작성할 수 없고 임차인이 작성할 수 있다. 경작하는 농지가 여러 시·구·읍·면에 소재하더라도 면적이 $1,000m^2$ 이상이면 작성 가능하다.

라. 작성 및 관리기관
주소지 소재 시·구·읍·면·동사무소

마. 발급 처리기간
관내 - 즉시,
관외 - 10일 이내. 경작현황을 토지 소재지 시·구·읍·면·동사무소로 조회 후 세대별로 작성한다.

6. 토지상의 수목은 누구의 소유인가?

① 토지상의 미등기 수목

채무자 소유의 미등기 수목은 토지의 구성부분으로써 토지의 일부로 간주된다. 따라서 특별사정이 없는 한 수목의 가액을 감정평가에 포함하고, 경작대상 토지와 함께 일체로 매수인에게 이전된다.

매각대금에 수목가격이 포함되지 않았더라도 매수인이 잔금을 납부하면 지상수목의 소유권은 매수인에게 귀속된다. 단, 수목이 감정가격에 포함되지 않은 경우 소유자의 이의신청에 의해 매각불허가 사유가 될 수도 있다.

② 입목등기나 명인방법에 의한 수목

입목법에 의해서 등기된 수목, 기타 명인방법에 의해서 공시된 수목은 독립된 별개의 거래 객체로써 토지의 매수인은 수목의 소유권을 갖지 못한다.

③ 토지상에 타인의 권원이 있는 수목

토지의 사용대차권에 기해 제3자가 수목을 식재한 경우 식재한 사람에게 소유권이 있다.

④ 권원없이 타인이 식재한 수목

타인이 권원없이 식재한 경우 매수인에게 수목의 소유권이 귀속된다.

⑤ 농작물

농작물은 권원 유무에 관계없이 경작자의 소유다. 단, 경작자는 수확기까지 소유권을 주장할 수 있다.

7. 농지의 처분명령 및 매수청구

가. 처분대상 농지

구청장·읍장·면장·동장은 매면 9월 1일에서 11월 30일(90일간)까지 농지를 취득 목적대로 이용하는지 여부를 조사한다.

조사결과 농지의 소유자가 다음 사유에 해당하는 때에는 그 사유가 발생한 날로부터 1년 이내에 당해 농지를 처분해야 한다.

① 소유농지를 정당한 사유없이 자기의 농업경영에 이용하지 아니하였다고 시장·군수·구청장이 인정하는 농지.

② 농지전용허가를 받거나 농지전용 신고를 하고 전용할 목적으로 농지를 취득한 자가, 농지를 취득한 날로부터 2년이 경과하도록 전용목적사업에 착수하지 아니하는 농지.

③ 농지 소유상한(상속 : 10,000m^2, 주말·체험 : 1,000m^2)을 초과하여 소유한 경우로써 농지의 소유상한을 초과하는 면적에 해당하는 농지.

나. 처분통지

시장·군수·구청장은 절차를 거쳐 처분대상 농지로 결정한 때에는 다음의 사항을 명백히 하여 해당 농지의 소유자에게 1년 이내에 처분토록 통지한다.

① 처분대상 농지 또는 면적
② 처분의무 발생 사유
③ 처분의무 기간 및 기한
④ 이의제기 기간 및 이의제기 방법

다. 처분명령

시장·군수·구청장은 위 처분기간 내에 처분대상 농지를 처분하지 아니한 농지의 소유자에 대해서는 6월 이내에 당해 농지를 처분할 것을 명할 수 있다.

라. 처분명령 유예

처분 의무 기간 내에 처분 대상 농지를 처분하지 아니한 농지의 소유자가 당해 농지를 자기의 농업경영에 이용하는 경우, 한국농촌공사와 당해 농지의 매도 위탁 계약을 체결하는 경우에는 처분기간이 지난 날부터 3년간 처분명령을 유예할 수 있다.

마. 이행강제금

시장·군수·구청장으로부터 농지의 처분 명령을 받고 정당한 사유없이 처분기간 안에 농지를 처분하지 않은 농지소유자는 당해 농지의 개별공시지가(원/m^2)의 20%에 상당하는 이행강제금을 부과하고, 그래도 이행되지 아니할 경우 처분명령이 있는 날을 기준으로 하여 당해 처분이 이행될 때까지 이행강제금을 매년 1회 반복 부과할 수 있다.

바. 농지의 매수 및 처분

한국농촌공사는 시장·군수·구청장으로부터 농지의 처분명령을 받은 농지소유자가 농지에 관한 매수청구를 하는 경우 이를 매수할 수 있다.

한국농촌공사는 농지에 관한 매수청구를 접수한 때에는 지체없이 그 내용을 농지소재지 관할 시장·군수·구청장에게 통지해야 한다.

농지매수 가격은 공시지가에 의하여 산정한다. 단, 인근 지역의 실제거래가격이 공시지가보다 낮은 때에는 실제거래가격을 기준으로 한다.

8. 농지취득자격증명 Q&A

1) 도로 등으로 불법 전용

도로 등으로 불법 전용된 경우 원상 복구 후 취득하여야 한다. 도로가 농업경영에 이용하는 경우 발급 가능하다.

2) 분묘

농지전용허가를 받지 않고 설치한 분묘는 원상 복구 후 또는 복구 조건으로 발급이 가능하다. 분묘가 농지에서 차지하는 부분이 극히 일부인 경우 농지취득자격증명 발급이 가능하다.

3) 축사

2007년 7월 4일 이전에 농지전용허가(신고)를 받아 축사를 설치한 축사부지는 농지법상 농지가 아니므로 농지취득자격증명을 발급받지 않고 취득이 가능하다.

그러나 2007년 7월 4일 이전 축사일지라도 농지법에 따른 전용허가를 받지 않거나, 전용신고를 하지 않고 설치한 축사부지는 농지이므로 농취증을 발급 받아야 한다.

2007년 7월 4일 이후에 축사가 설치된 경우 그 축사의 설치부지도 농지에 해당되므로 신청대상 농지에 대한 농취증을 발급 받아야 한다.

4) 유실수·관상수

밤나무, 잣나무, 매실나무 등 유실수나 관상수가 식재된 농지는 농지취득자격증명 발급이 가능하다.

5) 인삼

인삼은 수확 이후부터 영농하겠다는 농업경영계획서를 작성하여 발급 받을 수 있다.

9. 농지 취득시 필요 서류

① 최고가(차순위)매수 신고인 증명

최고가(차순위)매수신고인 증명신청

사 건 : 202 타경   호 부동산 강제(임의)경매

위 사건에 관하여 신청인이 최고가(차순위)매수신고인임을 증명하여 주시기 바랍니다.

202 년 월 일

신 청 인   (날인 또는 서명)

법원   지원   소속 집행관 귀중

최고가(차순위)매수신고인 증명

위 사실을 증명합니다.

202 년 월 일

신 청 인   (날인 또는 서명)

법원   지원   소속 집행관 귀중

② 농지취득자격증명신청서

■ 농지법 시행규칙 [별지 제3호서식] <개정 2022. 5. 18.>

농지취득자격증명신청서

※ 뒤쪽의 유의사항을 참고하시기 바라며, [ ]에 해당되는 곳에 √표를 합니다. (3쪽 중 제1쪽)

접수번호		접수일시		처리기간	7일(농업경영계획서를 작성하지 않는 경우에는 4일, 농지위원회의 심의 대상인 경우에는 14일)

농지 취득자 (신청인)	① 성명(명칭)		② 주민등록번호 (법인등록번호 · 외국인등록번호)	
	③ 주소			
	④ 전화번호			
	⑤ 취득자의 구분 [ ]농업인 [ ]농업법인 [ ]농업인이 아닌 개인 [ ]그 밖의 법인			

취득 농지의 표시	⑥ 소재지			⑦ 지번	⑧ 지목	⑨ 면적(㎡)
	시·군	구·읍·면	리·동			
	⑩ 농지구분					
	농업진흥지역		농업진흥지역 밖	영농여건 불리농지		
	농업진흥구역	농업보호구역				

⑪ 취득 원인	

⑫ 취득 목적	[ ]농업경영 [ ]주말·체험영농 [ ]농지전용 [ ]시험·연구·실습지용 등

「농지법」 제8조제2항, 같은 법 시행령 제7조제1항 및 같은 법 시행규칙 제7조제1항제2호에 따라 위와 같이 농지취득자격증명의 발급을 신청합니다.

년   월   일

농지취득자(신청인)   (서명 또는 인)

시장 · 구청장 · 읍장 · 면장 귀하

210mm×297mm[백상지 80g/㎡]

③ 농업경영계획서

■ 농지법 시행규칙 [별지 제4호서식] 〈개정 2022. 5. 18.〉

농업경영계획서

(3쪽 중 제1쪽)

① 취득 대상 농지에 관한 사항	소재지			지번	지목	면적(㎡)	공유 지분의 비율	영농 거리 (km)	농지의 현재 상태
	시·군	구·읍·면	리·동						
	계								

농업경영 노동력 확보 방안	② 취득자(취득 농업법인) 및 세대원(구성원)의 농업경영능력				
	취득자와의 관계	연령	직업	영농경력(년)	향후 농업경영 여부
	③ 취득농지의 농업경영에 필요한 노동력 확보방안				
	자기노동력		일부위탁		전부위탁(임대)

농업 기계 ·장비· 시설 확보 방안	④ 농업 기계·장비·시설의 보유현황		
	기계·장비·시설명	보유현황	시설면적(㎡)
	⑤ 농업 기계·장비·시설의 보유계획		
	기계·장비·시설명	보유계획	시설면적(㎡)

⑥ 소유농지 이용실태	소재지			지번	지목	면적(㎡)	주재배 작물 (축종명)	자기의 농업 경영 여부	취득 대상 농지와의 거리(km)
	시·군	구·읍·면	리·동						
	계								

210mm×297mm[백상지 80g/㎡]

(3쪽 중 제2쪽)

⑦ 연고자에 관한 사항	연고자 성명		관계	
⑧ 농지취득자금 조달계획	자기자금	차입금 등		합계
	원	원		원

⑨ 영농계획에 관한 사항	주재배작물 (축종명)				
	영농착수 시기	년 월 일			
	수확 예정 시기	년 월 일			
	작업일정	작업 내용	참여 인원(명)	소요자금	자금조달방안
	합 계			천원	
	부터 까지			천원	
	부터 까지			천원	
	부터 까지			천원	
	부터 까지			천원	
	부터 까지			천원	
	부터 까지			천원	

⑩ 임차(예정) 농지 현황

소 재 지				지번	지목	면적 (㎡)	주재배 (예정) 작물의 종류 (축종명)	임 차 (예정) 여부
시·도	시·군	읍·면	리·동					

⑪ 공유로 취득하려는 경우 각자가 취득하려는 농지의 위치

「농지법」 제8조제2항, 같은 법 시행령 제7조제1항 및 같은 법 시행규칙 제7조제1항제3호에 따라 위와 같이 본인이 취득하려는 농지에 대한 농업경영계획서를 작성·제출합니다.

년 월 일

제출인 (서명 또는 인)

시장·구청장·읍장·면장 귀하

210mm×297mm[백상지 80g/㎡]

(3쪽 중 제3쪽)

첨부 서류	1. 「농업·농촌 및 식품산업 기본법 시행령」 제3조제2항에 따라 발급된 농업인 확인서(신청인이「농어업경영체 육성 및 지원에 관한 법률」 제4조제1항제1호에 따라 농업경영체로 등록하지 않은 농업인인 경우만 해당합니다) 2. 정관(신청인이 농업법인인 경우만 해당합니다) 3. 임원 명부와 업무집행권을 가진 자 중 3분의 1 이상이 농업인임을 확인할 수 있는 서류(신청인이 농업회사법인인 경우만 해당합니다) 4. 재직증명서·재학증명서 등 직업을 확인할 수 있는 서류(신청인이 농업인이 아닌 개인인 경우만 해당합니다) 5. 신청인을 포함하여 각자가 취득하려는 농지의 위치와 면적을 특정하여 구분소유하기로 하는 약정서 및 도면자료(신청인이 1필지의 농지를 공유로 취득하려는 공유자인 경우만 해당합니다)

작성방법

①란은 취득하려는 농지의 소재지·지번·지목, 면적, 공유로 취득하려는 경우 공유 지분의 비율을 적고, 거주지로부터 농지 소재지까지 일상적인 통행에 이용하는 도로에 따라 측정한 거리를 적습니다.

②란은 노동력을 제공할 수 있는 세대원(구성원)의 현황과 앞으로 영농참여 여부를 적습니다.

③란은 취득하려는 농지의 농업경영에 필요한 노동력을 확보하는 방안을 다음 구분에 따라 해당되는 난에 표시합니다.
  가. 같은 세대의 세대원의 노동력만으로 영농하려는 경우에는 자기노동력 란에 ○표
  나. 자기노동력만으로 부족하여 농작업의 일부를 남에게 위탁하려는 경우에는 일부위탁에 ○표
  다. 자기노동력에 의하지 않고 농작업의 전부를 남에게 위탁하거나 임대하려는 경우에는 전부위탁(임대)란에 ○표

④란과 ⑤란은 농업경영에 필요한 농업 기계·장비·시설의 보유현황과 앞으로의 보유계획을 적습니다.
  가. 기계·장비·시설명란에는 보유한 농업 기계·장비·시설의 명칭과 보유 계획이 있는 농업 기계·장비·시설의 명칭을 적습니다.
  나. 보유현황 및 보유계획란에는 수량을 적습니다.
  다. 시설면적(m^2)란에는 농지소재지에 시설(고정식온실, 버섯재배사, 비닐하우스, 축사, 곤충사육사 등)이 있거나 설치계획이 있는 경우 그 면적을 적습니다.

⑥란은 기존에 소유한 농지의 소재지·지번·지목·면적을 적고 취득하려는 농지와의 통행거리를 적습니다.

⑦란은 취득농지의 소재지에 거주하고 있는 연고자의 성명 및 관계를 적습니다.

⑧란은 다음의 구분에 따라 농지취득자금 조달계획을 적습니다. 다만, 농지를 취득하려는 자가 「부동산 거래신고 등에 관한 법률 시행규칙」제2조제8항부터 제10항까지의 규정에 따라 토지취득자금 조달 및 토지이용계획서를 제출하거나 「부동산 거래신고 등에 관한 법률 시행규칙」제9조제2항제2호에 따라 토지취득자금 조달계획서를 제출하는 경우에는 ⑧란의 작성을 생략할 수 있습니다.
  가. 자기자금: 금융기관 예금액, 주식·채권 매각대금, 증여·상속, 현금 등 그 밖의 자금, 부동산 처분대금 등, 토지보상금 등의 소계
  나. 차입금 등: 금융기관 대출액 합계(토지담보대출, 신용대출, 그 밖의 대출), 그 밖의 차입금 등의 소계

⑨란은 영농계획에 관한 사항을 다음 각 목의 구분에 따라 적습니다.
  가. 주재배작물(축종명)란은 경작하려는 농작물 또는 재배하려는 다년생식물의 종류 등 농업경영 대상을 구체적으로 적습니다.
  나. 영농착수 시기란과 수확예정 시기란은 농지취득 후 경영착수일과 수확이 예정되는 시기를 구체적으로 적습니다.
  다. 작업일정란은 3년간의 작업 일정을 6개월 단위로 작업내용과 농업경영계획의 이행에 필요한 인력, 소요자금의 규모와 조달방안을 구체적으로 적습니다.

⑩란은 임차 중이거나 임차 예정인 농지에서의 영농상황과 계획을 적습니다.

⑪란은 공유로 취득하려는 경우 각자가 취득하려는 농지의 위치를 적습니다.

210mm×297mm[백상지 80g/㎡]

④ 농지취득자격 증명서

제 호	농 지 취 득 자 격 증 명			
농지취득자 (신청인)	성 명 (명칭)	강경매	주민등록번호 (법인등록번호)	630521-1******
	주 소	시 구 동 도 시·군 읍·면 리 번지		
	연락처		전화번호	

	소 재 지	지 번	지 목	면 적(㎡)
취득 농지의 표시	경기도 평택시 고덕면 해창리	0435-00	전	293.50

취 득 목 적	주말체험영농

귀하의 농지취득자격증명신청에 대하여 「농지법」 제8조 및 같은 법 시행령 제7조제2항에 따라 위와 같이 농지취득자격증명을 발급합니다.

년   월   일

시장·구청장·읍장·면장 [직인]

<유의사항>
○ 귀하께서 해당 농지의 취득과 관련하여 허위, 그 밖에 부정한 방법에 따라 이 증명서를 발급 받은 사실이 판명되면 「농지법」 제59조에 따라 3년 이하의 징역이나 1천만원 이하의 벌금에 처해질 수 있습니다.
○ 귀하께서 취득한 해당 농지를 취득목적대로 이용하지 아니할 경우에는 「농지법」 제11조제1항 및 제62조에 따라 해당 농지의 처분명령 및 이행강제금이 부과될 수 있습니다.

chapter 04 산지

　산지는 농지처럼 특별한 절차가 필요 없을 뿐만 아니라 농지전용과 같이 허가를 받은 후 2년 이내에 집을 지어야 하는 규정도 없다.
　산지는 토목 공사 준공 후 바로 집을 지을 수 있으며 지목도 바로 대지가 된다.
　형질 변경시에도 농지에 비해 비용이 저렴하다.

1. 경계 확인

　산지의 경계는 소유자 본인도 정확한 경계를 잘 모르는 경우가 있다.
　입찰 전 감정평가서, 임야도, 지형도 등을 비교하여 경계를 확인한 후 참여해야 한다. 최고가매수인이 되면 경계측량을 실시하여 감정평가서의 임야가 맞는지 확인해야 한다.

만일 경계측량 결과 감정평가서 내용과 다르면 측량성과도를 첨부하여 매각결정기일 전이면 매각불허가 신청을, 매각결정기일 이후면 매각허가 결정의 취소신청을 할 수 있다.

2. 등기부상 면적과 실제 취득 면적 다름

임야는 매각 후 실제 측량 과정에서 등기부상 면적과 실제 면적이 다른 경우가 있다. 대부분 실제 면적이 공부상 면적보다 적은 경우이나 드물게는 실제면적이 공부상 면적보다 큰 경우도 있다.

이처럼 실제면적과 공부상 면적이 다른 경우, 경매목적물과 등기 사이에 동일성이 인정되면 그 차이에도 불구하고 매수인이 소유권을 취득한다. 면적의 차이가 과도한 경우 매각대금 감액을 청구하거나 매각 불허가 대상이 될 수 있다.

"어느 토지의 지번과 지적을 등기부의 표제부에 등재된 대로 표시하여 경매하였으나 그 토지의 임야도나 지적도의 경계에 따라 측량한 실제 면적이 등기부의 표제부에 등재된 것보다 넓더라도, 집행법원이 직권으로 또는 이해관계인의 집행절차상 불복을 받아들여 별도의 재판을 하지 않은 이상, 등기부상의 지적을 넘는 면적은 경매의 목적물인 토지의 일부로서, 매각허가결정 및 그에 따른 매각대금의 납입에 따라 등기부상의 면적과 함께 매수인에게 귀속되는 것이고, 매각 목적물인 토지와 등기된 토지 사이에 동일성이 없어 경매가 무효라거나, 매각 목적물의 등기부상 표시 면적이 그 토지의 실제 면적에서 차지하는 비율만큼의 지분만 경매되었다고 볼 수는 없다."(대법원 2005. 12. 23. 선고 2004다1691 판결)

3. 농지와 산지 비교

농 지	항 목	산 지
농지취득자격증명 요	농취증	농지취득자격증명 불요
농지는 최대면적 제한 - 상속, 이농 10,000㎡ - 주말체험영농 999㎡	면적제한	산지는 최소면적 제한 - 660㎡ 이하 전용제한
부담금이 많음 - 개별공시지가×30%×전용면적 (상한가 50,000원/㎡)	부담금	부담이 농지의 6분의 1정도 - 대체산림자원조성비(2023년) · 준보전산지 : 7,260원/㎡ · 보전산지 : 9,430원/㎡ · 산지전용제한지역 : 14,520원/㎡
자경과 대토시 양도세 감면	양도세	감면없음, 부재지주 양도세 60% 중과
농지는 규제완화 추세	규제완화	산지는 규제강화 추세

> **대체산림자원조성비 계산법**
>
> 대체산림자원조성비 = 산지전용면적(m^2)×(단위면적당 금액+전용산지 개별공시지가의 1%, 개별공시지가는 최대 7,260원/m^2으로 한정)
> 임야의 면적이 330m^2이고, 준보전산지로 개별공시지가가 2,000원일 경우
> 대체산림자원조성비 = 330m^2×(7,260/m^2+20원/m^2) = 2,402,400원이다.

대체산림자원조성비와 산지복구비는 산림청에서 매년 1사분기에 고시한다.

4. 산지 투자 체크 포인트

① 경사도가 낮아야 한다. 평균 경사도는 25도 이하가 좋다. 지방자치단

체에 따라서는 표고 200m, 경사도 20도 이상이면 개발불가능지로 지정한 곳도 있다.

산지관련 정보는 산림청에서 운영하는 산지정보시스템(www.forestland.go.kr)에서 정보를 얻을 수 있다. 제공하는 정보는 산지에 대한 구분, 용도 지역·지구, 토양, 임상 정보 등으로 온라인을 통해 확인할 수 있다.

㉠ 위치정보 : 임업용산지, 공익용산지, 준보전산지, 행정경계, 주요 지명 등

㉡ 산지구분현황 : 임업용산지, 공익용산지, 준보전산지 면적

㉢ 산지용도별 현황 : 산지에 지정된 지역·지구별 면적과 비율

㉣ 필지정보 : 평균경사도, 평균표고, 방위, 지형(평탄지, 완구릉지, 산록, 산복, 산정 등)

㉤ 토양정보 : 건습도(건조, 습, 약건, 약습, 적윤 등으로 구분한 토양 습도)
토심(30cm미만, 30~60cm, 60~90cm, 90cm이상 등으로 구분한 토심 깊이)
토성(사토, 식토, 사양토 등 10가지 토양 종류)

㉥ 산림정보 : 영급(10년 단위로 1~6영급 분류)
소밀도(입목의 울폐도를 소·중·밀로 구분)

㉦ 산지전용 인허가 정보 : 산지전용 인·허가 처리 상황

㉧ 토석채취 인허가 정보 : 토석채취 인·허가 처리 상황

② 입목본수도(나무의 밀생 정도를 수치화 한 것)가 50% 이하여야 한다.

③ 지표상태 확인 - 돌 등

④ 진입도로 유무 - 통행 도로가 없으면 주변 토지 매입 가능성을 타진해야 한다. 때로는 도로 개설 비용이 매각가격보다 비싸거나 매입이 불가능한 경우도 있다.

⑤ 이용 목적에 부합해야 한다. 현장 조사시 가장 중점을 둬야 할 사항이다. 공법상 제한사항이나 용도지역 등을 확인해야 한다.

5. 산지전용허가 기관

구 분	산림청장	시·도지사 지방산림청장	시장·군수·구청장 국유림관리소장
보전산지	50만㎡ 이상	3만 ~ 50만㎡	3만㎡ 미만

6. 임야의 재촌

농지는 양도시 사업용 토지로 인정받거나 비과세 받기 위해서 '재촌자경'을 해야 한다. 그러나 임야는 '자경'의무가 없다. 대신 임야소재지에 주소를 두고 거주하면 된다.

chapter 05

공장

 공장은 거래사례가 적어 가격 파악이 어려울 뿐만 아니라 감정가도 비교적 높아 실수요 목적이 아니면 투자 부담이 크다. 공장경매의 가장 큰 장점은 각종 인·허가에 들어가는 시간과 비용을 생략할 수 있어 신축시보다 적은 자본과 짧은 기간에 공장 가동이 가능하다는 점이다. 특히 수도권에서 공장설립은 공장 총량제 때문에 설립이 제한 받는다. 그러나 경매의 경우 수도권이라도 공장총량제 적용 없이 가동이 가능하다.

1. 공장경매 체크리스트

 적법하게 인·허가된 공장인지, 매수인이 원하는 업종으로 용도 변경이 가능한지 관할 시·군·구청 담당자에게 확인해야 한다.
 산업단지내 공장은 입점 제한 여부를 사전 확인해야 한다. 여주·이천 지역 등은 한강수질 보전권역으로 입주업종이 제한된다. 진입도로, 노동력확보, 민원발생 여부 등도 점검 사항이다.

2. 기계·기구

충북 음성군 생극면 오생리에 있는 공장(대지 8,657m^2 건물 2,581m^2)이 41억 4,324만원에서 유찰을 거듭해 13억 1,094만원까지 떨어졌다. 오모씨가 14억 6,900만원에 단독으로 응찰해 최고가 매수인이 되었으나 대금납부를 하지 못해 보증금 1억 3,109만원을 날렸다. 이후에도 거듭된 추락 끝에 8억 5,111만원에 팔렸으나 또 보증금을 포기했다.

왜 이런 일이 벌어졌을까? 외관상 엄청난 시세 차익을 남긴것 같은데 말이다. 불행의 근원은 기계부분이다. 기계감정가가 전체 감정가의 약 63%에 달하는 25억 9,313만원이다. 기계를 제외한 부동산 감정가는 12억 2,877만원으로 매수인은 시세보다 비싸게 산 셈이다.

전북 완주군 봉동읍에 있는 공장은 기계가 전체 감정가(38억 5,909만원)의 90.18%인 34억 7,998만원을 차지한다.

공장은 공장저당법에 의해 토지, 건물, 기계류 일체를 낙찰 받을 수 있어 동종업체가 매수 시 조기에 공장을 가동할 수 있다는 장점이 있다.

반면 사례처럼 기계류가 발목을 잡을 수도 있다. 경매 중인 공장의 기계는 대부분 고철에 불과하다. 감정에서 기계류가 차지하는 부분은 유찰을 통해 거품을 빼야 한다. 기계부분 비중이 전체 감정가의 30% 이상 차지하는 물건은 주의해야 한다.

경매의 특성상 관리 소홀 내지 고의로 쓸 만한 기계는 대부분 사전에 유출되고, 남아있는 기계도 사실상 가동이 불가능한 기계들이다. 심한경우 기계 감정을 제외한 토지·건물만의 감정가를 기준가로 접근해야 한다.

단, 취득세는 기계부분에 해당하는 비율만큼 세율 계산에서 제외된다.

그밖에 기계·기구 관련 주의할 점은 리스나 임대 등 타인 소유물건은 저당권의 효력이 미치지 않아 매각대상에 포함되지 않는다.

3. 폐기물

> "중견 건설업체 ○○은 2003년 경남 진해시 장천동 소재 옛 진해화학 자리 46만 2,000m^2(14만여 평)에 아파트를 지어 분양할 계획으로 경매로 취득했다.
> 하지만 ○○이 매입한 용지에서 '중대한 하자'가 발견됐다.
> 경매를 통해 668억원에 매입한 진해화학에서 비료를 만들고 남은 법정 폐기물인 폐석고와 그 속에 함유된 불소(법정허용치의 약 1만배)를 비롯한 각종 중금속 오염이 심각한 것으로 나타나 오염 정화에만 수백억원이 들어가야 할 판이다."
> 〈매일경제 2008. 8. 17.〉

산업폐기물은 공장 경매에서 가장 조심해야 할 부분이다. 불법으로 매립된 산업폐기물은 육안으로 알 수 없기 때문이다. 오염물질을 배출하는 공장은 산업폐기물 처리 비용도 감안해야 한다. 부도로 관리가 방치돼 인근 공장에서 몰래 폐기물을 투기하는 경우도 있어 확인해야 한다.

폐기물관리법은 경매나 공매로 사업장폐기물 배출자의 사업장 전부 또는 일부를 인수한 자는 그 사업장 폐기물과 관련된 권리와 의무를 승계한다(폐기물관리법 제17조 제9항)라고 규정하여 매수인에게 사업장폐기물의 처리에 관한 의무를 부과하고 있다.

사례처럼 산업폐기물이 대량으로 묻힌 경우 그 처리 비용이 자칫 매각가보다 더 비쌀수 있다. 염색공단 등의 공장은 채무자가 폐기물 처리 비용을 폐기물공제조합에 예치한 돈(일종의 보증보험으로 방치폐기물이행보증금)이 있는지 입찰 전 확인할 필요가 있다. 단, 대법원 전원합의체 판결(2009다66549)에 의해 매수인은 불법 폐기물을 매립한 전 소유자를 상대로 토지 오염 물질과 폐기물 제거에 들어간 비용을 청구할 수 있다.

대법원은 "토지 소유자가 오염을 유발하거나 폐기물을 불법 매립했음에도 정화·처리하지 않고 토지를 유통시켰다면 거래 상대방은 물론 토지를 전전 취득한 현재 소유자에 대해서도 불법행위가 성립한다"며 "토양오염을 유발한 자는 그 토양오염 상태가 계속돼 발생하는 피해를 배상해야 한다"고 밝혔다(대법원 2016. 5. 19. 선고 2009다66549 전원합의체 판결).

"토지의 소유자라 하더라도 토양오염물질을 토양에 누출·유출하거나 투기·방치함으로써 토양오염을 유발하였음에도 오염토양을 정화하지 않은 상태에서 오염토양이 포함된 토지를 거래에 제공함으로써 유통되게 하거나, 토지에 폐기물을 불법으로 매립하였음에도 처리하지 않은 상태에서 토지를 거래에 제공하는 등으로 유통되게 하였다면, 다른 특별한 사정이 없는 한 이는 거래의 상대방 및 토지를 전전 취득한 현재의 토지 소유자에 대한 위법행위로서 불법행위가 성립할 수 있다. 그리고 토지를 매수한 현재의 토지 소유자가 오염토양 또는 폐기물이 매립되어 있는 지하까지 토지를 개발·사용하게 된 경우 등과 같이 자신의 토지소유권을 완전하게 행사하기 위하여 오염토양 정화비용이나 폐기물 처리비용을 지출하였거나 지출해야만 하는 상황에 이르렀다거나 구 토양환경보전법에 의하여 관할 행정관청으로부터 조치명령 등을 받음에 따라 마찬가지의 상황에 이르렀다면 위법행위로 인하여 오염토양 정화비용 또는 폐기물 처리비용의 지출이라는 손해의 결과가 현실적으로 발생하였으므로, 토양오염을 유발하거나 폐기물을 매립한 종전 토지 소유자는 오염토양 정화비용 또는 폐기물 처리비용 상당의 손해에 대하여 불법행위자로서 손해배상책임을 진다."(대법원 2016. 05. 19. 선고 2009다66549 전원합의체 판결)

그러나 법원경매는 오염 물질을 매립했거나 방치한 소유자가 대부분 경제 능력을 상실해 손해배상 청구의 실익이 거의 없다.

4. 전기·수도 요금

전기나 수도의 용량은 충분한지 검토한다. 체납액은 매수인 부담이 아니나 전기나 수도공급이 중단된 경우, 공장가동을 위해 부득이 매수인이 납부해야 하는 경우가 있다. 단, 공장단지(집합건물)의 전기 기본요금은 공용부분 관리비에 해당돼 매수인이 부담해야 한다. 단지가 체결한 전기 기본요금은 전체 입주자 공동 이익을 위해 일률적으로 지출하지 않으면 안되는 비용으로 공용부분 관리비에 해당된다(서울고법 2013. 5. 8. 선고 2012나53491).

5. 업종제한 확인

아파트형 공장은 입주업종의 제한이 있어 이를 모르고 낙찰 받으면 낭패 볼 수 있다. 아파트형 공장은 산업집적활성화 및 공장설립에 관한 법률에 따라 입주에 제약이 있다. 제조업과 IT산업, 기업·대학 부설연구소, 창업보육센터, 공공연구 및 시험기관 등은 입주할 수 있다. 그러나 개인투자자나 무역업, 유통업, 도소매업, 건설업 등은 입주할 수 없다. 하지만 입주자격이 안되는 사람이 낙찰 받아 입주자격이 되는 사람(법인)에게 임대는 가능하다.

PART 05

특수 권리 분석

chapter 01 유치권

유치권의 두 얼굴

#1 역삼동 마이다스힐 : 진성 유치권

서울 강남구 역삼동에 있는 마이다스힐 빌라트 $243m^2$가 12억원에서 2억 132만원대로 고꾸라졌다. 강남의 고급빌라가 8회나 유찰 될 때까지 외면을 받은 것은 유치권 때문이다.

(주)○○○건설에서 공사대금 108억 6,000여만원 및 그 지연 손해금을 받기 위하여 점유하고 있다.

이 물건은 가슴 아픈 과거가 묻어있다.

2007년 4월 최모씨가 유치권 행사중임에도 6억 8,780만원에 낙찰받았다. 그러나 최씨는 입주 한번 못해보고 유치권자와 대법원까지 가는 소송 끝에 패소했다.

2 삼성동 지웰 : 허위 유치권

서울 강남구 삼성동에 있는 지웰 아파트 117m^2가 경매 나왔다.

감정가 8억 3,000만원에서 두 번 떨어져 최저가는 5억 3,120만원이다. 선정릉을 굽어볼 수 있는 조망권에 임차인이 보증금을 매각대금에서 전액 배당 받아 인도부담도 없는 깨끗한 물건이다.

그런데 매각기일 5일을 남겨두고 뜬금없는 유치권이 접수됐다. 통상의 경우라면 매각기일을 변경해야 하나 집행법원은 경매절차를 진행했다. 가관인 것은 유치권신고 금액을 알 수 없음에도 오히려 참여자가 더 늘었다. 유치권신고에도 전혀 개의치 않고 10명이 경합을 벌였다.

유치권은 부동산 경매시장에서 가장 '뜨거운' 이슈 중 하나다.

전국 법원에서 진행하는 경매물건 중 유치권 신고된 물건은 약 5~7%에 이르고, 그 신고된 물건의 약 90%(?)는 허위 유치권이라고 한다. 경매계에서 유치권은 남용의 수준을 넘어 존폐의 기로에 서 있다.

1. 유치권이란

유치권이란 타인의 부동산을 점유하는 자가 그 부동산에 관하여 생긴 채권의 변제를 받을 때까지 그 부동산을 유치하여 채무자의 변제를 간접적으로 강제하는 법정담보물권이다(민법 제320조).

> 민법 320조 (유치권의 내용) ①타인의 물건 또는 유가증권을 점유한 자는 그 물건이나 유가증권에 관하여 생긴 채권이 변제기에 있는 경우에는 변제를 받을 때까지 그 물건 또는 유가증권을 유치할 권리가 있다.
> ②전항의 규정은 그 점유가 불법행위로 인한 경우에 적용하지 아니한다.

2. 유치권이 무서운 이유

첫째, 법정담보물권이어서 등기할 수 없다.

둘째, 배당을 받을 수 없다.

유치권은 배당요구권이 없어 매각대금에서 배당을 받을 수 없다. 매각대금에서 배당을 받을 수 없어 말소 대상도 아니다.

유치권은 피담보채권이 금전채권이면서 절차법상의 배당요구권과 실체법상의 우선변제권이 없다.

진성 유치권자를 만났을 때 매각불허가나 매각허가결정의 취소신청이 받아들여지면 다행이나, 집행법원에서 매각불허가 등을 받아들이지 않으면 보증금을 포기하거나 매각 대금까지 납부했다면 꼼짝없이 당할 수 있다.

유치권 신고시 실무 예

집행법원에서는 유치권 신고가 있으면 유치권 신고 금액에 대한 평가를 하지 않은 채 최저매각가격을 정하고 진행한다. 대신 매각물건명세서에 유치권 신고 사실을 기재 한다. 기재 내용은 "○○○로부터 ○○ 부동산에 대하여 금 ○○○원의 유치권신고가 있으나 그 성립여부는 불분명함"이라고 기재한다.

매각물건명세서에 금액 등을 기재하는 것이 필수 사항은 아니다. 법원에 따라서는 "○○○로부터 유치권신고가 있으나 그 성립여부는 불분명함"이라고 기재하고 경매절차를 진행하기도 한다.

유치권행사 신고서

사 건 :   타경   호 부동산 강제경매
채 권 자 :
채 무 자 :
소 유 자 :

 위 사건과 관련하여 당사는 본건 경매부동산에 대하여 아래와 같이 공사대금채권이 있어 매수인에 대해 이로 인한 유치권을 행사할 계획임을 알려드리오니 매수인이 선의의 피해를 보지 않도록 경매진행에 참조하여 주시기 바랍니다.

아 래

발생채권 : 공사미수금
　　　원금 금　　　원
　　　이자 금　　　원
　　　합계 금　　　원

 단, 이자는 채무이행기인   년   월   일부터   년 월 일까지 연   %를 적용함.

첨 부 서 류

1. 공사도급계약서 사본 1부
1. 법인등기부등본
1. 지상권설정계약서
1. 공사미수금현황
1. 건설 면허증

202 년 월 일

　　　　　위 신고인(채권자)　　　　(인)
　　　　　연락처 :

서울중앙지방법원 민사집행과 귀중

보정명령

유치권자 ○○○ 귀하

사 건 :   타경   호 부동산 임의경매
채 권 자 :
채 무 자 :
소 유 자 :

귀하는 이 명령이 송달된 날로부터 7일 안에 다음 흠결사항을 보정하시기 바랍니다.

흠 결 사 항

귀하는 우리 본건 경매사건에 유치권신고를 하였는바, 다음 사항에 관하여 질의하오니 조속한 회신을 바랍니다.

다 음

1. 유치권신고인은 자신의 주민등록초본과 유치권관련 공사계약서를 이 법원 서울중앙지방법원 민사집행과 경매 계로 제출할 것
2. 유치권신고인은 소유자를 상대로 공사대금청구의 소를 제기하였는지 여부 및 제기했다면 그 소송결과(판결사본)를 제출할 것
3. 유치권자가 현재 이 사건 부동산에 관하여 점유를 하고 있는지, 만일 점유를 하고 있다면 언제부터인지(점유개시일자)
4. 유치권자로 공사를 완공했다고 하는 바, 실제 공사한 일자와 공사한 내역은 무엇이며 공사 전 후의 사진이나 자료가 있는지 여부와 있으면 이 법원으로 제출할 것

202 년 월 일

사법보좌관 강 경 매

3. 유치권 성립요건

> 첫째, 유치권자 목적물 점유
> 둘째, 채권이 유치권 목적물에 관하여 생길 것
> 셋째, 채권이 변제기 도래
> 넷째, 유치권 발생 배제 특약 없을 것

1) 유치권자 목적물 점유

점유는 유치권의 성립요건이자 존속요건이다. 점유를 상실하면 유치권은 소멸한다.

점유가 제3자에 의해 불법침탈된 경우, 유치권자가 점유물반환청구권을 행사하여 점유를 회수하면 유치권이 소멸되지 않은 것으로 본다.

채무자와 공동으로 목적물을 점유하거나, 타인을 매개로 간접점유해도 유치권은 성립한다.

> 민법 제328조 (점유상실과 유치권소멸) 유치권은 점유의 상실로 인하여 소멸한다.

① 점유의 의미

점유는 물건과 일정한 공간적 관계에 있어야 하고, 타인의 지배를 배제할 수 있는 상태에서 어느 정도 계속적이어야 한다. 그리고 '외부로부터 인식가능성' 즉 적어도 사실적 지배에 관심이 있는 자가 인식할 수 있는 정도라야 한다. 외부로부터 인식을 가능하게 하는 표상으로는 현수막, 공고문, 잠금장치, 열쇠소지 등의 행위다.

"사회통념상 어떤 사람의 사실적 지배에 있다고 보이는 객관적 관계를 말하는

> 것으로서, 사실상의 지배가 있다고 하기 위해서는 반드시 물건을 물리적·현실적으로 지배하는 것만을 의미하는 것이 아니고, 물건과 사람과의 시간적·공간적 관계와 본권관계, 타인 지배의 가능성 등을 고려하여 사회통념에 따라 합목적적으로 판단하여야 한다"고 한다.(대법원 1996. 8. 23. 선고 95다8713호 판결)

② 점유의 행태

점유 행태에는 직접점유와 간접점유가 있다. 직접점유는 매수희망자들이 유치권의 성립 여부를 판단하는데 어려움이 없다. 그러나 간접점유와 점유보조자를 통한 점유는 그 행태의 다양성과 추상성으로 인해 어디까지 인정해야 할 지 논란이 많다.

㉠ 잠금장치

건물 출입구를 잠금장치로 봉쇄하고 외부에는 현수막이나 플랭카드 또는 안내문을 통해 유치권 행사 중임을 알린다.

> "소외 회사는 나머지 공사대금채권의 확보를 위하여 1985. 6. 25경부터 동인빌딩의 지하 1층과 이 사건 상가부분에 대하여 유치권을 행사하기로 하고, 그 출입문에 그러한 취지의 경고문을 붙여 놓으면서 이 사건 상가부분의 정식출입구 2개 모두를 자물쇠로 시정해 놓고 빌딩 9층에 상근하는 소외 회사의 직원들로 하여금 수시로 상가부분에 출입하면서 이를 관리하게 한 사실"(대법원 1993. 4. 23. 선고 93다289 판결)에서 알 수 있듯 유치권의 전형적인 점유 방법이다.

㉡ 경비용역업체

유치권자가 경비업체와 용역 계약을 체결하고 그 경비업체가 유치권자

대신 부동산을 점유하는 방법이다. 용역업체 직원이 상주하는 유형과 무인경비시스템, CCTV 등 무인경비 유형이 있다.

ⓒ 가처분 등 보전처분

유치권자가 채무자 등이 점유를 방해하거나 방해할 우려가 있을 때, 그 방해배제청구권 또는 방해예방청구권의 보전을 위해 행하는 가처분으로 '점유방해금지가처분'이 있다. 가처분의 주문은 "채무자는 실력으로써 별지목록 기재 건물에 들어가거나 그 밖의 채권자의 위 건물에 대한 점유사용을 방해해서는 아니 된다. 집행관은 위 취지를 적당한 방법으로 공시하여야 한다."

ⓔ 공동점유

조경, 전기, 미장, 방수, 창호, 냉난방승강기 등 각 공사시공자들이 채권단을 구성하여 건축물을 공동점유하는 경우다.

ⓜ 임차인에 의한 점유

유치권자는 임차인을 직접점유자로 하여 유치물을 간접점유할 수 있다.

> "간접점유의 경우 직접점유자의 점유권은 간접점유자로부터 전래되는 것으로서 간접점유자와 직접점유자 사이에는 점유매개관계가 존재하여야 하고 간접점유자는 직접점유자에 대한 반환청구권을 행사할 수 있어야 한다."(대전고법 2007나11895 판결)

단, 채무자를 직접 점유자로 하여 유치자가 간접 점유하는 경우는 인정되지 않는다(대법원 2008.4.11. 선고 2007다 27236 판결).

③ 압류의 효력 발생 전 점유

유치목적물의 점유 시기는 제한이 있다. 압류 효력 발생(경매개시결정 기입등기) 전에 점유를 개시한 유치권에 한해 매수인에게 대항할 수 있다.

즉 수십 수백억원의 공사비를 들인 유치권일지라도 경매개시 결정 이후에 점유를 시작했다면 매수인에게 대항할 수 없다.

> "채무자 소유의 건물 등 부동산에 강제경매개시결정의 기입등기가 경료되어 압류의 효력이 발생한 이후에 채무자가 위 부동산에 관한 공사대금 채권자에게 그 점유를 이전함으로써 그로 하여금 유치권을 취득하게 한 경우, 그와 같은 점유의 이전은 목적물의 교환가치를 감소시킬 우려가 있는 처분행위에 해당하여 민사집행법 제92조 제1항, 제83조 제4항에 따른 압류의 처분금지효에 저촉되므로 점유자로서는 위 유치권을 내세워 그 부동산에 관한 경매절차의 매수인에게 대항할 수 없다."(대법원 2005. 8. 19. 선고 2005다22688 판결)

입찰참가자는 집행관이 작성한 현황조사서나 감정평가서, 경매신청 채권자의 근저당권설정 당시의 기록이나 정황, 탐문조사를 통해 점유 개시 일자를 확인해야 한다.

④ 일부점유

건물 전체를 점유해야만 유치권이 성립하는 것이 아니다. 건물의 일부만 점유해도 유치권이 성립한다.

> "다세대주택의 창호 등의 공사를 완성한 하수급인이 공사대금채권 잔액을 변제받기 위하여 위 다세대주택 중 한 세대를 점유하여 유치권을 행사하는 경우,

> 그 유치권은 위 한 세대에 대하여 시행한 공사대금만이 아니라 다세대주택 전체에 대하여 시행한 공사대금채권의 잔액 전부를 피담보채권으로 하여 성립한다."(대법원 2007. 9. 7. 선고 2005다16942 판결)

⑤ 간접점유

유치권자가 목적물을 집행관에게 인도하는 경우, 유치권자가 유치물을 임대하거나 담보로 제공한 경우 간접점유가 되어 유치권이 성립한다. 단, 유치물을 임대, 담보제공시는 채무자의 승낙이 있어야 한다.

⑥ 점유의 계속성

점유가 인정되기 위해서 물건에 대한 지배가 어느 정도 계속성을 지녀야 하는지가 관건이다.

㉠ 매일 주야 24시간 점유-점유 인정
㉡ 주간 점유 야간 잠금장치-점유 인정
㉢ 잠금장치 후 며칠에 한 번씩 방문-내용에 따라 점유 불인정
㉣ 잠금장치 후 관리는 하지 않는 경우-점유 불인정

"직원들이 가끔씩 건물에 들러 지하 1층에 있는 총무과 사무실의 책상을 사용하였고 건물에 상주하거나 건물관리를 하지 않았다면 점유라 할 수 없다"(서울고등법원 2008. 6. 25. 선고 2008나42036)는 판결 등에 따르면 잠금장치만 한 경우 내용에 따라 점유를 인정받지 못할 수 있다.

2) 채권이 유치권 목적물에 관하여 생긴 것

채권이 목적물 자체로부터 발생해야 한다. 채권과 물건과의 관계를 견련성이라고 한다. 견련성과 점유는 동시일 필요는 없고 '선 채권 후 점유' 또

는 '선 점유 후 채권'도 유치권이 성립한다.

> "수급인의 재료와 노력으로 건축되었고 독립한 건물에 해당되는 기성부분은 수급인의 소유라 할 것이므로 수급인은 공사대금을 지급받을 때까지 이에 대하여 유치권을 가질 수 없다."(대법원 1993. 3. 26. 선고 91다14116 판결)

① 견련성 부정

건물 신축 공사를 위한 사전공사(건물부지 지상의 건축물·구축물 제거, 폐기물처리, 건축예정지 정지작업, 임시주차장, 진출입도 개설 박스 신축공사 등)는 신축 이후의 건물과 견련성이 없다(서울고등법원 2008. 4. 4. 선고 2007나77370 판결).

② 견련성 인정

공사대금채권, 하수급인의 공사대금채권, 공사대금에 대한 지연손해금채권, 지상물매수청구권, 공사대금채권을 임대차보증금으로 전환한 경우, 목적물에 부과된 세금 등은 견련성이 인정된다.

3) 채권이 변제기 도래

유치권은 그 목적물에 관하여 생긴 채권이 변제기에 있는 경우에 성립하는 것이므로 아직 변제기에 이르지 아니한 채권에 기하여 유치권을 행사할 수 없다(대법원 2007. 9. 21. 선고 2005다41740 판결). 즉 채권의 변제기가 도래하지 않으면 변제기 전의 채무 이행을 강제하는 결과가 되어 유치권이 성립하지 않는다.

변제기에 대한 약정이 없으면 점유와 함께 유치권이 성립한다.

📖 채권의 변제기 도래와 유치권

① 先 공사대금채권 변제기 도래+경매개시결정 기입등기+後 점유
 =유치권성립하나 매수인에게 대항 불가
② 先 점유+경매개시결정 기입등기+後 공사대금채권 변제기 도래
 = 유치권성립하나 매수인에게 대항 불가

4) 유치권 배제 특약 없을 것

당사자간에 유치권의 발생을 배제하는 특약이 있는 경우, 그 특약(필요비·유익비 상환청구권을 미리 포기하는 약정)은 유효하다. 따라서 유치권 발생을 배제하는 특약이 없어야 한다. 실무에서 유치권이 부정되는 대부분은 배제특약과 압류 이후의 점유다.

> "건물의 임차인이 임대차관계 종료시에는 건물을 원상으로 복구하여 임대인에게 인도하기로 약정한 것은 건물에 지출한 각종 유익비 또는 필요비의 상환청구권을 미리 포기하기로 한 취지의 특약이라고 볼 수 있어 임차인은 유치권을 주장을 할 수 없다."(대법원 1975. 4. 22. 선고 73다2010 판결)

📖 경매에서 성립요건이자 존속요건인 경우

① 대항력 : 주택의 인도와 주민등록(주택임대차보호법 제3조 제1항)
② 유치권 : 점유(민법 제328조)
③ 대지사용권 : 채권적 토지사용권(대법원 2010다15158 판결)

유치권포기 및 현장명도 각서

○○은행(○○○지점) 앞

본인은 아래 공사장소의 공사와 관련하여 본인이 제공한 재화 및 용역대금을 사업시행자와 사업시공자(사업시행자 또는 시공자가 수급인일 경우 도급인포함)로부터 받지 못한다 하여도 이 공사와 관련하여 발생되는 일체의 물권적·채권적 권리도 행사하지 않을 것이며, 귀행의 요구가 있는 대로 일체의 이의제기 없이 현장을 명도할 것을 확인합니다.

아　　래

☐ 공사현장

공사명				
시행자 (건축주)	성 명		법인번호	
	주 소		전화번호	
시공자	성 명		법인번호	
	주 소		전화번호	
도급인	성 명		법인번호	
	주 소		전화번호	
공사장소				
공사기간				

☐ 공사내용

첨 부 서 류

1. 인감증명서 1통

년　　월　　일

각서자 주　　　　소 :
　　　 상　　　　호 :
　　　 대　 표　 자 :
　　　 법인 등록 번호 :
　　　 사업자등록번호 :

4. 유치권의 성질

1) 법정담보물권

유치권은 일정한 요건을 구비하면 법률상 당연히 성립하는 법정담보물권이다. 반면 근저당권은 당사자간의 계약에 의해 성립하는 약정담보물권이다(대법원 2011. 12. 22. 선고 2011다84298 판결).

2) 불가분성
① 채권의 불가분성

공사업자가 아파트 100세대를 100억원에 공사를 하고 그 공사 대금을 가지고 유치권을 행사 중이다. 매수인이 그 중 한 채를 낙찰 받으면 매수인은 1억원을 부담하는가? 아니면 100억원을 부담해야 하는가?

매수인이 구분건물의 일부를 낙찰 받더라도 그 세대에 비례하는 공사대금만 부담하는 것이 아니다. 유치권이 하나의 법률관계에 의해 발생한 채권전부에 피담보채권의 효력이 미치기 때문이다.

② 점유의 불가분성

유치물 전부를 점유해야 하는 것은 아니다. 일부(101호)를 점유해도 유치권은 성립한다. 단, 미 점유 부분은 유치권이 성립하지 않는다.

501	502	503	504
401	402	403	404
301	302	303	304
201	202	203	204
101	102	103	104

3) 부종성

유치권의 존재는 채권의 존재를 전제로 하기 때문에 채권이 성립하지 않거나 채권이 시효에 의해 소멸하면 유치권도 불성립 또는 소멸한다.

5. 유치권의 효력

1) 대항력

유치권은 물권으로써 모든 사람에게 대항할 수 있다. 즉 채무자뿐만 아니라 그 물건의 소유자·양수인·매수인 등 모두에 대해 유치권을 주장할 수 있다.

민사집행법은 제91조 제5항에서 "매수인은 유치권자에게 그 유치권으로 담보하는 채권을 변제할 책임이 있다."라고 규정하고 있다.

2) 목적물의 유치

유치권자는 채권 전부의 변제를 받을 때까지 유치물 전부에 대하여 그 권리를 행사할 수 있다. 즉 채권의 일부변제가 있더라도 그에 비례하여 목적물의 일부가 유치권의 영향으로부터 벗어나는 것이 아니다. 유치권자는 전액 변제를 받을 때까지 여전히 목적물 전부에 대해 유치권을 행사할 수 있다. 유치권자가 도급인과 10억원대 건물공사 후 9억원을 변제 받았다. 유치권자는 1억원에 해당하는 건물 일부만 점유하는 것이 아니라 1억원을 받을 때까지 건물전부에 대해 점유할 수 있다.

단, 유치권 목적물의 사용으로 인한 이득은 부당이득이므로 반환하여야 한다.

3) 유치권자는 매수인에게 채무변제를 요구할 수 없다

유치권자는 매수인에게 채무의 변제가 있을 때까지 유치목적물인 부동산의 인도를 거절할 수 있을 뿐, 인적 채무까지 인수하는 것은 아니어서 채무변제를 요구할 수 없다.

유치권자는 매수인에게 제3자에 대한 피담보채권의 변제를 청구할 수 없다. 단, 매수인은 목적물을 인도 받으려면 유치권자의 채무를 변제해야 해결국 매수인은 유치권에 상응하는 부담을 진다.

4) 유치권에 의한 경매신청

유치권자에게 경매신청권을 부여 한 것은 직접청구권이 없는 유치권자가 목적물을 채무 변제시까지 한없이 점유해야 하는 부담을 벗어주기 위해서다.

5) 유치권의 배당

유치권자는 매각대금에서 배당을 받을 수 없다. 그러나 매수인이 온전한 재산권 행사를 하려면 유치권을 부담해야 하므로 사실상 최우선변제의 효력이 있다. 그러나 유치권자가 경매를 신청하면 일반채권자 지위(평등)에서 배당 받는다.

6. 유치권의 유형

경매에서 문제되는 유치권의 유형은 크게 공사대금 채권과 임차인의 인테리어 시설비 그리고 재개발이나 재건축시 시공회사나 주택조합에서 이주비상환청구권을 가지고 주장하는 경우다.

1) 공사비

① 건물공사비

경매에서 가장 문제가 되고 있는 부분이 공사대금이다. 실무에서 거론되는 유치권의 거의 대부분은 건물 공사대금 미지급과 관련된 부분이다.

공사대금은 부동산의 부속물이 아닌 본체의 공사대금이다. 토목, 기초, 골조, 창호, 옥상 슬라브, 설비 등이다.

> "주택건물의 신축공사를 한 수급인이 그 건물을 점유하고 있고 또 그 건물에 관하여 생긴 공사금 채권이 있다면, 수급인은 그 채권을 변제받을 때까지 건물을 유치할 권리가 있다고 할 것이고, 이러한 유치권은 수급인이 점유를 상실하거나 피담보채무가 변제되는 등 특단의 사정이 없는 한 소멸되지 않는다."(대법원 1995. 9. 15. 선고 95다16202호 판결)

② 토지공사비

아파트를 짓기 위한 기초 파일 공사, 전원주택을 개발하기 위해 임야를 개간하거나 대지를 조성하기 위한 비용도 유치권이 성립할 수 있다.

2) 건물 개보수시

① 필요비

필요비란 물건의 보존관리를 위해 지출되는 비용으로 물건 그 자체의 보존이나 원래의 용법에 따른 사용에 기여하는 것을 말한다. 물건의 직접적인 이용을 위하여 소비되는 비용은 필요비에 해당되지 않는다.

필요비는 임차목적을 달성하기 위해서 반드시 필요한 비용으로 이에 대해서는 비용 전액에 대하여 유치권이 성립한다.

필요비는 임대차 종료 전이라도 청구가 가능하다.

② 유익비

유익비란 그 비용을 지출함으로써 건물 자체의 객관적 효용 가치가 증대되는 비용이다. 건물입구의 진입로를 콘크리트로 포장한 경우, 외부석재 마감공사, 화장실, 철골골조보강 및 보수공사 등이 해당된다.

필요비와 달리 유익비에 대해서는 실지로 지출한 비용과 증대된 효용가치 중에서 소유자의 선택에 따라서 유치권이 성립한다.

유익비는 임대차가 종료된 후에 청구가 가능하다.

3) 상가점포

임차인이 상가 건물에 1억원을 들여 시설을 하였더라도 이 시설비에 대해서 유치권을 주장할 수 없다. 건물의 객관적 가치를 상승시키는 요인이 아니라 임차인의 영업적 이익을 위한 지출이기 때문이다. 간판, 특수장치, 조명, 난방 기타 설비 등은 유익비에 해당하지 않는다.

오히려 임차인은 계약상의 특약 조건에 따라 원상회복 의무를 져야 한다.

4) 공사 중단된 건물의 토지만 낙찰

지상에 공사가 중단된 건물의 토지만 낙찰 받았을 경우는 건물의 공사 진척 정도가 관건이다. 토목공사나 골조공사에 머문 경우 유치권이 성립하기 어렵다. 토지와 독립된 건물로 볼 수 있느냐가 핵심 포인트다.

① 건물 외관 갖춘 경우
유치권이 성립할 수 있다.

② 건물 외관 갖추지 못한 경우 – 바닥 또는 골조 공사
건물의 신축공사를 도급받은 수급인이 사회통념상 독립한 건물이라고 볼

수 없는 상태에서 공사가 중단된 경우
   ㉠ 위 정착물은 토지의 부합물에 불과하고
   ㉡ 공사중단시까지 발생한 공사대금 채권은 건물의 신축에 관하여 발생한 것이고
   ㉢ 공사가 중단된 건축물은 별도의 소유권 취득 대상이 아니고 토지의 처분과 운명을 같이 하기 때문에 유치권이 성립하지 않는다.

"건물의 신축공사를 도급받은 수급인이 사회통념상 독립한 건물이라고 볼 수 없는 정착물을 토지에 설치한 상태에서 공사가 중단된 경우에 위 정착물은 토지의 부합물에 불과하여 이러한 정착물에 대하여 유치권을 행사할 수 없는 것이고, 또한 공사중단시까지 발생한 공사금 채권은 토지에 관하여 생긴 것이 아니므로 위 공사금 채권에 기하여 토지에 대하여 유치권을 행사할 수도 없는 것이다."(대법원 2008. 5. 30. 자 2007마98 결정)

5) 터파기 상태에서 공사 중단
① 유치권 성립
수급인의 도급계약 목적이 터파기 공사인 경우 유치권이 성립할 수 있다.

② 유치권 성립 않음
도급계약 목적이 토지 위에 건물을 신축하여 토지와는 별개의 건물에 대한 소유권 취득이 목적인 경우 유치권이 성립하지 않는다. 공사대금 채권은 건물의 신축에 의해 발생하는데 토지는 공사대금 채권과 견련관계가 없기 때문이다.

7. 유치권자의 인도

① 원칙 – 인도소송
매수인이 유치권자를 상대로 인도명령을 신청하면 집행법원에서는 유치권의 진위 여부를 판단할 수 없어 기각 결정을 한다. 유치권 진위 여부의 다툼은 집행법원이 아닌 별도의 재판부에서 소송을 통해 다툰다.

② 예외 – 인도명령
가장 또는 허위 유치권이 난무하자 집행법원에서 유치권에 대한 해석이 엄격(?)해졌다. 매수인이 가장 또는 허위 유치권임을 자료를 통해 입증(주로 경매개시 결정 이후의 점유와 배제특약 등)시 인도명령 결정을 한다.

8. 유치권 깨트리기

유치권을 깨트릴 수 있는 사유는 유치권의 목적물이 타인 소유가 아닌 자기 소유라는 점, 피담보채권과 목적물간의 견련관계가 없다는 점, 피담보채권이 존재하지 않는다는 점, 점유요건의 결여와 유치권 배제 특약 등이 있다. 그 중에서도 압류 후 점유와 포기특약만으로 신고된 유치권의 약 90%를 깨트릴 수 있다.

1) 견련관계
① 건물 신축을 위한 사전 공사대금 채권 및 그 지연손해금 채권
건물신축을 위한 사전공사로 건물부지상의 건축물·구축물 철거, 폐기물 처리, 건축예정지 정지작업, 임시주차장·진출입로 개설박스 신축공사 등

에 대한 채권은 신축건물과의 견련관계가 없어 유치권이 성립하지 않는다 (서울고등법원 2008. 4. 4. 선고 2007나77370 판결).

② 자재대금채권, 설계·감리 용역대금채권
설계·감리용역대금채권, 하수급인의 공사 중 조경공사나 포장공사, 싱크대 등 주방시설, 신발장이나 가구 등의 납품, 단순 노무자들의 인건비는 건물 자체로부터 발생한 채권이 아니므로 유치권이 성립하지 않는다.

③ 건물 자체로부터 발생한 채권이 아닌 경우
㉠ 임차보증금
㉡ 상가권리금
㉢ 건물의 부속물 설치비
㉣ 손해배상청구권

④ 유치권 주장하는 자의 편익 지출
㉠ 다방경영에 필요한 시설을 한 경우
㉡ 카페영업을 하기 위해 내부시설 공사를 하고, 창고 지붕의 보수공사를 하고 공사비를 지출한 경우
㉢ 임대인 동의 없이 식당영업을 위해 임의로 2층을 증축한 공사비용
㉣ 임차인이 에이동 공장과 비동 사무실 사이에 자신의 필요에 의해 창고를 증축한 비용

2) 피담보채권의 부존재
① 대물로 받은 경우
유치권자가 공사대금 대신 대물로 변제받는 경우가 있다. 대물변제 효과

로 유치권의 피담보채권인 공사대금이 소멸하여 유치권도 소멸한다. 그러나 변제 약속만 했거나 대물변제약정을 했더라도 실제 변제(소유권 이전등기)가 이뤄지지 않으면 유치권은 소멸되지 않는다.

> "본래의 금전지급에 대신하여 부동산의 소유권을 이전하기로 한 후 그 부동산에 대한 인도만을 하고 아직 소유권이전등기를 하지 않은 경우에는 대물변제가 이루어 졌다고 할 수 없다."(대법원 1965. 7. 20. 선고 65다1029,1030 판결【토지인도(본소),토지소유권이전등기(반소)】)

② 소멸시효

유치권 자체는 시효로 소멸되는 권리가 아니다. 그러나 유치권 주장의 근거가 되는 피담보 채권의 시효는 유치권 행사와 관계없이 진행된다. 공사대금 채권은 시효가 3년으로 지난 경우가 많다(민법 제163조 3호).

유치권자가 소멸시효의 진행을 막으려면 ㉠ 채무자로부터 채무가 있다는 것을 승인받거나 ㉡ 가압류(가처분)를 하거나 ㉢ 채무자를 상대로 소송을 제기하여 판결을 받아야 한다(민법 제168조). 이런 연유로 진성 유치권은 가압류를 한 경우가 많다.

소멸시효가 3년인 공사대금 채권은 소의 제기로 소멸시효가 중단되나 판결이 확정된 때부터 다시 소멸시효가 진행된다. 그 때부터 10년이 지나면 공사대금 채권의 시효가 소멸한다.

3) 점유

① 경매개시결정등기 후 점유

유치목적물의 점유시기는 제한이 있는데 압류 효력 발생(경매개시결정기입등기) 전에 점유를 개시한 유치권에 한해 매수인에게 대항할 수 있다.

② 유치권의 양도

유치권은 피담보채권의 양도와 목적물의 점유의 이전에 의해 양도된다. 이 경우 공사대금 채권(피담보채권)과 함께 양도되어야 유치권 양도의 효력이 발생한다. 피담보채권은 양도되고 점유는 양도인에게 남아있거나, 점유는 양도되고 피담보채권은 양도 되지 않으면 유치권 양도의 효력이 발생하지 않는다. 또한 공사도급계약상 채권양도금지 특약이 있으면 채권양도가 불가능하다.

경매개시결정등기 후 유치권 양도

유치권 양수인은 양도인으로부터 유치권을 승계취득 한 것이지 유치권 양수일자에 새로이 취득한 것이 아니다. 양도인이 건물에 대한 압류의 효력이 발생하기 전부터 유치권을 행사해 온 이상 적법하게 성립한 유치권을 승계한 양수인의 유치권 행사는 건물의 교환가치를 감소시킬 우려가 없다. 또한 건물에 관한 압류의 효력은 건물의 소유권 행사에 미치는 것이지 유치권에 대한 압류가 아니어서 양수인은 유치권을 행사할 수 있다.

③ 점유상실

㉠ 점유침탈

유치권은 점유의 상실로 소멸(민법 제328조)하는데 침탈의 원인은 묻지 않는다. 불법적인 방법으로 점유를 침탈당해도 유치권은 소멸된다.

민법 제328조 (점유상실과 유치권소멸) 유치권은 점유의 상실로 인하여 소멸한다.

㉡ 점유의 일시 상실

유치권 성립 후 점유를 일시 상실하였다 다시 점유하면 유치권을 취득하게 된다. 점유를 침탈 당한 '직시' 점유를 자력으로 탈환해도 유치권은 유지될 수 있다.

④ 점유의 재취득

유치권자가 유치물을 임의로 채무자에게 반환한 뒤, 다시 점유를 취득한 경우 해석이 나뉜다.

㉠ 유치권 성립하지 않음

유치권자가 유치물의 존재를 안 상태에서 조건없이 반환한 경우 유치물의 포기로 간주되어 유치권이 성립하지 않는다(대법원 1980. 7. 22. 80다1174 판결).

이처럼 유치권자가 스스로 공사현장에서 철수한 경우, 점유의 상실은 있지만 침탈은 있다고 볼 수 없어 함부로 타인을 배제하고 점유를 회복할 수 없다.

㉡ 유치권 성립

유치권자가 유치물의 존재를 알지 못한 상태에서 반환한 경우. 또는 조건부로 인도를 풀어준 경우 즉, 합의비(공사비 등)를 받기로 하고 점유를 넘겨주었는데, 상대방이 합의비를 주지 않아 재 점유하는 경우는 유치권을 포기한 것이 아니므로 재 점유시 유치권을 취득할 수 있다(대법원 1996. 8. 23. 선고 95다8720 판결).

⑤ 선관주의의무 위반으로 인한 유치권 소멸 범위

유치권자가 토지 55필지에 관하여 토목공사를 시행하였으나 공사대금을 지급받지 못하자 토지에 관하여 144억여원의 유치권을 행사하였다. 유치권자는 토지주의 승낙없이 8필지를 직접 사용하거나 타인에게 사용을 허락하였다. 토지주로부터 소유권을 이전 받은 갑이 채무자의 승낙없는 유치물의 사용·대여를 이유로 토지 전부에 대한 유치권 소멸청구를 주장하였다.

대법원은 "하나의 채권을 피담보채권으로 하여 여러 필지의 토지에 대하여 유치권을 취득한 유치권자가 그 중 일부 필지의 토지에 대하여 선량한 관리자의 주의의무를 위반하였다면 특별한 사정이 없는 한 위반행위가 있었던 필지의 토지에 대하여만 유치권 소멸청구가 가능하다고 해석하는 것이 타당하다"고 판시하며 토지 전부가 아닌 무단 사용이 이루어진 8필지에 대하여만 유치권이 소멸한다고 판단하였다(대법원 2023. 6. 16. 선고 2018다301350 판결).

⑥ **유치권 무단 임대 시 임대차 종료 후 소유권 취득자 유치권소멸 청구 여부**
유치권은 점유하는 물건으로써 유치권자의 피담보채권에 대한 우선적 만족을 확보하여 주는 법정담보물권이다(민법 제320조 제1항, 상법 제58조). 유치권자가 민법 제324조 제2항을 위반하여 유치물 소유자의 승낙 없이 유치물을 임대한 경우 유치물의 소유자는 이를 이유로 민법 제324조 제3항에 의하여 유치권의 소멸을 청구할 수 있다. 민법 제324조에서 정한 유치권소멸청구는 유치권자의 선량한 관리자의 주의의무 위반에 대한 제재로서 채무자 또는 유치물의 소유자를 보호하기 위한 규정이므로(대법원 2022. 6. 16. 선고 2018다301350 판결 참조), 특별한 사정이 없는 한 민법 제324조 제2항을 위반한 임대행위가 있은 뒤에 유치물의 소유권을 취득한 제3자도 유치권소멸청구를 할 수 있다(대법원 2023. 8. 31. 선고 2019다295278 판결).

4) 특약

당사자 사이에 유치권 발생을 배제하기로 하는 합의는 유효하다. 합의 유형은 채권을 성립시키면서 미리 유치권을 포기하는 경우, 아니면 이미 성립한 유치권을 포기하는 경우도 유효하다. 실무에서 유치권이 인정되지 않는 대부분은 특약 때문이다. 특약은 원상복구와 포기각서가 대표적이다.

① **원상복구 약정**
㉠ 임차물을 현상태로 사용하고 승낙없이 건물을 변경하지 아니하며 변경한 건물 및 조작물은 건물인도시 원상복구 한다.

ⓒ 임대차종료시 임차인은 건물을 원상으로 복구하여 임대인에게 인도한다.
　ⓒ 임차인이 임차건물을 증·개축시는 임대인의 승낙 유무에 불구하고 무조건 임대인의 소유로 귀속한다.
　ⓔ 임차인은 임대인의 승인 하에 개축 또는 변조할 수 있으나, 계약 대상물을 인도시에는 임차인이 일체 비용을 부담하여 원상복구하여야 한다.

② **포기각서**

포기각서는 대부분 수급인으로부터 받는다. 그러나 하수급인으로부터 받은 포기각서도 유효하다. 금융기관이 하수급인으로부터 공사대금을 사업시행자와 사업시공자로부터 받지 못하더라도 공사와 관련하여 발생되는 일체의 유치권 행사를 포기하고, 이와 배치되는 일체의 물권적·채권적 권리도 행사하지 않고, 금융기관의 요구가 있는 경우 일체의 이의제기 없이 현장을 인도 할 것을 확인한다는 내용이 기재된 '유치권포기 및 현장인도각서'를 작성하여 교부한 경우 유치권 포기로 본다.

📎 수급인의 포기각서 효력은 하수급인에게는 무효

금융기관과 수급인간에는 특약의 효력이 유효하나 계약 당사자가 아닌 하수급인에게는 수급인의 특약 효력이 미치지 않는다.

서울 종로구 구기동에 있는 2층 근린주택이 34억 200만원에서 11억 1,490만원대로 하염없이 떨어졌다. 시공사가 9억 8,670만원을, 8개의 하수급인이 13억 7,000여만원 등 23억 5,670만원에 달하는 유치권신고가 한 몫 거들어서다. 실제 공사를 했으니 견련관계는 제치고 유치권 성립유무를 점유와 특약부분에서 각각 살펴보자.

㉮ 시공사

㉠ 점유

시공사는 경매개시결정(압류효력 발생) 전부터 고용인을 두고 점유하고 있다.

㉡ 특약

시공사는 우리은행에서 대출시 유치권포기각서를 제출했다. 결국 시공사의 유치권은 포기각서 특약 때문에 유치권이 성립하지 않는다.

㉯ 하수급인

㉠ 점유

하수급인은 압류효력 발생 후에 시공사와 공동점유 하고 있다.

㉡ 특약

하수급인은 우리은행 대출시 유치권포기각서를 작성하지 않았다. 그러나 하수급인 점유의 기산일이 압류 이후여서 유치권이 성립하지 않는다.

구 분	견련성	점유	변제기 도래	배제 특약	성립유무
수급인	○	○	○	×	×
하수급인	○	×	○	○	×
근 거	대법원 2011다96208 판결 등	대법원 2009다60336 전판	대법원 2011다55214 판결	대법원 73다2010 판결	

5) 기타

① 건물의 채무액에 비해 과도한 유치권 금액

② 경매개시 가능성을 충분히 인식하고 한 개조공사대금채권

③ 채무자의 승낙없는 임대차

유치권자가 채무자의 승낙없이 유치물을 타인에게 임대 하는 경우 유치권소멸 청구의 대상이 된다. 다만 유치권자가 유치물 중 일부분만을 임대하

는 경우, 유치물의 보존에 필요한 경우에 해당돼 인정될 수도 있다.

> "유치권의 성립요건인 유치권자의 점유는 직접점유이든 간접점유이든 관계없지만, 유치권자는 채무자의 승낙이 없는 이상 그 목적물을 타에 임대할 수 있는 처분권한이 없으므로(민법 제324조 제2항 참조), 유치권자의 그러한 임대행위는 소유자의 처분권한을 침해하는 것으로서 소유자에게 그 임대의 효력을 주장할 수 없고, 따라서 소유자의 동의 없이 유치권자로부터 유치권의 목적물을 임차한 자의 점유는 구 민사소송법(2002. 1. 26. 법률 제6626호로 전문 개정되기 전의 것) 제647조 제1항 단서에서 규정하는 '경락인에게 대항할 수 있는 권원'에 기한 것이라고 볼 수 없다."(대법원 2002. 11. 27. 자 2002마3516 결정)

④ 공사대금채권을 임대차로 전환

공사대금 채권을 임대차로 전환하면 민법상 경개계약이 된다. 경개계약 효과로 유치권의 피담보채권인 공사대금 채권이 소멸한다. 피담보채권이 소멸하면 유치권도 소멸한다.

9. 유치권과 대항력

1) 압류 효력 발생 후 유치권 취득

(1) 압류 후 점유 개시

부동산에 압류등기가 된 후에 채무자의 점유이전으로 제3자가 유치권을 취득하는 경우, 그 유치권이 압류의 처분금지 효에 저촉되어 경매절차의 매수인에게 대항할 수 없다(대법원2005. 8. 19. 선고 2005다22688 판결).

"채무자 소유의 부동산에 경매개시결정의 기입등기가 경료되어 압류의 효력이 발생한 이후에 채권자가 채무자로부터 위 부동산의 점유를 이전받고 이에 관한 공사 등을 시행함으로써 채무자에 대한 공사대금채권 및 이를 피담보채권으로 한 유치권을 취득한 경우, 이러한 점유의 이전은 목적물의 교환가치를 감소시킬 우려가 있는 처분행위에 해당하여 민사집행법 제92조 제1항, 제83조 제4항에 따른 압류의 처분금지효에 저촉되므로, 위와 같은 경위로 부동산을 점유한 채권자로서는 위 유치권을 내세워 그 부동산에 관한 경매절차의 매수인에게 대항할 수 없고, 이 경우 위 부동산에 경매개시결정의 기입등기가 경료되어 있음을 채권자가 알았는지 여부 또는 이를 알지 못한 것에 관하여 과실이 있는지 여부 등은 채권자가 그 유치권을 매수인에게 대항할 수 없다는 결론에 아무런 영향을 미치지 못한다."(대법원 2006. 08. 25. 선고 2006다22050 판결[토지인도])

(2) 압류 전에 점유를 이전 받았으나 압류 이후 공사 완공

민법 제320조 제1항은 유치의 대상인 물건이나 유가증권에 관하여 생긴 채권이 '변제기에 있는 경우에는 변제를 받을 때까지 그 물건 또는 유가증권을 유치할 권리가 있다'는 규정에 의한 판단이다.

즉 유치권은 성립요건의 기산일이 경매개시결정 기입등기보다 빨라야 성립한다.

만약 유치권자가 경매개시결정 기입등기 전에 점유를 시작하였더라도 그 공사대금채권의 변제기가 경매개시결정 기입등기 이후에 도래하면 그와 같은 점유만으로 유치권자는 매수인에게 대항하지 못한다.

견련관계 + 채권의 변제기 도래+점유 〉 경매개시결정 기입등기

"유치권은 목적물에 관하여 생긴 채권이 변제기에 있는 경우에 비로소 성립하고(민법 제320조), 한편 채무자 소유의 부동산에 경매개시결정의 기입등기가 마쳐져 압류의 효력이 발생한 후에 유치권을 취득한 경우에는 그로써 부동산에 관한 경매절차의 매수인에게 대항할 수 없는데, 채무자 소유의 건물에 관하여 증·개축 등 공사를 도급받은 수급인이 경매개시결정의 기입등기가 마쳐지기 전에 채무자에게서 건물의 점유를 이전받았다 하더라도 경매개시결정의 기입등기가 마쳐져 압류의 효력이 발생한 후에 공사를 완공하여 공사대금채권을 취득함으로써 그때 비로소 유치권이 성립한 경우에는, 수급인은 유치권을 내세워 경매절차의 매수인에게 대항할 수 없다"(대법원 2011. 10. 13. 선고 2011다55214 판결【유치권부존재확인】).

2) 가압류 후 압류 이전에 유치권 취득

(1) 가압류가 본압류로 이행되어 강제집행이 이루어진 경우

가압류권자가 집행권원을 얻어 본 집행인 경매를 신청하여 압류가 된 경우에는 가압류집행이 본 집행에 포섭됨으로써 가압류를 한 때에 본 집행이 있었던 것과 같은 효력이 있다.

따라서 이 경우에는 가압류를 한 때에 본 압류가 된 것으로 보아 유치권자는 경매절차의 매수인에게 대항할 수 없다(대법원 2002. 3. 15. 자 2001마6620 결정).

(2) 가압류가 본압류로 이행되지 않은 경우

부동산에 가압류등기만 되어 있을 뿐 현실적인 매각절차가 이루어지지 않은 상황하에서 채무자의 점유이전으로 제3자가 유치권을 취득하더라도 매수인에게 대항할 수 있다. 점유의 이전과 같은 사실행위는 가압류권자에 대항할 수 없는 처분행위에 해당하지 않기 때문이다.

"부동산에 가압류등기가 경료되면 채무자가 당해 부동산에 관한 처분행위를 하더라도 이로써 가압류채권자에게 대항할 수 없게 되는데, 여기서 처분행위란 당해 부동산을 양도하거나 이에 대해 용익물권, 담보물권 등을 설정하는 행위를 말하고 특별한 사정이 없는 한 점유의 이전과 같은 사실행위는 이에 해당하지 않는다. 다만 부동산에 경매개시결정의 기입등기가 경료되어 압류의 효력이 발생한 후에 채무자가 제3자에게 당해 부동산의 점유를 이전함으로써 그로 하여금 유치권을 취득하게 하는 경우 그와 같은 점유의 이전은 처분행위에 해당한다는 것이 당원의 판례이나, 이는 어디까지나 경매개시결정의 기입등기가 경료되어 압류의 효력이 발생한 후에 채무자가 당해 부동산의 점유를 이전함으로써 제3자가 취득한 유치권으로 압류채권자에게 대항할 수 있다고 한다면 경매절차에서의 매수인이 매수가격 결정의 기초로 삼은 현황조사보고서나 매각물건명세서 등에서 드러나지 않는 유치권의 부담을 그대로 인수하게 되어 경매절차의 공정성과 신뢰를 현저히 훼손하게 될 뿐만 아니라, 유치권신고 등을 통해 매수신청인이 위와 같은 유치권의 존재를 알게 되는 경우에는 매수가격의 즉각적인 하락이 초래되어 책임재산을 신속하고 적정하게 환가하여 채권자의 만족을 얻게 하려는 민사집행제도의 운영에 심각한 지장을 줄 수 있으므로, 위와 같은 상황하에서는 채무자의 제3자에 대한 점유이전을 압류의 처분금지효에 저촉되는 처분행위로 봄이 타당하다는 취지이다. 따라서 이와 달리 부동산에 가압류등기가 경료되어 있을 뿐 현실적인 매각절차가 이루어지지 않고 있는 상황하에서는 채무자의 점유이전으로 인하여 제3자가 유치권을 취득하게 된다고 하더라도 이를 처분행위로 볼 수는 없다."(대법원 2011. 11. 24. 선고 2009다19246 판결[건물인도등])

3) 저당권 설정 후 압류 이전에 유치권 취득

(1) 원칙 : 매수인에게 대항 가능

근저당권설정 후 경매로 인한 압류의 효력 발생 전에 취득한 유치권자는 경매절차의 매수인에게 대항할 수 있다.

"부동산 경매절차에서의 매수인은 민사집행법 제91조 제5항에 따라 유치권자에게 그 유치권으로 담보하는 채권을 변제할 책임이 있는 것이 원칙이나, 채무자 소유의 건물 등 부동산에 경매개시결정의 기입등기가 경료되어 압류의 효력이 발생한 후에 채무자가 위 부동산에 관한 공사대금 채권자에게 그 점유를 이전함으로써 그로 하여금 유치권을 취득하게 한 경우, 그와 같은 점유의 이전은 목적물의 교환가치를 감소시킬 우려가 있는 처분행위에 해당하여 민사집행법 제92조 제1항, 제83조 제4항에 따른 압류의 처분금지효에 저촉되므로 점유자로서는 위 유치권을 내세워 그 부동산에 관한 경매절차의 매수인에게 대항할 수 없다. 그러나 이러한 법리는 경매로 인한 압류의 효력이 발생하기 전에 유치권을 취득한 경우에는 적용되지 아니하고, 유치권 취득시기가 근저당권설정 후라거나 유치권 취득 전에 설정된 근저당권에 기하여 경매절차가 개시되었다고 하여 달리 볼 것은 아니다."(대법원 2009. 01. 15. 선고 2008다70763 판결[유치권확인])

(2) 예외 : 상사유치권자는 대항 불가

채무자 소유의 부동산에 저당권이 설정되어 있는 상태에서 채권자의 상사유치권이 성립한 경우, 상사유치권자는 선행저당권자 또는 선행저당권에 기한 임의경매절차에서 부동산을 취득한 매수인에게 대항할 수 없다.

"상사유치권의 대상이 되는 목적물을 '채무자 소유의 물건'에 한정하는 취지는, 상사유치권의 경우에는 목적물과 피담보채권 사이의 견련관계가 완화됨으로써 피담보채권이 목적물에 대한 공익비용적 성질을 가지지 않아도 되므로 피담보채권이 유치권자와 채무자 사이에 발생하는 모든 상사채권으로 무한정 확장될 수 있고, 그로 인하여 이미 제3자가 목적물에 관하여 확보한 권리를 침해할 우려가 있어 상사유치권의 성립범위 또는 상사유치권으로 대항할 수 있는 범위를 제한한 것으로 볼 수 있다. 즉 상사유치권이 채무자 소유의 물건에 대해서만 성립한다는 것은, 상사유치권은 성립 당시 채무자가 목적물에 대하여 보유하고 있는 담보가치만을 대상으로 하는 제한물권이라는 의미를 담고 있다 할 것이고, 따라서 유치권 성립 당시에 이미 목적물에 대하여 제3자가 권리자인 제한물권이 설정되어 있다면, 상사유치권은 그와 같이 제한된 채무자의 소유권에 기초하여 성립할 뿐이고, 기존의 제한물권이 확보하고 있는 담보가치를 사후적으로 침탈하지는 못한다고 보아야 한다. 그러므로 채무자 소유의 부동산에 관하여 이미 선행저당권이 설정되어 있는 상태에서 채권자의 상사유치권이 성립한 경우, 상사유치권자는 채무자 및 그 이후 채무자로부터 부동산을 양수하거나 제한물권을 설정받는 자에 대해서는 대항할 수 있지만, 선행저당권자 또는 선행저당권에 기한 임의경매절차에서 부동산을 취득한 매수인에 대한 관계에서는 상사유치권으로 대항할 수 없다.(대법원 2013. 02. 28. 선고 2010다57350 판결[유치권존재확인])

대법원은 상사유치권은 민사유치권의 법리가 그대로 적용될 수 없다면서 상사유치권의 대항력의 범위를 제한적으로 해석하였다. 상법 제58조가 상사유치권의 대상이 되는 목적물을 '채무자 소유의 물건'으로 한정한 것은, 상사유치권은 성립 당시 채무자가 목적물에 대하여 보유하고 있는 담보가치만을 대상으로 하는 제한물권이어서, 기존의 제한물권이 확보하고 있는 담보가치를 사후적으로 침탈하지 못한다.

4) 체납처분 압류 후 유치권 취득

체납을 이유로 압류돼 있는 부동산의 유치권자는 부동산 경매 후 매수인에게 유치권을 행사할 수 있다.

체납처분 절차는 경매절차와 달리 체납처분 압류와 동시에 매각절차인 공매절차가 개시되는 것이 아니고 체납처분 압류가 반드시 공매절차로 이어지는 것도 아니기 때문이다.

또한 체납처분절차와 민사집행절차는 서로 별개의 절차로서 공매절차와 경매절차가 별도로 진행되기 때문에 부동산에 체납처분 압류가 돼 있다고 해 경매절차에서 경매개시결정에 따른 압류가 행해진 경우와 마찬가지로 볼 수 없다(대법원 2014. 3. 20. 선고 2009다60336 전원합의체판결).

> "부동산에 관한 민사집행절차에서는 경매개시결정과 함께 압류를 명하므로 압류가 행하여짐과 동시에 매각절차인 경매절차가 개시되는 반면, 국세징수법에 의한 체납처분절차에서는 그와 달리 체납처분에 의한 압류(이하 '체납처분압류'라고 한다)와 동시에 매각절차인 공매절차가 개시되는 것이 아닐 뿐만 아니라, 체납처분압류가 반드시 공매절차로 이어지는 것도 아니다. 또한 체납처분절차와 민사집행절차는 서로 별개의 절차로서 공매절차와 경매절차가 별도로 진행되는 것이므로, 부동산에 관하여 체납처분압류가 되어 있다고 하여 경매절차에서 이를 그 부동산에 관하여 경매개시결정에 따른 압류가 행하여진 경우와 마찬가지로 볼 수는 없다.
>
> 따라서 체납처분압류가 되어 있는 부동산이라고 하더라도 그러한 사정만으로 경매절차가 개시되어 경매개시결정등기가 되기 전에 부동산에 관하여 민사유치권을 취득한 유치권자가 경매절차의 매수인에게 유치권을 행사할 수 없다고 볼 것은 아니다(대법원 2014. 3. 20. 선고 2009다60336 전원합의체 판결).

유치권의 대항력

항목	내용	대항력	성립근거
압류효력 발생 後	압류 後 점유개시	불가	대법원 2005다22688 판결
	압류 前 점유개시 압류 後 공사완공	불가	대법원 2011다5214 판결
가압류 後 압류 前	가압류가 본압류로 이행되어 강제집행	불가	대법원 2001마6620 결정
	가압류가 본압류로 이행되지 않은 경우	가능	대법원 2009다19246 판결
저당권설정 後	저당권설정 後 압류 前 유치권 취득	가능	대법원 2008다70763 판결
	저당권설정 後 상사유치권 취득	불가	대법원 2010다57350 판결
체납처분 압류 後	체납처분 압류 後 압류 前 유치권 취득	가능	대법원 2009다60336 전판

10. 허위 유치권 대응 방법

유치권 등 허위신고… 경매방해, 3명 구속기소

"인천지검 형사4부는 허위로 유치권과 임차권을 신고해 경매를 방해한 혐의(경매방해 및 사기)로 모 부동산관리업체 이사 A모(51)씨 등 3명을 구속기소했다. 검찰에 따르면 이들은 경매가 진행될 예정인 인천 부평구 G빌딩에 인테리어공사를 한 것처럼 속여 2억여원의 유치권을 신고하고 임차인들과 임대차계약을 한 것처럼 속여 1억 5,000만원 상당의 임차권을 신고한 혐의다.
검찰 조사결과 이들은 유치권과 임차권을 신고해 경매를 유찰시키거나 낙찰가를 떨어뜨린 다음 헐값에 건물을 사들여 되팔려 한 것으로 드러났다."

〈법률신문 2009. 3. 5.자〉

	공사대금	임차인	기타
성립	· 공사대금채권 · 하수급인 공사대금 채권 · 공사대금 지연손해금 채권	· 필요비 · 유익비상환청구권 · 지상물매수대금청구권	· 공사대금채권을 임차보증금으로 전환
부정	· 건물신축위한 사전공사 대금 채권 · 설계 · 감리용역대금채권	· 임차보증금반환청구권 · 부속물매수대금청구권 · 위약금채권	· 대여금채권 · 매매대금채권 · 이중매매로 인한 손해배상청구권

1) 민사

① 인도명령 신청

유치권은 인도소송이 원칙이다. 그러나 가장 유치권임을 견련관계(공사비와 채권관계)의 허구성과 점유 요건의 결여(경매개시 결정 이후 점유) 등의 논리와 그에 따른 증빙서류를 첨부하면 인도명령을 받아 낼 수 있다. 유치권 해결의 첫 걸음은 인도명령 신청이다.

② 인도소송

인도명령이 기각되면 인도소송을 통해 다투는데 유치권 존재 유무에 대한 소송이다.

③ 손해배상 청구

가장 유치권자의 점유에 의해 매각대금 납부일로부터 점유를 이전받는 날까지 인도 지연에 대한 손해배상을 청구할 수 있다.

허위 유치권신고로 채권자의 손해가 발생한 경우 허위 유치권자에게 유치권 신고 금액의 30%에 해당하는 손해배상책임을 인정한 하급심 판례도 있다(부산고등법원 2008. 8. 14. 선고 2008나801 판결).

또한 주식회사의 대표이사가 직원으로 하여금 유치권을 주장하여 소유자의 사용수익권을 침해한 경우, 회사와 별도로 손해배상 책임을 진다(대법원

2013. 6. 27. 선고 2011다50165 판결).

2) 형사고소

① 경매방해죄

경매절차를 악용하는 가장 또는 허위 유치권자는 형사상 압박이 최고다. 유치권자가 집행법원에 유치권 신고를 하였다면 위계에 의한 경매방해죄에 해당된다. 허위유치권의 외관을 보임으로써 입찰가를 저감시키는 등 공정한 경매를 방해했기 때문이다.

경매방해죄는 집행법원의 업무 진행을 방해하고 건물의 가치를 떨어뜨려 채권자가 피해를 보기 때문에 약 8개월에서 10개월의 실형이 선고된다.

> 형법 제315조 (경매, 입찰의 방해) 위계 또는 위력 기타 방법으로 경매 또는 입찰의 공정을 해한 자는 2년 이하의 징역 또는 700만원 이하의 벌금에 처한다.

② 사문서위조 및 행사죄

허위의 채권증서나 하도급계약서를 작성한 것처럼 서류를 위조하여 집행법원에 제출 한 것은 형법상 사문서위조 및 행사죄에 해당한다.

> 형법 제231조 (사문서등의 위조·변조) 행사할 목적으로 권리·의무 또는 사실증명에 관한 타인의 문서 또는 도화를 위조 또는 변조한 자는 5년 이하의 징역 또는 1천만원 이하의 벌금에 처한다.

광주지방법원에서는 허위 유치권자에게 준엄한 법의 심판을 내렸다. 경매진행 중인 사우나 건물에 3억 5,900만원을 들여 개·보수 공사를 한 것처럼 속인 뒤, 유치권신고를 하고 건물 앞에 유치권 행사중이라는 현수막을 내건 피고인에 대해 징역 10월에 집행유예 2년을 선고하였다.

③ 소송사기죄

유치권의 피담보채권액을 크게 부풀려 유치권경매를 신청한 경우, 법원을 기망하여 배당이라는 법원의 처분행위에 의하여 재산상의 이익을 취득하려는 행위로서 소송사기죄의 실행의 착수에 해당한다(대법원 2012. 11. 15. 선고 2012도9603 판결).

그밖에 매수인의 출입을 불법으로 막아 업무를 방해하면 형법 제314조의 업무방해죄가 성립하고 집행관의 집행을 방해하는 경우 공무집행방해죄(형법 제136조)가 성립될 수 있다.

인도명령 신청서 작성 요령

가. 견련관계
① 유치권신고서를 보면 수억원대의 공사를 하고도 공사비를 한 푼도 못 받았다고 주장하는 경우 - 공사 관행상 매우 이례적인 현상임을 주장
② 공사대금을 받기 위한 약속어음이나 다른 담보물이 없는 경우
③ 대물로 변제 받고 유치권 주장

나. 점유관계
① 경매개시 결정 이후의 점유임을 입증한다. 집행관 현황조사와 감정평가서 작성시점에 유치권자가 점유를 하고 있지 않은 점을 주장한다.
② 경매신청 채권자의 대출 당시 그리고 경매신청 당시의 현황 자료를 이용한다.
③ 제3자 임차하고 있는 경우 - 채무자의 승낙없이 유치권자가 제3자에

게 임차한 경우, 채무자는 유치권의 소멸을 주장할 수 있다.

다. 기타
① 법인등기부 열람 결과 채무자와 유치권자가 특수관계(이사로 재직 등)
② 유치권 주장자가 사무실을 차리고 영업을 하는 경우
③ 공사(하)도급 계약서의 양식과 세금계산서 발행 여부 등
  공사 계약서는 사후 얼마든지 위조할 수 있지만, 법인일 경우 세금계산서 위조가 불가능하다. 발행일자, 내역 등을 통해 진위 여부를 알 수 있다.
  세금계산서의 진위 여부를 관할 세무서에서 확인한다.
④ 임대차계약서의 특약 사항에 "임차인은 임대차 만료시 임차물을 임차인의 부담으로 원상복구"한다는 조항을 확인한다.

라. 정보는 어디서 얻나
① 경매신청 채권자
  경매신청 채권자는 유치권 유무에 따라 회수 금액이 달라지기 때문에 대부분 우호적이다. 유치권신고서나 유치권 포기각서 사본을 얻을 수 있으며, 유치권 부존재 소장의 사본이나 판결문 등도 얻을 수 있다.
② 전 소유자 주변 인물
  가장 유치권은 십중팔구 전 소유자가 임의로 만든 것이기에 주변인물 중 전 소유자와 관계가 소원한 사람(채권자나 종업원 등)을 통해 내부 정보를 얻을 수 있다.
③ 집행관 현황조사서, 감정평가서 등

유치권 체크리스트

항목	내용	성립	근거규정
견련성	공사대금(하수급인)채권, 공사대금 지연손해금 채권	○	
	임차보증금, 상가권리금	×	
	건물신축 위한 사전공사 대금	×	
	설계·감리용역대금	×	
	부속물매수대금, 대여금, 매매대금채권	×	대법 77다115
	압류 전 공사개시 압류 후 공사 완공	×	
	터파기, 흙막이 공사 전체 건축공사 일부로 견련성 부정	×	광주고법 2010나448
	물품대금채권(레미콘대금)으로 견련성 부정	×	광주고법 2010나2553
	자재납품대금은 견련성 인정	○	대구고법 2005나4643
	명의신탁자의 명의수탁자에 대한 부당이득반환청구권	×	대법 2008다34828
	분담금채권, 관리비, 등록세, 등기비용	○	서울중앙 2009가합49365
	철거공사대금으로 토지매수인 대항 불가		대구고법 2011나819
	조경공사, 포장공사, 싱크대 등 주방시설, 신발장	×	
	건축공사대금으로 건물부지 유치권 행사	×	대법 2007마98
	신축 건물 공정 기초공사(흙파기공사)에 불과	×	대법 2013다2474
점유	타인 부동산 점유	○	민법320조
	채무자를 통한 간접점유	×	대법 2007다27236
	부동산현황조사 당시 점유	○	
	안내문부착, 가끔 점유	×	서울고법 2008나42036
	압류 이후의 점유	×	대법 2006다22050
	점유회수의 소 제기 1년이내인지		
	유치권은 점유의 상실로 소멸	×	민법328조

점유	채무자, 소유자 동의 없는 임대	×	민법324조2항
	점유개시 당시 적법한 점유, 나중 권원 소멸 계속 점유	×	부산고법 2007나14087
	선점유 후변제기 도래	×	대법 2011다55214
	공동점유	○	
	점유상실		민법328조
	하수급인 어음 받고 부동산 인도는 유치권 포기 아님	○	대법 2012다18588
특약	채권은 성립하면서 유치권 포기	×	
	유치권 포기각서	×	
	이미 성립한 유치권 포기	×	
	원상복구 약정	×	
	당사자 아닌 하수급인	○	
	매수인도 포기특약 주장 가능		수원 2009가단5267
	유치권 포기는 의사표시만으로 가능		
기타	소멸시효(3년)		민법163조
	소유자의 승낙없는 유치권자의 임대차	×	민법324조2항, 대법 2002마3516
	유치권자가 타인에게 임대(무상포함)		대법 2005다57523
	타담보제공		민법327조
	선급금없고 기성고 따른 약정금 없이 거액공사		광주고법 2006나4280
	도급인 수급인 공사관련 세금 신고 없음	×	광주고법 2006나4280
	대물변제		부산고법 2006나11180
	경매절차의 개시는 채권의 변제기 도래로 봄		서울고법 2006나59825
	유치권자 전세보증금 수령시 부당이득액		대법 2009다32324
	법정지상권이 성립하지 않는 건물의 유치권	×	대법 87다카3073
	부동산도 상사 유치권 대상	○	대법 2012다39769

법정지상권

chapter 02

　지상권이란 건물이나 수목 등을 소유하기 위해서 타인의 토지를 사용할 수 있는 권리로 토지주의 동의가 있어야 한다(민법 제279조). 그러나 법의 규정을 이유로 토지주의 의사와 관계없이 인정하는 지상권이 바로 법정지상권이다(민법 제366조). 법정지상권은 토지의 소유자와 건물의 소유자가 어떤 이유로 분리되어 있을 때, 건물을 철거하지 않고 그대로 유지시켜 주는 것이 사회·경제적으로 바람직하다는 차원에서 인정된 제도다.
　법정지상권을 취득한 건물 소유자는 그 취득당시의 토지소유자는 물론 그로부터 토지소유권을 취득한 매수인에 대하여도 대항할 수 있다.

1. 법정지상권의 종류

　법정지상권은 여섯 가지가 있다. 민법에 두 가지, 가등기담보법과 입목법 그리고 대법원 판례에서 인정하는 관습상의 법정지상권과 분묘기지권이 그것이다.

그 중 민법 제366조에서 인정하는 법정지상권과 대법원 판례에서 인정하는 관습상의 법정지상권이 가장 대표적이다.

종류		내용
법정 지상권	전세권 (민법 제305조)	토지와 그 지상 건물이 동일인의 소유에 속한 경우에 건물에 전세권이 설정된 후, 경매로 인하여 토지와 건물의 소유자가 다르게 된 때에는 토지소유자는 건물소유자에 대하여 지상권을 설정한 것으로 본다.
	저당권 (민법 제366조)	토지와 그 지상 건물이 동일인의 소유에 속한 경우에 적어도 어느 하나에 저당권이 설정된 후, 경매로 인하여 토지와 건물의 소유자가 다르게 된 때에는 토지소유자는 건물소유자에 대하여 지상권을 설정한 것으로 본다.
	가등기담보권 (가담법 제10조)	토지와 그 지상 건물이 동일인에게 속한 경우에 그 토지 또는 건물에만 가등기담보권, 양도담보권 또는 매도담보권이 설정된 후, 이들 담보권의 실행 또는 담보가등기에 기한 본등기가 이루어져 토지와 건물의 소유자가 다르게 된 때에는 건물의 소유를 목적으로 토지위에 지상권이 설정된 것으로 본다.
	입목 (입목법 제6조)	토지와 그 지상의 입목이 동일인에게 속한 경우에 경매 기타의 사유로 토지와 입목의 소유자가 다르게 된 때에는, 토지소유자는 입목의 소유자에 대하여 지상권을 설정한 것으로 본다.
관습상의 법정지상권	관습상	토지와 그 지상 건물이 동일인에게 속한 경우에 그 건물 또는 토지만이 매매, 증여, 강제경매, 공매 등으로 각각 소유자가 다르게 된 경우, 그 건물을 철거하기로 하는 합의가 없는 경우 건물소유자에게 인정되는 권리다.
	분묘기지권	토지소유자의 승낙을 얻어 분묘를 설치하거나, 자기 소유 토지에 분묘를 설치 후, 특약 없이 토지만을 타인에게 처분한 경우 인정되는 권리다.

2. 법정지상권 성립요건

첫째, 토지에 저당권 설정 당시 건물 존재
둘째, 토지와 건물 소유자 동일
셋째, 토지와 건물 중 적어도 어느 하나에 저당권 설정
네째, 임의경매로 토지와 건물 소유자 분리

가. 토지에 저당권 설정 당시 건물 존재

법정지상권이 성립하기 위한 제1조건은 토지에 저당권이 설정될 당시 건물이 존재하여야 한다. 이 때의 건물은 등기·미등기, 허가·무허가 건물을 불문한다. 법정지상권이 성립하기 위한 건물은 최소한 기둥과 지붕 그리고 주벽을 갖추고 있어야 한다. 건축중인 건물의 토지에 저당권을 설정한 경우도 법정지상권이 성립할 수 있다.

건축중인 건물의 법정지상권 성립요건

㉠ 제1요건 : 토지 저당권 설정 당시 건물의 규모·종류가 외형상 예상할 수 있는 정도까지 건축 진전(주관적 요건)
㉡ 제2요건 : 매수인 매각대금 완납시까지 기둥, 지붕 그리고 주벽 완성(객관적 요건)

"토지에 관하여 저당권이 설정될 당시 그 지상에 건물이 토지 소유자에 의해 건축이었고 그것이 사회 통념상 독립된 건물로 볼 수 있는 정도에 이르지 않았다 하더라도 건물의 규모, 종류가 외형상 예상할 수 있을 정도로 건축이 진전되어 있는 경우에는 법정지상권의 성립을 인정한다."(대법원 2003. 5. 30. 선고 2002다21592호 판결)

나. 토지와 건물 소유자 동일

법정지상권이 성립하기 위한 제2조건은 저당권 설정 당시 토지와 건물의 소유자가 동일해야 한다. 소유자는 저당권 설정 당시만 같으면 된다.

다. 토지와 건물 중 적어도 어느 하나에 저당권 설정

저당권 설정 당시 토지와 건물 한쪽 또는 양쪽 모두에 저당권이 설정되어야 한다.

라. 임의경매로 토지와 건물의 소유자가 달라져야 한다

3. 관습상 법정지상권 성립요건

> 첫째, 토지와 건물이 처분당시 동일인 소유
> 둘째, 매매 기타의 적법한 원인에 의해서 토지와 건물 소유자 분리
> 셋째, 철거약정 부존재

가. 토지와 건물이 처분당시 동일인 소유에 속할 것

관습상 법정지상권은 토지와 건물 중 어느 하나가 처분될 당시 토지와 그 지상건물이 동일인의 소유여야 한다. 소유자 동일성은 처분시에만 동일하면 된다. 즉 소유권이 변동될 당시 토지와 그 지상건물 소유자가 동일하면 관습상 법정지상권이 성립한다.

단, 강제경매는 매각대금 완납시가 아니라 압류의 효력이 발생한 때가 소유자 동일성의 기준일이 된다(대법원 2012. 10. 18. 선고 2010다52140 전원합의체 판결). 가압류에 의한 강제경매는 가압류 당시가 기준이 된다. 또한 강제경매를 위한 압류나 가압류 이전에 저당권이 설정된 경우는 저당권 설정 당시가 기준이 된다(대법원 2013. 4. 11. 선고 2009다62059 판결).

📖 관습상 법정지상권 토지·건물 소유자 동일성 판단 시점
① 원칙 : 처분시(매각대금 납부시)
② 예외 : 압류시(강제경매)
　　　　㉠ 가압류시 - 가압류에 의한 강제경매
　　　　㉡ 저당권설정시 - 선 저당권 후 가압류일 때

"관습법상의 법정지상권이 성립되기 위하여는 토지와 건물 중 어느 하나가 처분될 당시에 토지와 그 지상건물이 동일인의 소유에 속하였으면 족하고 원시적으로 동일인의 소유였을 필요는 없다."(대법원 1995. 7. 28. 선고 95다9075,9082 (반소) 판결【소유권이전등기, 건물철거등】2013. 4. 11. 선고 2009다62059 판결 〔건물인도등〕)

나. 매매 기타 적법한 원인에 의해서 토지와 건물의 소유자 분리

적법한 원인으로 매매, 강제경매, 공매, 증여, 공유물분할, 대물변제, 상속, 증여 등을 들 수 있다.

📖 소유자가 다르게 되는 시점
① 매매 – 소유권이전등기가 되었을 때
② 경매·공매 – 매각대금 납부시

다. 철거약정 부존재

관습상 법정지상권은 당사자간 철거약정이 있으면 성립하지 않는다. 관습상 법정지상권은 당사자 사이에 건물을 철거하기로 하는 것과 같은 특별한 사정이 없는 것을 전제로 하기 때문이다. 즉, 건물소유자로 하여금 토지를 계속 사용하게 하려는 것이 당사자의 의사라고 보아 인정되는 권리이므로, 토지의 점유·사용에 관하여 당사자 사이에 약정이 있는 것으로 볼 수 있거나, 토지소유자가 건물의 처분권까지 함께 취득한 경우는 관습상의 법정지상권이 성립하지 않는다.

"갑이 건물을 제외한 채 그 대지와 부근의 토지들을 함께 을에게 매도하여 건물과 대지가 소유자를 달리하게 되었더라도 갑이 위 대지 부분을 다시 매수하고 그 대신 을에게 위 토지와 인접한 다른 토지를 넘겨주기로 하는 특약을 맺었다만, 당사자 사이에 매수인으로 하여금 아무런 제한 없는 토지를 사용하게 하려는 의사가 있었다고 보아야 하므로, 위 특약이 매도인측의 귀책사유로 이행불능된 이상 매도인은 위 건물을 위한 관습상의 법정지상권을 주장하지 못하고 건물을 철거하여 매수인에게 아무런 제한 없는 토지를 인도할 의무가 있다."(대법원 2008. 2. 15. 선고 2005다41771,41788 판결)

4. 법정지상권 성립시기

가. 법정지상권 성립시기
법정지상권의 성립시기는 매수인이 대금을 완납한 때 성립한다.

나. 관습상 법정지상권 성립시기

토 지	건 물
2017년 이희우 소유권이전	2018년 이희우 사용승인
2019년 근저당권 1억원	2020년 이희우 보존등기
2023년 토지 임의경매	2022년 송호정 이전

관습상 법정지상권은 언제 성립하는가?
① 건물 사용승인일인 2018년
② 건물 보존등기일인 2020년
③ 토지와 건물의 소유권이 달라지는 2022년
④ 경매의 매각대금이 납부된 2023년

관습상 법정지상권 성립요건에 따르면 토지와 건물의 소유자가 매매 등의 원인으로 달라질 때 성립하므로 ③번이다.

법정지상권과 관습상의 법정지상권 비교

종류	공통점	차이점	판단기준시점
법정지상권	① 토지 · 건물 존재 ② 동일인 소유	임의경매	저당권 설정 당시 동일인
관습상의 법정지상권		강제경매, 공매, 매매, 상속, 증여, 공유물분할 등	처분 당시 동일인

5. 법정지상권 존속기간

① 존속기간을 정(등기)한 경우

민법의 지상권 존속기간이 최단 기간이 된다. 그 이상을 설정하는 것도 가능하다. 지상물의 소멸과 관계없이 존속기간 동안 성립한다.

② 존속기간을 정(등기)하지 않은 경우

법정지상권의 존속기간은 기간을 약정하지 않은 지상권으로 보며, 기간의 정함이 없는 관계로 민법상 지상권의 최단기간이 법정지상권의 존속기간이 된다. 이 때는 민법 제280조 제1항에서 정한 기간이 법정지상권의 최장 기간이 된다.

지상 건물의 종류에 따라 ㉠ 석조, 석회조, 연와조 또는 이와 유사한 견고한 건물이나 수목인 경우에는 30년 ㉡ 보통의 건물은 15년이 존속기간이다. 지상권의 존속기간 중 지상물이 노후로 멸실되면 지상권도 함께 소멸된다. 존속기간은 건물의 종류와 구조로 따진다. 무허가나 미등기일지라도 견고한 건물에 해당되면 존속기간은 30년이다. '건물이 목재기둥으로 세워졌다 하더라도 벽체가 벽돌과 시멘트블록으로, 지붕이 스레트로 이루어졌으면 존속기간은 30년이다.'

> 민법 제280조 (존속기간을 약정한 지상권) ①계약으로 지상권의 존속기간을 정하는 경우에는 그 기간은 다음 연한보다 단축하지 못한다.
> 1. 석조, 석회조, 연와조 또는 이와 유사한 견고한 건물이나 수목의 소유를 목적으로 하는 때에는 30년
> 2. 전호이외의 건물의 소유를 목적으로 하는 때에는 15년
> 3. 건물이외의 공작물의 소유를 목적으로 하는 때에는 5년
> ②전항의 기간보다 단축한 기간을 정한 때에는 전항의 기간까지 연장한다.
> 제281조 (존속기간을 약정하지 아니한 지상권) ①계약으로 지상권의 존속기간을 정하지 아니한 때에는 그 기간은 전조의 최단존속기간으로 한다.
> ②지상권설정당시에 공작물의 종류와 구조를 정하지 아니한 때에는 지상권은 전조제2호의 건물의 소유를 목적으로 한 것으로 본다.

③ 존속기간 종료

법정지상권의 존속기간이 끝나면 법정지상권자는 계약갱신을 요구할 수 있고, 법정지상권설정자(토지주)가 계약갱신을 원하지 않으면 지상물의 매수청구를 요구할 수 있다. 단, 법정지상권자가 계약갱신청구권과 지상물매수청구권을 행사하려면 2년 이상의 지료 연체가 없어야 한다.

지상권갱신청구권이 소멸한 경우 지상물매수청구권 발생 여부

민법 제283조 제2항 소정의 지상물매수청구권은 지상권이 존속기간의 만료로 인하여 소멸하는 때에 지상권자에게 갱신청구권이 있어 그 갱신청구를 하였으나 지상권설정자가 계약갱신을 원하지 아니할 때 비로소 행사할 수 있는 권리이다(대법원 1993. 6. 29. 선고 93다10781 판결 참조). 지상권갱신청구권의 행사는 지상권의 존속기간 만료 후 지체 없이 하여야 한다(대법원 1995. 4. 11. 선고 94다39925 판결 참조). 따라서 지상권의 존속기간 만료 후 지체 없이 행사하지 아니하여 지상권갱신청구권이 소멸한 경우, 지상권

자의 적법한 갱신청구권의 행사와 지상권설정자의 갱신 거절을 요건으로 하는 지상물매수청구권은 발생하지 않는다(대법원 2023. 4. 27. 선고. 2022다306642 판결).

6. 지료

1) 지료는 어떻게 정하나

① 지료결정

지료는 당사자간 협의에 의해 정하는 것이 원칙이나, 협의가 안되면 당사자의 청구(지료청구소송)로 법원이 정한다. 법원은 감정시점의 기초가격(기초가격은 공시지가의 약 1.4~1.5배)을 구하고 기대이율에 대상물건을 계속 임대하는데 필요한 제경비를 합산하여 지료를 결정한다.

월 지료 = {(기초가격 × 연면적 × 기대이율) + 필요제경비} ÷ 12

소재지	면적(㎡)	감정가	매각가	지료	비고
서울시 강남구 논현동	361.8	8억 3,241만	5억 5,100만	9,394,740원	월
서울시 서초구 잠원동	881.1	39억 9,138만	16억 3,900만	16,758,000원	〃
서울시 서초구 서초동	463.2	65억 7,000만	46억 1,000만	37,503,750원	〃
안양시 만안구 안양동	2,739.5	191억 7,650만	41억 10만	83,100,000원	〃
부산시 해운대구 중동	2,344.5	14억 7,621만	16억	6,399,000원	〃
부산시 사하구 괴정동	8,500	39억 1,000만	11억 8,333만	11,021,670원	〃

② 기대이율

법원에서 정하는 기대이율은 농지는 2% 내외, 주거용지는 4% 내외, 상업용지는 6% 내외에서 결정된다.

지료 산정 요율표

토지용도		실제이용상황		
		최유효이용	임시적이용	나 지
상업용지	업무·판매시설 등	7~10%	3~6%	3~4%
	근린생활시설(근린주택포함)	5~8%	2~5%	2~3%
주거용지	아파트·연립·다세대주택	4~7%	2~4%	1~2%
	다중주택·다가구주택	3~6%	2~3%	1~2%
	일반단독주택	3~5%	1~3%	1~3%
공업용지	아파트형 공장	4~7%	2~4%	1~2%
	기타 공장	3~5%	1~3%	1~2%
농 지	경작여건이 좋고 수익성이 있는 순수농경지	3~4%		
	도시근교 및 기타 농경지	2%이내		
임 지	조림지, 유실수단지, 죽림지	1.5%이내		
	자연임지	1%이내		

＊한국감정평가협회 보상평가지침 제49조 제4항(토지사용료의 평가)의 규정

③ 지료청구

지료는 건물주에게 청구한다. 건물주가 여럿인 경우 모두에게 청구할 수 있고 특정인에게 청구할 수도 있다. 건물주가 여럿인 경우 부당이득 반환채무는 불가분채무로 각 채무자는 채무 전부를 이행할 의무가 있기 때문이다. 즉, 특정인은 일부지분만의 공유자라 할지라도 토지 전체 면적에 대한 부당이득을 반환할 의무가 있다. 토지매수인은 건물주 중 재력이 좋은 사람을 상대로 지료청구를 할 수 있다.

"여러 사람이 공동으로 법률상 원인 없이 타인의 재산을 사용한 경우의 부당이득 반환채무는 특별한 사정이 없는 한 불가분적 이득의 반환으로서 불가분채무이고, 불가분채무는 각 채무자가 채무 전부를 이행할 의무가 있으며, 1인의 채무이행으로 다른 채무자도 그 의무를 면하게 된다."(대법원 2001. 12. 11. 선고 2000다13948 판결【부당이득금반환】)

2) 지료결정 시점

지료청구권은 법정지상권이 성립하는 시점에 발생한다. 즉, 토지 매수인이 매각대금을 납부하면 발생한다.

3) 지료증감청구권

법원이 정한 지료라도 그 후 토지에 관한 조세, 기타 부담의 증감이나 지가의 변동으로 인하여 상당하지 아니할 때는 당사자는 그 증감을 청구할 수 있다. 법원에 의해 결정된 지료는 증감청구를 한 때에 소급해서 효력이 발생한다. 지상권자는 지료가 결정될 때까지 종래의 지료액을 지급하여도 지료체납이 아니다.

> 민법 제286조 (지료증감청구권) 지료가 토지에 관한 조세 기타 부담의 증감이나 지가의 변동으로 인하여 상당하지 아니하게 된 때에는 당사자는 그 증감을 청구할 수 있다.

4) 지료연체

지상권자가 2년 이상의 지료를 지급하지 아니한 때는 지상권설정자는 지상권의 소멸을 청구할 수 있다(민법 제287조).

지료 연체의 기준은 년(年)이다. 연체시 2년의 의미는 연속 개념이 아닌 통산 기준이다. 지료 지급을 년으로 했을 경우 1년차 납부, 2년차 미납, 3년차 납부, 4년차 납부, 5년차 미납이면 연체로 본다.

당사자 간에 지료가 결정되지 않은 경우, 즉, 당사자 사이에 지료에 관한 협의가 없거나 법원에 의해 지료가 결정된 바 없다면, 법정지상권자가 2년간 지료를 지급하지 않았더라도 지료지급을 지체한 것으로 볼 수 없다.

> **민법 제287조 (지상권소멸청구권)** 지상권자가 2년 이상의 지료를 지급하지 아니한 때에는 지상권설정자는 지상권의 소멸을 청구할 수 있다.

① 지상권 양도

지상권이 양도된 경우 구지상권자 또는 신지상권자가 연체한 지료가 2년이 되어야 지상권소멸 청구를 할 수 있다. 양도 전후를 합산해 2년이 아니다.

> "지상권자의 지료 지급 연체가 토지소유권의 양도 전후에 걸쳐 이루어진 경우 토지양수인에 대한 연체기간이 2년이 되지 않는다면 양수인은 지상권소멸청구를 할 수 없다."(대법원 2001. 3. 13. 선고 99다17142 판결)

② 소유권은 이전되었으나 지상권 등기는 하지 않은 경우

법정지상권자로부터 건물의 소유권은 이전받았으나 지상권에 관한 등기를 마치지 않은 자에 대해서도 지료청구를 할 수 있는가?

지상권에 관한 등기를 마친 법정지상권자를 상대로만 지료결정 내지 지료지급청구의 소를 제기하고, 법정지상권을 취득할 수 있는 자에게는 지료 상당의 부당이득반환청구만을 할 수 있다고 하면, 지료명목의 부당이득금이 확정되더라도 이를 지급하지 않을 경우 지료가 아니어서 2년 이상 지료를 지급하지 않은 경우에 해당되지 않아 지상권설정자가 지상권의 소멸을 청구할 수 없게 된다. 즉 법정지상권 등기를 마치지 않은 건물소유자가 법정지상권 등기를 마친 건물소유자보다 더 유리해지는 불합리한 상황이 발생하기 때문에 지상권에 관한 등기를 마치지 않은 자에 대해서도 지료청구를 할 수 있다.

③ 판결에 의한 지료 결정

㉮ 원칙 : 판결 후 2년

재판확정과 동시에 연체된 지료의 전액을 지급하지 않은 경우 법정지상권이 소멸한다면 부당하므로, 신의칙상 상당기간 동안 소멸청구권의 행사가 유예된다.

㉯ 예외 : 지체된 지료가 판결확정 전후에 걸쳐 2년 이상일 경우

지료액수가 판결에 의해 정해진 후, 법정지상권자가 토지 소유자의 지료 지급 청구를 받고도 책임있는 사유로 상당기간 동안 지료 지급을 지체한 때에는, 지체된 지료가 판결확정 전후에 걸쳐 2년 이상인 경우 토지소유자는 지상권의 소멸을 청구할 수 있다.

2013년 2월 20일 지료청구의 소를 통해 2009년 4월 17일 이후의 지료를 지급하라는 판결을 받았음에도 지료를 지급하지 않자, 원고는 2013년 11월 26일 소로써 법정지상권의 소멸을 청구하였다. 피고는 판결확정일로부터 10개월이 지난 2013년 12월 17일에 판결에서 명한 지료 상당의 금원을 공탁하였다. 판결확정일로부터 상당한 기간 동안 2년분 이상의 지료를 지급하지 아니하였음으로, 지상권소멸청구의 의사표시가 기재된 소장이 피고에게 송달된 2013년 12월 12일 지상권소멸청구의 효력이 발생하였다(강릉지원 2015. 1. 27. 선고 2014나5347 판결).

> "법정지상권이 성립되고 지료액수가 판결에 의하여 정해진 경우 지상권자가 판결확정 후 지료의 청구를 받고도 책임 있는 사유로 상당한 기간 동안 지료의 지급을 지체한 때에는 지체된 지료가 판결확정의 전후에 걸쳐 2년분 이상일 경우에도 토지소유자는 민법 제287조에 의하여 지상권의 소멸을 청구할 수 있다."(대법원 1993. 03. 12. 선고 92다44749 판결[건물철거등])

④ 지료연체 기준인 2년의 의미

민법 제287조는 '2년 이상의 지료를 지급하지 아니한 때'라고 규정하고 있는 점에 비추어 보면, 민법 제287조에서 정한 '2년 이상의 지료를 지급하지 아니한 때'라는 의미는 단순히 '2년 이상의 지료를 지급하지 아니한 사실이 있는 경우'를 의미하는 것이 아니라 지상권 소멸청구권 행사 당시에도 2년 이상의 지료 연체 상태가 유지되어야 한다.

만약 지상권설정자가 지상권의 소멸을 청구하지 않고 있는 동안 지상권자로부터 연체된 지료의 일부를 지급받고 이를 이의 없이 수령하여 연체된 지료가 2년 미만으로 된 경우에는 지상권설정자는 종전에 지상권자가 2년분의 지료를 연체하였다는 사유를 들어 지상권자에게 지상권의 소멸을 청구할 수 없다(대법원 2014. 8. 28. 선고 2012다102384 판결).

5) 지료등기

지료액이나 지급시기 등 지료에 관한 약정은 이를 등기하여야만 제3자에게 대항할 수 있다. 토지소유권이 이전되면 새로운 소유자는 지상권자를 상대로 지료 등기가 없더라도 지료를 청구할 수 있다. 단, 지료등기를 하지 않으면 토지소유자는 구 지상권자의 지료 연체 사실만 가지고 지상권을 이전 받은 자에게 대항하지 못한다. 즉, 지상권에 있어서 지료의 지급은 요소가 아니어서 지료에 관한 유상 약정이 없으면 지료 지급을 요구할 수 없다.

6) 소유권의 이전

당사자 간에 지료에 관하여 협의가 이루어진 경우 그 약정은 등기하지 않으면 새로운 소유자에게는 그 효력이 발생하지 않는다. 지료결정의 효력은 특정인에 대한 효력(채권적 청구권)이라 제3자에게 효력이 미치지 않는다. 법원에 의한 지료의 결정은 당사자의 지료결정청구에 의하여 형식적 형성소송인 지료결정 판결로 이루어져야 제3자에게 그 효력이 미친다.

7) 지료연체 효과

지료 연체로 인해 법정지상권이 소멸하면 법정지상권자는 토지소유자에게 지상권의 갱신과 지상물의 매수를 청구할 수 없다.

7. 법정지상권의 소멸

1) 일반적 소멸사유

법정지상권은 목적물의 멸실(토지의 포락, 건물의 멸실), 존속기간의 만료, 혼동, 토지수용 등에 의해 소멸한다.

2) 특별한 소멸사유

가. 지료 연체

연체기간 산정 요건은 특정토지 소유자 당시 2년 이상 연체를 요한다. 토지소유권의 양도시 전·현 토지소유자 합산해서 2년이 아니다.

나. 토지임대차 등 약정이 있는 경우

관습상의 법정지상권을 취득한 건물소유자가 토지소유자와 임대차계약을 체결하면 관습상의 법정지상권을 포기한 것으로 간주된다. 지상권이 있는 사람이 토지임대차 계약을 체결하면 물권인 지상권은 소멸하고 대신 임대차계약이라는 채권관계가 형성된다.

> "동일인 소유의 토지와 그 토지상에 건립되어 있는 건물 중 어느 하나만이 타에 처분되어 토지와 건물의 소유자를 각 달리하게 된 경우에는 관습상의 법정지상권이 성립한다고 할 것이나, 건물 소유자가 토지 소유자와 사이에 건물의 소유를 목적으로 하는 토지 임대차계약을 체결한 경우에는 관습상의 법정지상권을 포기한 것으로 봄이 상당하다."(대법원 1992. 10. 27. 선고 92다3984 판결)

대지의 사용관계에 관하여 건물소유자와 토지소유자가 어떠한 약정이 있는 것으로 볼 수 있는 경우 관습상 법정지상권이 인정되지 않는다(대법원 2008. 2. 15. 선고 2005다41771, 41788 판결).

8. 법정지상권 핵심체크

📖 법정지상권 분석요령

유치권은 책상(서류)에서 10%를 알고 90%는 현장에서 알 수 있다. 반면 법정지상권은 책상에서 90%를 알수 있고 10%는 임장활동을 통해 알 수 있다. 법정지상권은 말 그대로 공부상의 서류 열람만으로 성립 여부를 식별할 수 있다.

📖 어떤 서류를 열람하나

토지·건물 등기사항증명서와 토지대장과 건축물 대장은 기본으로 열람하고 폐쇄등기부등본도 봐야 한다. 시·군·구청 건축과에서 건축허가와 관련된 내용도 확인한다. 착공일자와 사용승인일자 그리고 건축주 이름과 건축주 변경 여부도 확인한다. 무허가 건물은 무허가건축물대장이나 재산세 부과대장을, 멸실된 건물은 멸실건축물관리대장을 확인한다.

1) 법정지상권 성립

① 법정지상권 성립 후 증·개축 또는 신축

법정지상권이 성립한 후 건물이 증축되거나 개축되어도 성립한다. 단, 새 건물의 법정지상권 존속기간과 성립범위는 구 건물을 기준으로 그 잔존기간 동안이다.

② 건축중인 건물

건물의 규모, 종류가 외형상 예상할 수 있는 정도까지 진행되고, 매수인이 매각대금을 낼 때까지 최소한 기둥과 지붕 그리고 주벽을 갖추고 있어야 한다.

③ 토지매각 전 건물 소유권의 변동

토지에 저당권을 설정할 당시 건물이 존재하였고 양자가 동일인의 소유였다가 저당권의 실행으로 토지가 매각되기 전, 건물이 제3자에게 양도된 경우에도 법정지상권이 성립한다.

"저당권자는 저당권설정 당시에 법정지상권의 부담을 예상하였을 것이고 또 저당권설정자는 저당권설정 당시의 담보가치가 저당권이 실행될 때에도 최소한 그대로 유지되어 있으면 될 것이므로 위와 같은 경우 법정지상권을 인정하더라도 저당권자 또는 저당권설정자에게는 불측의 손해가 생기지 않는 반면, 법정지상권을 인정하지 않는다면 건물을 양수한 제3자는 건물을 철거하여야 하는 손해를 입게 되는 점 등에 비추어 위와 같은 경우 건물을 양수한 제3자는 민법 제366조 소정의 법정지상권을 취득한다."(대법원 1999. 11. 23. 선고 99다52602 판결)

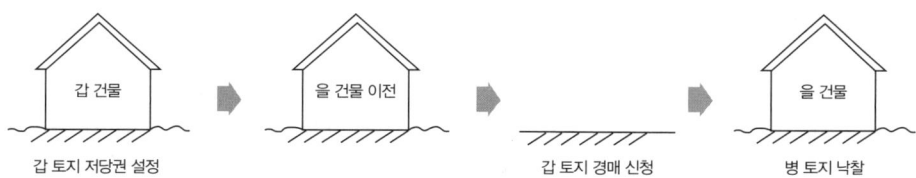

2) 법정지상권 성립 않음

① 토지에 근저당권 설정 후 건물 신축

나대지에 저당권이 설정된 후 저당권설정자가 그 위에 건물을 건축하고, 경매를 통해 그 토지와 건물의 소유자가 달라지면 법정지상권이 성립하지 않는다.

토지에 저당권이 설정될 당시 지상에 건물이 존재하지 않았기 때문이다.

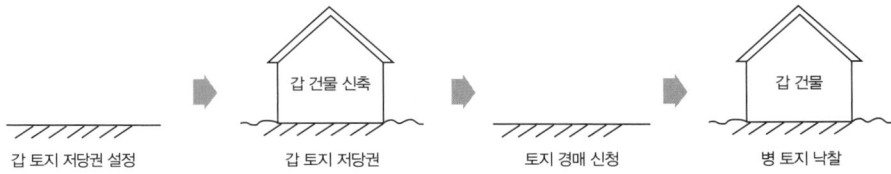

② 공동저당권 설정된 건물 철거 후 신축
㉠ 단독저당권 설정 당시 존재하던 건물 멸실 후 신축 : 법정지상권 성립
㉡ 공동저당권 설정 당시 존재하던 건물 멸실 후 신축 : 법정지상권 불성립

공동저당권자는 토지·건물 각각에서 교환가치를 취득할 수 있다. 따라서 건물에 법정지상권이 성립해도 불측의 손해를 보지 않는다. 그런데 신축건물에 토지와 동순위의 저당권을 설정하지 않았음에도 법정지상권을 용인하면, 토지저당권자는 신축건물에서 법정지상권 가액 가치를 찾을 수 없기 때문이다.

"동일인의 소유에 속하는 토지 및 그 지상건물에 관하여 공동저당권이 설정된 후 그 지상건물이 철거되고 새로 건물이 신축된 경우에는 그 신축건물의 소유자가 토지의 소유자와 동일하고 토지의 저당권자에게 신축 건물에 관하여 토지의 저당권과 동일한 순위의 공동저당권을 설정해 주는 등 특별한 사정이 없는 한 저당물의 경매로 인하여 토지와 신축건물이 다른 소유자에게 속하게 되더라도 그 신축건물을 위한 법정지상권은 성립하지 않는다.
그 이유는 동일인의 소유에 속하는 토지 및 그 지상 건물에 관하여 공동저당권이 설정된 경우에는, 처음부터 지상 건물로 인하여 토지의 이용이 제한 받는 것을 용인하고 토지에 대하여만 저당권을 설정하여 법정지상권의 가치만큼 감소된 토지의 교환가치를 담보로 취득한 경우와는 달리, 공동저당권자는 토지 및

> 건물 각각의 교환가치 전부를 담보로 취득한 것으로서, 저당권의 목적이 된 건물이 그대로 존속하는 이상은 건물을 위한 법정지상권이 성립해도 그로 인하여 토지의 교환가치에서 제외된 법정지상권의 가액 상당 가치는 법정지상권이 성립하는 건물의 교환가치에서 되찾을 수 있어 궁극적으로 토지에 관하여 아무런 제한이 없는 나대지로서의 교환가치 전체를 실현시킬 수 있다고 기대하지만, 건물이 철거된 후 신축된 건물에 토지와 동순위의 공동저당권이 설정되지 아니 하였는데도 그 신축건물을 위한 법정지상권이 성립한다고 해석하게 되면, 공동저당권자가 법정지상권이 성립하는 신축건물의 교환가치를 취득할 수 없게 되는 결과 법정지상권의 가액 상당 가치를 되찾을 길이 막혀 위와 같이 당초 나대지로서의 토지의 교환가치 전체를 기대하여 담보를 취득한 공동저당권자에게 불측의 손해를 입게 하기 때문이다."(대법원 2003. 12. 18. 선고 98다43601호 전원합의체 판결)

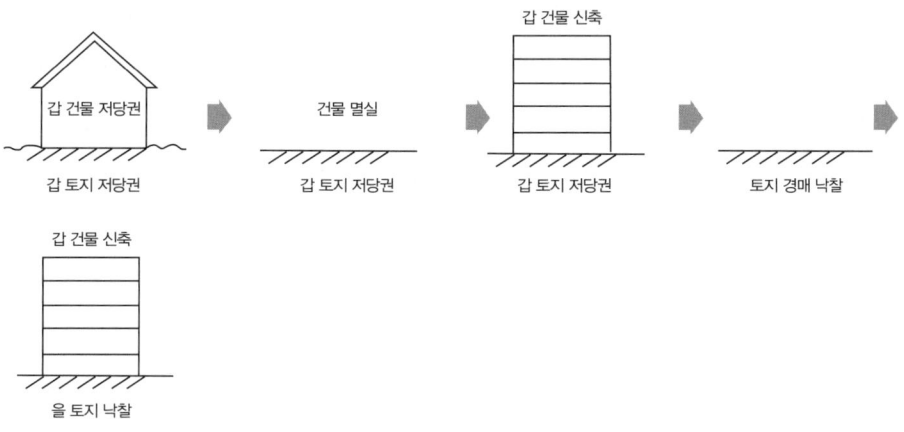

대상 판례는 실무에서 법정지상권이 성립하지 않는 유명한 판례다. 건물주 입장에서는 마른 하늘에 날벼락 같은 판결로 수십 수백억 대의 건물이 법정지상권이 성립하지 않아 철거를 당하게 되었다. 반면 경매 참여자는 리

스크 제거로 엄청난 수익을 얻게 되었다.

③ 무허가 건물이나 미등기 건물
㉠ 법정지상권 성립
무허가 건물이나 미등기 건물도 일정한 요건을 갖추면 법정지상권이 성립한다. 단, 임시적으로 지어진 건물은 안된다.
법정지상권 부분에서 무허가 건물이나 미등기 건물은 법정지상권이 성립할 여지가 가장 많으나 등기가 없어 대외적으로 식별이 어려워 조심해야 한다. 농가주택에서 많이 볼 수 있다.

㉡ 법정지상권 성립 않음

"미등기 건물을 그 대지와 함께 매수한 사람이 그 대지에 관하여만 소유권이전등기를 넘겨 받고 건물에 대하여는 그 등기를 이전받지 못하고 있다가, 대지에 대하여 저당권을 설정하고 그 저당권의 실행으로 대지가 경매되어 다른 사람의 소유로 된 경우에는, 그 저당권의 설정 당시에 이미 대지와 건물이 각각 다른 사람의 소유에 속하고 있었으므로 법정지상권이 성립될 여지가 없다."(대법원 2002. 6. 20. 선고 2002다9660호 전원합의체 판결)

ⓒ 미등기 건물 법정지상권 식별

미등기·무허가 건물의 양수인은 법정지상권을 주장할 수 없다. 미등기·무허가 건물 양수인은 건물에 대한 소유권을 취득할 수 없기 때문이다.

물권변동의 효력은 등기를 해야 효력이 생긴다.

> "미등기 무허가건물의 양수인이라 할지라도 그 소유권이전등기를 경료받지 않는 한 건물에 대한 소유권을 취득할 수 없고, 그러한 건물의 취득자에게 소유권에 준하는 관습상의 물권이 있다고 볼 수 없다."(대법원 1996. 6. 14. 선고 94다53006 판결【가건물철거등】)

④ 나대지에 담보가등기 설정 후 건물 신축

> "원래 채권을 담보하기 위하여 나대지상에 가등기가 경료되었고, 그 뒤 대지소유자가 그 지상에 건물을 신축하였는데, 그 후 그 가등기에 기한 본등기가 경료되어 대지와 건물의 소유자가 달라진 경우에 관습상 법정지상권을 인정하면 애초에 대지에 채권담보를 위하여 가등기를 경료한 사람의 이익을 크게 해하게 되기 때문에 특별한 사정이 없는 한 건물을 위한 관습상 법정지상권이 성립한다고 할 수 없다."(대법원 1994. 11. 22. 선고 94다5458 판결)

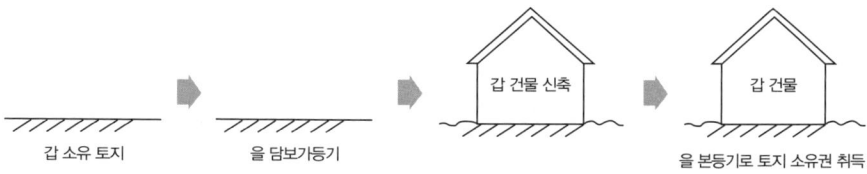

⑤ 토지에 대한 처분 권한 가진자의 건물 신축

건물 :   B → C
토지 : A → (B)

A로부터 토지를 매수한 B가 토지에 대한 소유권이전등기를 하지 아니하여 사실상 처분권한만을 가진 상태에서 건물을 신축하였다. 그 후 강제경매절차에서 C가 건물을 매수 하였다. C는 관습상의 법정지상권을 취득하는가?

포인트는 토지와 건물의 소유자 동일성이다.

건물은 B의 소유인 반면 토지는 B가 매수하여 사실상 처분권한을 가지고 있지만, 소유권이전등기를 하지 않아 등기부상으로는 토지와 건물의 소유자가 다르다. 관습상의 법정지상권 성립 제1조건인 처분 당시 토지와 건물의 소유자가 동일해야 한다는 조건에 어긋나 C는 관습상의 법정지상권을 취득하지 못한다.

이 때, 토지와 건물의 소유자 동일성은 대외적으로 제3자가 동일인임을 식별할 수 있어야 한다. 즉, 등기사항증명서 상 동일인이어야 한다.

단, C가 낙찰을 받기 전 B가 토지에 대한 소유권 이전등기를 마치면 C는 관습상의 법정지상권을 취득한다. 소유자 동일성은 강제 경매개시결정의 기입등기 즉 압류의 효력이 발생하는 때가 기준이다.

⑥ 토지근저당권자가 건축에 동의

토지 근저당권 설정 당시에는 건물이 없었으나 토지 근저당권자가 건축을 할 수 있도록 동의를 한 경우 법정지상권이 성립하는가?

토지근저당권자가 건축동의를 하거나 토지소유자가 토지사용 승낙을 했더라도 법정지상권이 성립하지 않는다.

"법정지상권은 저당권 설정 당시부터 저당권의 목적되는 토지 위에 건물이 존재할 경우에 한하여 인정되며, 토지에 관하여 저당권이 설정될 당시 그 지상에 토지소유자에 의한 건물의 건축이 개시되기 이전이었다면, 건물이 없는 토지에 관하여 저당권이 설정될 당시 근저당권자가 토지소유자에 의한 건물의 건축에 동의하였다고 하더라도 그러한 사정은 주관적 사항이고 공시할 수도 없는 것이어서 토지를 낙찰받는 제3자로서는 알 수 없는 것이므로 그와 같은 사정을 들어 법정지상권의 성립을 인정한다면 토지 소유권을 취득하려는 제3자의 법적 안정성을 해하는 등 법률관계가 매우 불명확하게 되므로 법정지상권이 성립되지 않는다."(대법원 2003. 9. 5. 선고 2003다26051 판결)

⑦ 건물의 등기 명의를 타인에게 신탁 - 법정지상권 성립하지 않음

"건물의 등기부상 소유명의를 타인에게 신탁한 경우에 신탁자는 제3자에게 그 건물이 자기의 소유임을 주장할 수 없고, 따라서 그 건물과 부지인 토지가 동일인의 소유임을 전제로 한 법정지상권을 취득할 수 없다."(대법원 2004. 2. 13. 선고 2003다29043 판결)

법정지상권이 성립하지 않는 경우
㉠ 토지에 저당권 설정 당시 건물이 없는 경우
㉡ 등기부상 토지와 건물의 소유자가 한 번도 일치한 적이 없는 경우

3) 법정지상권 성립 후 건물소유권 양도
법정지상권 관련해 주의할 부분이다.

경매(매매)당시는 건물의 소유자와 토지의 소유자가 달라 법정지상권이 성립하지 않는다. 그러나 법정지상권 성립 유무의 판단 시점은 경매(매매) 당시가 아닌 최초에 토지와 건물의 소유자가 분리된 시점이다.

한 번 성립한 법정지상권은 그 후 경매든 매매든 토지와 건물의 소유자가 바뀌더라도 존속기간 동안 유지된다(건물 철거의 특약이 없는 경우). 입찰참가자는 토지와 건물 등기부를 발급 받아 경매 전에 법정지상권이 성립했는지 확인해야 한다.

① 계약

건물 : 아버지 → A(큰아들) → C
토지 : 아버지 → B(작은아들) → D

A와 B는 아버지로부터 건물은 A가, 토지는 B가 상속 받았다. 이후 A는 C에게 건물을, B는 D에게 토지를 각각 팔았다. 토지를 매수한 D가 C에게 건물을 철거하라고 한다. C는 관습상의 법정지상권에 의해 D에게 대항할 수 있는가?

사례의 경우 소유권 이전이 두 번 있다. 먼저 D의 입장에서 볼 때 토지와 건물의 소유자가 달라 관습상의 법정지상권이 성립하지 않는 것처럼 보인다. 그러나 1차 소유권 이전 즉 아버지로부터 A와 B로 소유권 이전시 이미 관습상 법정지상권이 성립(동일 소유자로부터 소유권 이전)한다. 따라서 C는 관습상의 법정지상권 존속기간 동안 지료를 납부하는 대신 건물을 철거당하지 않는다.

외견상 성립하지 않지만 속내를 들여다 보면 성립하는 경우가 있다. 관습상의 법정지상권이 법정지상권보다 어렵기도 하거니와 조심해야 하는 이유다.

"저당물의 경매로 인하여 토지와 그 지상건물이 소유자를 달리하게 되어 토지 상에 법정지상권을 취득한 건물소유자가 법정지상권 설정등기를 경료함이 없이 건물을 양도하는 경우에 특별한 사정이 없는 한 건물과 함께 지상권도 양도하기로 하는 채권적 계약이 있었다고 할 것이므로 지상권자는 지상권설정등기를 한 후에 건물양수인에게 이의 양도등기절차를 이행하여 줄 의무가 있다. 따라서 건물 양수인은 건물양도인을 순차 대위하여 토지 소유자에 대하여 건물소유자였던 법정지상권자에의 법정지상권설정 등기절차 이행을 청구할 수 있다."(대법원 1981. 9. 8. 선고 80다2873 판결)

② 경매

법정지상권이 성립하는 건물을 경매로 취득 - 법정지상권 성립

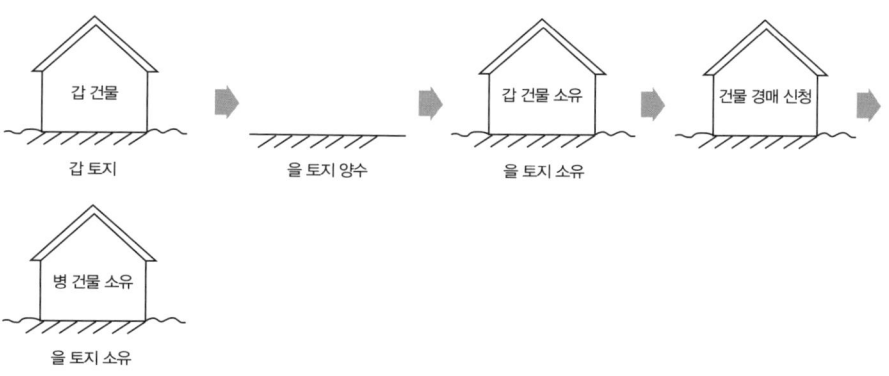

"건물소유를 위하여 법정지상권을 취득한 자로부터 경매에 의하여 그 건물의 소유권을 이전받은 경락인은 경락 후 건물을 철거한다는 등의 매각조건하에서 경매되는 경우 등 특별한 사정이 없는 한 건물의 경락취득과 함께 위 지상권도 당연히 취득한다."(대법원 1985. 2. 26. 선고 84다카1578, 1579 판결)

③ 미등기 건물
㉠ 상속 – 법정지상권 성립

건물 : (A) → (B)
토지 : A → B → C(낙찰)

토지는 상속등기에 의해 A에서 B로 이전되었다. 반면 건물은 미등기이나 상속에 의한 이전이어서 등기 없이도 A의 사망과 동시에 B로 권리가 이전된다(민법 제187조).
토지에 설정된 근저당권의 실행으로 C가 토지를 낙찰 받으면 건물주 B는 법정지상권이 성립하는가?
토지가 매각될 당시 토지와 건물의 소유자가 동일하여 B는 법정지상권을 취득한다.

㉡ 매매(증여) – 법정지상권 성립하지 않음

건물 : A → (A)
토지 : A → B → C(낙찰)

매매일 경우 해석이 달라진다.
매매는 민법 제186조의 법률행위에 의한 물권 변동으로 등기를 해야 한다. 즉, 토지는 A에서 B로 소유권이 변동됐지만 건물은 미등기인 관계로 B는 처분권한만을 보유하고 등기상 소유자는 여전히 A다. 따라서 경매 당시 토지와 건물의 소유자가 달라(등기상) 건물주 B는 토지를 낙찰받은 C에게 관습상의 법정지상권을 주장하지 못한다.

법정지상권이 성립하기 위해서는 소유권과 처분권이 함께 존재해야 한다.

> "갑의 소유인 대지와 그 지상에 신축된 미등기건물을 을이 함께 양수한 후 건물에 대하여는 미등기상태로 두고 있다가 이중 대지에 대하여 강제경매가 실시된 결과 병이 이를 경락받아 그 소유권을 취득한 경우에는 을은 미등기인 건물을 처분할 수 있는 권리는 있을지언정 소유권은 가지고 있지 아니하므로 대지와 건물이 동일인의 소유에 속한 것이라고 볼 수 없어 법정지상권이 발생할 여지가 없다."(대법원 1989. 2. 14. 선고 88다카2592 판결【건물철거등】)

이 때 미등기 건물을 양도한 A는 관습상 법정지상권을 주장할 수 있는가? 미등기 건물 양도인은 형식상 소유자로 남게 되지만, 미등기 건물을 토지와 함께 양도 시 양도인은 사용·수익 및 사실상의 처분권 일체를 양도하였다. 따라서 양도인이 미등기 건물의 소유를 위해 대지사용권을 유보한 것이거나 양수인이 이를 용인하였다고 볼 수 없다. 관습상 법정지상권이 성립하지 않는다(대법원 2002. 6. 20. 선고 2002다9660 전원합의체 판결).

4) 공유관계와 법정지상권
가. 법정지상권 성립
① 토지 단독소유, 건물 공동소유
㉮ 건물 A·B 공유

　토지 A 단독소유 → A 소유 토지에 저당권 설정

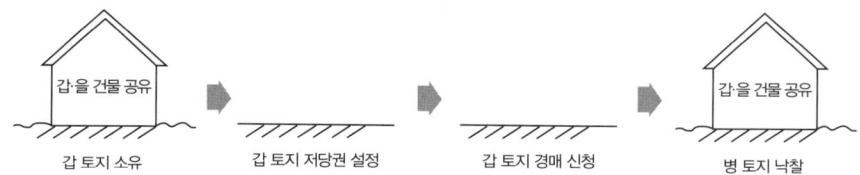

"건물공유자의 1인이 그 건물의 부지인 토지를 단독으로 소유하면서 그 토지에 관하여만 저당권을 설정하였다가 위 저당권에 의한 경매로 인하여 토지의 소유자가 달라진 경우에도, 위 토지 소유자는 자기뿐만 아니라 다른 건물공유자들을 위하여도 위 토지의 이용을 인정하고 있었다고 할 것인 점, 저당권자로서도 저당권 설정 당시 법정지상권의 부담을 예상할 수 있었으므로 불측의 손해를 입는 것이 아닌 점, 건물의 철거로 인한 사회경제적 손실을 방지할 공익상의 필요성도 인정되는 점 등에 비추어 위 건물공유자들은 민법 제366조에 의하여 토지 전부에 관하여 건물의 존속을 위한 법정지상권을 취득한다."(대법원 2011. 01. 13. 선고 2010다67159 판결[건물철거 등])

㉴ 건물 A·B 공유 → A 건물지분에 저당권 설정
　　토지 A 단독소유

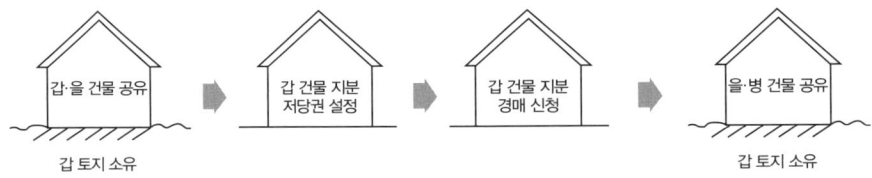

법정지상권 성립 유무의 관건은 토지에 달려 있다. 새로운 소유자의 등장으로 기존 토지 소유자 권리에 침해가 발생하느냐 않느냐로 따지는데, 위의 경우 토지가 단독소유라 권리의 침해가 발생하지 않는다. 법정지상권이 성립한다.

"대지소유자가 그 지상건물을 타인과 함께 공유하면서 그 단독소유의 대지만을 건물철거의 조건 없이 타에 매도한 경우에는 건물공유자들은 각기 건물을 위하여 대지 전부에 대하여 관습에 의한 법정지상권을 취득한다."(대법원 1977. 7. 26. 선고 76다388 판결)

② 토지, 건물 공동소유

㉮ 토지 A·B 공유, 건물 A·B 공유 → 토지 전체에 저당권 설정

㉯ 토지 A·B 공유, 건물 A·B 공유 → 건물 전체에 저당권 설정

③ 구분소유적 공유관계

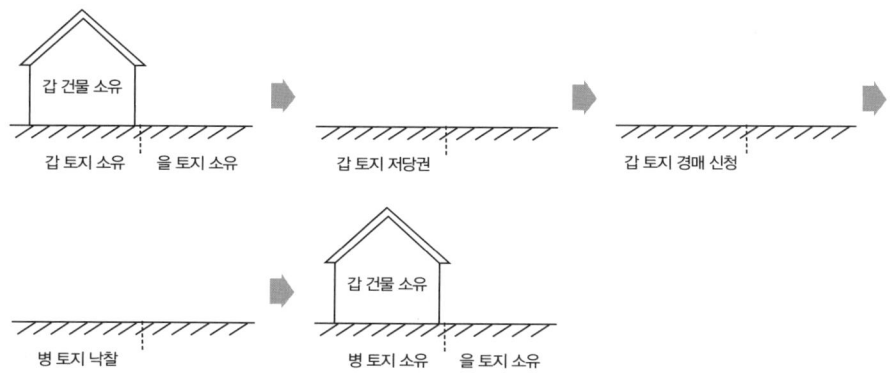

토지의 구분소유적 공유관계는 통상적인 공유관계와 달리 당사자 내부관계에 있어서는 각자가 매수한 부분은 각자의 단독소유와 같다. 즉, 외부에서 볼 때 공유관계지 내부관계에 있어서는 공유자 1인이 건물과 토지를 단독소유하고 있는 것과 같다.

"공유로 등기된 토지의 소유관계가 구분소유적 공유관계에 있는 경우에는 공유자 중 1인이 소유하고 있는 건물과 그 대지는 다른 공유자와의 내부관계에 있어서는 그 공유자의 단독소유로 되었다 할 것이므로 건물을 소유하고 있는 공유자가 그 건물 또는 토지지분에 대하여 저당권을 설정하였다가 그 후 저당권의 실행으로 소유자가 달라지게 되면 건물 소유자는 그 건물의 소유를 위한 법정지상권을 취득하게 되며, 이는 구분소유적 공유관계에 있는 토지의 공유자들이 그 토지 위에 각자 독자적으로 별개의 건물을 소유하면서 그 토지 전체

에 대하여 저당권을 설정하였다가 그 저당권의 실행으로 토지와 건물의 소유자가 달라지게 된 경우에도 마찬가지라 할 것이다."(대법원 2004. 6. 11. 선고 2004다13533 판결)

나. 법정지상권 성립 않음
① 토지 공동소유, 건물 단독소유
㉮ 건물 A 단독소유
  토지 A·B 공유 → A 토지지분에 저당권 설정

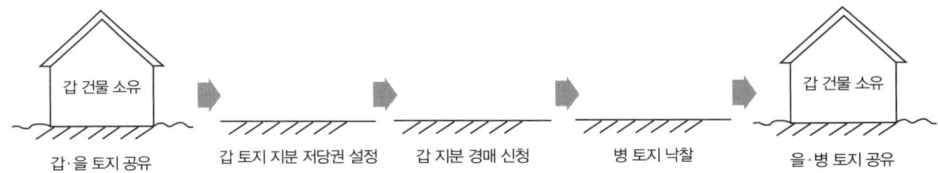

㉯ 건물 A 단독소유 → A 건물에 저당권 설정
  토지 A·B 공유
다른 공유자의 이익을 해하기 때문에 법정지상권이 성립하지 않는다.

A가 토지공유자인 B의 동의(사용승낙이나 사용대차)를 얻어 건축
A와 B의 대내적 관계에서는 적법하더라도 대외적 관계 즉, 매수인에게는 대항할 수 없다. 사용승낙이나 사용대차라는 채권적 계약은 새로운 소유자(물권)에게 대항할 수 없다.

"공유토지의 공유자 1인이 그 지상에 건물을 소유하면서 그의 토지공유지분에 대하여 저당권을 설정한 후 그 저당권의 실행으로 그 토지공유지분의 소유권이 제3자에게 넘어간 경우에 그 건물의 소유를 위한 법정지상권의 성립을 인정하

> 게 되면 이는 마치 토지공유자의 1인으로 하여금 다른 공유자의 지분에 대하여
> 서까지 지상권 설정의 처분행위를 허용하는 셈이 되어 부당하므로 이러한 경우
> 에는 당해 토지에 관하여 건물의 소유를 위한 법정지상권이 성립될 수 없다."
> (대법원 2004. 6. 11. 선고 2004다13533 판결)

토지는 A·B의 공유이고 건물은 A의 단독소유인 상태에서 토지 지분권자인 B가 건물을 취득한 경우도 법정지상권이 성립하지 않는다.

㉰ 건물 : B(신축)
　　토지 : A → B, C, D, E (상속) 공유 → E(양도) → F(매매)

건물주 B는 토지소유자 F에게 관습상의 법정지상권을 주장할 수 없다. 이는 토지공유자 1인이 자신의 지분을 제외한 다른 공유자 지분까지 지상권 설정의 처분행위를 허용하는 셈이 되어 부당하기 때문이다.

② 토지 공동소유, 건물 공동소유(대법원 2022. 8. 31. 선고 2018다218601 판결)
③ 토지 A·B 공동소유, 건물 A·C 공동소유

5) 컨테이너와 비닐하우스
① 컨테이너

컨테이너는 건축법 제20조 제2항 8호에 의하면 신고대상인 가설건축물에 해당된다. 컨테이너는 바퀴 유무에 따라 해석이 달라진다.

바퀴가 달려 있으면 언제든지 이동과 철거를 할 수 있어 지상권이 성립하지 않는다. 반면 바퀴가 없어 지상에 고정된 경우 관할 관청에 설치 신고를 받아야 한다.

관할 관청에 문의를 하면 정식 신고 여부와 사용기간, 용도가 주거용인지 아니면 공사용인지, 관리사용인지 알 수 있다. 사용신고 기간까지 지상

권이 성립한다. 관할 관청의 사용신고를 받지 않았다면 지상권이 성립하지 않는다.

② 비닐하우스

비닐하우스는 지상권이 성립하지 않는다.

단, 비닐하우스 내에 농작물이 경작 중이라면 그 농작물의 수확기까지 지상권이 성립한다. 수확기가 끝나면 지상권이 소멸된다. 비닐하우스 용도를 확인해야 한다.

대법원 판례는 주거용으로 사용하는 비닐하우스에 주민등록 전입을 인정하여, 주거용으로 사용하는 비닐하우스는 법정지상권이 성립할 가능성이 있다.

9. 토지와 건물이 따로 경매시 어떻게 해야 하나

1) 토지 법정지상권
① 매수인
법정지상권이라고 할 때는 토지만 낙찰 받은 경우를 말한다. 매수인은 법정지상권 성립 유무에 관계없이 참여할 수 있다.

법정지상권이 성립하면 지료를 받고, 법정지상권이 성립하지 않으면 건물을 철거할 수 있다.

② 임차인
토지만 낙찰 받기 때문에 매수인은 건물의 임차인에 대해 신경 쓰지 않아도 된다. 임차인은 건물주 관할이다. 임차인은 대항력 요건과 관계없이 대항력이 있다. 토지와 건물의 소유자가 동일한 경우, 대항요건과 확정일자를 갖춘 임차인은 그 대지에 관한 매각대금 중에서 후순위 권리자보다 우선변제를 받을 수 있고, 소액임차인은 그 대지에 관한 매각대금에서 담보물권자보다 먼저 배당을 받을 수 있다. 그러나 토지와 건물의 소유자가 다른 경우, 임차인은 토지 매각대금에서 배당을 받을 수 없다.

2) 건물 법정지상권
① 매수인

매수인은 법정지상권이 성립하는 경우에 한해 참여해야 한다.

법정지상권이 성립하지 않음(건물주가 지료를 연체해 법정지상권이 소멸한 경우 등)에도 건물만 낙찰 받는 강심장(?)을 자주 본다.

② 임차인

임차인이 있으면 대항력을 확인해야 한다. 대항력 있는 임차인은 건물 매수인이 보증금을 인수해야 한다. 위험부담이 매우 커 매각가가 낮다. 반면 수익(률)은 아주 높다. 고수용이다.

	대항력	지료	존속기간	위험	수익률	비고
건물 법정지상권	있음	있음	15년~30년	많음	아주높음	고수용
토지 법정지상권	없음	없음	영원	적(없)음	높음	초보용

10. 법정지상권과 유치권은 누가 더 무서운가?

입찰참여자 입장에서는 둘 다 겁나고 무서운 존재다.

짓다만 건물은 대부분 법정지상권과 유치권이 서로 얽히고 설켜 있다. 토지 저당권 설정 이후 건물이 지어졌거나 건물로서의 외관을 갖추지 못한 경우 법정지상권이 성립하지 않는다. 그러나 공사업자가 점유를 하고 있어 유치권만 놓고 보면 성립한다. 매수인은 온전한 재산권 행사가 가능한가? 아니면 유치권자의 주장대로 공사비를 물어줘야 하는가?

이에 대한 해법은 유치권이 아니라 법정지상권 성립 유무가 포인트다.

① 법정지상권 성립 유치권 성립

토지매수인은 지료를 받을 수 있다. 매수인의 인내가 성공의 지름길이다. 뒷짐지고 기다리면 된다. 건물주와 유치권자가 서로 싸우다 지치면 그 때 건물을 공짜로 인수할 수 있다. 건물주는 십중팔구 유치권자의 공사비를 부담할 능력이 없을뿐더러 지료를 납부할 능력도 없다. 토지를 제3자가 낙찰 받아 건물만을 담보로 대출 받기도 어렵다. 정상적인 분양이나 임대가 어려워 자금 압박 속에 지료가 2년 이상 밀린다. 매수인은 지료 연체를 이유로 법정지상권의 소멸을 청구할 수 있다. 법정지상권이 소멸하면 건축주를 상대로 건물철거 소송을 제기해 건물을 철거할 수 있다. 건물이 철거되면 그 안에 포함된 유치권도 소멸된다. 즉, 유치권은 법정지상권의 부분 집합이다.

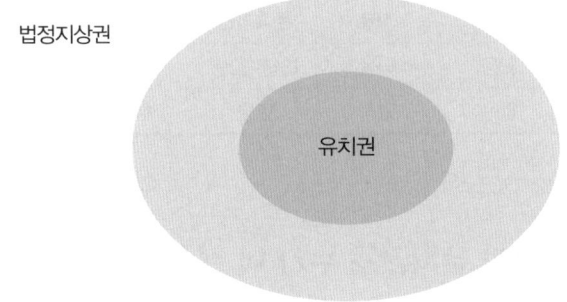

② 법정지상권 성립 않고 유치권 성립

건축주를 상대로 예비적 조치로 토지출입금지가처분 및 공사중지가처분을 신청한다. 이어 본안 소송으로 건물철거 및 토지인도소송 그리고 지료청구소송을 한다. 유치권자를 상대로 토지퇴거소송을 한다.

 이런 소송은 건축주나 유치권자의 저항이 심해 1심 소송 기간만 1년 이상 걸린다. 매수인은 1심에서 가집행 선고를 받아 건물을 철거할 수 있다. 건물 철거는 건물주 스스로 해야 하나 건물철거 판결을 받아 경제적 손실이 극심한 판에 자기 돈을 들여 자기가 지은 건물을 철거할 건물주는 없다. 따라서 매수인이 건물주를 대신해 건물을 철거한다(이를 땅주인이 대신 집행한다 하여 代執行이라 한다). 건물 철거시 유치권자가 점유하고 있다면(이 때의 유치권자의 점유는 매수인에게 항변할 수 없는 점유임) 먼저 유치권자를 상대로 인도집행을 한다.

"건물철거는 그 소유권의 종국적 처분에 해당하는 사실행위이므로 원칙으로는 그 소유자에게만 그 철거처분권이 있으나 미등기건물을 그 소유권의 원시취득자로부터 양도받아 점유중에 있는 자는 비록 소유권취득등기를 하지 못하였다고 하더라도 그 권리의 범위내에서는 점유중인 건물을 법률상 또는 사실상 처분할 수 있는 지위에 있으므로 그 건물의 존재로 불법점유를 당하고 있는 토지소유자는 위와 같은 건물점유자에게 그 철거를 구할 수 있다.
건물점유자가 건물의 원시취득자에게 그 건물에 관한 유치권이 있다고 하더라도 그 건물의 존재와 점유가 토지소유자에게 불법행위가 되고 있다면 그 유치권으로 토지소유자에게 대항할 수 없다."(대법원 1989. 2. 14. 선고 87다카3073 판결)

11. 입목

 토지 위에 식재된 입목을 그 토지와 독립하여 거래의 객체로 하기 위해서는 입목에 관한 법률에 따라 입목을 등기하거나 명인방법을 갖추어야 한다. 즉 토지 위에 식재된 입목은 토지의 구성부분으로 토지의 일부일 뿐 독립한 물건으로 볼 수 없으므로 특별한 사정이 없는 한 토지에 부합하고, 토지의 소유자는 식재된 입목의 소유권을 취득한다(대법원 1971. 12. 28. 선고 71다2313 판결, 대법원 2009. 4. 23. 선고 2007다75853 판결).

입목이란 "토지에 부착된 수목의 집단으로서 그 소유자가 이 법에 의해 소유권보존의 등기를 받은 것"을 말한다(입목에 관한 법률 제2조). 소유권보존의 등기를 받을 수 있는 수목의 집단은 입목법에 따른 입목등록원부에 등록된 것으로 한정한다(입목에 관한 법률 제8조 제1항). 따라서 입목등기된 입목만이 법정지상권의 대상이 되며 나머지 수목의 집단이나 명인방법을 갖춘 수목의 집단은 법정지상권의 대상이 아니다. 즉 법정지상권은 '건물'에 대해서 인정된다.

토지의 정착물 중 입목에 해당하지 않는 수목이나 수목의 집단, 도로의 포장, 담장, 도랑, 둑, 교량, 옹벽 등 토지의 구축물, 공작물, 농작물, 미분리과실 등은 법정지상권의 대상이 아니다. 토지의 구성부분이 아닌 수목, 농작물 등은 타인이 경작하거나 소유한 것이면 그 타인의 소유에 속하므로 경작자나 소유권자로부터 취득해야 한다. 만일 협의취득이 불가하면 철거내지 수거하고 토지를 인도하라는 청구를 해야 한다.

담보지상권 설정자의 허락을 받아 식재(대법원 2018. 3. 15. 선고 2015다69907 판결)하거나 토지의 사용대차권에 의하여 식재한 수목의 소유권은 토지에 부합하지 않고 식재한 사람에게 있다(대법원 2016. 8. 30. 선고 2016다24529, 24536, 24543 판결). 단 식재한 사람은 토지 매수인에게 나무들을 수거하고 토지를 인도하여야 하며 점유하는 토지 부분 임료 상당의 부당이득을 반환하여야 한다.

12. 재산권 행사 절차

1) 법정지상권 성립
① 토지낙찰
② 건물지료청구권을 원인으로 건물에 가압류
③ 지료청구의 소 제기
④ 지료청구의 판결
⑤ 지상권 소멸 청구 및 건물에 대한 경매신청 – 지료 연체시
⑥ 건물낙찰

2) 법정지상권 성립 않음
① 토지낙찰
② 건물지료청구권을 원인으로 건물에 가압류
③ 건물철거 및 토지인도 청구권을 피보전 권리로 하는 처분금지 가처분
④ 건물철거·건물인도·지료청구의 소 제기
⑤ 건물경매신청, 인도판결로 인도집행, 건물철거판결로 철거집행
⑥ 건물낙찰

한 눈으로 알아보는 법정지상권

1. 법정지상권 성립

항 목	주요내용	판결요지	판 례
낙찰전에 건물이 제3자에게 양도된 경우	저당설정 당시에 같은 소유자의 건물이 존재하였으나, 토지가 낙찰되기 전에 건물이 제3자에게 양도된 경우에, 건물을 양수한 제3자가 법정지상권을 취득하는가?	법정지상권은 건물이 철거되는 것 같은 사회경제적 손실을 방지하려는 '공익상 이유'에 근거하고, 또 저당권자 또는 저당 설정자에게 '불측의 손해'가 생기지 않으므로 법정지상권의 취득을 인정한다.	1999.11.23 99다52602호 판결
건물 철거의 특약이 없는 경우	토지와 건물이 동일한 소유자에 속하였다가 토지 또는 건물이 매매 기타의 원인으로 인하여 양자의 소유자가 다르게 된 때에, 토지의 소유자는 그 건물의 철거를 구할 수 있는가?	당사자간에 그 건물을 철거한다는 조건이 없는 이상 건물소유자는 토지소유자에 대하여 그 건물을 위한 관습상의 법정지상권을 취득하므로, 토지소유자는 건물의 철거를 청구할 수 없다.	1984. 9. 11 83다카2245호 판결
저당설정없는 토지와 건물이 경락으로 소유자가 다르게 된 경우	토지나 건물이 어느 쪽에도 저당권이 설정되지 않은 경우에, 강제경매로 토지·건물의 소유자가 다르게 되면 법정지상권이 성립하는가?	민법 제366조의 법정지상권은 성립하지 않으나, 토지와 건물이 동일인의 소유에 속하고 있다가 건물을 철거한다는 특약이 없는 매매 기타 원인(경락의 경우 포함)으로 소유자가 다르게 된 때에는 관습상의 법정지상권이 성립한다.	1997. 1. 21 96다40080호 판결
법정지상권 성립후에 토지가 양도된 경우	법정지상권이 있는 토지의 소유권이 이전된 경우에, 법정지상권을 취득한 자는 토지의 전득자에게 법정지상권을 주장할 수 있는가?	건물의 경락인은 법률규정에 의하여 지상권설정등기없이 법정지상권을 취득하기 때문에 토지의 전득자에게 법정지상권을 주장할 수 있다. 법정지상권자는 토지소유자에 대한 지상권등기를 청구할 수 있다.	1989. 5. 9 88다카15338호 판결
건물의 양도와 법정지상권의 소멸여부	법정지상권자가 지상권설정 등기 없이 건물을 양도하면 법정지상권은 소멸하는가?	법정지상권을 취득한 건물소유자가 건물을 양도한 경우, 그 건물을 철거하기로 하는 합의가 있었다는 등 특별한 사정이 없는한 건물과 함께 지상권도 양도하기로 하는 채권계약이 있는 것으로 보아 지상권자는 건물의 양수인에 대하여 지상권설정등기를 한 후 이의 양도등기절차를 이행하여 줄 의무를 부담하므로 법정지상권이 소멸한다고 볼 수 없다.	1981. 9. 8 80다2873호 판결
법정지상권있는 건물이 경락된 경우	법정지상권을 취득한 자로부터 경매에 의하여 건물의 소유권을 이전받은 경락인이 그 법정지상권을 취득하는가?	건물소유를 위하여 관습법상 법정지상권을 취득한 자로부터 경매에 의하여 그 건물의 소유권을 이전받은 경락인은, 경락 후 건물을 철거한다는 등의 매각조건하에서 경매되는 경우 등 특별한 사정이 없는 한 건물의 경락취득과 함께 위 지상권도 당연히 취득한다.	1996. 4. 26 95다52864호 판결

2. 법정지상권 성립 않음

항 목	주요내용	판결요지	판 례
공동저당권 설정후 건물을 신축한 경우	동일인 소유의 토지와 그 지상 건물에 관하여 공동저당권이 설정된 후 그 건물이 철거되고 다른 건물이 신축된 경우, 저당물의 경매로 인하여 토지와 신축건물이 서로 다른 소유자에게 속하게 되면 민법 제366조 소정의 법정지상권이 성립하는가?	건물이 철거된 후 신축된 건물에 토지와 동순위의 공동저당권이 설정되지 아니 하였는데도 그 신축건물을 위한 법정지상권이 성립한다고 해석하게 되면, 공동저당권자가 법정지상권이 성립하는 신축건물의 교환가치를 취득할 수 없게 되는 결과 법정지상권의 가액 상당 가치를 되찾을 길이 막혀 위와 같이 당초 나대지로서의 토지의 교환가치 전체를 기대하여 담보를 취득한 공동저당권자에게 불측의 손해를 입게 하기 때문이다.	2003. 12. 18. 선고 98다43601 전원합의체 판결
저당설정후 건물을 신축한 경우	지상건물이 없는 토지에 근저당권 설정 당시 근저당권자가 건물의 건축에 동의한 경우 법정지상권이 성립하는가?	건물이 없는 토지에 저당권이 설정될 당시 근저당권자가 토지소유자에 의한 건물의 건축에 동의하였다고 하더라도 그러한 사정은 주관적이고 공시할 수도 없어 토지 낙찰자가 알 수 없기 때문에 법정지상권이 성립하지 않는다.	2003. 9. 5 2003다26051호 판결
저당설정당시에 토지와 건물의 소유자가 다른경우	저당권설정 당시에 토지와 건물이 각각 다른자의 소유에 속하는 경우에도, 법정지상권이성립하는가?	소유자의 동일성은 법정지상권의 성립요건이므로, 법정지상권이 생기지 않는다. 이 경우는 이미 용익권이 설정되어 있다.	1995. 5. 23 93다47318호 판결
토지의 사용승낙을 받고 건물을 신축한 경우	토지의 소유자로부터 토지사용승낙을 받아 건물을 신축하고 그에 대한 경작료를 납부한 경우에, 건물의 소유자는 관습상의 법정지상권을 취득하는가?	관습상의 법정지상권은 토지와 건물이 같은 소유자에 속하였다가 매매 기타 원인으로 그 소유자가 다르게 된 때에 성립하는 것이므로, 이 경우에는 관습상의 법정지상권이 성립할 여지가 없고, 따라서 그에 기한 건물의 매수청구권도 발생하지 아니한다.	1990.10.30 90다카26003호 판결
토지매도후 철거를 예상하면서 건물을 시축한 경우	토지의 소유자가 건물을 건축할 당시 이미 토지를 타에 매도하여 소유권을 이전하여 줄 의무를 부담하고 있는 경우에, 그 건물을 위한 관습상의 법정지상권이 성립하는가?	토지의 매수인이 그 건축행위를 승낙하지 않은 이상 건물이 장차 철거될 것임을 예상하면서 건축한 것이므로, 그 건물을 위한 관습상의 법정지상권은 생기지 않는다.	1994.12. 22 94다41072호, 41089호 판결
법정지상권을 취득한자가 임대차계약을 체결한 경우	대지에 대한 관습상의 법정지상권을 취득한 자가, 대지소유자와 동 대지에 대하여 임대차계약을 체결한 경우에, 관습상의 법정지상권은 포기한 것으로 보는가?	관습상의 법정지상권자와 대지소유자가 임대차계약을 체결하였다면, 특별한 사정이 없는 관습상의 법정지상권은 포기하였다고 볼 것이다.	1992.10.27 92다3984호 판결
지료의 결정없이 지료를 연체한 경우	법정지상권자에 대한 지료가 결정된 바 없어도 지료지급을 2년 이상 연체하면, 토지소유자는 지상권소멸청구를 할 수 있는가?	법정지상권에 관한 지료가 결정된 바 없다면, 지상권자가 지료를 지급하지 아니하였다고 하더라도 자료지급을 지체한 것으로는 볼 수 없으므로, 2년 이상 지료를 지급하지 아니하였음을 이유로 하는 토지소유자의 지상권소멸청구는 그 이유가 없다.	2001. 3. 13 99다17142호 판결

chapter 03 분묘기지권

　분묘란 그 내부에 사람의 유골, 유해, 유발(遺髮, 죽은 사람의 머리털) 등을 매장하여 제사나 예배의 대상으로 하는 장소를 말한다. 분묘기지권이 성립하기 위해서는 분묘 내부에 시신이 안장되어 있어야 하고 사체나 유골이 토괴(土塊)화하여도 성립한다.

　분묘기지권이란 타인의 토지에 분묘를 설치한 자가 그 분묘를 소유하기 위하여 분묘의 기지부분인 토지를 사용할 수 있는 권리로 관습에 의해 인정된 지상권과 유사한 물권이다.

1. 성립요건

① 장사 등에 관한 법률 제정 전(2001년 1월 12일까지)
첫째, 승낙형 분묘기지권 - 토지소유자 승낙(대법원 99다 14006 판결)

둘째, 취득시효형 분묘기지권 - 토지소유자 승낙 없이 분묘 설치 후 20년간 평온, 공연하게 점유하여 시효취득(대법원 2011다 63017, 63024 판결)

시효취득하는 권리는 소유권이 아니라 분묘기지권이다.

셋째, 양도형 분묘기지권 - 자기 소유 토지 분묘 설치 후 특약 없이 토지만을 타인에게 처분(대법원 67다 1920 판결)

② 장사 등에 관한 법률 제정 후(2001년 1월 13일 이후)

첫째, 승낙형 분묘기지권 - 토지소유자 승낙

둘째, 양도형 분묘기지권 -자기 소유 토지 분묘 설치 후 특약 없이 토지만을 타인에게 처분

취득시효형 분묘기지권을 성립요건에서 제외한 이유는 취득시효형 분묘기지권은 토지소유자의 승낙없이 또는 묘지의 설치자 또는 연고자의 승낙 없이 분묘를 설치한 경우에 해당돼 장사 등에 관한 법률에 반하기 때문이다.

> 장사 등에관한법률 제27조 (타인의 토지 등에 설치된 분묘 등의 처리 등) ① 토지 소유자(점유자나 그 밖의 관리인을 포함한다. 이하 이 조에서 같다), 묘지 설치자 또는 연고자는 다음 각 호의 어느 하나에 해당하는 분묘에 대하여 보건복지부령으로 정하는 바에 따라 그 분묘를 관할하는 시장 등의 허가를 받아 분묘에 매장된 시체 또는 유골을 개장할 수 있다.
> 1. 토지 소유자의 승낙 없이 해당 토지에 설치한 분묘
> 2. 묘지 설치자 또는 연고자의 승낙 없이 해당 묘지에 설치한 분묘
> ② 토지 소유자, 묘지 설치자 또는 연고자는 제1항에 따른 개장을 하려면 미리 3개월 이상의 기간을 정하여 그 뜻을 해당 분묘의 설치자 또는 연고자에게 알려야 한다. 다만, 해당 분묘의 연고자를 알 수 없으면 그 뜻을 공고하여야 한다.
> ③ 제1항 각 호의 어느 하나에 해당하는 분묘의 연고자는 해당 토지 소유자, 묘지 설치자 또는 연고자에게 토지 사용권이나 그 밖에 분묘의 보존을 위한 권리

를 주장할 수 없다.
④ 토지 소유자 또는 자연장지 조성자의 승낙 없이 다른 사람 소유의 토지 또는 자연장지에 자연장을 한 자 또는 그 연고자는 당해 토지 소유자 또는 자연장지 조성자에 대하여 토지사용권이나 그 밖에 자연장의 보존을 위한 권리를 주장할 수 없다.
⑤ 제2항에 따른 통보 및 공고에 관하여 필요한 사항은 보건복지부령으로 정한다.

2. 특징

첫째, 사용대가 유상
둘째, 봉분 형태 분명

봉분 등 외부에서 분묘의 존재를 인식할 수 있어야 하며 가묘, 합장(대법원 2001다28367 판결)은 인정되지 않는다. 평장(평분은 인정)되어 있거나 암장되어 있어 객관적으로 인식할 수 있는 외형을 갖추고 있지 아니한 경우 분묘기지권이 인정되지 않는다.

"분묘기지권이 성립하기 위하여는 봉분 등 외부에서 분묘의 존재를 인식할 수 있는 형태를 갖추고 있어야 하고, 평장되어 있거나 암장되어 있어 객관적으로 인식할 수 있는 외형을 갖추고 있지 아니한 경우에는 분묘기지권이 인정되지 아니한다."(대법원 1991. 10. 25. 선고 91다18040 판결)

3. 권리와 의무

① 권리
분묘기지권자는 토지사용권을 갖는다. 토지사용권은 분묘소유자에 한하

며 분묘를 소유할 수 없는 자는 사실상 그 분묘를 장기간 관리하였다 하여도 사용권을 취득하지 못한다.

분묘를 수호하고 봉사하는 목적을 달성하는데 필요한 범위내에서 타인의 토지를 사용할 수 있다.

② 의무

분묘기지권자는 지료를 지급해야 한다

가. 승낙형 분묘기지권은 분묘기지권 성립 당시 당사자 간의 약정에 따른다(대법원 2021. 9. 16. 선고 2017다271834, 271841 판결).

나. 양도형 분묘기지권은 분묘기지권이 성립한 때 부터 분묘기지권자는 지료를 지급하여야 한다(대법원 2021. 5. 27. 선고 2020다295892 판결).

다. 취득시효형 분묘기지권은 토지 소유자가 지료를 청구한 날로부터 지료를 지급하여야 한다(대법원 2021. 4. 29. 선고 2017다228007 전원합의체 판결).

4. 존속기간

분묘기지권은 지상권과 유사한 물권이지만 분묘기지권의 존속기간은 민법의 지상권에 관한 규정을 따르지 않는다. 분묘기지권은 장사등에 관한 법률 시행 이전 및 이후, 약정에 따라 존속기간이 다르다.

분묘기지권이 성립하는지 알아보기 위해서는 시청, 구청, 읍·면·동사무소에서 묘적부, 묘지설치허가(신고)대장 등 묘지관련 공부의 열람 및 묘지 인근 주민들에게 수소문을 하여 연고 여부와 설치시기 등을 파악해야 한다.

1) 2001년 1월 12일 이전 분묘
① 약정기간 - 토지소유자의 승낙을 얻어 분묘를 설치했거나 존속기간을 약정한 경우 그 약정기간 동안 존속한다.
② 영원 - 기간을 정하지 않았거나 토지소유자의 승낙없이 분묘를 설치하고 시효 취득한 경우, 분묘권리자가 분묘의 수호와 봉사를 계속하고 그 분묘가 존속하는 한 분묘기지권은 영원히 존속한다. 대부분의 분묘가 해당한다.

"분묘기지권은 기지권자가 제사 주재자의 지위를 유지할 수 없는 특별한 사정이 없는 한 피상속인의 종손에 전속된다."(대법원 2000. 9. 26. 선고 99다14006 판결)

2) 2001년 1월 13일 이후 분묘
장사 등에 관한 법률에 의해 분묘기지권의 시효취득이 불가능할 뿐만 아니라, 분묘의 설치기간도 최소 15년에서 최장 60년으로 제한을 받는다(장사 등에 관한 법률 제19조). 기간이 종료된 분묘는 의무적으로 화장 또는 납골을 해야 한다.
① 토지소유자의 승낙없이 당해 토지에 설치한 분묘, ② 묘지 설치자 또는 연고자의 승낙없이 당해 묘지에 설치한 분묘의 연고자는 당해 토지의 소유자·묘지 설치자 또는 연고자에 대하여 토지사용권 기타 분묘의 보존을 위한 권리를 주장할 수 없다(장사 등에 관한 법률 제27조 제3항).

3) 2016년 8월 30일 이후 분묘
종전 15년이던 분묘 설치기간이 30년으로 확대되었고, 설치기간 연장도 1회에 한해 30년으로 연장할 수 있다. 가족이나 중종·문종이 $100m^2$ 미만의 수목장림 조성을 사전 신고하면 산지의 일시사용, 나무 벌채신고를 별도로 하지 않아도 되어 누구나 수목장림을 만들 수 있다.

> **장사 등에 관한 법률 19조(분묘의 설치기간)** ① 제13조에 따른 공설묘지 및 제14조에 따른 사설묘지에 설치된 분묘의 설치기간은 30년으로 한다.
> ② 제1항에 따른 설치기간이 지난 분묘의 연고자가 시·도지사, 시장·군수·구청장 또는 제14조제3항에 따라 법인묘지의 설치·관리를 허가받은 자에게 그 설치기간의 연장을 신청하는 경우에는 1회에 한하여 그 설치기간을 30년으로 하여 연장하여야 한다.
> ③ 제1항 및 제2항에 따른 설치기간을 계산할 때 합장 분묘인 경우에는 합장된 날을 기준으로 계산한다.
> ④ 제2항에도 불구하고 시·도지사 또는 시장·군수·구청장은 관할 구역 안의 묘지 수급을 위하여 필요하다고 인정되면 조례로 정하는 바에 따라 5년 이상 30년 미만의 기간 안에서 제2항에 따른 분묘 설치기간의 연장 기간을 단축할 수 있다.
> **제27조(타인의 토지 등에 설치된 분묘 등의 처리 등)** ③ 제1항 각 호의 어느 하나에 해당하는 분묘의 연고자는 해당 토지 소유자, 묘지 설치자 또는 연고자에게 토지 사용권이나 그 밖에 분묘의 보존을 위한 권리를 주장할 수 없다.

4) 분묘가 일시적으로 멸실

토지소유자가 분묘를 파헤쳐 유골을 꺼낸 후 이를 화장하여 납골당에 안치함으로 인해 "분묘가 멸실된 경우라 하더라도 유골이 존재하여 분묘의 원상회복이 가능하면, 일시적인 멸실에 해당하여 분묘기지권은 소멸하지 않고 여전히 존속한다(대법원 2007. 6. 28. 선고 2005다44114 판결)."

5. 묘지개장

1) 연고있는 불법묘지 개장

① 토지소유자의 개장 신청

연고자가 있는 불법묘지에 대해 토지소유자가 묘지의 개장을 원할 때는 관할시장·군수에게 불법묘지 개장 허가를 신청할 수 있다.

법제처에 따르면 "토지소유자는 불법묘지를 개장하고자 할 때 관할시장으로부터 허가를 받아야 하며, 이때 토지소유자가 불법 분묘의 연고자를 알고 있는지가 개장허가의 요건이 되지는 않는다"면서, 토지소유자가 불법묘지 연고자를 아는 경우도 개장허가 신청 대상이 된다고 보았다.

② 이행강제금 부과

불법묘지의 연고자가 묘지의 이전·개수 명령을 받고 이를 이행하지 아니하는 때에는 500만원 이하의 이행강제금을 1년에 2회의 범위안에서 반복하여 부과할 수 있다(장사등에 관한 법률 제43조).

> 장사 등에 관한 법률 제43조(이행강제금) ① 시장등은 다음 각 호의 어느 하나에 해당하는 자에게 500만원의 이행강제금을 부과한다.
> 1. 제17조 또는 제18조를 위반하여 묘지·화장시설·봉안시설·자연장지를 설치·조성한 자
> 2. 제20조제1항을 위반하여 설치기간이 끝난 분묘에 매장된 유골을 화장 또는 봉안하지 아니한 자
> 3. 제31조에 따른 묘지·봉안시설·자연장지의 이전 또는 개수명령을 받고 이행하지 아니한 해당 묘지·봉안시설·자연장지의 연고자
> ④ 시장등은 최초의 이전 또는 개수명령이 있은 날을 기준으로 하여 그 명령이 이행될 때까지 1년에 2회의 범위 안에서 반복하여 제1항에 따른 이행강제금을 부과·징수할 수 있다.

③ 이장 불응시 조치

묘지 연고자가 분묘 개장을 약속했다가 불응하여 속을 썩이는 경우, 분묘굴이소송을 하거나 분묘철거단행가처분 신청 등 법적 조치를 취할 수 있다.

2) 분묘기지권 내의 이장과 새로운 분묘의 설치
① 원칙

분묘기지권의 대상이 되는 분묘는 이미 설치되어 있는 분묘만을 의미한다. 따라서 부부 중 일방이 먼저 사망하여 분묘가 설치되어 분묘기지권이 성립한 상태에서, 그 후에 사망한 사람을 합장하기 위해 쌍분형태의 분묘를 설치하는 것은 허용되지 않는다. 또한 "부부 중 일방이 먼저 사망하여 이미 그 분묘가 설치되고 그 분묘기지권이 미치는 범위 내에서 그 후에 사망한 다른 일방을 단분(단분)형태로 합장하여 분묘를 설치하는 것도 허용되지 않는다(대법원 2001. 8. 21. 선고 2001다28367 판결)."

② 예외

동일한 종손의 선대분묘가 집단으로 설치되어 있는 경우, 각 분묘마다 분묘기지권을 인정하는 것보다는 집단으로 설치된 분묘와 그 토지가 결합되어 있다고 보아 분묘의 일부가 그 분묘기지권이 미치는 범위내에서 이장된 것이라면 그 분묘기지권은 존속된다고 본다.

"가. 동일 종손이 소유·관리하는 여러 기의 분묘가 집단설치된 경우 그 분묘기지권이 미치는 지역은 그 종손이 그 일단의 전분묘를 보전수호하여 묘참배에 소요되는 범위를 참작하여 포괄적으로 정하는 것이 위 물권의 효력을 인정하는 관습의 취지라고 해석되는 것이다.
나. '가'항의 경우 인정되는 분묘기지권은 그 집단된 전분묘의 보전수호를 위한 것이므로, 그 분묘기지권에 기하여 보전되어 오던 분묘들 가운데 일부가 그 분묘기지권이 미치는 범위 내에서 이장되었다면, 그 이장된 분묘를 위하여서도

> 그 분묘기지권의 효력이 그대로 유지된다고 보아야 할 것이고, 다만 그 이장으로 인하여 더이상 분묘수호와 봉제사에 필요 없게 된 부분이 생겨났다면 그 부분에 대한 만큼은 분묘기지권이 소멸한다고 할 것이다."(대법원 1994. 12. 23. 선고 94다15530 판결【토지인도등】)

6. 법정지상권과 분묘기지권의 차이점

① 존속기간

법정지상권은 건물의 종류에 따라 최소 15년에서 30년 동안 존속기간의 보장을 받는다. 분묘기지권은 봉·제사를 계속하는 한 기간의 제한이 없다. 단, 2001년 1월 13일 이후 설치한 분묘는 '장사 등에 관한 법률'에 의해 존속기간의 제한이 있다.

② 지료

법정지상권과 분묘기지권 모두 지료를 지급하여야 한다. 취득시효형 분묘기지권은 지료 기산일이 분묘기지권 성립일(소유권 취득일 다음날)이 아닌 토지 소유자가 지료를 청구한 날이다

항목	존속기간		지료	비고
법정지상권	15년 ~ 30년		유상	
분묘기지권	장사법 전	영원	유상	취득시효형 분묘기지권은 지료를 청구한 날
	장사법 후	약정기간 ~ 60년		

7. 분묘기지권의 범위

분묘가 직접 설치된 기지에 한하는 것이 아니고 분묘의 수호와 제사를 지내기 위해 필요한 주위의 빈 땅까지도 그 효력이 미치며, 그 범위는 각 구체적인 경우에 따라 개별적으로 정한다.

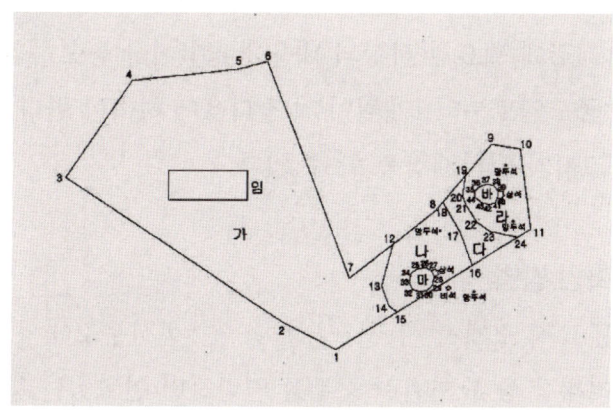

8. 무연고 분묘 처리 방법

토지소유자의 승낙없이 설치한 분묘나 묘지설치자 또는 연고자의 승낙없이 설치한 분묘는 분묘기지권이 성립하지 않아 분묘를 관할하는 시장·군수·구청장의 허가를 받아 개장할 수 있다.

① 연고자 아는 경우
토지소유자 등은 개장을 하고자 할 때에는 미리 3월 이상의 기간을 정하여 분묘의 설치자 또는 연고자에게 통보하여야 한다.

② **연고자 모르는 경우**

분묘의 연고자를 알 수 없는 무연 분묘일 경우에는 중앙일간신문을 포함한 2이상의 일간신문에
 ㉠ 묘지 또는 분묘의 위치 및 장소,
 ㉡ 개장사유, 개장 후 안치장소 및 기간,
 ㉢ 공설묘지 또는 사설묘지 설치자의 성명·주소 및 연락방법,
 ㉣ 그 밖의 개장에 필요한 사항의 내용을 2회 이상 공고하되, 두 번째 공고는 첫 번째 공고일로부터 1개월이 지난 다음에 하여야 한다. 공고기간 경과 후에는 공고자가 임의개장을 할 수 있다.

③ **연고자 확인 방법**

입찰하기 전 묘지 소재지 시·군·구청, 읍·면·동사무소에서 묘적부, 묘지 설치허가 관리대장 등 묘지관련 공부를 열람하면 연고있는 분묘인지 확인할 수 있다. 묘지 소재지 인근 주민들에게 수소문해서 연고여부와 설치시기 등을 확인할 수 있다.

9. 분묘기지권의 소멸

존속기간의 약정이 있는 경우 그 약정 사유의 발생으로 소멸한다.
이장이나 폐묘시는 더 이상 분묘기지권을 존속시킬 이유가 없어 소멸한다. 분묘에 대해 지료 지급을 약정한 경우 분묘기지권자가 2년 이상 지료를 지급하지 않으면 토지소유자는 분묘기지권의 소멸을 청구할 수 있다(대법원 2015. 7. 23. 선고 2015다206850 판결).

> "자기 소유의 토지 위에 분묘를 설치한 후 그 토지의 소유권이 경매 등에 의하여 타인에게 이전되면서 분묘기지권을 취득한 자가, 판결에 의하여 그 분묘기지권에 관한 지료의 액수가 정해졌음에도 그 판결확정 후 책임 있는 사유로 상당한 기간 동안 지료의 지급을 지체하여 지체된 지료가 판결확정 전후에 걸쳐 2년분 이상이 되는 경우에는 민법 제287조를 유추적용하여 새로운 토지소유자는 그 분묘기지권자에 대하여 분묘기지권의 소멸을 청구할 수 있다고 보아야 한다. 분묘기지권자가 판결확정 후 지료지급 청구를 받았음에도 책임 있는 사유로 상당한 기간 동안 지료의 지급을 지체한 경우에만 분묘기지권의 소멸을 청구할 수 있는 것은 아니다."(대법원 2015. 7. 23. 선고 2015다206850 판결).

분묘기지권자가 토지소유자에게 권리를 포기하는 의사표시를 하면 곧바로 소멸한다. 의사표시 외에 점유까지도 포기하여야만 분묘기지권이 소멸하는 것은 아니다.

10. 분묘로 인한 부동산가치 하락액은?

용인시 기흥구 영덕동에 있는 ○○○○○ 아파트를 분양받은 180명의 입주자들은 시행사를 상대로 손해배상청구소송을 했다. 시행사가 분양당시 분묘의 존재를 고지하지 않아 부동산가격이 떨어졌을 뿐만 아니라 거실과 안방 등에서 분묘가 보이는 등 생활상의 침해를 들었다.

법원은 74명의 입주자에 대해서만 분묘 자체로 인한 손해액을 시가감정액의 1%로 인정했다. 또한 각 세대별 조망가치 하락으로 인한 손해액은 시가감정액의 1% 내지 8%로 보았다. 단, 수분양자도 분양 당시 분묘의 존재를 알 수 있었던 점을 들어 시행사의 책임은 손해액의 40%로 제한하였다(서울중앙 2013. 2. 15. 선고 2010가합16705 판결).

chapter 04 선순위 가처분

1. 선순위 가처분 권리분석

① 원칙 : 인수
② 예외 : 소멸

> "채무자 소유의 부동산에 대하여 처분금지가처분결정이 된 경우에 가처분채무자는 그 부동산을 처분할 수 없는 것이 아니고 다만 그 처분을 가지고 가처분에 저촉하는 범위내에서 가처분채권자에게 대항할 수 없는 것에 지나지 않는다."(대법원 1988. 9. 13. 선고 86다카191 판결[소유권이전등기])

선순위 가처분이 소멸되는 경우는 다음과 같다.

2. 선순위 가처분이 소멸되는 경우

1) 제소기간 도과

가처분은 본안소송에서 얻고자 하는 집행권원(판결 등)의 집행을 보전함에 그 목적이 있어 당연히 본안의 소가 제기될 것이 예상된다. 그러나 일단 가처분이 발령되면 채권자는 굳이 본안의 소를 제기할 필요를 느끼지 않고, 보전만으로 만족하여 채무자의 자발적 이행을 기다리는 경우가 많다. 결국 채무자는 채권자가 본안의 소를 제기할 때 까지 가처분으로 인한 불이익을 감수해야 한다.

채무자에게 채권자로 하여금 상당한 기간(2주일 이상) 내에 본안의 소를 제기하고 이를 증명하는 서류를 제출할 것을 명하도록 법원에 신청할 권리를 주고, 채권자가 이 명령을 이행하지 않으면 피보전권리를 조속히 실현할 의사가 없다고 보아 채무자의 신청에 의하여 가처분을 취소할 수 있다.

채권자가 법원이 정한 제소기간 내에 제소증명서 등을 제출하지 않으면 채무자는 가처분의 취소를 신청할 수 있다.

> **민사집행법 제287조(본안의 제소명령)** ① 가압류법원은 채무자의 신청에 따라 변론 없이 채권자에게 상당한 기간 이내에 본안의 소를 제기하여 이를 증명하는 서류를 제출하거나 이미 소를 제기하였으면 소송계속사실을 증명하는 서류를 제출하도록 명하여야 한다.
> ② 제1항의 기간은 2주 이상으로 정하여야 한다.
> ③ 채권자가 제1항의 기간 이내에 제1항의 서류를 제출하지 아니한 때에는 법원은 채무자의 신청에 따라 결정으로 가압류를 취소하여야 한다.
> ④ 제1항의 서류를 제출한 뒤에 본안의 소가 취하되거나 각하된 경우에는 그 서류를 제출하지 아니한 것으로 본다.

> ⑤ 제3항의 신청에 관한 결정에 대하여는 즉시항고를 할 수 있다. 이 경우 민사소송법 제447조의 규정은 준용하지 아니한다.

2) 사정변경에 의한 취소

가처분 발령 후 가처분의 이유가 소멸되거나 그밖에 사정이 바뀌어 가처분을 유지함이 상당하지 않게 된 때에는 채무자는 가처분의 취소를 구할 수 있다.

경매사건은 대부분 여기에 해당한다.

① 피보전권리에 관한 것

피보전권리의 전부 또는 일부가 변제·상계·소멸시효 완성 등으로 소멸하거나 변경된 경우다.

② 가처분 집행 후 3년간 본안 소송을 제기하지 않았을 때

가처분 집행 후 3년간 본안 소송을 제기하지 아니한 때에는 채무자 또는 이해관계인의 신청에 따라 결정으로 가처분을 취소하여야 한다.

> **민사집행법 제288조(사정변경 등에 따른 가압류취소)** ① 채무자는 다음 각호의 어느 하나에 해당하는 사유가 있는 경우에는 가압류가 인가된 뒤에도 그 취소를 신청할 수 있다. 제3호에 해당하는 경우에는 이해관계인도 신청할 수 있다.
> 1. 가압류이유가 소멸되거나 그 밖에 사정이 바뀐 때
> 2. 법원이 정한 담보를 제공한 때
> 3. 가압류가 집행된 뒤에 3년간 본안의 소를 제기하지 아니한 때

가. 사정변경으로 인한 가처분 취소

가) 목적 달성

(가) 선순위가처분권자와 강제경매신청채권자 동일

A가 채무면탈을 목적으로 B에게 소유권을 이전하자, A의 채권자인 C가 채권자취소권에 의하여 B에 대한 소유권이전등기의 말소를 구하는 가처분을 하였다. C가 본안소송에서 승소하여 B 명의의 소유권이전등기를 말소한 후, A를 상대로 C가 강제경매를 신청하였다. C의 가처분은 그 목적을 달성하여 해제신청과 말소촉탁을 기다리는 가처분이다.

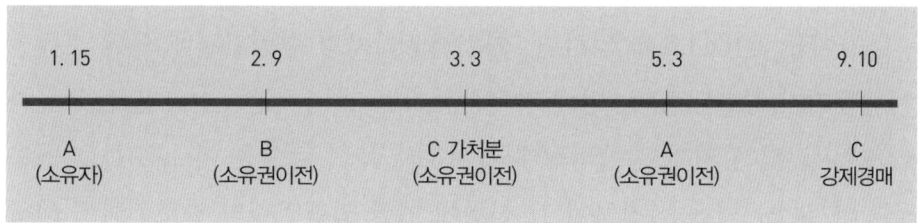

(나) 이혼으로 인한 위자료 및 재산분할 청구권

이혼을 원인으로 한 재산분할 청구를 위해 가처분을 한 후, 남자나 여자(대개는 여자)쪽에서 강제경매를 신청하는 경우다. 경매를 통해 매각대금을 수령하면 재산분할의 목적을 달성했기 때문에 가처분은 말소의 대상이 된다.

나) 목적을 달성한 선순위 가처분 말소방법

① 원칙

근저당권자가 근저당권설정등기 청구권을 보전하기 위해 선순위 가처분 후, 본안에서 승소하여 판결로 근저당권 설정등기를 하였다. 가처분권자가 가처분을 한 법원에 가처분의 목적달성을 이유로, 가처분등기의 말소촉탁을 신청하면 법원사무관 등의 말소촉탁으로 말소한다.

② 예외

가처분권자가 본안소송에서 승소하고도 실익이 없어 원상회복을 하지 않는 경우다.

　가처분권자 스스로 말소촉탁을 하지 않아 선순위 가처분 상태에서 매각이 진행되어 매수인이 정해졌다. 매수인은 가처분등기의 말소에 이익이 있는 자에 해당되므로 근저당권설정등기로 가처분이 목적달성 하였음을 소명하여 집행법원이나 가처분을 한 법원의 법원사무관에게 가처분의 말소촉탁을 신청 할 수 있다.

　등기예규 제1061호에 의하면 "가처분권리자의 승소판결에 의한 소유권이전등기가 경료된 경우, 당해 가처분등기는 그 가처분등기의 말소에 관하여 이익을 갖는 자가 집행법원에 가처분의 목적 달성을 이유로 한 가처분등기의 말소촉탁을 신청하여 그 신청에 기한 집행법원의 말소촉탁에 의하여 말소하여야 한다"라고 하여 가처분등기의 말소에 관하여 이익을 갖는 자가 말소촉탁 신청을 할 수 있도록 규정하고 있다.

사건번호	주 소	면 적(㎡)	감정가 최저가	임차관계	등기부상 권리관계
09-17050[29] 아파트 대림산업 비산동대림지역 비산동대림지역 대 87,000,000 건 203,000,000	경기 안양시 동안구 비산동 ○○○○ 이 편한세상 110동 ○○○○호 · 샘모루초등동측 · 근린,아파트혼재 · 대중교통사정 　보통 · 부정형남하향완 　경사 · 2종일반주거 　지역 · 상대정화구역	대지 34.1/25870.7 (10.33평) 건물 63.63 (19.25평) 방3 15층-08.10.27 보존	290,000,000 가산감정 (09.11.12) 232,000,000 유찰 10.05.18 낙찰 10.06.22 260,500,000 (89.8%) 4명 2등 253,390,000	신민수 전입09.12.22 확정09.12.22 배당10.02.05 3,000,000 배당요구종기 10.02.20	소유 비산동대림 지역 　2008.10.27 가처 대림산업 　2009.01.02 가압 기경석외26 　2009.02.12 　7,019,010,000 가압 이정수외52 　2009.02.20 　8,562,766,160 근저 대림산업 　2009.10.08 　20,121,114,888 임의 대림산업 　2009.11.05 청구 : 15,477,780,683

대림산업에서 비산동대림지역주택조합과 아파트 시공을 위한 도급계약을 체결 후, 공사 대금을 안정적으로 확보하기 위해 건물에 1순위 근저당권을 설정하기 위한 가처분(2009년 1월 2일)을 하였다. 2009년 10월 8일 근저당권 설정으로 목적을 달성하여 선순위 가처분이지만 말소된다.

대림산업은 기경석 등의 가압류권자와 안분배당을 받지 않고 먼저 배당을 받는다. 이는 가등기의 순위보전 효력처럼 가처분의 순위보전 효력 때문이다.

가처분에 기해 근저당권설정등기를 마친 다음 가처분이 말소된 경우에도 배당순위는 동일하다.

매각 후 말소된 가처분등기

【 갑 구 】		(소유권에 관한 사항)		
순위번호	등기목적	접 수	등 기 원 인	권리자 및 기타사항
3	가처분	2010년 2월 13일 제29호	2009년 9월 30일 서울중앙지방법원의 가처분결정 (2009카합4549)	피보전권리 공사도급계약에 의한 근저당권설정 청구권 또는 민법 제666조에 기한 수급인의 도급인에 대한 저당권설정청구권 채권자 대림산업주식회사 　　　서울시 종로구 수송동 146-12 　　　대림빌딩 금지사항 매매, 증여, 전세권, 저당권, 임차권의 설정 기타일체의 처분행위 금지
18	3번가처분	2010년 7월 29일 제49621호	2010년 7월 29일 임의경매로 인한 매각	

나. 3년내 본안 소송을 제기하지 않았을 때

① 본안 소송 제기 전

가처분 채권자가 가처분 집행 후 3년간 본안소송을 제기하지 않았을 경우, 채무자나 이해관계인(매수인 등 제3취득자)이 '사정변경에 의한 가처분(가압류) 취소신청'을 할 수 있다.

경과기간이 지나면 취소요건이 완성되며, 그 뒤 본안소송이 제기되어도 가처분(가압류)을 취소할 수 있다.

단, 가처분 후 3년간 본안소송을 제기하지 않았다하여 취소결정이 없더라도 당연히 가처분이 취소되는 것은 아니다. 가처분 후 3년이 경과되었지만 가처분 취소결정이 있기 전에 가처분권자에 의해 이루어진 소유권이전등기는 유효하다.

"부동산에 대한 처분금지가처분 집행 후 10년이 지난 후에 가처분채권자가 본안소송을 제기하여 승소판결을 받은 경우, 가처분 집행 후 가처분결정 취소판결 전에 이루어진 타인 명의의 소유권이전등기에 대하여 가처분채권자가 가처분의 효력을 주장할 수 있다."(대법원 2004. 4. 9. 선고 2002다58389 판결)

경과기간	설정기간
10년	과거 ~ 2002년 6월 30일
5년	2002년 7월 1일 ~ 2005년 7월 27일
3년	2005년 7월 28일 ~ 현재

② 본안 소송에서 승소 판결 받은 경우

피보전권리에 대한 보전의 필요성이 소멸되었기 때문에 가처분을 취소할 수 있다.

"가처분채권자가 본안소송에서 승소하고 채무명의를 획득하여 즉시 본집행을 할 수 있는 요건을 갖추었음에도 불구하고 그 집행을 하지 아니하고 있는 경우에는 피보전권리에 대한 보전의 필요성은 소멸되었다고 할 것이고, 이와 같이 가처분결정후에 보전의 필요성이 소멸된 때에는 그 가처분을 그대로 존속시켜

> 놓을 수 없는 사유인 사정변경이 있다고 보아야 할 것이다."(대법원 1984. 10. 23. 선고 84다카935 판결【부동산가처분결정취소】)

> **민사집행법 제288조(사정변경 등에 따른 가압류취소)**
> ①채무자는 다음 각호의 어느 하나에 해당하는 사유가 있는 경우에는 가압류가 인가된 뒤에도 그 취소를 신청할 수 있다. 제3호에 해당하는 경우에는 이해관계인도 신청할 수 있다.
>   1. 가압류이유가 소멸되거나 그 밖에 사정이 바뀐 때
>   2. 법원이 정한 담보를 제공한 때
>   3. 가압류가 집행된 뒤에 3년간 본안의 소를 제기하지 아니한 때
> ②제1항의 규정에 의한 신청에 대한 재판은 가압류를 명한 법원이 한다. 다만, 본안이 이미 계속된 때에는 본안법원이 한다.
> ③제1항의 규정에 의한 신청에 대한 재판에는 제286조제1항 내지 제4항·제6항 및 제7항을 준용한다.

3) 특별사정에 의한 취소

특별사정으로는 ㉠ 가처분으로 보전되는 피보전권리가 금전적 보상에 의하여 종국적으로 만족을 얻을 수 있는 것이라는 사정 ㉡ 채무자가 가처분에 의하여 통상 입는 손해보다 훨씬 큰 손해를 입게 될 사정을 말한다.

chapter 05 선순위 가등기

1. 소유권이전 청구권 가등기

순위보전을 위한 가등기는 매매예약을 원인으로 하는 가등기와 매매계약을 원인으로 하는 가등기로 나뉜다.

매매예약은 아직 계약체결의 상태에 이르지는 못했지만 매수인이 향후 매매계약을 완성할 수 있는 예약완결권을 행사할 수 있다. 반면 매매계약은 이미 매매계약이 체결된 상태를 말한다.

> **민법 제564조 (매매의 일방예약)** ① 매매의 일방예약은 상대방이 매매를 완결할 의사를 표시하는 때에 매매의 효력이 생긴다.
> ②전항의 의사표시의 기간을 정하지 아니한 때에는 예약자는 상당한 기간을 정하여 매매완결여부의 확답을 상대방에게 최고할 수 있다.
> ③예약자가 전항의 기간내에 확답을 받지 못한 때에는 예약은 그 효력을 잃는다.

1) 원칙

① 매매예약

가등기가 보전하는 청구권은 채권적 청구권으로 이는 행사할 수 있는 때인 매매예약완결일로부터 10년의 시효완성으로 소멸된다. 매매예약완결권의 법적 성질은 소유자 동의와 관계없이 매매계약을 성립시킬 수 있는 형성권이다. 일방의 의사표시만으로 효력이 발생하는 형성권은 시효의 중단이나 정지제도가 없는 제척기간 대상이다. 제척기간은 일정한 기간이 경과하면 당사자의 의사와 관계없이 소멸한다.

> "매매의 일방예약에서 예약자의 상대방이 매매예약 완결의 의사표시를 하여 매매의 효력을 생기게 하는 권리, 즉 매매예약의 완결권은 일종의 형성권으로서 당사자 사이에 그 행사기간을 약정한 때에는 그 기간 내에, 그러한 약정이 없는 때에는 그 예약이 성립한 때로부터 10년 내에 이를 행사하여야 하고, 그 기간을 지난 때에는 예약 완결권은 제척기간의 경과로 인하여 소멸한다."(대법원 2003. 1. 10. 선고 2000다26425 판결)

당사자 사이에 매매예약완결권의 행사 기간은 제한이 없다. 10년이 넘는 경우도 유효하다(대법원 2017. 1. 25. 선고 2016다42077 판결).

【갑 구】			(소유권에 관한 사항)	
순위번호	등기목적	접 수	등기원인	권리자 및 기타 사항
3	소유권이전 청구권가등기	2023년 9월 21일 제1234호	2023년 5월 20일 매매예약	가등기권자 백지성 700521-1545111 서울시 노원구 중계동 12

매매예약완결권의 기준일은 매매계약 체결일이지 접수일이 아니다. 즉 1998년 5월 20일이다. 권리분석에서는 접수일이 기준일이 되나 가등기의 소멸시효를 따질때는 등기원인 즉 매매예약일이 기준일이 된다.

② 매매계약

가등기가 보전하는 청구권은 채권적 청구권으로 10년의 소멸시효 완성으로 소멸된다. 따라서 선순위 가등기일지라도 가등기설정 이후 10년이 지났다면 매수인은 소유권에 기한 방해배제청구로서 그 가등기권리자에 대하여 본등기 청구권의 소멸시효를 주장하여 그 가등기의 말소를 구할 수 있다.

> "가등기에 기한 소유권이전등기청구권이 시효의 완성으로 소멸되었다면 그 가등기 이후에 그 부동산을 취득한 제3자는 그 소유권에 기한 방해배제청구로서 그 가등기권자에 대하여 본등기청구권의 소멸시효를 주장하여 그 등기의 말소를 구할 수 있다."(대법원 1991. 3. 12. 선고 90다카27570 판결)

③ 매매예약과 매매계약의 차이점

가등기 원인이 매매예약인 경우 당사자 사이에 행사기간을 약정한 때에는 그 기간 내에 기간의 약정이 없을 때는 10년이 지나면 소멸을 청구할 수 있다. 즉, 예약완결권은 제척기간 내에 행사해야 하기 때문에 시효 중단이 없다. 반면 매매계약의 가등기는 시효중단 효가 있어 매수인이 목적물을 인도받아 사용하는 경우 소멸시효가 진행되지 않는다. 10년이 지났더라도 이해관계인이 가등기의 소멸을 청구할 수 없는 경우가 있다. 단, 매매예약인지 매매계약인지는 계약의 실체적 내용을 가지고 알 수 있지 등기원인만으로는 구분할 수 없다. 실무에서 접하게 되는 가등기의 대부분은 등기원인이 매매예약이다.

2) 예외

선순위 가등기권자가 목적부동산을 인도받아 점유하고 있는 경우, 소유권이전등기청구권의 소멸시효가 진행되지 않는다. 점유는 직접점유든 간접점유든 불문하고 소멸시효가 진행되지 않는다.

만일 점유자가 도중에 점유를 상실하면 그로부터 10년이 지나야 소유권이전등기청구권의 소멸시효가 완성된다.

> "토지에 대한 취득시효완성으로 인한 소유권이전등기청구권은 그 토지에 대한 점유가 계속되는 한 시효로 소멸하지 아니하고, 여기서 말하는 점유에는 직접 점유뿐만 아니라 간접점유도 포함한다."(대법원 1995. 2. 10. 선고 94다28468 판결)

3) 정리

① 매매예약

매매예약의 단계에서는 완전한 계약이 성립되지 않았기 때문에, ㉠ 예약 이후에 예약완결권이 제척기간 내 행사 여부 후에, ㉡ 본 계약 해제여부, ㉢ 소멸시효 도과 순으로 검토한다. 즉 매매예약 가등기는 예약완결권이 제척기간 내에 행사됐는지가 핵심 포인트다.

② 매매계약

이미 계약이 체결된 상태이기 때문에 ㉠ 그 후 매매계약이 해제됐는지, ㉡ 장기간 권리 미행사로 이전등기청구권이 10년 시효로 소멸됐는지를 검토한다.

2. 담보가등기

1) 담보가등기가 소멸되지 않는 경우

① 재산의 예약 당시 가액이 빌린돈보다 적은 경우

담보가등기는 재산의 예약 당시의 가액이 차용액 및 이자의 합산액을 초과하는 경우에 적용된다(가등기 담보 등에 관한 법률 제1조).

② 매매대금 지급을 담보하기 위해 가등기를 한 경우

가등기의 주된 목적이 매매대금채권의 확보에 있고, 대여금채권의 확보는 부수적인 목적인 경우 가등기담보등에관한 법률이 적용되지 않는다.

> "가등기담보등에관한법률은 차용물의 반환에 관하여 다른 재산권을 이전할 것을 예약한 경우에 적용되므로 매매대금채권을 담보하기 위하여 가등기를 한 경우에는 위 법률은 적용되지 아니한다."(대법원 2002. 12. 24. 선고 2002다50484 판결【소유권이전등기】)

③ 경매개시 결정 전 청산 절차 완료

담보가등기를 마친 부동산에 대하여 강제경매 등의 개시결정이 있는 경우, 그 경매의 신청이 청산금을 지급하기 전에 행하여진 경우(청산금이 없는 경우에는 청산기간이 지나기 전) 담보가등기권리자는 그 가등기에 따른 본등기를 청구할 수 없다(가등기 담보 등에 관한 법률 제14조).

선순위 담보가등기권자가 경매개시결정 기입등기 전에 본등기를 위한 절차(청산절차)를 모두 마친 경우, 그 가등기는 경매로 인하여 소멸되지 않는다. 청산절차를 마친 담보가등기는 소유권이전청구권 가등기의 효력을 갖는다. 청산절차 완료 여부는 배당요구 유무로 알 수 있다. 선순위 가등기권자가 청산절차를 마쳤다면 집행법원에 배당요구를 하지 않는다.

2) 청산 시 주의할 점

가. 청산금 평가액 통지대상

가등기담보권자가 담보권실행으로 소유권을 취득하기 위해서는, 그 채권의 변제기 후에 소정의 청산금 평가액 또는 청산금이 없다고 하는 뜻을 채무자 등에게 통지하여야 한다.

이 때의 채무자 등에는 채무자와 물상보증인 뿐만 아니라, 담보가등기 후 소유권을 취득한 제3취득자도 포함되며 통지는 이들 모두에게 해야만 효력이 발생한다.

나. 청산금 산정시기

청산금액의 산정시기는 가등기담보 약정 당시의 부동산가액이 아닌 실제 청산 통지 당시의 부동산 가액이 기준이 된다.

예를 들어 A가 부동산 가액이 3억원인 B의 부동산에 2억원의 차용금채무를 담보하기 위하여, B 소유 부동산의 2분의1 지분에 대해 담보가등기를 설정하였다.

담보가등기권자 A는 차용금채무 2억원이 약정당시 가액 1억 5,000만원을 초과하므로 청산절차를 거치지 않고 본등기를 할 수 있는가?

청산절차를 거치지 않은 A의 본등기는 무효가 될 수 있다. 청산금 산정기준 시기는 담보가등기 약정 당시의 부동산가액(3억원)이 아닌 실제 청산이 이루어진 당시의 가액을 기준으로 한다. 실제 청산 당시에는 부동산 가격이 상승 하여 6억원이 되었다. A가 가등기한 2분의1 지분 가액이 3억원으로 차용금채무 2억원을 초과하기 때문이다.

다. 청산금

담보권 실행의 통지시 채권자가 주관적으로 평가한 통지 당시의 목적부동산의 가액과 피담보채권액을 명시하여 채권자에게 통지한다.

채권자가 나름대로 평가한 청산금의 액수가 객관적인 청산금의 평가액에 미치지 못하더라도, 담보권 실행의 통지로서의 효력이나 청산기간의 진행에 영향이 없다.

3. 선순위 가등기 말소 방법

선순위 가등기일지라도 등기된 지 10년이 지났으면 그 가등기는 매수인이 인수하지 않아도 된다. 그러나 경매를 통해 말소되는 권리가 아니어서 매수인이 별도로 가등기권자를 상대로 소송을 통하여 가등기를 말소해야 한다.

매수인은 가등기권자를 피고로 하여 '소유권이전청구권가등기 말소' 소송을 제기하여 판결문을 받아 선순위 가등기를 말소할 수 있다.

이는 가등기 자체가 소멸시효가 있는 것이 아니라 소유권이전청구권을 채권적 청구권으로 보아 10년의 소멸시효에 걸리기 때문이다. 따라서 부동산을 취득한 매수인은 그 소유권에 기한 방해배제청구로서 가등기권자에게 본등기청구권의 소멸시효를 주장하여 그 가등기의 말소를 구할 수 있다.

지분물건

chapter 06

#1

서울시 강남구 도곡동에 있는 타워팰리스 $107m^2$가 20억원에서 10억 2,400만원으로 뚝 떨어졌다. 한 때 부의 상징으로 여겨지던 아파트가 이처럼 유찰을 거듭한 이유는 2분의 1만 경매 나와서다. 결국 2명만 참여해 11억 2,711만원에 팔렸다.

#2

화성시 정안면에 있는 임야 64,760평이 30억 9,000만원에서 세 차례나 떨어져 15억 8,200만원이 될 때까지 아무도 관심을 갖지 않았다. 남들의 이목을 끌지 못한 주된 이유 중 하나는 바로 지분물건이었기 때문이다. 이 물건은 85,630평 중의 일부가 경매 나왔던 것이다. 그러나 이 물건의 가치를 주목하던 매수인은 16억 2,222만원에 단독으로 낙찰을 받았다. 이 물건은 최소 400억원대의 물건으로 변했다.

1. 왜 지분물건을 꺼리는가?

가. 환금성의 제약

지분물건의 가장 큰 단점은 사는 건 내 맘이지만 파는 건 내 맘이 아니라는 점이다. 빨리 처분하고 싶은데 공유자가 응해 주지 않으면 매수인 단독으로 팔기가 어렵다. 또한 시장에서 제 값을 받고 팔기도 쉽지 않다. 결정적으로 대출도 잘 안된다.

나. 개발의 제약

주거용이나 상업용 시설로 개발하고 싶어도 공유자가 원치 않으면 개발이 어렵다.

다. 인도의 어려움

매수인 단독으로 임차인을 내 보낼 수 없다. 임차인은 대부분 건물 전체에 대해 임차를 했다(채무의 불가분성). 임차기간 만료까지 기다려야 한다. 대신 임차인이 대항력이 없다면 보증금 인수 부담은 없다. 반면 임료는 받을 수 있다.

라. 공유자 우선매수

공유자가 우선매수권을 행사하면 매수인은 어렵게 낙찰받은 지위를 공유자에게 넘겨야 한다. 그러나 우선매수권 1회 제한으로 매번 행사하는 건 아니다. 공유자가 우선매수권을 행사하더라도 매수인은 헛 품만 팔 뿐 금전적 손실은 없다.

2. 공유지분 핵심 키워드

① 공유지분의 처분과 공유물의 사용·관리

공유자는 자신의 지분을 다른 공유자의 동의없이 자유롭게 처분이 가능하다. 공유물 전부를 지분의 비율로 사용·수익할 수 있다(민법 제263조).

② 공유물의 처분·변경

공유자는 다른 공유자의 동의없이 공유물을 처분하거나 변경하지 못한다(민법 제264조).

③ 공유물의 관리·보존

공유물의 관리(임대 등)는 공유자 지분 과반수로 결정한다. 과반수의 지분을 가지고 있는 자는 관리행위를 할 수 있다. 대신 수익에 대해서는 지분별로 나눠야 한다. 보존행위는 각자가 할 수 있다(민법 제265조).

3. 공유지분 유형

① 상속

아버지가 사망시 어머니와 자녀들이 공동으로 소유한 경우다. 자녀 중 경제력이 좋은 분이 우선매수를 행사하나, 형제간에 서로 미루다가 아니면 감정의 응어리 때문에 우선매수를 놓치는 경우도 있다.

② 부부

부부관계가 좋은 경우 우선매수 신청을 한다. 매수인은 나머지 부동산 점유자를 상대로 부당이득반환청구를 할 수 있다.

③ 친인척

④ 공동투자

친구나 회사 동료 등 지인이나 경매교육기관 등을 통한 공동투자 유형이다.

4. 지분물건의 해법

첫째, 협의

최선의 방법은 공유자가 매수인이 취득한 지분을 인수한다.

매수인이 낙찰 받고 법정문을 나서려는데 누군가 팔을 당기며 잠깐 보자고 한다면 십중팔구 공유자다. 협상가격은 입찰보증금에 프리미엄을 얹은 가격이다. 물건에 따라 프리미엄이 다르겠지만 보통 입찰보증금의 2배선에서 협의를 보는 것이 무난하다.

둘째, 협의가 되지 않을 때
① 공유자 점유

공유자를 상대로 부당이득반환청구소송을 한다. 공유자가 여럿이면 판결문을 가지고 다른 공유자를 상대로 강제경매를 신청한다. 매수인은 경매를 통해 지분에 해당하는 투자금액을 회수할 수 있다. 만일 물건이 좋다면 공유자우선매수권을 행사해 나머지 지분을 취득할 수 있다.

또는 공유물 분할 청구소송 후 경매를 통해 투자금액을 회수하거나 아니면 경매에 직접 참여해 낙찰 받을 수 있다.

② 공유자가 점유하지 않을 때

다른 공유자를 상대로 공유물 분할 청구소송을 하여 경매를 통해 투자금액을 회수하거나 물건이 좋으면 직접 낙찰 받을 수 있다.

셋째, 조정

상호간 입장 차가 아주 크거나 아니면 공유자가 관심을 보이지 않으면 법원에 소를 제기하면 반응이 바로 나타난다. 판사는 가능한 조정을 유도한다. 실제 대부분(약 60%) 조정을 통해 해결된다.

넷째, 소송

협의가 실패하면 공유물분할청구소송을 한다. 공유물분할은 현물분할이 원칙이나 현물분할이 곤란하거나 현물분할을 하면 부동산의 가치가 현저히 떨어질 경우 경매를 통해 현금 분할을 한다. 지분물건의 약 20%가 여기에 해당된다.

5. 지분물건의 뒷처리

뒷처리는 두 가지가 포인트다. 하나는 지분비율이고 하나는 점유 형태다. 지분물건은 대부분 매수인이 취득하는 지분이 2분의 1 이하다. 따라서 매수인 단독으로 관리 즉 임대를 할 수 없는 경우가 많다. 임차인이 점유하는 물건도 과반수 지분을 취득하지 못하면 인도를 할 수 없다.

① 채무자인 공유자 점유

A와 B가 공유하는 부동산을 B가 공유자의 지위에 기초하여 독점적으로 점유·사용하고 있다. B의 지분에 대한 경매절차에서 갑이 그 지분을 매수한 경우, 갑은 B를 상대로 인도명령을 받을 수 있다. 경매에 의하여 B는 공유자의 지위를 상실하고 갑이 그 지위를 승계하기 때문이다. B가 소수지분권자인 경우는 물론 다수지분권자인 경우에도 마찬가지다.

② 채무자 아닌 공유자 점유

㉠ 과반수 이상

과반수 지분권자는 관리행위로서 그 점유자에 대하여 인도를 청구할 수 있다(대법원 81다653 판결).

ⓒ 2분의 1(소수) 지분권자가 2분의 1(소수) 지분권자에 대한 인도

2분의 1(소수) 지분권자는 다른 2분의 1(소수) 지분권자를 상대로 공유물의 지분권에 기하여 방해배제를 청구할 수 있을 뿐 인도를 청구할 수 없다. 일부 공유자가 공유물의 전부나 일부를 독점적으로 점유한다면 이는 다른 공유자의 지분권에 기초한 사용·수익권을 침해하기 때문이다(대법원 2020. 5. 21. 선고 2018다287522 전원합의체 판결).

ⓒ 소수지분권자가 다수지분권자에 대한 인도

다수지분권자의 점유는 적법한 관리행위 내지 관리방법(민법 제265조)으로서 모든 공유자에 대한 관계에서 유효하므로 소수지분권자는 인도(방해배제 및 인도 포함)를 청구할 수 있다.

③ 임차인 점유

공동임대인이 임차인에게 부담하는 임차보증금반환의무는 성질상 불가분이므로 공동임대인 중 1인의 공유지분에 대한 경매절차에서 주택전체 임차인의 보증금은 지분비율에 의해 배당하는 것이 아니라 전액을 배당 한다.

매수인의 지분이 과반에 미치지 못하면 임차인은 대항력 유무에 관계없이 거주할 수 있다. 즉, 매수인은 인도를 할 수 없다. 임차인이 대항력이 있으면 대항력에 기해 거주할 수 있고 대항력이 없더라도 매수인이 취득한 부분이 2분의 1 이하에 불과해 나머지 지분, 즉 경매가 실행되지 않은 지분에 대해서는 임차인이 대항력이 있어 임대차 기간 동안 거주할 수 있다.

돌발상황시 대처 요령 chapter 07

1. 돌발상황의 종류

대위변제
선순위 가등기권자가 본등기
선순위 가처분권자 본안 소송 승소 등

2. 돌발상황의 단계별 대응방법

단계	대응방법	근거
매각기일 ~ 매각결정기일	매각불허가 신청	민사집행법 제121조 제5호
매각결정기일~매각허가결정확정기일	매각허가에 대한 이의신청, 매각허가결정에 대한 즉시항고	민사집행법 제121조 제6호, 제129조
매각허가결정확정기일 ~ 대금납부 전	매각허가결정의 취소신청	민사집행법 제127조 제1항
대금납부 후 ~ 배당기일 전	매매계약 해제 후 대금반환 청구	민사집행법 제96조
배당 이후	채무자 계약해제 또는 대금감액 청구. 채무자 무자력자인 경우 배당 채권자 상대 대금반환 청구	민법 제578조

가. 매각기일 ~ 매각결정기일

최고가매수인은 매각물건명세서 작성에 중대한 하자가 있는 것으로 보아 매각불허가 신청을 한다(민사집행법 제121조 제5호).

> 민사집행법 제121조 (매각허가에 대한 이의신청사유) 5. 최저매각가격의 결정, 일괄매각의 결정 또는 매각물건명세서의 작성에 중대한 흠이 있는 때

> "부동산 임의경매절차에서 매수신고인이 당해 부동산에 관하여 유치권이 존재하지 않는 것으로 알고 매수신청을 하여 이미 최고가매수신고인으로 정하여졌음에도 그 이후 매각결정기일까지 사이에 유치권의 신고가 있을 뿐만 아니라 그 유치권이 성립될 여지가 없음이 명백하지 아니한 경우, 집행법원으로서는 장차 매수신고인이 인수할 매각부동산에 관한 권리의 부담이 현저히 증가하여 민사집행법 제121조 제6호가 규정하는 이의 사유가 발생된 것으로 보아 이해관계인의 이의 또는 직권으로 매각을 허가하지 아니하는 결정을 하는 것이 상당하다."(대법원 2007. 5. 15. 자 2007마128 결정)

나. 매각결정기일 ~ 매각허가결정확정기일

매수인은 매각허가에 대한 이의신청(민사집행법 제121조 제6호)을 하거나

매각허가결정에 대한 즉시항고(민사집행법 제129조)를 할 수 있다. 매각허가결정에 대한 즉시항고시에는 매각대금의 10%에 해당하는 항고보증금을 공탁해야 한다.

> "민사소송법 제639조 제1항은 '매수가격의 신고 후에 천재·지변 기타 자기가 책임을 질 수 없는 사유로 인하여 부동산이 훼손된 때에는 최고가매수인은 경락불허가신청을, 경락인은 대금을 납부할 때까지 경락허가결정의 취소신청을 할 수 있다. 다만, 부동산의 훼손이 경미한 때에는 그러하지 아니하다.'라고 규정하고 있는바, 부동산에 물리적 훼손이 없는 경우라도 부동산의 교환가치가 감손된 때에는 위 규정이 유추적용된다 할 것이고, 또한 부동산의 훼손이 매수가격의 신고 전에 있었던 경우라도 그 훼손 및 이를 간과한 것이 자기가 책임을 질 수 없는 사유로 인한 것인 때에도 위 규정이 유추적용된다."(대법원 2001. 8. 22. 자 2001마2652 결정)

> **민사집행법 제121조 (매각허가에 대한 이의신청사유)** 6. 천재지변, 그 밖에 자기가 책임을 질 수 없는 사유로 부동산이 현저하게 훼손된 사실 또는 부동산에 관한 중대한 권리관계가 변동된 사실이 경매절차의 진행중에 밝혀진 때
> **민사집행법 제129조 (이해관계인 등의 즉시항고)** ①이해관계인은 매각허가여부의 결정에 따라 손해를 볼 경우에만 그 결정에 대하여 즉시항고를 할 수 있다.

다. 매각허가결정확정기일 ~ 대금납부 전

매수인은 매각허가결정의 취소신청(민사집행법 제127조 제1항)을 할 수 있다. 매수인이 소유권을 이전 받기 원한다면 집행법원에 대금감액신청을 할 수 있다. 집행법원은 민법상 쌍무계약에 있어서의 위험부담 내지 하자담보책임의 이론을 적용하여 감액결정을 할 수 있다.

> 민사집행법 제127조 (매각허가결정의 취소신청) ①제121조제6호에서 규정한 사실이 매각허가결정의 확정 뒤에 밝혀진 경우에는 매수인은 대금을 낼 때까지 매각허가결정의 취소신청을 할 수 있다.

라. 대금납부 ~ 배당기일

매각대금을 납부했으나 소유권을 취득하지 못한 경우, 매수인의 구제방법은 경매절차가 유효한 경우는 하자담보책임을, 경매절차가 무효인 경우는 부당이득반환청구를 할 수 있다.

① 경매절차 유효

㉮ 대금납부 ~ 배당기일

민사집행법 제96조(부동산의 멸실 등으로 말미암은 경매취소)를 유추 적용하여 집행법원에 대하여 경매에 의한 매매계약을 해제하고 납부한 대금의 전부나 일부의 반환을 청구 할 수 있다.

> 민사집행법 제96조(부동산의 멸실 등으로 말미암은 경매취소) ① 부동산이 없어지거나 매각 등으로 말미암아 권리를 이전할 수 없는 사정이 명백하게 된 때에는 법원은 강제경매의 절차를 취소하여야 한다.
> ②제1항의 취소결정에 대하여는 즉시항고를 할 수 있다.

㉯ 배당 이후

이미 대금납부 및 배당까지 끝나 경매절차 내에서는 이의, 취소신청, 감액주장 등을 청구할 수 없는 상황이다.

민법 제 578조, 576조 등을 유추적용하여 담보책임을 추급할 수 있다고 보아 채무자에게 계약해제 또는 대금감액을 청구할 수 있다.

> 민법 제578조 (경매와 매도인의 담보책임) ① 경매의 경우에는 경락인은 전8조의 규정에 의하여 채무자에게 계약의 해제 또는 대금감액의 청구를 할 수 있다.
> ② 전항의 경우에 채무자가 자력이 없는 때에는 경락인은 대금의 배당을 받은 채권자에 대하여 그 대금전부나 일부의 반환을 청구할 수 있다.
> ③ 전2항의 경우에 채무자가 물건 또는 권리의 흠결을 알고 고지하지 아니하거나 채권자가 이를 알고 경매를 청구한 때에는 경락인은 그 흠결을 안 채무자나 채권자에 대하여 손해배상을 청구할 수 있다.

② 경매절차 무효

㉮ 대금납부 ~ 배당기일

매수인이 납부한 대금은 아무런 법률상 원인없이 지급한 금원이므로 집행법원에 대하여 부당이득반환을 구할 수 있다.

㉯ 배당 이후

배당 받은 채권자를 상대로 부당이득반환을 청구할 수 있다.

> "경락인이 강제경매절차를 통하여 부동산을 경락받아 대금을 완납하고 그 앞으로 소유권이전등기까지 마쳤으나, 그 후 강제경매절차의 기초가 된 채무자 명의의 소유권이전등기가 원인무효의 등기이어서 경매 부동산에 대한 소유권을 취득하지 못하게 된 경우, 이와 같은 강제경매는 무효라고 할 것이므로 경락인은 경매 채권자에게 경매대금 중 그가 배당받은 금액에 대하여 일반 부당이득의 법리에 따라 반환을 청구할 수 있고, 민법 제578조 제1항, 제2항에 따른 경매의 채무자나 채권자의 담보책임은 인정될 여지가 없다." (대법원 2004. 6. 24. 선고 2003다59259 판결【부당이득금】)

단, 후자로 갈수록 구제가능성이 떨어지고 어려워진다는 점을 고려해 가능한 초기(첫째나 둘째 단계)에 대처해야 한다.

PART 06

어떻게
인도할 것인가?

chapter 01 누가 인도의 비법을 묻거든

다음은 이솝우화의 '바람과 해님'에 나오는 이야기다.

> "바람과 해가 지나가는 나그네의 옷을 벗기기 시합을 했습니다.
> 자신만만한 바람은 나그네의 옷을 단숨에 날려버리려고 볼테기가 터지도록 바람을 힘차게 불었습니다. 그러나 나그네는 오히려 두 손으로 옷을 꼭 움켜잡고 걷는 것이었습니다.
> 이번에는 해님이 나그네에게 따뜻한 햇볕을 비춰주자 움츠렸던 몸을 펴고 모자를 벗었습니다. 햇볕을 조금 더 쬐여주자 겉옷을 벗어 팔에 거는 것이었습니다."

인도를 상징적으로 표현한 내용이다.
 흔히 인도는 바람이 상징하듯 여성보다는 남성이, 대화보다는 강제집행이 더 효과적이라고 알고 있으나 그렇지 않다. 오히려 유연한 해님이 더 인도를 잘 할 수 있다. 물건에 따라서는 바람처럼 강성이 요구되는 경우도 있다. 요는 실무에서 우리가 만나는 대부분의 인도는 바람을 쓸 일이 거의 없다는 점이다. 바람은 단지 존재만으로 효과를 극대화할 수 있다.

경매와 인도는 땔래야 땔수 없는 불가분의 관계다. 오죽하면 '인도없는 경매없다'라는 말이 생겼을까?

chapter 02 인도에 대하여

1. 인도는 시간과 돈의 함수

　권리분석과 물건분석은 사람과 부동산과의 관계이나 인도는 사람(매수인)과 사람(점유자)과의 관계다.
　매수인은 이사비라는 카드를 가지고 있고, 점유자는 시간(이삿날)을 가지고 있다. 매수인은 점유자에게 이사비를 주는 대신, 점유자는 매수인에게 그에 상응하는 이른 시간에 이사를 하면 된다.
　처음에는 도저히 합일점을 찾을 수 없을 것처럼 보이나 두 번 세 번 만나면 대부분 이사비 수준에서 합의를 본다.
　점유자는 적당히(?) 버티는게 좋다. 종종 세게 버틸수록 한 몫 단단히 챙길 걸로 생각하는 점유자들이 있는데 이는 오산 중의 큰 오산이다. 인내의 임계점을 넘은 매수인이 이사비 대신 강제집행을 하겠다고 나설 수 있기 때문이다.

2. 권리분석 잘하는 사람이 인도도 잘한다

초보자들은 권리분석과 인도를 따로 생각한다. 그러나 경매를 해본 사람은 인도는 권리분석에서 시작하여 임장활동에서 판가름 난다고 한다.

권리분석과 인도의 세계는 분리된 것이 아니라 상당부분 중첩된다. 그래서 권리분석 잘 하는 사람이 인도도 잘 하고, 인도 잘하는 사람이 권리분석도 잘 한다.

권리분석시 임차인이 보증금을 다 받거나 아니면 일부라도 배당을 받으면 그만큼 인도부담이 줄어든다. 만약 임차인이 한 푼도 배당을 받을 수 없다면 입찰참가자는 일정액의 이사비를 챙겨 놓는 것이 좋다.

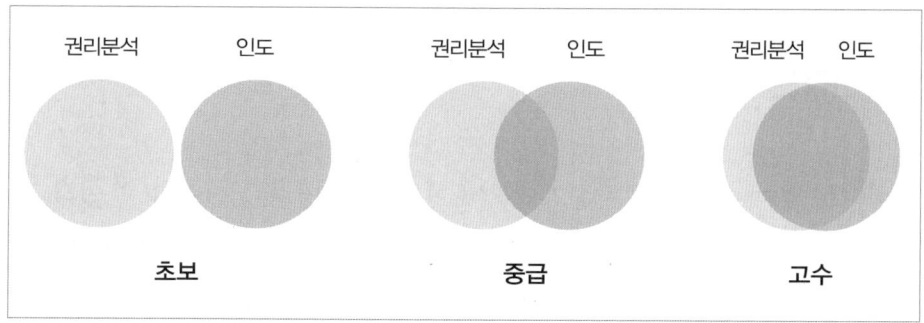

부동산인도 근거 규정

① 임차인은 임차주택을 양수인에게 인도하지 않으면 보증금을 수령할 수 없다(주택임대차보호법 제3조의2 제3항).

② 임대차계약이 종료된 경우 임대차보증금 반환의무와 임차목적물 인도의무는 동시이행관계에 있다(대법원 91다35823 판결).

③ 전세목적물 인도 및 전세권설정등기의 말소등기에 필요한 서류의 교부는 동시이행관계에 있다(민법 제317조, 대법원 2006다6072 판결).

chapter 03 인도명령 대상

1. 신청인

매수인 및 매수인의 일반승계인(상속인)은 인도명령을 신청할 수 있다. 그러나 특정승계인(매수인으로부터 소유권을 취득한 사람)은 인도명령을 신청할 수 없다. 특정승계인이 매수인의 집행법상의 권리까지 승계한 것이 아니기 때문이다.

부동산을 공동으로 매수하였거나 사망한 매수인을 여럿이 상속한 경우, 공동매수인 또는 상속인 전원이 또는 각자가 인도명령을 신청 할 수 있다.

2. 기간

매각대금 납부 후 6개월 이내에 신청해야 한다. 대금납부 후 6개월이 지나면 인도명령 대상자도 인도소송을 통해 내보내야 한다(민사집행법 제136조). 6개월의 기산일은 신청일이다.

점유자가 고의로 송달을 기피하여 인도명령 결정문이 6개월이 지나 상대방에게 도달해도 유효하다.

> 민사집행법 제136조(부동산의 인도명령 등) ① 법원은 매수인이 대금을 낸 뒤 6월 이내에 신청하면 채무자·소유자 또는 부동산 점유자에 대하여 부동산을 매수인에게 인도하도록 명할 수 있다. 다만, 점유자가 매수인에게 대항할 수 있는 권원에 의하여 점유하고 있는 것으로 인정되는 경우에는 그러하지 아니하다.

부동산인도인가? 부동산명도인가?

인도란 동산 또는 토지 등 물건에 대한 직접적 지배나 점유를 현상 그대로 이전시키는 것을 말한다.

반면 명도란 부동산 안에 있는 점유자의 물품 등을 부동산 밖으로 반출시키고 그 부동산의 점유를 이전시키는 것을 의미한다.

민사집행법 제258조(부동산 등의 인도청구의 집행)는 "채무자가 부동산이나 선박을 인도하여야 할 때에는 집행관은 채무자로부터 점유를 빼앗아 채권자에게 인도하여야 한다"고 규정하고 있다.

과거 민사소송법상 인도와 명도를 포괄하는 의미로 '인도'를 사용하고 있다. 즉 현행 민사집행법에서는 '인도'라는 용어 안에 '명도' 의미가 포함되어 있다.

chapter 04 상대방

1. 채무자

채무자는 경매개시결정에 표시된 채무자를 말하고, 그 일반승계인(상속인)도 포함된다. 상속인이 수인인 때에는 각자가 인도명령의 상대방이 된다.

2. 소유자

경매개시 결정 당시의 소유자와 경매개시 결정 이후에 소유권을 취득한 자도 인도명령 대상이다.

3. 부동산 점유자

① 후순위
후순위 점유자는 인도명령 대상이다. 점유 여부의 기준 시점은 인도명령 결정 당시다. 부동산 점유자는 직접점유자만을 의미하며 간접점유자는 포함되지 않는다.

매각대금 납부 후에 점유를 개시한 자도 인도명령 대상이다.

② 선순위
선순위 임차인일지라도 배당기일에 임차보증금을 전액 배당받고 배당표가 확정되면, 배당금을 지급받았는지 여부에 관계없이 인도명령이 가능하다.

4. 그밖의 인도명령 대상자

① 채무자의 동거가족
② 채무자와 근친관계
③ 채무자의 피고용인
④ 채무자가 법인일 때 법인의 점유보조자
   점유보조자는 독립한 점유주체가 아니므로 그에 대한 인도청구를 기각하여야 하지만, 인도명령신청 단계에서 점유보조자의 대항력 유무를 따져 인도명령을 발령 한다.
⑤ 채무자와 공모하여 집행을 방해할 목적으로 점유한 자

5. 인도명령 불가 대상

① 재침입한 임차인
② 선순위 임차인
   선순위 임차인이 보증금의 일부만 배당 받은 경우
③ 채무자이며 선순위 임차인
④ 법정지상권이 성립하는 건물의 임차인
⑤ 매수인으로부터 새로 임차한 자
⑥ 매수인으로부터 부동산을 매수한 자
⑦ 유치권자

인도범위

chapter 05

경기 광주시 실촌읍에 있는 공장이 경매 나왔다. 매각에서 제외되는 소유자 미상의 2개 건물이 있다. 철골조 판넬지붕 단층창고 $385m^2$와 화장실이 매각에서 제외됐다. 소유자는 매수인에게 제시외 건물의 소유를 주장했으나 법원의 생각은 달랐다. 제시외 건물은 법정지상권이 성립하지 않아 철거 대상이라는 것이다. 더불어 소유자는 일시불로 1,070만원과 퇴거일까지 매월 120만원을 지급하라는 판결을 내렸다.

1. 부합물

부합물이란 원래 부동산과 소유자를 달리하는 별개의 물건이나, 부동산에 결합하여 하나의 물건이 됨으로써 부동산소유자의 소유에 속하게 되는 물건을 말한다. 즉 부합은 수 개의 물건이 결합(부합·합체)하는 것을 말한다.

주건물에 부합되느냐의 기준은 물리적 구조·용도·기능면에서 기존 건물과 독립한 경제적 효용을 가지고 거래상 별개의 소유권의 객체가 될 수 있는지 및 증축한 건물의 소유자 의사 등을 종합적으로 판단 한다.

① 토지의 부합물

정원수, 정원석, 석등, 교량, 돌담, 도랑, 도로의 포장 등이 있고 대표적인 부합물은 수목이다. 수목은 입목에 관한 법률에 따라 등기된 입목과 명인방법을 갖춘 수목을 제외하고는 부합물로 취급한다. 그러나 농작물은 토지에 부합되지 않고 경작자의 소유이다.

지하구조물(지하주차장)이나 유류저장탱크도 토지의 부합물이다.

수목은 원칙적으로 토지의 일부이나 예외적으로 이동(옮겨심기)이 용이하거나 경제적 가치가 있는 경우에는 유체동산집행의 대상이 될 수 있다.

채무자 소유의 미등기 수목은 토지의 구성부분으로써 토지의 일부로 간주되어 특별한 사정이 없는 한 토지와 함께 경매된다. 따라서 매각허가결정문에 기재되어 있지 않더라도 부동산의 구성부분으로 간주되어 매수인이 부동산과 함께 소유권을 취득한다.

> "권원이 없는 자가 토지소유자의 승락을 받음이 없이 그 임차인의 승락만을 받아 그 부동산 위에 나무를 심었다면 특별한 사정이 없는 한 토지소유자에 대하여 그 나무의 소유권을 주장할 수 없다."(대법원 1989. 7. 11. 선고 88다카9067 판결【손해배상(기)】)

🏅 농작물

적법한 경작권 없이 타인의 토지를 경작하더라도 그 경작한 농작물은 경작자의 소유다.

단, 농작물의 씨를 뿌린 단계에서는 그 독립성을 식별할 수 없어, 토지의 구성부분이 되어 독립한 소유권의 객체가 될 수 없다.

매수인은 소유권에 기한 방해제거청구 내지 목적물반환청구로써, 농작물의 철거 및 토지인도청구소송을 제기할 수 있다. 또한 경작기간 동안의 임료상당의 부당이득반환을 청구하거나 불법경작으로 인한 손해배상청구를 할 수도 있다.

② 건물의 부합물

증축, 개축되는 부분이 독립된 구분소유권의 객체로 거래될 수 없으면 기존건물에 부합한다. 2층 건물에 증축하여 방 1개, 거실 1개 및 욕실이 있으나 하수관이 없고 출입구가 2층을 통하여 외관상 기존건물과 일체가 되는 3층 부분. 증축된 욕실이나 변소, 아파트 급수용 물탱크를 위한 옥탑, 축사 등.

> "기존건물에 부합된 증축부분이 기존건물에 대한 매각절차에서 경매목적물로 평가되지 아니한 경우에도 매수인이 증축부분의 소유권을 취득한다."(대법원 1992. 12. 8. 선고 92다26772, 26789 판결)

감정평가 포함 여부에 관계없이 매수인은 부합물의 소유권을 취득한다.

🎖 증축 건물의 부합 기준

㉠ 증축부분이 기존건물에 부착된 물리적 구조, 용도와 기능면에서 기존 건물과 독립한 경제적 효용을 가지는지 여부
㉡ 거래상 별개의 소유권 객체 여부
㉢ 소유하는 자의 의사 등

③ 부합물이 아닌 것

부동산의 부합물은 평가의 대상이 되나, 타인의 권원에 의하여 부속된 것은 평가의 대상이 되지 않는다(민법 제256조 단서).

㉠ 건물의 실체를 갖춘 지하구조물

> "공동가설공사, 건축공사, 전기공사 등의 공정이 모두 이루어지고, 지하 1층 내지 지하 6층 까지의 기둥, 지붕 및 주벽 등의 시공이 완료된 지하구축물은 토지의 부합물이 아니다."(서울고법 2003나8031 판결)

㉡ 기존건물과 신축건물

> "기존건물 및 이에 접한 신축건물 사이의 경계벽체를 철거하고 전체를 하나의 상가건물로 사용한 경우, 제반 사정에 비추어 신축건물이 기존건물에 부합되어 1개의 건물이 되었다고 볼 수 없다."(대법원 2002. 5. 10. 선고 99다24256 판결)

㉢ 건물과 태양열 보일러

태양열 보일러는 쉽게 분리 가능하므로 부합물로 보기 어렵다.

2. 종물

종물이란 물건의 소유자가 그 물건의 상용에 제공하기 위하여 자기 소유인 다른 물건을 이에 부속한 때에는 그 물건을 주물이라 하고 주물에 부속된 다른 물건을 종물이라고 한다(민법 제100조).

어느 건물이 주된 건물의 종물이기 위하여는 ① 주물의 상용에 이바지하고, ② 주물에 부속되어야 하고, ③ 독립한 물건이어야 하며, ④ 주물과 종물이 동일한 소유자에 속하여야 한다.

① **부동산의 종물** - 화장실, 목욕탕, 창고, 연탄창고, 정화조, 횟감용 생선을 보관하기 위해 신축한 수족관 건물, 옵션으로 취득한 씽크대 등
② **동산의 종물** - 주유소의 주유기, 보일러시설, 전기수전설비(청주 2004가단8227 판결), 지하수 펌프, 농지에 부속한 양수시설, 위생설비, 냉난방설비, 승강기시설, 온천권, 집합건물의 대지권, 건물에 따른 법정지상권 등
③ **종물이 아닌 것** - 호텔의 방에 설치된 텔레비전, 전화기, 세탁실에 설치된 세탁기, 탈수기 등

3. 부합물과 종물의 차이점

종물은 주물에 부속되지만 독립한 별개의 물건으로 존재한다. 반면 부합물은 독립성을 잃고 완전히 하나의 물건이 되거나 어느정도 독립성을 유지한다. 즉 물건으로서의 독립성이나 부합의 정도를 가지고 부합물과 종물 여부를 판단할 수 있다.

chapter 06 인도명령 신청

대금 납부 후 6월내에 신청하여야 한다. 신청서가 접수되면 독립된 사건번호("타인")가 부여되고 경매기록에 합철 한다.

경매기록상에 없는 점유자(승계인 등)를 상대로 하는 경우 집행관 작성의 집행불능조서등본·주민등록등본 등 그 점유사실 및 점유개시일자(대금지급 전에 점유를 개시한 사실)를 증명하는 서면을 제출하여야 한다.

1. 신청서류

① 부동산인도명령신청서 1부
② 정부수입인지 1,000원
③ 송달료(당사자수×2회분, 송달료는 1회 기준이 5,100원) 20,400원
④ 목록 3부
⑤ 채무자의 일반승계인을 상대로 하는 경우에는 가족관계등록서 1통

부동산인도명령 신청서

사건번호 :　　　　타경　　호 부동산 임의(강제)경매
신청인(매수인)　성 명
　　　　　　　　주 소
피신청인(임차인)　성 명
　　　　　　　　주 소

신 청 취 지

피신청인은 신청인에게 별지 목록 기재 부동산을 인도하라는 재판을 구합니다.

신 청 이 유

위 사건에 관하여 매수인은　．．．에 낙찰대금을 낸 후 피신청인(□채무자, □소유자, □부동산 점유자)에게 별지기재 부동산의 인도를 청구하였으나 피신청인이 이에 불응하고 있으므로, 민사집행법 제136조 제1항의 규정에 따른 인도명령을 신청합니다.

202 년　　월　일

신청인(매수인) :　　　　　(인)
연락처 :

서울중앙지방법원 귀중

유의사항
1. 매수인은 대금완납 후 6개월 내에 채무자, 소유자 또는 부동산 점유자에 대하여 부동산을 매수인에게 인도할 것을 법원에 신청할 수 있습니다.
2. 괄호안 네모(□)에는 피신청인이 해당하는 부분을 모두 표시(☑)하시기 바랍니다(예를 들어 피신청인이 채무자 겸 소유자인 경우에는 "☑ 채무자, ☑ 소유자, □ 부동산 점유자"로 표시하시기 바랍니다).
3. 신청서에는 1,000원의 인지를 붙이고 1통을 집행법원에 제출하여 인도명령 정본 송달료 20,400원을 납부하셔야 합니다.

○○지방법원
결 정

사 건 : 202 타인   부동산 인도 명령
신청인(매수인) :
　　주 소 :
피신청인(채무자) :
　　주 소 :

주 문

피신청인은 신청인에게 별지목록 기재 부동산을 인도하라.

이 유

이 법원 202 타경   호 부동산임의경매사건에 관하여 신청인의 인도명령 신청이 이유 있다고 인정되므로 주문과 같이 결정한다.

202 년 월 일

사법보좌관   ○ ○ ○   (인)

2. 신청 시기

인도명령은 매각대금을 납부한 날부터(소유권이전등기일이 아님) 6개월 내에 신청해야 한다.

가. 후순위 임차인
매각대금을 납부하는 즉시 무상거주자가 되어 인도명령 대상이다.

나. 선순위 임차인
배당기일에 임차보증금을 전액 배당받는 것으로 배당표가 확정되면 배당금 수령 여부와 관계없이 인도명령을 신청할 수 있다.

> "대항력과 우선변제권을 겸유하고 있는 임차인이 우선변제권을 선택하여 임차주택에 대하여 진행되고 있는 경매절차에서 보증금에 대하여 배당요구를 하였다고 하더라도, 순위에 따른 배당이 실시될 경우 보증금 전액을 배당받을 수 없는 때에는 보증금 중 경매절차에서 배당받을 수 있는 금액을 공제한 잔액에 관하여 경락인에게 대항하여 이를 반환받을 때까지 임대차관계의 존속을 주장할 수 있고, 보증금 전액을 배당받을 수 있는 때에는 경락인에게 대항하여 보증금을 반환받을 때까지 임대차관계의 존속을 주장할 수는 없다고 하더라도 다른 특별한 사정이 없는 한 임차인이 경매절차에서 보증금 상당의 배당금을 지급받을 수 있는 때, 즉 임차인에 대한 배당표가 확정될 때까지는 경락인에 대하여 임차주택의 인도를 거절할 수 있다."(대법원 1997. 8. 29. 선고 97다11195 판결)

단, 임차보증금의 일부만 배당받거나 임차보증금의 전부를 배당 받았다 하더라도 배당이의 등으로 배당표가 확정되지 않으면 인도명령을 신청할 수 없다.

chapter 07 인도명령 재판 및 불복방법

1. 인도명령 재판

서면 심리만으로 인도명령의 허·부를 결정할 수 있고, 상대방을 심문하거나 변론을 열 수도 있다.

채무자·소유자 외의 자에 대하여 인도명령을 하려면 그 점유자를 심문하여야 한다. 다만 그 점유자가 매수인에게 대항할 수 있는 권원에 의하여 점유하고 있지 않음이 명백한 때는 심문을 하지 않아도 된다.

인도명령 진행 예

구 분		진 행 방 안	
채무자		신청일로부터 3일 이내 인도명령 결정	
소유자		신청일로부터 3일 이내 인도명령 결정	
임차인	대항력 ○	심문서 발송	배당 종결 후 3일 이내 결정
	대항력 ×	심문서 발송	배당 종결 후 3일 이내 결정
유치권자		심문기일 지정	심문 후 결정
기타점유자		심문기일 지정	심문 후 결정

○○지방법원
심 문 서

사 건 : 202 타인   부동산 인도 명령

신청인 :

피신청인 :

 이 법원 202 타경 1234호 부동산강제경매 사건에 관하여 신청인이 피신청인을 상대로 별지목록 기재 부동산을 신청인에게 인도할 것을 신청하였는바, 피신청인은 이에 대하여 주장할 내용이 있으면 이 서면이 도달한 날로부터 7일 이내에 서면으로 밝혀주시고 그에 대한 증거자료가 있으면 함께 제출하여 주시기 바랍니다.

202 년 월 일

사법보좌관 ○ ○ ○ (인)

2. 인도명령 효력

 이강헌씨가 서울 강남구 청담동에 있는 연립($85m^2$)을 낙찰 받은 것은 2월 6일. 채무자의 즉시항고로 대금지급기한일이 5월 3일로 정해졌다. 이강헌씨는 채무자의 속보이는 경매절차 지연이 얄미워 대금지급기한 통지서를 받자마자 대금을 납부하고 인도명령도 신청했다(4월 4일). 채무자가 항고를 하지 않았다면 3월 20일 즈음 대금을 납부할 수 있었다.

채무자는 매수인의 초스피드 대금납부에 당황하셨던지 인도명령 결정문을 받지 않았다(4월 15일). 집행법원은 인도명령 결정문이 폐문부재로 반송되자 공시송달로 처리했다(4월 25일).

인도명령 정본이 상대방에게 도달하면 즉시 효력이 생기며 즉시항고가 제기 되더라도 상대방이 별도로 집행정지명령 또는 잠정처분을 받아 집행관에게 제출하지 아니하는 한 집행정지의 효력이 없다.

인도명령에서 시간이 가장 많이 걸리는 부분이 송달과정이다. 점유자가 고의로 송달을 거부하면 특별 송달 과정을 거쳐야 한다.

특별송달에서도 송달이 되지 않으면 공시송달을 신청해야 한다. 관리소장 등으로 부터 거주하지 않는다는 확인서를 받은 뒤 통장과 반장으로부터 불거주확인서를 받아 집행관의 집행불능 조서를 첨부하여 집행법원에 제출한다.

특별송달의 요건과 종류

특별송달에는 야간특별송달과 조조특별송달이 있다. 주·야간에 특별송달이 불가능할 때는 공휴일 및 일요일에 송달할 수 있다.

특별송달도 불능인 경우 우편송달 방법이 있다.

우편송달은 송달 받아야 할 당사자의 소재지가 경매개시결정 시작 때부터 송달이 불명으로 나타나 공시최고를 거쳐 사건이 진행되는 경우에 한해 집행법원에서 일방적으로 사건기록을 발송하는 송달을 말한다.

유치송달은 송달 받아야 할 자가 신분을 감추고 송달 받기를 거부하는 경우 문이 조금 열린 틈으로 서류를 넣는 방법이다. 유치송달은 집행관이 한다.

특별송달종류	요건	진행
야간송달 조조송달	점유자가 낮에 부재시	집행관
공휴일·일요일송달	주·야간에 특별송달이 불가능할 때	집행관
우편(발송)송달	당사자의 소재지가 경매개시결정 당시부터 송달 불명으로 나타나 공시최고를 거쳐 사건이 진행되는 경우	우체부
유치송달	송달 받아야 할 자가 신분을 감추고 송달 받기를 거부하는 경우	집행관

인도명령 송달 불능시 특별송달 방법

특별송달종류	요 건	비 고
공시송달	이사불명·수취인 불명시	
발송송달	이 외의 사유	

3. 불복방법

① 즉시항고

인도명령 결정에 대하여는 즉시 항고를 할 수 있다.

상대방은 인도명령 결정 수령일부터 1주일 내에 즉시항고장을 집행법원에 제출하여야 한다. 항고장에는 항고이유서를 적어야 한다.

항고이유를 적지 않았을 때에는 항고장 접수일로부터 10일 안에 항고이유서를 제출해야 한다. 재항고도 10일 이내에 항고이유서를 제출하여야 한다. 기한 내 미제출시 즉시항고를 각하한다.

즉시항고 기간이 지나 인도명령이 확정되면 청구이의의 소로 다퉈야 한다.

② **불복사유**

불복사유는 ㉠ 인도명령시에 판단하여야 할 적법요건(신청인의 자격, 상대방의 범위, 신청기한 등), ㉡ 심리절차의 하자, 인도명령 자체의 형식적 하자(인도목적물의 불특정, 상대방의 불특정 등), ㉢인도명령 심리절차의 하자, ㉣ 상대방이 매수인에 대항할 수 있는 점유권원의 존재에 한한다.

일단 인도명령이 결정되면 즉시항고를 하더라도 인도집행을 정지시킬 수 없다. 인도명령 결정은 가집행 선고 효과와 같기 때문이다. 인도집행을 정지시키려면 즉시항고를 하면서 강제집행정지 신청서를 접수해야 한다. 강제집행을 정지하려면 그에 상응하는 담보물을 공탁해야 하는데 현금공탁이 원칙이다.

> "부동산인도명령에 대하여 즉시 항고하면서 집행정지신청을 하였으나 그 집행정지 전에 집행이 종료되면 더 이상 항고를 유지할 이익이 없게 된다."(대법원 2008. 2. 5. 자 2007마1613 결정)

인도명령 및 강제집행절차

chapter 08

1. 인도명령절차(집행법원)

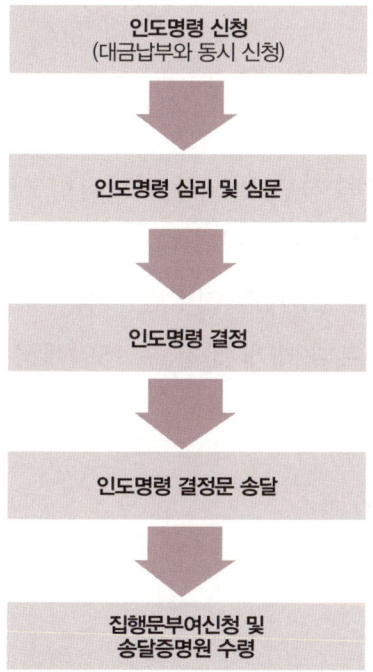

2. 강제집행절차(집행관사무소)

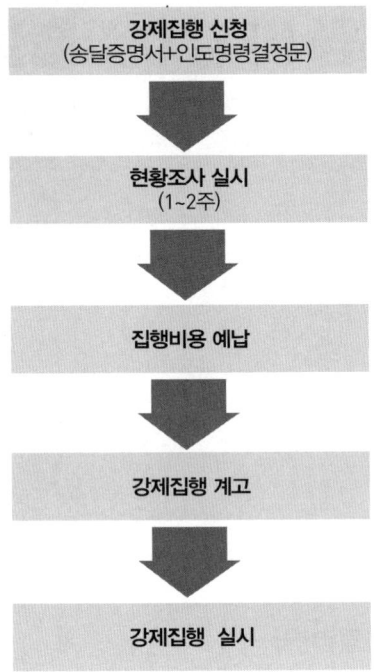

가. 강제집행 신청

강제집행신청서를 접수하면 별도의 인도집행 사건번호(202 본 1234)가 부여된다. 담당부가 배정되면 담당관(대부분 대리나 과장)과 면담을 통해 강제집행비용의 견적과 집행일자를 지정받는다.

접수 건수에 따라 다르나 대개 신청 후 15일에서 30일 사이에 집행일자가 결정된다.

※ 신청서 2장을 작성하고 1장에만 인지를 붙이십시오.

신 청 서	(*해당사항에 기재하고 해당 번호란에 ○표)
사 건 번 호 :	
채 권 자 : 채 무 자 : 제 3채무자 :	집행문부여 인지액 500원 송달증명 인지액 500원 확정증명 인지액 500원

1. 집행문부여신청

위 당사자간 사건의 (판결, 결정, 명령, 화해조서, 인낙조서, 조정조서) 정본에 집행문을 부여하여 주시기 바랍니다.

2. 송달증명원

위 사건의(판결, 결정, 명령, 화해조서, 인낙조서, 조정조서) 정본이 202 .   .   . 자로 신청인에게 송달되었음을 증명하여 주시기 바랍니다.

3. 확정증명원

위 사건의(판결, 결정, 명령,   )이 202 .   .   . 자로 확정되었음을 증명하여 주시기 바랍니다.

202 .   .   .

위 (1항, 2항, 3항) 신청인   (날인 또는 서명)

서울중앙지방법원 민사집행과 귀중

위 (송달, 확정) 사실을 증명합니다.

202 .   .   .

서울중앙지방법원 법원사무관(주사)

[유의사항] 1. 사건번호는 법원으로부터 수령한 소송서류 등으로 확인하여 정확하게 기재하기 바랍니다.
2. 위 양식사항 중 1 내지 3 신청의 '(판결 …조정조서)' 등의 란과 그 하단의 '(1항, 2항, 3항),' (송달, 확정)란에는 해당사항에 ○표를 하여야 합니다.

서 울 중 앙 지 방 법 원

강 제 집 행 신 청 서
서울중앙지방법원 집행관사무소 집행관 귀하

채권자	성 명		주민등록번호 (사업자등록번호)		전화번호	
					우편번호	
	주 소	시 구 동(로) 가 번지 호(통 반) 아파트 동 호				
	대리인	성 명 : 주민등록번호 :			전화번호	

채무자	성 명		주민등록번호 (사업자등록번호)		전화번호	
					우편번호	
	주 소	시 구 동(로) 가 번지 호(통 반) 아파트 동 호				

집행목적물 소재지	채무자의 주소지와 같은 (※ 다른 경우는 아래에 기재함) 시 구 동(로) 가 번지 호(통 반) 아파트 동 호
집 행 권 원	
집행의 목적물 및 집 행 방 법	동산압류, 동산가압류, 동산가처분, 부동산점유이전금지가처분, 건물명도, 철거, 부동산인 도, 자동차인도, 기타( )
청 구 금 액	원(내역은 뒷면과 같음)

위 집행권원에 기한 집행을 하여 주시기 바랍니다.
※ 첨부서류
1. 집행권원   1통   202 . .
2. 송달증명서 1통   채권자   (인)
3. 위임장   1통   대리인   (인)

※ 특약사항
1. 본인이 수령할 예납금잔액을 본인의 비용부담하에
   오른쪽에 표시한 예금계좌에 입금하여 주실 것을 신청합니다.

예금계좌	개설은행	
	예 금 주	
	계좌번호	

채권자   (인)

2. 집행관이 계산한 수수료 기타 비용이 예납통지 또는 강제집행 속행의사 유무 확인 촉구를 2회 이상 받고도 채권자가
   상당한 기간 내에 그 예납 또는 속행의 의사표시를 하지 아니한 때에는 본건 강제집행 위임을 취하한 것으로
   보고 완결처분해도 이의 없음.
                                      채권자   (인)

주 1. 굵은 선으로 표시된 부분은 반드시 기재하여야 합니다.(금전채권의 경우 청구금액 포함)
  2. 채권자가 개인인 경우에는 주민등록번호를, 법인인 경우에는 사업자등록번호를 기재합니다.

집행관사무소

접 수 증(집행비용 예납 안내)

사건번호	202 본 6378	사 건 명	부동산인도
구 분	신규 예납	담 당 부	2부

채권자	성 명		주민등록번호 (사업자등록번호)	
	주 소			

채무자	성 명		주민등록번호 (사업자등록번호)	
	주 소			

대리인	성 명		주민등록번호 (사업자등록번호)	
	주 소			
	사무원			

납부금액	96,600원

납부항목	금액	납부항목	금액
수수료	22,500 원	송달수수료	원
여비	59,000 원	우편료	15,000 원
숙박비	원		원
노무비	원	기 타	원
감정료	원		
납부장소	신한은행		

위 당사자간 부동산인도 사건에 대해 당일 신규 예납 접수되었으므로
위 금액을 지정 취급점에 납부하시기 바랍니다.

202 년   월   일

서울중앙지방법원 집행관사무소
집 행 관   강 집 행

문의전화 : 집행관사무소 02-592-3681
담 당 자 :   592-3681

법원경매정보(www.courtauction.go.kr)에서 회원 가입 후 "나의경매 > 나의동산집행정보"에서 비밀번호 1234를 이용하여 추가하시면,
자세한 사건내용을 조회하실 수 있습니다.

나. 집행비용 예납

집행일이 지정되면 집행 1주일 전에 강제집행비용 예납을 통보받는다.

다. 집행비용 산정

강제집행비용은 집행관사무소별로 편차가 심하다. 같은 면적의 아파트일지라도 집행비용이 2배 넘게 차이가 나는 경우도 있다.

강제집행을 신청하면 집행관이 현황조사를 실시한다. 현황조사는 인도명령 피신청인과 점유자가 일치하는지 여부와 집행비용을 산정하기 위해서다. 아파트 등 주거용 부동산은 현황조사 없이 강제집행 기일을 정하기도 한다. 집행관은 현황조사 후 집행비용 산출 내역서를 작성한다. 집행비용은 집행관이 집행규모, 노무자 수 등을 감안하여 산정한다. 대략 평당 9만 원 내외의 집행비용이 들어간다.

강제집행에 사용할 노무자의 수와 수당기준

집행관 수수료	수수료	15,000원 2시간 기준 초과 1시간 마다 1,500원 추가		
	여비	29,500원에서 거리 따라 증액		
	계고비	29,500원에서 거리 따라 증액		
	송달료	채무자 1인당 10,650원		
	합계	약 84,650원에서 120,000원 사이		
노무비용	기준평수·노무자수	기준평수	노무자수	비고
		5평(16.529㎡) 미만	2~3명	1인당 12만원
		5평(16.529㎡) 이상 10평(33.058㎡) 미만	3~5명	
		10평(33.058㎡) 이상 20평(66.116㎡) 미만	6~8명	
		20평(66.116㎡) 이상 30평(99.174㎡) 미만	9~11명	
		30평(99.174㎡) 이상 40평(132.232㎡) 미만	12~14명	
		40평(132.232㎡) 이상 50평(165.29㎡) 미만	15~17명	
		50평(165.29㎡) 이상	매 10평마다 2명씩 증가	

부대비용	10평 이하	50,000원
	10~20평 이하	70,000원
	20~30평 이하	90,000원
	30~40평 이하	100,000원
	40~50평 이하	120,000원
	매 10평 증가 시	20,000원 추가
전문기술자	측량, 목수, 중장비, 전기·가스 기술자 등 특수 기술자는 노무비용의 30%까지 증액	
열쇠기술자	일반열쇠	50,000원
	전자열쇠	100,000원
	특수열쇠	120,000원
	개문하지 않으면	30,000원
보관비용 신청	보관료·보관기관	5톤 컨테이너 월 200,000원 3개월 선납을 원칙으로 하되, 채권자의 요구가 있으면 조절
	운반료· 상하차비	5톤 트럭 500,000원
		2.5톤 트럭 300,000원
		1톤 트럭 150,000원
		상하차만 하면 — 인건비는 인도용역비와 동일

※출처 : 강제집행에 사용할 노무자 등의 수와 수당기준(안) 집행관자료집 Ⅳ

  20평에서 30평 사이일 경우 적정 노무자 수 기준은 9명에서 11명 사이다. 그러나 이는 1층을 기준으로 한 것이기 때문에 지하층이나 2층부터는 1개 층 증가시마다 2명의 노무자를 추가로 투입할 수 있다. 단, 엘리베이터나 사다리차를 쓰는 경우 노무자를 추가로 투입할 수 없다.

  강제집행 비용 기준에 따르면 노무자 수를 가감할 수 있는 경우는 다음과 같다.

  ㉠ 철공소, 카센터 등 특수기술자, 특수장비를 사용하는 경우, ㉡ 물품보관창고, 대형슈퍼마켓, 건재상 등 수거할 물건이 많은 경우, ㉢ 대형유흥업소, 집단상가, 다세대 등 공동주택, 종교시설, 재개발지역 및 비닐하우스촌 등 집단적 저항이 예상되는 경우, ㉣ 이밖에 집행이 극히 용이하거나 곤란

할 경우이다.

① 보관비용
보관업체에 보관하는 경우, 보관비용은 5톤 컨테이너 1대당 월 20만원이다.

② 운반비
운반비는 상, 하차비(장비)포함 5톤 화물차 1대당 50만원이다.

집행비용은 법원에 따라 납부 방법이 다르다. 예상비용 전액을 예납하기도 하고 일부비용만 납부하였다가 집행직전에 전액을 납부하기도 한다.
서울중앙지방법원 집행관사무소는 강제집행 신청시 접수비용만 받고, 집행관사무소에 등록된 이사전문업체 등을 연계만 해준다. 업체 선정이나 계약은 채권자가 직접하도록 하고 있다.
집행 전에 취소하면 예납비용을 환불 받을 수 있다. 인도집행일에 노무자가 집행현장에 도착하였으나 채권자의 연기, 기타 사정으로 인도집행을 실시하지 아니할 경우에는 규정된 노무비의 30%를 지급하여야 한다. 기타 대기 시간에 따라 비용이 추가될 수 있다. 인도집행시 장비(사다리차, 지게차 등 중장비 등)의 비용은 채권자가 별도로 부담해야 한다.

라. 집행계고
집행계고란 강제집행 전 집행관이 매수인의 인도요구에 점유자가 끝까지 불응할 경우 3일에서 10일 사이에 강제집행을 하겠다는 예고서다.
매수인이 모로쇠로 일관하는 점유자를 상대로 집행 전 마지막 압박 절차다. 계고서를 받고도 배째라로 버티는 점유자는 거의 없다.

마. 강제집행

강제집행때는 매수인 외 2인의 참관인이 있어야 한다.

집행대상 부동산에 사람이 없거나 있어도 문을 열어주지 않으면 집행관은 직권으로 열쇠공에게 문을 열도록 한다. 유흥업소나 점유자가 완강히 저항하는 경우 경찰의 도움을 받아 집행한다. 이권이 개입된 물건의 집행은 매수인과 점유자 양측에서 신체 건장한(?) 사람을 동원하여 세 싸움을 벌이기도 한다. 집행관의 집행 종료 시점은 유체동산(세간살이)을 마당으로 내 놓는 데 까지다. 점유자가 없거나 수령을 거부하면 집행관은 목록을 작성하여 채무자의 비용(실제는 매수인이 부담)으로 매수인에게 창고에 보관하도록 한다. 가끔 점유자들이 강제집행을 포장이사 쯤으로 알고 있는데 천만의 말씀이다.

바. 보관동산의 처리

채권자는 채무자의 주민등록상 주소지로 보관동산을 인수하여 갈 것을 2회에 걸쳐 내용증명으로 통지하고, 1개월 내에 인수하지 않을 때에는 담당 집행관에게 매각허가신청을 한다.

채무자가 인수해가지 않는 보관동산은 집행법원의 허가를 받아 매각절차를 거쳐 매각한 후, 절차비용에 우선변제하고 나머지가 있으면 채무자에게 지급한다.

강제집행에 관하여

"같은 법원의 동일 목적물이라도 집행관에 따라 강제집행에는 차이가 있다. 강제집행을 하다 보면 법과 제도가 부여한 권한보다 그 법과 제도를 운용하는 사람이 얼마나 중요한지 절감하는 경우가 많다."

서울중앙지방법원
부동산인도집행조서

사　　건 : 202 본 1230 (1부)
채 권 자 : 강 경 매
채 무 자 :
집행권원 : 서울중앙지방법원 201 타기 3456호
집행목적물 : 위 집행권원 주문에 표기된 별지목록의 기재와 같다.
집행 일시 : 202 . 8. 28. 11:30
집행 장소 : 서울시 서초구 서초동 1234 지하층 1호

1. 위 집행권원에 의한 채권자의 위임에 의하여 집행장소에서 채무자 또는 그 가족 및 동거인 등을 만나지 못하였으나 증인 2명과 채권자 강경매를 참여시키고 집행목적물에 대한 채무자의 점유를 해제하고 집행관이 이를 점유하여 채권자 강경매에게 인도하였다.
2. 이 절차는 같은 날 12:10에 종료하였다.
이 조서는 현장에서 작성하여 집행참여인에게 읽어(보여)주었다.

202 년 8월 28일

집행관 :

채권자 : 강 경 매
채무자 : 불참
참여자 성명 :　　　　　　　　주민등록번호 :
　　주소 :
참여자 성명 :　　　　　　　　주민등록번호 :
　　주소 :

인도소송 chapter 09

1. 당사자

매수인 또는 상속 등의 일반승계인과 매매 등으로 소유권을 이전 받은 특정승계인은 인도소송을 신청할 수 있다.

2. 대상

① 선순위 임차인

대항력과 우선변제권을 겸용한 임차인이 배당요구를 하여 전액 배당을 받는 경우, 그 배당금을 실제로 지급 받을 수 있는 때(배당표 확정시)까지 매수인에게 주택의 인도를 거절할 수 있다. 배당표 확정 이후에는 인도명령이 가능하다.

② **재침입한 임차인**

매수인이 일단(임의인도, 강제집행에 의한 인도 등) 부동산의 점유를 인도받은 후에는, 제3자가 불법으로 점유하여도 인도명령이 불가능하다.

이때는 인도소송보다는 형사로 접근하는 것이 더 효율적이다.

강제집행으로 퇴거한 자가 재침입하였을 경우, 형법 제140조의 2호(부동산강제집행효용침해)에 의해 5년 이하의 징역 또는 700만원 이하의 벌금에 처하게 된다. 그밖에 형법 제319조의 주거침입죄, 퇴거불응죄 등의 형사상 소추가 가능하다. 민사상으로 다시 판결문을 받아 집행에 나서야 한다. 그래서 인도는 언제나 뒤탈이 없도록 깔끔하게 처리해야 한다.

📖 부동산인도 관련 형법

형법 제140조의2(부동산강제집행효용침해) 강제집행으로 인도 또는 인도된 부동산에 침입하거나 기타 방법으로 강제집행의 효용을 해한 자는 5년 이하의 징역 또는 700만원 이하의 벌금에 처한다.

제315조(경매, 입찰의 방해) 위계 또는 위력 기타 방법으로 경매 또는 입찰의 공정을 해한 자는 2년 이하의 징역 또는 700만원 이하의 벌금에 처한다.

제319조(주거침입, 퇴거불응) ① 사람의 주거, 관리하는 건조물, 선박이나 항공기 또는 점유하는 방실에 침입한 자는 3년 이하의 징역 또는 500만원 이하의 벌금에 처한다.

② 전항의 장소에서 퇴거요구를 받고 응하지 아니한 자도 전항의 형과 같다.

제327조(강제집행면탈) 강제집행을 면할 목적으로 재산을 은닉, 손괴, 허위양도 또는 허위의 채무를 부담하여 채권자를 해한 자는 3년 이하의 징역 또는 1천만원 이하의 벌금에 처한다.

제366조(재물손괴등) 타인의 재물, 문서 또는 전자기록등 특수매체기록을 손괴 또는 은닉 기타 방법으로 기 효용을 해한 자는 3년이하의 징역 또는 700만원 이하의 벌금에 처한다.

③ 매수인이 인도명령 대상이 되는 소유자, 채무자에게 소유권을 양도한 경우
④ 법정지상권이 성립하는 건물의 임차인
⑤ 매수인으로부터 새로 임차한 자
⑥ 매수인으로부터 부동산을 매수한 자
⑦ 채무자이며 대항력있는 임차인
⑧ 부도임대주택의 임차인
⑨ 6개월이 지난 인도명령대상자
⑩ 유치권자. 단, 허위 유치권이 명백한 경우 인도명령 대상이다.

3. 관할법원

부동산 소재지의 지방법원이 관할법원이다.

4. 절차

소장에는 인도 할 목적물의 정확한 위치, 면적 등을 특정하여야 한다. 특히 건물의 일부분을 인도 할 경우 위치와 면적을 정확히 기재해야 집행시 문제가 없다. 소를 제기하면 상대방이 답변서를 내고, 한두 번의 준비서면이 오고 간 후에 법원이 변론기일을 열어 쟁점을 정리한다. 그 뒤 한두 번의 변론기일을 열어 증인신문 등 증거조사를 한 후 결심을 하고 선고를 한다.

소요기간은 통상적으로 3~5개월 정도 걸리며 항소시에는 더 걸릴 수도 있다. 그러나 제 1심 법원에서 가집행 선고 판결을 하기 때문에 1심 판결 후

인도집행을 할 수 있다.

점유자가 판결문을 받고도 인도에 불응할 경우, 판결문에 송달증명원과 확정증명원 그리고 집행문을 부여 받아 집행관사무소에 강제집행을 신청한다.

강제집행은 인도명령과 절차가 같다.

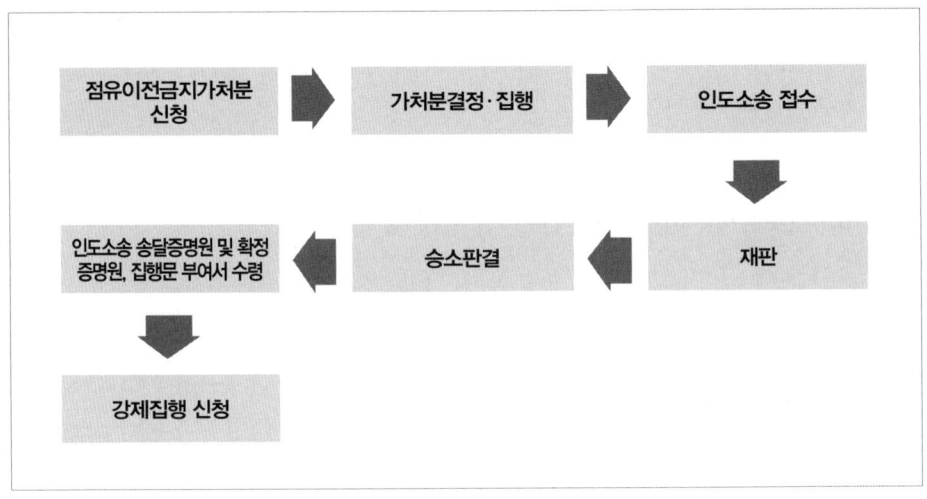

5. 인도소송시 주의할 점

인도명령과 달리 인도소송은 소를 제기 하기 전 점유이전금지가처분 신청을 해야 한다.

① 점유이전금지가처분

점유이전금지가처분은 가처분 당시의 점유자를 고정시키기 위한 처분이다. 점유이전금지가처분 이후 다른 사람이 점유하면 그 사람에게 가처분의 효력이 미쳐 승계집행문을 받아 강제집행을 할 수 있다.

점유이전금지가처분은 매각대금 완납증명원으로 소유자임을 확인하면 신청할 수 있다. 가처분의 신청시 담보를 제공해야 한다. 담보공탁금은 보증보험증권으로 납부하는데 통상 목적물 가액의 20분의 1이다.

② 점유이전금지 가처분 효과

점유이전금지 가처분을 신청하면 집행관은 점유자가 부재중에도 문을 따고 들어가 눈에 잘 띄는 곳에 경고문을 붙여 점유자에게 상당한 심리적 효과를 준다. 더불어 인도에 불응시 강제집행을 할 것이라는 강력한 경고효과도 부수적으로 얻을 수 있다. 점유이전금지 가처분의 집행은 가처분 결정의 송달일로부터 2주 안에 집행해야 한다.

고 시

사　　건 : 202 가 123(1부)
채 권 자 :
채 무 자 :
집행권원 : 서울중앙지방법원 202 카단1234

위 집행권원에 기한 채권자 ○○○의 위임에 의하여 별지표시 부동산에 대하여 채무자의 점유를 해제하고 집행관이 이를 보관합니다.

그러나 이 부동산의 현상을 변경하지 않을 것을 조건으로 하여 채무자가 사용할 수 있습니다.

채무자는 별지표시 부동산에 대하여 그 점유를 타인에게 이전하거나 또는 점유명의를 변경하지 못합니다.

누구든지 집행관의 허가없이 이 고시를 손상 또는 은닉하거나 기타의 방법으로 그 효용을 해하는 때에는 벌을 받을 수 있습니다

202 년 월 일
서울중앙지방법원

집행관 　강 집 행
(전화번호 02-592-1234)

③ 부당이득반환청구

그밖에 인도청구에 부수하여 점유자가 인도완료 할 때까지 임료상당의 부당이득 반환도 청구한다. 법원에 임료감정을 신청하면 그 감정된 임료만큼 인도완료시까지 지급하라는 판결을 받을 수 있다. 그러나 실무에서는 상대방 압박용으로 사용하여 소송 중 법원의 조정이나 합의에 의해 인도비로 갈음하여 인도를 끝낸다.

6. 특수인도

법정지상권이 성립하지 않는 건물의 대지만 낙찰 받았을 때, 임차인을 상대로 인도소송이 가능하다. 먼저 건물주를 상대로 건물철거 및 토지인도 청구소송을 제기하고, 임차인을 상대로 건물퇴거 소송을 한다.

7. 인도단행가처분

인도집행을 한 뒤 소유자나 임차인이 재침입 한 경우, 인도소송을 통해 이들을 다시 내보내려면 인도판결에서 집행까지 최소 6~7개월 이상의 시간이 걸린다. 그러나 인도단행가처분을 이용하면 빠르면 2개월 이내에 집행이 가능하다.

인도단행가처분은 부동산의 인도·인도청구권을 보전하거나 다툼이 있는 부동산의 권리관계에 대하여 임시의 지위를 정하기 위하여, 부동산의 점유를 채권자에게 이전할 것을 명하는 만족적 가처분이다.

인도단행가처분이 집행되면 가처분채무자는 본안소송에서 다투어 볼 기회조차 없이 부동산에 대한 현재의 이용상태를 박탈당하게 된다. 따라서 인도단행가처분은 인도집행 후 재침입한 경우나 불법적인 점유침탈이 이루어진 경우 처럼 인도의 긴급성에 대한 고도의 소명이 있는 경우에 한해 제한적으로 인정된다.

인도명령과 인도소송의 비교

구분	인도명령	인도소송
신청시기	대금납부 후 6월 이내	대금납부 후
신청대상	소유자, 채무자, 대항력없는 점유자 대항력있는 임차인 보증금 전액 배당 시	대항력있는 점유자 인도명령대상자도 대금납부 6개월 후
신청방법	인도명령 신청(경매계)	인도소송 제기(관할법원) 점유이전금지 가처분 동시 신청
집행과정	소유자 및 채무자(심문없음) 점유자(심문 후 명령)	소 제기에 의한 심문 후 판결 (입증자료, 증인신청 등)
구비조건	송달확정 증명원 (송달불능시 특별송달, 공시송달)	집행력 있는 정본 (판결확정증명원+송달증명원)
주문형식	피신청인은 신청인에게 별지목록 기재 부동산을 인도하라	피고는 원고에게 피고가 점유하고 있는 별지목록 기재 부동산을 인도하라
소요기간	신청 후 3일~5주	인도소송 제기 후 통상 3~5개월 내외
소요비용	인지, 송달료, 강제집행수수료 등 약 150만원	인지대, 송달료, 소송경비 및 강제집행비 등 약 3~5백만원
최선책	강제집행보다는 대화를 통한 합의가 최선 햇볕정책(이사비로 해결유도, 강제집행은 시위용으로만 이용)으로 자진 퇴거	

chapter
10 인도 요령

1. 인도의 첫 걸음 – 내용증명 보내기

　내용증명은 불요식 행위라 딱히 정해진 양식이 있는 것은 아니다. 처음과 끝부분에는 받는 사람과 보내는 사람의 인적 사항을 적고 본인이 원하는 바를 적으면 된다. 목적은 자진해서 내보내기 위한 합의 유도용이다. 이 합의를 유도하기 위해 내용에 달래고 어르는(강제집행과 손해배상, 임료 등을 청구) 내용을 담는다. 2부를 복사한 후 원본과 함께 3부를 우체국에 접수한다.

　내용증명을 보낼 때는 일반우편과 함께 보내는 것이 좋다. 내용증명은 수신인이 받지 않으면 반송되지만 일반우편은 편지함에 꽂기 때문에 수신인이 언제든 볼 수 있다.

　내용증명 수신 여부는 인터넷우체국(www.epost.go.kr)에 접속하여 우편물조회 중 '등기소포조회'에서 접수시 받은 등기번호(13자리)를 가지고 수령인과 몇시에 배달됐는지 확인할 수 있다.

내 용 증 명

수신 : ○ ○ ○
　　　서울시 ○○구 ○○동 ○○ 아파트 104동 1401호
발신 : ○ ○ ○
　　　서울시 ○○구 ○○동 ○○ 아파트 102동 1602호

제 목 : 부동산 인도 통보

안녕하십니까?
본인은 서울시 ○○구 ○○동 125번지 ○○아파트 102동 1401호를 202 년 월 일 서울중앙지방법원 경매 계(사건번호 202 타경 1234호)에서 경매를 통해 낙찰받고 201 년 월 일 그 대금을 납부하여 소유자가 된 강놀자입니다.
본인은 매각 후 수차에 걸쳐 상기 부동산의 원만한 인도를 위해 귀하와 협의를 시도하였으나 귀하가 협의에 응하지 않아 부득이 아래와 같이 통보하오니 신중히 판단하여 결정하시길 바랍니다.

아 래

1. 배당기일인 202 년 월 일 까지 집을 비워주시기 바랍니다.
2. 귀하가 약속한 날짜에 이사를 가시면 배당기일 날 배당금을 수령할 수 있도록 본인의 인감증명이 첨부된 인도확인서를 발부해 드리겠습니다.
　　단 귀하는 이사일까지 관리비, 도시가스, 전기료 등 제세공과금을 정산하고 그 영수증을 보여주시기 바랍니다.
3. 만일 귀하가 월 일까지 집을 비워주지 않으면 매각대금납부일인 202 년 월 일부터 인도일까지 매월 100만원(최초감정가 1억원×1%)의 금액을 사용료로 청구하겠습니다.
4. 또한 강제집행 등 모든 법적 조치를 취하겠습니다.
5. 물론 귀하의 불법점유에 따른 손해배상과 사용료, 강제집행비용, 밀린관리비와 공과금 등을 청구하겠으며 배당금도 압류하겠습니다.

위 내용은 귀하와 인도문제를 원만히 해결되지 않았을 때를 전제하여 말씀드린 것이오니 양해하여 주시기 바라며 현명한 판단을 하시어 연락 주시기 바랍니다.

202 년 월 일

발신인(매수인) 강 놀 자(010-3780-1234)

2. 집행 사전 예고제 – 집행계고서

강제집행은 접수순으로 정해지는데 신청사건의 적체 유무에 따라 한 달에서 두 달이 걸릴 수 있다. 집행 전에 '집행 사전 예고제'를 통해 인도의 효용을 높일 수 있다. 집행계고서는 점유자에게 강제집행일을 미리 안내하기 때문에 심리적 압박효과가 매우 크다. 당당하게(?) 버티던 점유자도 계고 후에는 대부분 꼬리를 내린다. 매수인은 집행비용을 절약 할 수 있어 좋고 점유자는 무엇보다 강제집행을 피할 수 있어 좋다.

부동산인도 강제집행 계고

사 건 : 202 본 123(1부)
채권자 :
채무자 :

위 당사자간 서울서부지방법원 202 타기 123 호 집행력있는 결정에 기하여 채권자로부터 부동산인도 강제집행 신청이 있으니,
202 년 월 일까지 자진하여 이행하시기 바랍니다.

위 기일까지 자진하여 이행하지 않을 때에는 예고없이 강제로 집행이 되고 그 비용을 부담하게 됩니다.

202 년 월 일

서울서부지방법원

집행관 강 집 행

부동산 인도집행 시 집행관은 특별한 사정이 없는 한 점유자 또는 채무자에게 1~2주의 유예기간을 주어 자진인도를 최고하는 예고절차를 실시하고 있다. 그러나 이 제도는 임의적인 제도이어서 채권자가 합리적인 이유를 내세워 본 집행을 요구하면 계고 절차를 생략하기도 한다.

예고기간
주거용 건물 : 2주 이내, 상가나 사무실 : 1주 이내

3. 빈집의 인도

자영업을 하는 손현수씨는 빈 집에 용감하게 들어갔다가 호된 신고식을 치렀다. 몇 번의 낙방 끝에 서울 강서구 화곡동에 있는 다세대 주택을 낙찰받았다. 탐문 결과 대항력없는 임차인이 전입은 되어 있으나 가끔 들어 온다는 말을 들었다. 점유자가 없으니 인도가 문제였다. 자문은 과감히 문을 따고 들어가라는 사람과 법적 절차를 거치라는 사람으로 갈렸다. 빠른 입주를 위해 손씨는 문을 따고 들어가기로 했다. 집안에는 냉장고, TV 등 허접한 세간들만 있었다. 용감함은 대담함으로 바뀌어 과감하게 쓰레기 분리수거(?)를 해 버렸다. 잘 살고 있던 어느 날 강서 경찰서에서 출두서가 왔다. 임차인이 주거침입과 재물손괴죄로 고소를 하였던 것이다. 수차례 경찰 출두와 남부지검까지 오고간 끝에 불구속기소 되어 벌금 30만원으로 마무리 했다.

관리실이나 경비업체, 이웃집 등을 통해 빈 집임이 확실하다면(전기계량기, 도시가스 등) 강제집행을 할 필요 없이, 관리실 또는 경비업체에 알리고 이들과 동행하거나 20세 이상 성인 2인 입회하에 잠금장치를 해제 후 인도가 가능하다.

빈 집이거나 정말 무시해도 좋은 허접한 쓰레기라면 사진을 찍고 목록

을 만들어 사후 예기치 않은 변수(경찰서 불려 다니는 일)에 대비해야 한다.
그러나 세간이 남아 있다면 출입문을 원상태로 복구하고 법 절차를 밟아 유체동산을 처리하는 것이 좋다.

4. 강제집행 후 유체동산의 처리

가. 보관집행

점유자가 실제 거주하고 있음에도 강제 집행을 방해할 목적으로 고의로 문을 열어주지 않거나, 부재중이어서 2회 이상 집행 불능이 되면 성인 2인 또는 국가공무원, 경찰공무원 1인 입회 하에 강제집행을 할 수 있다.

이 때 반출되는 유체동산은 집행관이 목록을 작성하여 이삿짐 물류센터에 1~3개월 기준으로 보관한다. 보관비용은 채무자가 부담하는 것이 원칙이나 실무에서는 매수인이 부담하는 선에서 강제집행을 마무리한다.

나. 유체동산의 처리

최소 1개월까지 보관을 하고 그 이후에는 매수인이 보관비용의 부담에서 벗어나기 위해 유체동산을 경매에 붙여 그 보관비용에 충당하고 잔액은 공탁을 하는 등의 조치를 취해 보관 부담에서 벗어난다. 아니면 물품보관소에서 유치권에 기한 물품 압류를 한 후 동산 경매절차를 밟아 처리한다.

강제집행을 하면 대부분 점유자가 짐을 찾아간다. 그래도 찾아가지 않으면 점유자에게 짐을 찾아가라고 내용증명을 보낸다.

최고서 발송 후 1주일이 지나면 유체동산 매각신청을 한다. 집행비용을 예납하고 공탁금액을 납부한다. 유체동산 감정 후 점유자를 상대로 인도집행에 소요된 집행비용을 청구한다. 대부분 가치가 없는 물건이어서 매수인이 직접 낙찰 받아 매각대금과 집행비용을 상계 처리한다.

5. 강제 집행 대상 부동산에 압류·가처분된 물건

송호정씨는 성남시 분당구 정자동 한솔마을 청구아파트 85㎡를 감정가 5억 4,000만원의 91.7%인 4억 9,510만원에 낙찰 받았다.

관리비(220만원) 밀린 것은 인도와 연계하면 돼 부담이 되지 않았다. 몇 차례 헛걸음 후 현관 문이 열려 있어 들어가보니 채무자의 친척이라는 분이 옷가지 등을 정리하고 있었다. 그러나 웬걸 냉장고, 세탁기, TV, 쇼파, 에어컨, 식탁 등 값이 나갈 만한 물건에는 죄다 압류 딱지가 붙어 있었다. 관리비는 밀려있고 채무자는 행방불명이고 집기는 압류돼 있고 인도에서 피곤한 유형이다. 이처럼 유체동산이 남아있는 상태에서 채무자가 몸만 쏙 빠져나가면 유체동산 정리시 적잖은 시간 감수를 해야 한다.

가. 압류 물건 처리 방법

압류된 동산의 압류물 표목에서 압류번호(201 본 123호)를 확인 후, 집행관사무소에서 압류채권자를 확인한다.

첫째, 압류채권자에게 처리를 요구한다. 처리방법은 유체동산 경매를 진행하든지 아니면 압류를 풀어달라고 한다. 채권자가 유체동산에 강제집행을 하는 이유는 유체동산 경매를 통해 채권의 일부라도 건지려는 의도 외에 채무자에게 심리적 압박을 주기 위함이다. 매수인은 압류 채권자에게 낙찰받은 부동산에 압류 물품을 임의로 방치(보관)하는 바람에 재산권 행사(입주 및 임대 등)을 하지 못해 손해를 보고 있어 손해배상을 청구하겠다고 하면, 취하 비용조로 일부를 지급하는 선에서 해결이 된다.

둘째, 압류채권자가 처분을 꺼리거나 취하비용을 너무 많이 요구하면, 집행관 사무소를 방문하여 압류물건 보관장소 이전신청을 한다. 물품보관 장소를 정하여 집행관의 허락 하에 제3의 장소에 물건을 보관한 후(보관료는 매수자 부담) 동산압류 채권자에게 조속한 처리 및 손해배상 취지의 내용증명을 보낸다.

유체 동산 압류시 채권자 인적 사항 확인이 중요하다.

채무자가 거주할 경우 채무자를 통해 인적 사항을 확인한다. 채무자 부재시 집행관사무소에서 알 수 있는데 인도명령 결정 이후다. 인도명령 결정이 나야 매수인이 집행사건의 이해관계인이 되어 유체동산 압류사건을 열람할 수 있다. 압류한 집행관의 도움을 받아 처리하는 것이 가장 좋다.

압류동산은 3개월이 지나도록 압류권자가 동산을 처분하지 않으면 집행관사무소에서 처분을 촉구(두 차례) 후 그래도 시행되지 않으면 직권으로 압류를 취하한다. 대부분의 경매물건은 시효가 지나 압류가 취소된 상태다.

매수인은 보관임대료를 채권으로 하여 동산을 다시 압류한 후 경매절차를 거쳐 비용을 회수할 수 있다.

나. 가처분

가처분된 동산은 권리자와 협의가 안되면 소송을 해야 한다.

6. 점유이전금지가처분이 필요한 때

회사원 채영균씨는 마산시 신포동에 있는 상가 $319m^2$를 7,812만원에 낙찰 후 채무자 겸 소유자를 상대로 인도명령 신청을 하였다. 인도협상 결렬 후 강제집행을 위해 상가를 찾아갔더니 제3자가 점유 중이었다. 이 경우 매수인은 제3자를 상대로 다시 인도명령 결정을 받아야 한다. 제3자가 점유를 이전하지 못하도록 하는 처분이 점유이전금지가처분이다.

대금납부 전, 후에 위장임차인을 점유시켜 인도명령 및 인도집행을 지연시키는 행위가 빈번하게 발생하고 있다. 대금납부 전 점유현황 확인시 이상조짐이 보이면 인도명령 신청과 점유이전금지가처분을 같이 신청하는 것이 좋다.

창원지방법원 마산지원
결 정

사　건 : 202 카단 1234　부동산점유이전금지가처분
채 권 자 :
채 무 자 :

주 문

채무자의 별지목록기재 부동산에 대한 점유를 풀고 채권자가 위임하는 집행관에게 인도하여야 한다.
집행관은 현상을 변경하지 아니할 것을 조건으로 하여 채무자에게 사용을 허가하여야 한다.
채무자는 그 점유를 타에 이전하거나 또는 점유명의를 변경하여서는 아니된다.
집행관은 위 취지를 적당한 방법으로 공시하여야 한다.

피보전권리의 내용 소유권에 기한 건물인도청구권

이 유

이 사건 부동산점유이전금지가처분 신청은 이유 있으므로 담보로 공탁보증보험증권(서울보증보험즈식회사 증권번호 제 100-000-1234567123456호)을 제출받고 주문과 같이 결정한다.

202 년 월 일

판 사　○　○　○

◇ 유의사항 ◇
※ 1. 채권자가 이 결정서를 송달받은 날로부터 2주를 넘긴 때에는 집행을 할 수 없습니다.

① 인도명령 결정 후 점유 이전 - 승계집행문 받아 제3자 상대 집행 가능

인도명령 결정 후 상대방이 강제집행을 무력화시키기 위해 제3자에게 점유를 넘겼을 경우, 집행법원에 그 사실을 소명(집행관의 집행불능조서등본 등)하여 승계집행문을 부여받아 제3자를 집행 할 수 있다.

② 인도명령 결정 전 점유 이전 - 제3자 상대 다시 인도명령 신청

법원의 인도 결정이 있기 전 제3자에게 점유를 넘겼을 경우, 제3자를 상대로 다시 인도명령을 신청해야 한다.

인도소송은 사전절차로 점유이전금지가처분 신청을 해야 한다. 그러나 인도명령도 점유이전금지가처분을 할 필요가 있을까에 대해 필자는 개인적으로 선호하지 않는다. 신청 여부는 인도를 위해 상대방과 대화를 해보면 윤곽이 나온다. 깐깐한 사람으로 인도시 속깨나 썩일 것 같다면 점유이전금지가처분을 신청하는 것이 후환을 없애는 지름길이다.

7. 인도를 할 수 없는 임차인

① 공공건설 임대주택

㉮ 부도 공공건설 임대주택 임차인

㉠ 2년간 인도 불가

민간임대주택법의 적용을 받는 부도 공공건설 임대주택의 매수인은 임대주택의 입주자모집 공고에서 정한 임대의무기간 동안 임차인에게 인도를 요구할 수 없다. 단, 잔여 임대기간이 2년 미만인 경우에는 최소 2년간 임대하여야 한다(민간임대주택법 제25조 제1항).

단, 임차인이 매수인으로부터 종전 임대조건으로 임대차계약을 제안 받고 이를 거부한 경우 인도가 가능하다(대법원 2011. 9. 8. 선고 2011다54판결 건물인도등).

ⓒ 3년간 인도 불가 – 보금자리주택

부도공공건설임대주택 임차인 보호를 위한 특별법(보금자리주택)에 의하면, 부도 임대주택을 주택매입사업시행자 외의 자가 매입한 경우, 부도임대주택의 임차인에게 3년의 범위 내에서 종전에 임차인과 임대사업자가 약정한 임대조건으로 임대하여야 한다(부도공공건설임대주택 임차인 보호를 위한 특별법 제10조 제5항).

㈏ 참여의 제한
㉠ 임차인 우선매수권

부도임대주택의 임차인은 임대주택법의 경매에 관한 특례규정(임대주택법 제22조)에 따라 우선매수권을 행사할 수 있다.

ⓒ 주택매입사업시행자

임차인은 주택매입사업시행자인 한국토지주택공사(LH) 등에 우선매수권을 양도할 수 있으며, LH가 우선매수권을 보유(부도공공건설임대주택 임차인 보호를 위한 특별법 제12조)하면 일반인의 참여가 제한을 받을 수 있다.

㈐ 인도확인서 제출 여부
㉠ 인도확인서 요

임차인이 매수인과 재계약을 원하나 임대차계약 체결 전이라면 인도확인서가 필요하다.

매수인이 부도임대주택의 임차인을 상대로 인도명령을 할 수 없다는 것과, 임차인이 배당금을 수령하기 위해 매수인의 인도확인서를 제출하는 것은 별개이다.

ⓒ 인도확인서 불요

매수인과 임대차계약이 체결된 경우 임차인은 인도확인서가 없어도 배당금을 수령할 수 있다.

② **지분부동산**

㉮ **채무자**

매수인은 보존행위로써 채무자를 상대로 인도명령을 신청할 수 있다. 채무자는 경매에 의해 그 지위를 상실하고 매수인이 그 지위를 승계하기 때문이다.

㉯ **임차인**

대항력 유무와 공유지분 비율이 관건이다.

임차인이 대항력이 없더라도 매수인이 취득한 공유지분이 2분의 1 이상이면 관리행위로써 인도명령이 가능하나, 과반수에 미치지 못하면(예 10분의 4 등) 점유자를 상대로 인도명령을 신청할 수 없다. 공유물의 관리는 공유자 지분의 과반수로 결정하기 때문이다.

공유자는 자기 지분에 대해서 처분 또는 사용·수익할 수 있으나 남의 지분에 대해서는 처분 권한이 없다. 즉, 임차인이 낙찰받은 지분(10분의 4)에만 점유를 하고 있다면 인도명령이 가능하다.

> "공유자 사이에 공유물을 사용·수익할 구체적인 방법을 정하는 것은 공유물의 관리에 관한 사항으로서 공유자의 지분의 과반수로써 결정하여야 할 것이고,

> 과반수의 지분을 가진 공유자는 다른 공유자와 사이에 미리 공유물의 관리방법에 관한 협의가 없었다 하더라도 공유물의 관리에 관한 사항을 단독으로 결정할 수 있으므로, 과반수의 지분을 가진 공유자가 그 공유물의 특정 부분을 배타적으로 사용·수익하기로 정하는 것은 공유물의 관리방법으로서 적법하며, 다만 그 사용·수익의 내용이 공유물의 기존의 모습에 본질적 변화를 일으켜 '관리' 아닌 '처분'이나 '변경'의 정도에 이르는 것이어서는 안 될 것이고, 예컨대 다수지분권자라 하여 나대지에 새로이 건물을 건축한다든지 하는 것은 '관리'의 범위를 넘는 것이 될 것이다."(대법원 2001. 11. 27. 선고 2000다33638,33645 판결)

③ 일괄매각 물건 – 공동담보 물건

가정주부 김정희(42세)씨는 서울 종로구 평창동의 일성 아파트(85㎡)를 6명을 제치고 낙찰 받았으나 세 달째 인도를 못하였다.

임차인이 대항력은 없지만 보증금을 전액 배당 받아 인도걱정을 안했는데, 전혀 생각지 않은 곳에서 발목을 잡혔다.

임차인에 대한 인도명령 결정이 함흥차사다. 김씨는 4개의 부동산을 일괄하여 경매 중인 물건 중 하나를 가장 먼저 낙찰 받았다. 나머지 물건이 모두 팔려 매수인이 매각대금을 납부해야 배당기일이 정해진다. 인도명령 결정은 배당기일 이후에 인용된다.

임차인 역시 배째라로 나오고 있다. 이사 갈 돈이 있어야 이사를 가든지 말든지 할 것 아니냐고. 일견 맞는 말이다.

일괄매각 물건은 모든 물건이 팔리고 매각대금이 납부돼야 배당기일이 정해진다. 소유자가 점유하는 물건은 잔금납부 후 바로 인도명령 신청이 가능해 인도를 할 수 있다. 그러나 임차인이 점유하는 경우 대항력 유무를 떠나 임차인에 대한 인도명령결정은 배당이 확정될 때까지 유예된다. 일부라도 배당 받는 임차인이 거주하면, 매수인은 수개월 동안 인도를 못할 수도 있다. 그나마 이들은 법원에 보관중인 배당금을 무기로 압박할 수 있지만 전혀 배당을 받지 못하는 임차인은 하염없이 기다려야 한다. 만약 조기 입주나 재산권 행사를 원한다면 인도비 지급조건으로 퇴거를 유도해야 한다.

그래도 막무가내로 버티면 대금납부일로부터 인도일까지 임료(부당이득)을 청구하겠다고 압박을 해야 한다.

수백세대의 아파트 경매시 일부 법원은 배당기일을 나눠서 탄력적으로 진행하기도 한다.

8. 월세(관리비)와 배당 그리고 인도

인도를 하다보면 종종 보증금을 전액 배당 받는 임차인임에도 불구하고, 마치 경매를 기다렸다는 듯 월세(관리비)를 한 푼도 안 내 오히려 월세가 보증금을 잠식하여 마이너스 상태에 있는 경우가 있다. 그럼에도 가라는 이사는 안가고 인도확인서만 먼저 달라고 한다. 덤으로 이사비까지 요구하는 정말 간 큰 임차인들이 종종 있다.

경매시 임차인은 월세(관리비)를 임대인에게 꼬박꼬박 납부해야 하는 것인지, 아니면 권리금(상가임차인)은 커녕 보증금도 못 찾는 판에 월세가 웬 말이냐며 고민에 빠진다.

임차인은 사연이 어떻든 월세(관리비)를 납부해야 한다. 경매의 효력이 임차인에게 무상으로 거주할 권리를 부여한 것은 아니기 때문이다.

그럼에도 임차인이 월세(관리비)를 납부하지 않았다면 그 금액만큼 배당받는 보증금에서 공제할 수 있다. 관리명령신청을 하면 점유기간 동안 지불하지 않은 월세(관리비)를 배당금에서 공제하기도 한다.

"임대차계약에 있어서 임대차보증금은 임대차계약 종료 후 목적물을 임대인에게 인도할 때까지 발생하는 임대차에 관한 임차인의 모든 채무를 담보한다. 따라서 그 피담보채무 상당액은 임대차관계의 종료 후 목적물이 반환될 때에 특별한 사정이 없는 한 별도의 의사표시 없이 보증금에서 당연히 공제되는 것이므로 임대인은 임대차보증금에서 그 피담보채무를 공제한 나머지만을 임차인에게 반환할 의무가 있다. 그리고 임차인이 임대차목적물을 사용·수익하는 동안 그 사용·수익을 위하여 그 목적물에 관하여 발생한 관리비·수도료·전기료 등 용익에 관한 채무는 임대차계약에서 달리 약정하였다는 등의 특별한 사정이 없는 한 임대차관계의 성질상 임대차보증금에 의하여 담보되는 임차인의 채무에 속한다고 할 것이다."(대법원 2012. 06. 28. 선고 2012다19154 판결[보증금반환])

9. 주민등록없이 점유 중인 임차인

회사원 곽상원씨는 강서구 내발산동에 있는 아파트 85m^2를 낙찰 받았다. 비어있는 집이라 잔금납부 후 입주를 위해 아파트를 방문했다가 깜짝 놀랐다. 전혀 모르는 사람이 곽씨가 잔금 내는 날 입주를 했기 때문이다. 그는 전입신고를 안했을 뿐만 아니라 아파트 관리사무소에도 신고를 안했다. 이름도 몰라 성도 몰라다. 인도명령을 신청하려 해도 신청불가다.

인도 협상차 방문하면 매각당시 점유자는 온데간데 없고 주민등록도 없는 성명불상의 사람이 살고 있는 경우가 있다.
이럴 경우 인도명령 신청 방법은 두 가지다.

① 일단 경매개시결정 당시 현황조사보고서에 등재된 임차인이나 소유

자를 상대로 인도명령 신청을 한다. 강제집행을 위해 집행관이 현장에 나가 조사를 하거나 인도집행을 하게 된다. 집행관이 현 점유자의 인적사항을 확인하는 과정에서 인도명령상의 점유자와 현 점유자가 다르면 인도집행은 불능이 된다. 그러면 집행관은 인도명령대상자가 아닌 제3자가 점유하고 있어 집행불능이라는 내용을 기재하고 집행을 중지한다. 주의할 점은 집행관에게 강제집행 취소를 하지 말고 정지신청(연기)을 해야 한다. 그 후 새로운 점유자를 상대로 인도명령신청을 할 때, 불법점유자라는 표시를 하고 승계집행을 해달라고 하면 별도의 심문없이 인도명령결정이 나온다. 정지된 강제집행에 대한 승계집행을 하면 된다.

② 경찰의 도움을 받는다. 112에 신고를 하여 경찰관에게 불법점유를 이유로 현장범으로 체포하라고 하면 경찰관은 고소를 하라고 한다.
이 때 경찰관이 불법 점유자의 인적사항을 확인하면 그 인적사항을 토대로 인도명령을 신청 한다.

10. 주민등록은 있으나 임대차 없이 점유 중인 임차인

임차인의 가족이나 친인척, 회사 직원일 확률이 높다. 이들을 상대로 먼저 점유이전금지가처분 신청을 한다. 인도명령을 신청하면 집행법원에서는 이들의 점유권원을 소명하라는 보정 명령을 내리기 때문이다. 집행법원의 보정명령시 점유이전금지가처분 결정문 사본을 제출하면 인도명령 결정이 난다.

11. 가라는 이사는 안가고 이사비만 달라는 임차인

인도에서 제일 얄미운 사람을 꼽으라면 이사 날짜를 차일피일 미루는 말 그대로 거짓말을 밥 먹듯이 하는 사람과, 무식이 충만 한건지 아니면 용감 한건지 배째라로 나오는 사람 그리고 이사를 가고 싶어도 이사비가 없어서 이사를 못 가니 계약금 조로 먼저 이사비를 달라는 사람 등이다.

특히 계약을 하고 싶어도 계약금이 없어서 이사를 못간다는 사람은 거의 거짓말이다. 형편이 정말 곤궁한 사람은 전세는 언감생심이고 거의 대부분 월세 계약을 하는데, 월세 계약금(200~500만원)이 없다는 사람이라면 더 이상 말이 필요없다. 단, 계약금이 아닌 잔금이 부족해 이사를 못 간다면 매수인도 선처를 베풀 아량이 있어야 한다. 임차인이 체결한 임대차계약서를 확인 후 이사비를 먼저 줄 수 있다.

대신 마음의 안전장치를 마련한다. 각서를 주고 받는데, 각서에는 임차인이 인도기일을 지키지 못하면 매수인이 임의로 임차인의 짐을 옮기거나 처분해도 좋다는 내용을 기재한다.

문서공증을 받으면 더 좋다. 임차인이 약속을 지키지 못하면 문서공증 내용대로 매수인이 임의로 짐을 적당한 곳에 옮긴다.

인 도 각 서

성　　　명 :
주민등록번호 :
주　　　소 :

1. 상기인은 서울시 ○○구 ○○동 123 ○○아파트 102동 1602호의 점유자로 202 년 월 일 매수인에게 인도 한다.
2. 점유자는 이사일까지 사용한 관리비, 도시가스 사용료 등 제세 공과금은 모두 정산 후 이사 한다.
3. 점유자는 약속기일 전 이사시, 이사일 하루 전까지 매수인에게 통보한다.
4. 점유자 ○○○는 상기사항을 이행할 것을 각서하고, 매수인은 점유자 ○○○가 이사하는 날 이삿짐 반출을 확인 후, 이사비로 일금 _____정(₩_____)을 지급한다.
5. 점유자 ○○○가 202 년 월 일까지 이사를 가지 않으면 제4항은 무효로 하고, ○○○는 매각 대금 납부일인 202 년 월 일부터 이사일 까지 보증금의 1%로 환산한 월 임대료를 매수인에게 지급하고, 불이행으로 인해 야기되는 모든 민·형사상 법적 책임을 진다.

　　　　　　　　　　　202 년 월 일

위 각서인
점 유 자 :
　　　　서울시　구　동　　아파트 102-1602
　　　　010-3780-1234

　　　　　　　　　　매 수 인 귀하

12. 점유자가 많은 경우 – 첫 집 선별을 잘하라

한 사람도 내보내기 벅찬데 점유자가 십수명이라면 난감 그 자체다.

그러나 매듭에는 반드시 풀리는 길이 있듯, 인도 역시 겉보기에는 점유자의 수에 기가 질릴지 모르나 속내를 들여다보면 틈새가 있다.

어떤 경우에도 점유자들이 모이면 인도는 그만큼 어려워진다. 매수인은 가능한 점유자들이 행동을 통일하지 못하도록 하는 것이 좋다. 겉보기는 다 같은 점유자이지만 속내(형편)는 제각기 다르다.

보증금을 전액 다 받는 사람부터 한 푼도 못 받는 사람까지, 이미 이사 갈 집을 구해 놓은 사람부터 아무 대책이 없는 사람 등 천차만별이다.

인도는 처음 내보내기가 어렵지 일단 한 집이라도 내보내면, 다음부터는 수월하게 진행된다.

강성 모드의 점유자는 인도명령과 강제집행의 수순을 밟아 언제라도 집행을 할 만반의 채비를 갖춰 놓은 다음, 실제 첫 번째 인도 대상은 보증금을 다 받는 사람이나 이삿집을 구해 놓은 사람 중에서 내보낸다. 가운데 이가 빠지면 양옆의 튼실한 이도 제 구실을 못하고 흔들리 듯, 옆 집에서 하나 둘 이삿짐이 나오면 그토록 완강하던 점유자도 오합지졸로 변하게 된다. 물론 강한 걸 좋아하는 강성 점유자는 강제집행이 보약이다.

13. 막무가내 점유자(1)

경매절차를 악용하여 매수인의 이사 요구에 불응하거나 과도한 이사비용을 요구하는 임차인이 많다.

최선은 도 닦는 심정으로 대화를 통해 해결하는 것이나, 도무지 막무가내로 말귀를 못 알아듣는 아니 일부러 말문을 닫아 버리는 점유자들이 있다.

이들에겐 차선의 방책이 최선책이 된다.

즉 민·형사상 소송을 통해 압박을 해야 한다. 먼저 민사상으로 매각대금 납부일로부터 인도 완료일까지 불법 점유에 따른 손해배상 청구를 한다.

이어 형사고소를 한다. 가장 임차인은 경매진행을 방해하였기 때문에 경매집행방해죄가 성립한다. 마치 맡겨 둔 돈 찾아가듯 이사비를 강압적으로 요구하는 경우 '공갈, 협박죄'로 대응할 수 있다.

14. 막무가내 점유자(2) – 배당금에 가압류하기

배당금을 한 푼도 못 받는 사람들의 절규(?)는 십분 이해가 간다.

그러나 배당금을 받는 사람, 특히 그중에서도 보증금을 전액 다 받는 임차인이 마치 맡겨 둔 돈 찾는 것처럼 너무도 당당히 이사비를 요구할 때는 그저 말문이 막힐 따름이다.

배당금에 대해 대금납부일로부터 인도일까지 손해배상금액을 근거로 가압류를 할 수 있다.

가압류를 신청하면 공탁금을 납부하라는 통지서가 나온다. 대부분의 가압류는 보증보험증권으로 대체하나 현금에 대한 채권 가압류는 현금으로 공탁을 해야 한다. 물론 재판이 끝나면 공탁금은 찾을 수 있다.

현금공탁을 하면 채권가압류 결정문이 나온다.

채권가압류 후 본안소송은 권고이행(청구금액이 2,000만원 미만)이나 지급명령(청구금액이 2,000만원 이상) 또는 인도소송을 하면서 함께 손해배상을 청구하면 된다.

15. 인도와 부당이득 반환

 심은희씨는 인천 계양구 임학동에 있는 다세대 주택 51㎡를 6,540만원에 낙찰 받았다. 임차인은 대항력은 없지만 1,700만원을 배당 받을 수 있어 전 유찰가를 넘겼다. 그러나 웬걸 임차인이 좀체 집을 비워주지 않자 심씨는 임차인을 상대로 320만원의 부당이득반환청구 소송을 했다. 3개월분 임료 270만원과 관리비 50만원 포함해서다. 재판부는 임차인에게 대금납부일부터 이사일까지 사용료와 밀린 관리비 120만원을 지급하라는 화해조서 결정을 했다.

① 후순위 임차인
 후순위 임차인은 대금납부일로부터 인도완료일까지 매수인에게 점유·사용하는 부분에 대한 임료 상당의 부당이득반환 의무가 있어 이를 잘 활용하면 인도가 훨씬 부드럽다.
 후순위 임차인은 매수인이 인도확인서를 발급해주지 않아 거주 하든 이유를 불문하고, 매각대금 납부일부터 인도완료일까지 점유·사용 부분에 대하여 부당이득반환의무를 진다.

② 선순위 임차인
 ㉠ 전세임차인
 보증금이 전세금만으로 이루어진 임차인은 배당표 확정시까지 차임 상당의 부당이득반환의무가 없다. 종전의 임대차관계(전세)가 그대로 승계되기 때문이다.

"주택임대차보호법상의 대항력과 우선변제권의 두 권리를 겸유하고 있는 임차인이 우선변제권을 선택하여 임차주택에 대하여 진행되고 있는 경매절차에서 보증금에 대한 배당요구를 하여 보증금 전액을 배당받을 수 있는 경우에는, 특별한 사정이 없는 한 임차인이 그 배당금을 지급받을 수 있는 때, 즉 임차인에 대한 배당표가 확정될 때까지는 임차권이 소멸하지 않는다고 해석함이 상당하다 할 것이므로, 경락인이 낙찰대금을 납부하여 임차주택에 대한 소유권을 취득한 이후에 임차인이 임차주택을 계속 점유하여 사용·수익하였다고 하더라도 임차인에 대한 배당표가 확정될 때까지의 사용·수익은 소멸하지 아니한 임차권에 기한 것이어서 경락인에 대한 관계에서 부당이득이 성립되지 아니한다."(대법원 2004. 8. 30. 선고 2003다23885 판결)

ⓒ 보증부 월세 또는 월세 임차인

보증부 월세 또는 월세 임차인은 종전의 임대차관계가 배당표 확정시까지 유지되므로 차임을 지급하여야 한다.

ⓒ 부당이득반환채권

차임은 건물과 부지부분의 차임을 포함한다. 건물주와 대지주가 다르더라도 임차인은 건물주에게 대지부분 차임도 지급해야 한다.

계약기간 만료로 인한 부당이득반환채권은 법률규정에 의해 발생하기 때문에 10년의 민사소멸시효가 적용된다.

16. 인도시 자주 듣는 거짓말

첫째, 돈이 없어 이사 못 간다.

인도시 부동의 거짓말 1위다. 정말 이사 가고 싶은 마음이 꿀떡 같은데 돈(이사비)이 없어 못가니 매수인이 적선 하라고 큰소리 치는 점유자들이다.
　필자의 체험을 종합하면 새빨간 거짓말이다. 문제는 이분들의 연기가 할리웃 배우도 울고 갈 정도라는 데 있다. 필자 역시 초보때는 몰라서 속았고 경매 좀 알만 할 때는 알고도 속았다. 지금은 속아 준다가 정확한 표현이다.
　하물며 경험이 적은 매수인은 말해 무엇하랴.
　둘째, 시설물을 다 부숴버린다.
　경매가 시작된지 1년이 넘었음에도 아직까지 정신 못 차린 경우다(경매는 개시결정부터 매각, 대금납부 그리고 인도까지 1년이상 걸린다).
　고급주택 인도시 이런 말 들으면 가슴이 뜨끔뜨끔 하나 실행에 옮기는 점유자는 거의 없다. 얼마든지 시간을 지연시킬 수 있다.
　셋째, 강제집행을 할테면 해보라고 큰 소리 친다.
　최소 6개월에서 1년이상 얼마든지 지연시킬 수 있는 힘과 능력이 있다고 큰소리 친다. 진짜 그럴 힘이 있다면 경매까지 가지 않아야 하는 것이 정상 아닌가.
　대부분 거짓말이다. 이들의 허세가 안타까움을 넘어 연민을 느끼게 한다.
　넷째, 강제집행하면 죽는다.
　농약병 들고 집행하면 마셔 버린다고 큰 소리 치나 실제 마신 사람 아직 못 봤다.

　세상일처럼 인도도 상대적이다. 상대방의 퇴로를 열어주면 인도는 결코 어렵지 않다. 퇴로는 이사비와 시간이다. 이솝 우화의 '바람과 해님'에 나오는 이야기를 기억하시라.

17. 노인이나 환자가 있는 경우

필자의 경우 가장 힘든 인도를 들라면 신체 건장한(?) 사람이 점유하는 물건보다 노인이나 환자가 점유하는 물건이다.

"중풍으로 몸을 제대로 가누지 못한 데다가 부양가족도 없었다.
 인도하기 위해 만나보니 정말 앞 길이 막막했다. 왜 이런 집을 받았을까 후회도 들었다.
 무엇보다 점유자는 몸의 불편함을 무기로 완전히 배째라 식이었다.
 이사갈 집을 얻어주기 전에는 꼼짝도 못한다고 알아서 하란다. 실제 꼼짝하기도 힘들지만.
 아파트 경매가 수익률 10% 남짓에 불과한데 전세 집 구해주고 나면 손에 남는 건 껍데기 등기부 등본 뿐이다.
 알아서 수용하든지 말든지 하라며 국립재활원에 들어가 버렸다.
 재활원까지 수차 문병 가는 등 우여곡절 끝에 결국 상당한(?) 수준의 인도비를 지급하는 조건으로 마무리했다. 다 복 받을 일이라고 스스로 위안을 삼으면서…."

협상을 통한 자진 퇴거가 최선이지만 상대방이 터무니없는 금액과 이삿날을 요구하면 불가피하게 강제집행을 하는 경우가 있다.
 그러나 집행관도 심약한 노인이나 환자가 거주하는 경우 강제집행을 꺼린다. 집행시 사망 등 불상사가 발생하면 업무상과실치사죄가 적용될 수 있기 때문이다. 이 때는 약 1주일 정도 입원할 수 있는 병원을 미리 섭외하면, 집행관이 환자를 이유로 집행을 꺼리지 못한다.
 필자의 애독자 중 한분은 인천 계양구 박촌동의 한 다세대 주택을 낙찰 받았는데 점유자의 연세가 무려 91세나 되셨다. 이쯤되면 대부분 두 손을 들어야 하는 상황이다. 그러나 점유자는 그 연세에도 불구하고 기억력과 사리분별력이 매우 탁월하셨고, 무엇보다 매수인이 각별한 예의를 갖추자 대화가 일사천리로 진행돼, 8월 12일에 낙찰받고 9월 30일에 이사비 100만원을 지급하는 조건으로 인도를 마쳤다.

18. 점유자 없이 문 여는 방법

폐문부재의 경우 유체동산 유무에 따라 인도방법이 180도 다르다.
점유자의 동의없이 합법적으로 문을 열 수 있는 방법이 점유이전금지 가처분이다. 점유이전금지 가처분은 집행관이 결정문을 고지하기 위해 점유자가 없더라도 강제로 문을 열 수 있다.

19. 업무협조 요청문을 이용하라

전입일자가 말소기준등기보다 빠르면 인도소송을 통해 내보내야 한다. 그러나 점유자가 채권자에게 무상거주확인서나 불(비)거주확인서를 작성한 경우 인도명령을 통해 내보낼 수 있다. 대부분 채권자 측에서 먼저 집행법원에 무상거주확인서 등을 제출한다. 집행법원에 무상거주확인서가 제출되지 않은 경우, 채권자에게 '업무협조 요청문'을 보내 채권자가 보관하고 있는 무상거주확인서 원본대조필을 보내 달라고 한다.
이를 첨부자료로 집행법원에 인도명령을 신청한다.

20. 매수인이 인도확인서 작성을 거절할 경우

드물지만 매수인이 임차인과 인도협상에 실망한 나머지 또는 고의로 인도확인서를 작성해 주지 않는 경우가 있다. 이 때 임차인이 배당금을 수령하려면 먼저 인도를 한 후, 통·반장의 확인서나 아파트 관리소장 명의의 확인서 등으로 인도사실을 입증해야 한다. 아니면 집행법원에 사실조회를 신청하여 집행법원에서 관할 경찰서에 '매수인에 대한 인도 여부'를 확인하는 방법 등을 통해 인도확인서 없이 배당금을 수령할 수 있다.

점유 유형별 인도 전략

chapter 11

낙찰 받은 집을 처음 방문하는 날은 가슴이 설랜다.

얼마나 좋은 집을 받았는지, 점유자는 인도 저항 없는 착한 사람은 아닌지 등 여하튼 흥분과 긴장이 교차된다.

다음은 필자가 누빈 숱한 인도 현장에서 여러모로 기억에 남는 물건 가운데 하나다.

서울 송파구 방이동에 있는 지하 다세대주택을 106명을 제치고 낙찰 받았다. 이 물건은 실제는 떨어져야 하나 얼떨결에 낙찰된 물건이다.

1등은 2억 2,370만원, 2등은 2억 2,339만원을 적어냈다. 결과만 놓고 보면 경매지존간의 초 경합처럼 보이나 전혀 아니다.

처음에 2억 2,270만원을 쓰려고 했는데 잘못하여 백만 단위에 2대신 3을 적었다. 매각가액은 정정이나 수정을 하면 무효처리 되기 때문에 잘못 썼다 생각되면 입찰표를 다시 작성해야 한다. 그러나 주인공은 5분여간 입찰표를 뚫어져라 바라보다(안광이 입찰표를 철함)가 순간 '득도'를 하였다. 최저가 6,400만원짜리 반지하 다세대주택을 2억을 넘기는 미친(?)짓을 하는 마당에 백만원 더 썼다고 세상이 뒤집어 질 일도 아닌데 무슨 미련 때문에 주저하나 그냥 2억 2,370만원으로 갔다. 제대로 된 정신이라면 69만원 차이로 떨어져야 하는데 오타 덕분에 31만원 차이로 낙찰됐다. 독자들도 너무 낙찰가에 목숨걸지 마시라. 될 사람은 뒤로 자빠져도 낙찰한다. 그 날 2등하신 분께 심심한 위로의 말씀을 전한다. 원래는 당신이 1등이라고.

이 물건의 결정판은 인도를 위해 현장을 방문 했을 때다. 8월 초 방문하기 위해 현관문을 넘어서는 순간 기절할 뻔 했다. 집안에 포석정이 있었다.

때는 장마철, 반지하로 습기 차는 정도는 예상했으나, 이는 습기가 아닌 집안에 시냇물이 졸졸 흐르고 있었다. 물이 잘 안빠지자 채무자가 삶의 지혜를 발휘하여 거실의 벽과 바닥 사이에 10㎝의 골을 파 놓았다. 비가 오는 날은 신속 정확하게 물이 빠져 거실이나 방으로 빗물이 역류 하지 않았다.

1. 채무자 겸 소유자

집 대신 부채를 탕감 받고 인도명령 대상으로 인도 부담은 적다. 종종 잔머리를 너무 굴리는 분들이 있다. 관리비를 잔뜩 밀려 놓은 경우가 많다.

2. 임차인

① 선순위 임차인
선순위 임차인은 보증금을 전액 받기 때문에 인도 부담이 없다.
가끔 선순위 임차인이 인도소송 대상이라는 점을 악용하는 경우가 있지만, 선순위 임차인도 배당표가 확정되면 인도명령으로 내보낼 수 있다.
　선순위 임차인은 버티면 버틸수록 손해다. 공탁된 배당금에 부당이득에 상응하는 가압류를 할 수 있기 때문이다.

② 후순위 임차인
인도시 요령이 요구되는 대상으로 당근책을 병행한다.
㉠ 보증금 전액 받는 임차인
보증금 손실이 없어 인도 걱정 안해도 된다.
재계약 할 것인지 내 보낼 것인지만 판단한다.

㉡ 보증금 일부 받는 임차인
처음에는 저항을 하지만 두세 번 만나면 역시 정리가 된다.
임차인은 매수인한테 집을 비워줬다는 확인서 즉 인도확인서가 있어야 배당금을 받을 수 있다.
　그럼에도 보증금의 손실을 이유로 과도한 이사비를 요구하거나 퇴거에 불응하면 공탁된 배당금에 가압류를 하거나, 소유권에 기한 방해배제청구를 원인으로 부당이득반환청구를 할 수 있다.

㉢ 한 푼도 못 받는 임차인
인도시 가장 신경을 써야 할 대상이다. 처음에는 보증금을 물어주면 나가겠다는 말도 안되는 소릴 한다. 이들도 말이 안되는 어거지라는 것을 알지만 물에 빠진 사람 지푸라기라도 잡는 심정으로 매수인한테 매달린다.
　매수인이 상당한 차익을 보았다면 적절한 선의를 베풀기 바란다. 언젠가 다 복 받을 것이라고 위안을 삼으면서 말이다.

3. 자녀나 친인척

대부분 대항력이 없으며 채무자가 이사비를 노리고 만든 가공(주민등록만 되어있지 실제 점유는 하지 않음)의 점유자다. 오히려 인도시 이들이 든든한 우군이 되기도 한다. 이들은 대부분 최우선변제를 노린 가장 임차인으로 형사처벌 대상임을 넌지시 알린다.

4. 법정지상권자

매수인은 대지를 낙찰 받고 법정지상권자는 건물에 대해 권리를 행사하기 때문에 인도문제는 발생하지 않는다. 법정지상권이 성립하는 건물에 임차인이 있는 경우도 마찬가지다.

단, 법정지상권이 성립하지 않으면 건물 점유자는 한 푼도 못받고 집을 비워줘야 한다. 임차권의 대항력은 건물에 관한 것으로 토지를 목적으로 하는 것이 아니어서 토지소유권을 제약할 수 없다(대법원 2010. 8. 19. 선고 2010다43801 판결).

5. 지분물권자

1) 공유자 점유
① 과반수 초과
과반수 지분권자는 관리행위로서 점유자에 대하여 인도를 청구할 수 있다(대법원 1981. 10. 13. 선고 81다653 판결).

② 2분의 1(소수) 지분권자가 2분의 1(소수) 지분권자에 대한 인도

2분의 1(소수) 지분권자는 다른 2분의 1(소수) 지분권자를 상대로 공유물의 지분권에 기하여 방해배제를 청구할 수 있을 뿐 인도를 청구할 수 없다. 일부 공유자가 공유물의 전부나 일부를 독점적으로 점유한다면 이는 다른 공유자의 지분권에 기초한 사용·수익권을 침해하기 때문이다(대법원 2020. 5. 21. 선고 2018다287522 전원합의체 판결).

③ 소수 지분권자가 다수 지분권자에 대한 인도

다수 지분권자의 점유는 적법한 관리행위 내지 관리방법(민법 제265조)으로서 모든 공유자에 대한 관계에서 유효하므로 소수지분권자는 인도('방해배제 및 인도' 포함)를 청구할 수 없다.

2) 임차인 점유

① 과반수 지분권자로부터 임차

소수 지분권자는 임차인에 대한 인도를 청구할 수 없다(대법원 2002. 5. 14. 선고 2002다9738 판결).

② 과반수에 미달하는 지분권자로부터 임차

임차인은 사용·수익권을 주장할 수 없으므로 인도명령이 가능하다(대법원 1962. 4. 4. 선고 62다1 판결).

③ 공유자로부터 임차한 후 다수 공유자가 생긴 경우

임차인은 과반수 이상 지분권자에게 대항할 수 없어 인도명령 대상이 된다(대법원 1990. 2. 13. 선고 89다카19665 판결).

④ 제3자가 무단 점유

제3자가 무단 점유하는 경우 그 점유는 모든 공유자에 대한 관계에서 부적법·무효이다. 공유자는 지분권에 기하여 인도를 청구할 수 있다.

지분 유형별 인도

점유권원	지분 유형	인도명령
공유자	과반수 이상(다수)	인도명령 가능
	2분의1(소수) 지분권자가 2분의1(소수) 지분권자에 대한 인도	인도명령 불가 방해배제청구는 가능
	소수지분권자가 다수지분권자에 대한 인도	인도명령 불가
임차인	과반수 지분권자로부터 임차	인도명령 불가
	과반수에 미달하는 지분권자로부터 임차	인도명령 불가
	공유자로부터 임차한 후 다수 공유자가 생긴 경우	다수 공유자는 인도명령 가능
	제3자가 무단점유	인도명령 가능

인도비는 어떻게 정하나 chapter 12

매수인은 가능한 적게 주려 하고 점유자는 가능한 많이 받으려고 한다. 인도비는 기계의 윤활유와 같다. 없어서는 안되고 그렇다고 너무 많으면 넘쳐 흘러 탈이다. 인도비는 많이 주어도 고맙다는 말을 듣기 어렵다.

1. 강제집행비용

인도비 산정 제1 근거다.

도무지 말귀를 못 알아 듣거나 고의로 인도를 지연시키는 점유자는 어쩔수 없이 강제집행을 해야 한다. 이 때의 집행비용을 이사비로 주면 된다.

32평형 아파트는 집행비로 약 130만원(집행비용은 전용면적 기준으로 평당 5만원 소요 26평×5만)이 든다.

서로 맘 상해가면서 강제집행비로 130만원 든다면 매수인이 200만원 정도 들여 점유자를 내보내면 잘한 일이다.

착한 일을 해서 좋고 금융비용 절약해서 좋다. 강제집행을 하면 집행비가 인도비보다 적어 좋은게 아니냐고 반문할 수 있다. 그러나 인도로 실랑이를 하면 금융비용이 더 들 수 있다.

2. 밀린 관리비

아파트나 상가 등은 많고 적음의 차이가 있을 뿐 대부분 관리비가 밀려있다.

경기 군포시 당정동에 있는 아파트의 관리비가 약 200만원 밀려있다. 밀린 관리비 전액을 매수인이 부담하는 것은 아니지만(공용부분만 부담) 관리비와 인도비를 연계하면 된다. 매수인이 실제 부담할 공용부분이 7~80만원 정도에 85m^2 강제집행은 약 130만원이 든다. 시간을 끌고 요란하게 인도하면서 200만원 정도 쓸 거라면, 짧은 시간에 조용히 200만원 내외에 인도하는 것이 좋지 않겠는가?

3. 금융비용

대부분의 매수인은 금액의 많고 적음 차이만 있지 금융기관의 경락잔금대출을 이용한다. 경락 잔금 대출은 일반대출에 비해 규제(DTI나 LTV)의 강도가 낮아 종목이나 지역에 따라 차이는 있지만 최소 50%에서 80%를 대출받을 수 있다.

1억원을 3.5%로 대출 받으면 월 약 29만 2,000원의 이자를 부담한다. 만일 인도가 두 달 지연되면 금융비용만 58만원 추가 발생한다. 은행에 주는 이자 58만원은 아깝지 않고 임차인에게 주는 이사비는 아깝다고 생각하면 안된다.

우리가 이사비를 일부라도 주고 빨리 인도를 해야 하는 이유가 여기에 있다.

이 세 가지를 조합해서 인도비를 책정한다. 그밖에 임차인의 보증금 손실정도와 시세차익 등을 고려하기도 한다. 그 중 제1기준은 강제집행비용이다.

chapter 13 인도 사각지대

1. 종교시설

교회는 두 부류가 있다. 대한 ○○교 ○○회 처럼 교단이 크고 규모가 있는 곳은 임대차를 목사 개인이 하는 것이 아니라 교단에서 하기 때문에 인도도 부드럽다. 그러나 개척교회 중 일부는 인도시 힘이 들 수 있다.

사찰 역시 문화관광부에 등록된 사찰은 경매가 진행될 수 없어 경매 나오는 사찰은 대부분 개인 사찰이다. 사찰이 개인 소유물이다 보니 인도 저항이 만만치 않을 수 있다. 그 밖에 점보는 집도 깐깐한 인도에 든다. 장기전을 염두에 둬야 한다.

2. 특수물건

호텔, 유흥업소 등은 인도시 고도의 기술을 요한다.

대부분 인도과정에서 합의에 도달하나 일부는 전형적인(?) 인도의 모습을 보여 주기도 한다. 룸살롱 등은 뒷마무리가 중요하다. 어렵사리 집행관을 통해 집행을 완료하고도 점유자의 재침입으로 낭패를 보는 경우가 있다. 비밀통로를 통해 다시 들어오면 이미 집행이 종료된 상태라 재집행을 하려면 판결문을 다시 받아야 한다. 꺼진 불도 다시 본다는 심정으로 집행 부분은 사진 촬영을 통해 집행 증거자료로 남길 필요가 있다.

3. 외교공관

이태원이나 성북동 등은 외교공관으로 사용하는 물건이 경매 나오는 경우가 종종 있다.

외교공관은 우리나라 사법권이 미치지 못하는 치외법권 지역으로 매각 후 인도명령 결정을 받더라도 스스로 인도해 주지 않으면 집행관을 통한 강제집행이 불가능하다. 치외법권이 인정되는 근거는 '외교관계에 관한 비엔나 협약' 제22조 제3항이다. 대사관, (총)영사관, 외교관이 상주하는 연락사무소, 국제기구 사무소 등이 해당된다. 단, 문화원이나 영사기능이 없는 무역대표부는 강제집행이 가능하다.

> 외교관계에 관한 비엔나협약 제22조
> 3. 공관지역과 동 지역내에 있는 비품류 및 기타 재산과 공관의 수송수단은 수색, 징발, 차압 또는 강제집행으로부터 면제된다.

매수인이 비엔나협약에 따라 대사관저에 대한 강제집행을 못하여 발생한 손해에 대해 국가배상법 제2조에 기해 국가를 상대로 보상금청구를 하더라도 보상을 받지 못한다.

"외교관계에관한비엔나협약이 대사관저에 대한 인도집행뿐만 아니라 공관 내의 재산에 대한 강제집행을 직접적으로 금하고 있다고 하더라도, 협약규정 자체가 직접적으로 외국대사관과 어떠한 법률행위를 강제하는 등으로 국민의 재산권을 침해하는 것은 아니고, 협약규정의 적용을 받는 외국대사관과 어떠한 법률행위를 할 것인지의 여부는 전적으로 국민의 자유의사에 맡겨져 있다고 할 것이므로 협약규정의 적용에 의하여 어떠한 손해가 발생하였다고 하여 그것이 국가의 공권력행사로 말미암은 것이라고 볼 수 없고, 나아가 외국 대사관이 사전에 승소판결에 기한 강제집행을 거부할 의사를 명시적으로 표시하였으므로 손해가 집달관의 강제집행 거부를 직접적인 원인으로 하여 발생한 것이라고 볼 수 없으므로 손실보상의 대상이 되지 아니하고, 또한 국가가 보상입법을 하지 아니하였다거나 집달관이 협약의 관계 규정을 내세워 강제집행을 거부하였다고 하여 이로써 불법행위가 되는 것은 아니다."(대법원 1997. 04. 25. 선고 96다16940 판결[보상금])

인도 사례

chapter 14

인도집행은 실무의 영역이다 보니 권리분석처럼 정형화된 이론이 적용되지 않는다. 집행법원과 심지어 집행관마다 실무 예가 조금씩 다르다.

1. 채무자 부재시 매각 외 동산의 처리

부동산 인도집행 시 채무자가 부재하면 채권자의 비용으로 운송비 등과 2~3개월 정도의 창고 보관료를 예납하게 한 후 집행관을 통해 법원의 매각명령을 받아 매각절차를 밟는다.

매각외 동산은 채무자 소유자가 아닌 제3자의 소유라도 가능하고, 채무자가 그 동산의 수취를 게을리 한 때에는 집행관은 집행법원의 허가를 받아 동산에 대한 강제집행의 매각절차에 관한 규정에 따라 그 동산을 매각하고 비용을 뺀 뒤에 나머지 대금을 공탁하여야 한다(민사집행법 제258조).

2. 미등기 무허가 건물의 양수인은 인도청구 불가

"미등기 무허가건물의 양수인이라 할지라도 그 소유권이전등기를 경료받지 않는 한 그 건물에 대한 소유권을 취득할 수 없고, 그러한 상태의 건물 양수인에게 소유권에 준하는 관습상의 물권이 있다고 볼 수도 없으므로(대법원 1996. 6. 14. 선고 94다53006 판결, 2006. 10. 27. 선고 2006다49000 판결 등 참조), 건물을 신축하여 그 소유권을 원시취득한 자로부터 그 건물을 매수하였으나 아직 소유권이전등기를 갖추지 못한 자는 그 건물의 불법점거자에 대하여 직접 자신의 소유권 등에 기하여 인도를 청구할 수는 없다."(대법원 2007. 06. 15. 선고 2007다11347 판결[건물철거등])

3. 토지소유자의 건물점유자에 대한 퇴거 요구

부동산건물이 그 존립을 위한 토지사용권을 갖추지 못하여 토지소유자가 건물소유자에 대하여 건물의 철거 및 그 대지의 인도를 청구할 수 있는 상황에서 건물소유자가 아닌 사람이 건물을 점유하고 있는 경우, 토지소유자가 건물점유자에 대하여 퇴거청구를 할 수 있다. 이는 그 건물점유자가 대항력 있는 임차인인 경우에도 마찬가지다. 왜냐하면 건물임차권의 대항력은 기본적으로 건물에 관한 것이지 토지를 목적으로 하는 것이 아니어서 토지소유권을 제약할 수 없기 때문이다.

"건물이 그 존립을 위한 토지사용권을 갖추지 못하여 토지의 소유자가 건물의 소유자에 대하여 당해 건물의 철거 및 그 대지의 인도를 청구할 수 있는 경우에라도 건물소유자가 아닌 사람이 건물을 점유하고 있다면 토지소유자는 그 건물

> 점유를 제거하지 아니하는 한 위의 건물 철거 등을 실행할 수 없다. 따라서 그 때 토지소유권은 위와 같은 점유에 의하여 그 원만한 실현을 방해당하고 있다고 할 것이므로, 토지소유자는 자신의 소유권에 기한 방해배제로서 건물점유자에 대하여 건물로부터의 퇴출을 청구할 수 있다. 그리고 이는 건물점유자가 건물소유자로부터의 임차인으로서 그 건물임차권이 이른바 대항력을 가진다고 해서 달라지지 아니한다. 건물임차권의 대항력은 기본적으로 건물에 관한 것이고 토지를 목적으로 하는 것이 아니므로 이로써 토지소유권을 제약할 수 없고, 토지에 있는 건물에 대하여 대항력 있는 임차권이 존재한다고 하여도 이를 토지소유자에 대하여 대항할 수 있는 토지사용권이라고 할 수는 없다."(대법원 2010. 08. 19. 선고 2010다43801 판결[건물퇴거])

4. 유치권자에 대한 인도

유치권자를 상대로 인도명령 결정이 나면 항고에 관계없이 인도집행이 가능하다. 유치권자가 항고를 하여 인도집행을 정지하려면 현금공탁을 해야 한다. 매수인은 이 공탁금에 대하여 인도집행의 지연에 따른 손해배상채권으로 압류할 수 있다.

5. 목적 건물 중 일부에 대한 인도집행

집행내용		집행범위
목적 외 건물이 있는 경우	목적외 건물이 부합물·종물인 경우	목적물과 함께 목적 외 물건도 집행
	목적외 건물이 부합물·종물이 아닌 경우	목적물만 집행 (대법원 2021. 1. 12.자 20201752 결정)
목적물 중 일부만 집행 가능한 경우		가능한 일부에 대하여 인도집행(20201752), 철거집행(2020. 4. 17.자 20181692 결정)

chapter 15 인도 10계명

이제는 과거처럼 인도에 시달려 '앞으로 남고 뒤로 밑지는 일'은 크게 줄어들었다. 사람에게 시달리는 일은 줄어든 대신 송달 등 절차 문제로 골머리를 썩히고 있다. 누가 인도의 지름길이 있냐고 묻는다면 없다가 정답이다. 그러나 실전적 경험을 통해 공유되고 있는 인도 원칙을 기억하면 실무에서 유용하게 써 먹을 수 있다.

첫째, 인도의 왕도는 대화다

문전박대를 당하더라도 가능한 점유자와 부딪쳐라. 그러면 반드시 마음의 문을 열게 된다. 비록 다리는 힘들지라도 인도는 편안해질 것이다. 발품이 최고다.

둘째, 인도비 없는 인도는 생각지 마라.

윤활유 없이 기계가 돌아갈 수 없듯, 입찰 전부터 인도비를 책정하라. 그러면 인도시 아깝다는 생각도 안들 것이다. 왜 인도비를 줘야 하냐고 반문 할 수 있다. 물론 법적으로 지급 의무는 없다. 그러나 강제집행을 하면 소정의 집행비와 시간이 필요한 법, 시간과 돈을 교환하라.

셋째, 오른 손엔 당근(인도비), 왼 손엔 채찍(강제집행)

인도 협상차 점유자를 방문시 오른 손만 보여줘라. 그러면 상대방은 매수인의 진정성을 이해하고 닫혔던 마음의 문을 열 것이다. 왼 손은 그저 존재 자체만으로도 상대에게 위엄과 권위를 나타낸다. 가능한 당근만으로 해결하라. 채찍(강제집행)은 그저 채찍(엄포용)의 존재만으로 엄청난 효과를 발휘 할 테니까?

네째, 강제집행은 최후의 수단이다.

전가의 보도는 함부로 휘두르는 것이 아닌 것처럼 엄포용으로만 이용하라. 단, 꼴불견 임차인에게는 엄정하게 대처할 필요가 있다. 마치 맡겨 둔 돈 찾아가는 것처럼 너무도 당연히 인도비를 요구하는 사람, 그것도 아주 터무니없는 금액을 요구하는 사람에게는 차라리 국가에 세금을 내는 것이 낫다. 강제집행이 보약이다.

다섯째, 분할통치하라 - 본 보기를 이용하라

다가구나 상가 등 여러가구가 거주하는 경우 목소리 큰 사람이 있다. 집단의 힘을 이용해 협상에 찬 물을 끼얹은 사람은 다중으로부터 격리해야 한다. 본보기로 강제집행을 신청하면 나머지 사람은 원하는 대로 따라온다.
상대의 약한 고리를 집중 공략하라.

여섯째, 집행 사전 예고제를 이용하라

막무가내인 점유자는 강제집행을 신청하라. 집행관이 ○○일 이내에 자진 퇴거하지 않으면 강제집행 하겠다는 계고서를 붙이면 효과가 바로 나타

난다. 매수인 말은 코방귀도 안뀌는 사람도 집행관이 협상을 종용하고 조만간 강제집행 할 수 있음을 고지하면 바로 꼬리를 내린다.

일곱째, 잔금 납부 전에는 방문하라.

경매는 일반 매매와 달리 사전 방문이 어렵다. 그러나 매각 후에는 사정이 달라진다. 방문하면 인도의 난이도를 알 수 있다. 대화를 하다보면 점유자의 성향을 파악할 수 있기 때문이다.

여덟째, 대금 납부와 동시에 인도명령을 신청하라.

채무자 겸 소유자, 임차인은 잔금 납부와 동시에 인도명령을 신청하라. 때론 매수인의 백마디 말보다 인도명령 결정문의 심리적 압박 효과가 더 크다. 대화의 물밑에서는 법적 조치를 취해, 만일 점유자가 이사일 등을 번복시 대비한다.

아홉째, 인도는 송달이 생명이다.

'하늘을 봐야 별을 따듯이' 송달이 돼야 강제집행을 할 수 있다. 종종 점유자가 고의로 송달을 거부하는 경우가 있다. 우체국 집배원이나 집행관과 가까우면 덕을 볼 수 있다.

열째, 빈 집 인도가 더 힘들수도 있다.

짐이 남아 있지 않다면 관리사무소 등의 협조를 얻어 조기에 입주할 수도 있다. 그러나 세간이 남아 있을 경우 함부로 옮겨서는 안 된다. 소정의 법적 절차를 거쳐 적당한 곳에 보관해야 한다. 강제집행시 송달이 불가능해 결국 야간 특별송달을 거쳐 공시송달까지 가야 하는데 시간과 비용이라는 이중의 부담을 감수해야 한다.

PART 07

배당은
어떻게 하나

chapter 01 배당

1. 배당이란

배당이란 매각대금을 집행비용 공제 후 남은 금액을 채권자에게 순위에 따라 나눠주는 것을 말한다.

매수인이 대금 납부 후 채권자의 경합이 없거나, 변제받을 채권자가 1인 뿐이거나, 매각대금이 채권자들의 요구액보다 많으면 집행법원은 채권자들에게 채권액을 교부(변제)하면 된다. 즉, 배당절차가 필요 없다. 그러나 매각대금이 채권액 변제에 부족하기 때문에 집행법원은 민법·상법과 그 밖의 법률에 의한 우선 순위에 따라 배당원칙과 배당순위를 정해 놓고 매각대금을 배당 한다.

> 배당 : 채권액 〉 매각대금
> 교부 : 채권액 〈 매각대금

2. 배당절차

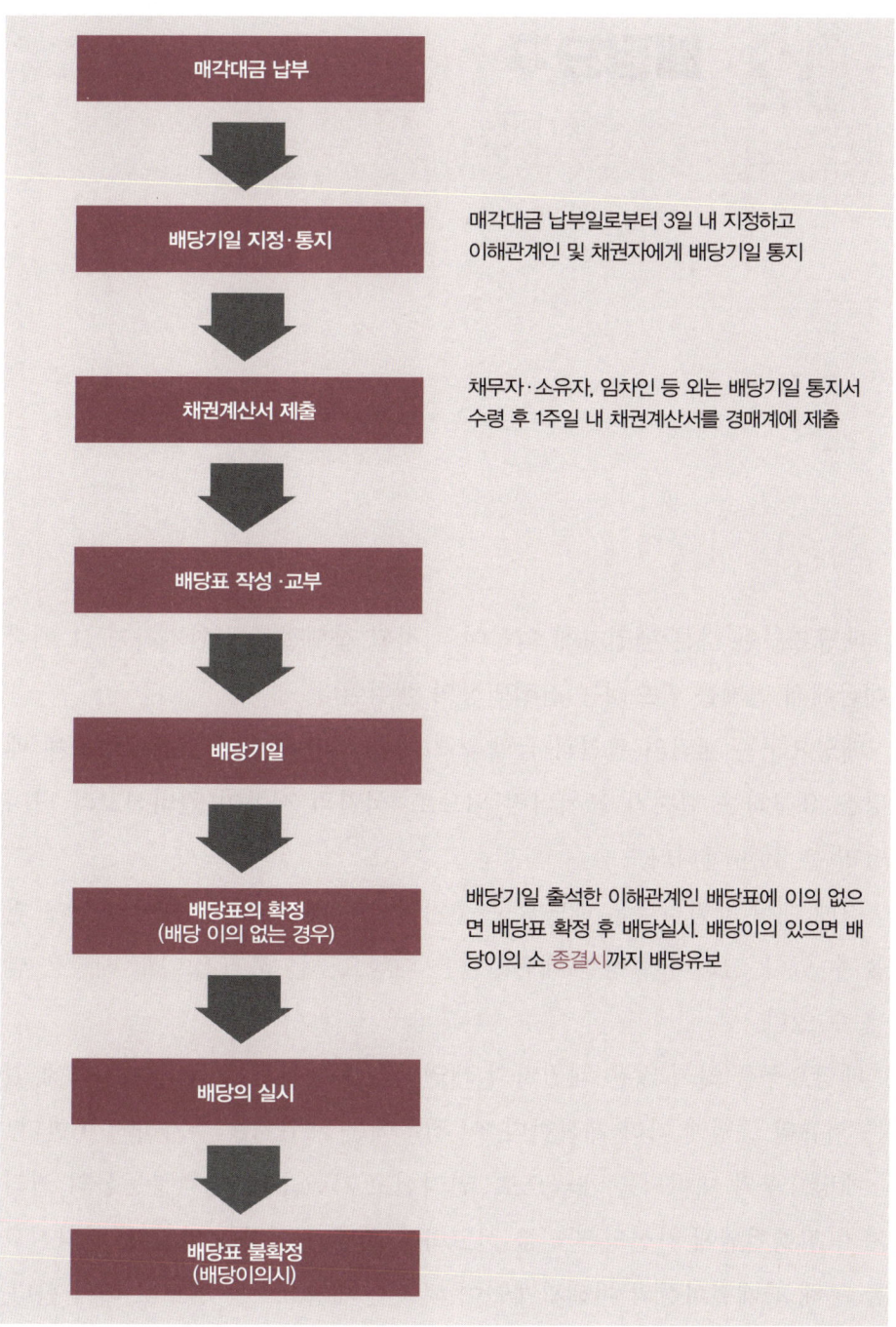

chapter 02 배당요구

배당요구란 다른 채권자에 의하여 개시된 집행절차에 참가하여 그 매각대금에서 변제를 받으려는 집행법상의 행위이다.

배당요구는 채권의 원인과 금액을 기재한 서면에 의하여 집행법원에 배당을 요구하는 취지가 표시되면 되므로, 서면의 제목이 권리신고라 하여 달리 볼 것은 아니다.

경매 대상 채권자들은 배당요구 종기일까지 배당요구를 해야 배당을 받을 수 있다. 그러나 일정한 채권자들은 배당요구를 하지 않아도 배당을 받을 수 있다.

배당요구를 하지 않은 채권자의 채권액은 등기부등본 등 경매기록에 있는 서류와 증빙에 따라 계산한다. 이 경우에는 채권액을 추가하지 못한다.

배당요구와 대비되는 개념으로 '권리신고'가 있는데 매각부동산의 권리자가 집행법원에 자신의 권리를 신고하여 증명하는 것을 말한다. 권리신고를 통해 경매절차상의 이해관계인이 되지만 배당요구는 별도로 해야 한다.

구 분	권리신고	배당요구
대상	매각절차의 이해관계인 중 제4호 해당자이다(민사집행법 제90조) 4. 부동산 위의 권리자로서 그 권리를 증명한 사람	집행력 있는 정본을 가진 채권자, 경매개시결정이 등기된 뒤에 가압류를 한 채권자, 민법·상법, 그 밖의 법률에 의하여 우선변제청구권이 있는 채권자(민사집행법 제88조 제1항)
종기	배당요구의 종기(민사집행법 제84조 제4항)	배당요구의 종기(민사집행법 제84조 제1항)
효과	매각절차의 이해관계인이 된다	배당요구 신청하면 배당 받을 수 있고, 부당이득반환청구도 가능

"배당요구서는 그 서면의 제목이 권리신고서이든 채권계산서이든 그 채권의 원인과 액수가 적혀 있다면 배당요구로 볼 수 있다."(대법원 1999. 2. 9. 선고 98다53547호 판결)

예를 들어 임차인이 권리신고를 하면서 임대차계약서와 주민등록을 함께 제출했다면 배당요구를 한 것으로 볼 수 있다.

배당요구의 종기는 첫 매각기일 이전으로 집행법원이 정한 때이다.

배당요구 관련 주의할 점은 배당요구를 했다고 배당을 받는 것은 아니라는 점이다.

특히 대항력있는 임차인이나 선순위전세권자는 입찰 전 배당요구 유무를 확인해야 한다. 또 배당요구를 제 때 했는지도 확인해야 한다.

선순위 임차인이나 선순위 전세권자가 배당요구 종기일 이후에 배당요구를 하면 배당요구의 효력이 없어 배당을 받지 못한다.

배당요구는 민법 제168조 2호의 압류에 준하는 것으로서 시효중단의 효력이 있다(대법원 2009. 3. 26. 선고 2008다89880 판결).

권리신고 겸 배당요구 신청서

사건번호   타경   부동산강제(임의)경매
채 권 자
채 무 자
소 유 자

본인은 이 사건 경매절차에서 임대보증금을 우선변제받기 위하여 아래와 같이 권리신고 겸 배당요구를 하오니 매각대금에서 우선배당을 하여 주시기 바랍니다.

아   래

1. 계 약 일 :   .   .   .
2. 계약당사자 : 임대인(소유자) ○ ○ ○
               임 차 인 ○ ○ ○
3. 임대차기간 :   .   .   .부터   .   .   .까지(년 간)
4. 임대보증금 : 전세   원
               보증금   원에 월세
5. 임차 부분 : 전부(방   칸), 일부(층   방   칸)
   (※ 뒷면에 임차부분을 특정한 내부구조도를 그려주시기 바랍니다)
6. 주택인도일(입주한 날) :   .   .   .
7. 주민등록전입신고일 :   .   .   .
8. 확 정 일 자 유무 : □ 유(.   .   .), □ 무
9. 전세권(주택임차권)등기 유무 : □ 유(.   .   .), □ 무

[첨부서류]

1. 임대차계약서 사본   1통
2. 주민등록등본   1통

년   월   일

권리신고 겸 배당요구자   (인)
연락처(☎)

서울 중앙지방법원 귀중

1. 배당요구 철회의 제한

배당요구는 채권자가 언제든 자유롭게 철회가 가능하다. 단, 배당요구 철회에 따라 매수인이 인수해야 할 부담이 바뀌는 경우 배당 요구 채권자는 배당요구 종기가 지난 뒤에는 철회하지 못한다. 종기일 이후에 철회하더라도 집행법원은 배당요구가 있는 것으로 취급하여 배당한다.

① 부담 생김
대항력과 우선변제권 있는 임차인이나 선순위 전세권자가 배당요구를 하여 인수하지 않는 걸로 알고 있었는데 배당요구를 철회하여 보증금을 인수하는 경우다.

② 부담 증가
대항력있는 소액임차인이 배당요구를 하였다가 후에 철회하는 경우다. 대항력있는 소액임차인이 배당요구를 하면 최우선변제금은 매수인이 인수하지 않아도 되나, 배당요구를 철회하면 그 최우선변제금을 매수인이 인수해야 한다.

2. 배당요구 확장의 제한

> 배당요구가 필요한 채권자가 배당요구종기까지 배당요구를 하지 아니하면 배당 받을 수 없고, 압류채권자나 배당요구한 채권자가 채권의 일부 금액으로 경매신청 또는 배당요구 한 경우 배당요구 종기 이후에는 새로운 채권을 추가하거나 확장 할 수 없다. (대법원 2005. 8. 25. 선고 2005다14595 판결)

1) 배당요구 금액의 감액과 오기의 보정은 가능

경매신청서나 배당요구한 금액이 실제보다 과다한 경우, 배당요구 종기 후 계산서를 제출하여 감액하는 것은 허용된다. 배당요구서에 적힌 내용에 오기가 있을 때도 보정할 수 있다.

2) 이자 등 부대채권 확장 가능

이자 등 부대채권은 경매신청서 또는 배당요구서에 이자지급을 구하는 취지가 적혀 있으면 배당요구 종기까지 채권계산서를 제출하는 방법으로 확장할 수 있다.

부대채권은 지연손해배상채권, 소송비용액확정절차에 의하여 확정된 본안소송비용 등을 말한다.

3. 배당 받을 수 있는 채권자

가. 배당요구를 하지 않아도 배당되는 자

다음의 채권자들은 매각으로 인하여 그 권리가 소멸하는 대신 배당요구를 하지 않아도 당연히 배당을 받을 수 있는 자들이다.

① 이중경매 신청채권자

배당요구 종기까지 경매신청을 한 이중경매 채권자. 그러나 배당요구 종기 후에 경매 신청을 한 채권자는 선행사건으로 배당을 하는 경우에는 배당을 받을 수 없다. 선행사건이 취하·취소되어 배당요구 종기를 다시 정하고 배당하는 경우에는 배당을 받을 수 있다.

② 첫 경매개시결정등기 전에 등기된 가압류채권자

③ 첫 경매개시결정등기 전의 체납처분에 의한 압류권자

④ 경매로 소멸하는 저당권, 담보가등기, 전세권, 등기된 임차권등기명령권자로서 첫 경매개시결정등기 당시 등기된 자.

경매신청 채권자가 아닌 근저당권자는 배당요구를 하지 않더라도 당연히 채권최고액 한도내에서 배당을 받을 수 있다. 매각대금 완납시에 채권액이 확정되므로 배당기일이 아닌 배당표 작성시까지 채권계산서를 제출하여 청구금액을 확장할 수 있다.

⑤ 임차권 등기명령자

⑥ 대위변제자는 배당요구를 하지 않아도 배당기일까지 대위자임을 소명하면 된다. 대위변제의 대상이 된 근저당권이 자동 배당 대상이기 때문이다.

⑦ 토지별도등기권자

토지별도등기권자는 전유부분 건물매각 대금 중에서 대지권에 해당하는 경매댓가에서 우선변제를 받을 수 있다(대법원 2012. 3. 29. 선고 2011다74932 판결).

⑧ 종전 등기기록상의 권리자

재개발, 재건축으로 공급된 부동산에 대한 경매시 종전 등기부상의 저당권, 가압류 등(토지별도등기권자)은 새로운 등기부에 이기되지 않았더라도 등기된 것과 동일하게 보아 자동배당 대상이다.

도시정비사업시행의 결과 토지 또는 건축물을 분양받아 소유권을 취득한 자가 보유하고 있던 종전의 토지 또는 건축물에 설정된 지상권·전세권·저당권·임차권·가등기담보권·가압류 등 등기된 권리 및 주택임대차보호법 제3조 제1항의 요건을 갖춘 임차권은 소유권을 이전받은 대지 또는 건축물에 설정된 것으로 본다(도시 및 주거환경정비법 제55조 제1항).

> 도시 및 주거환경정비법 제55조(대지 및 건축물에 대한 권리의 확정)
> ① 대지 또는 건축물을 분양받을 자에게 제54조제2항의 규정에 의하여 소유권을 이전한 경우 종전의 토지 또는 건축물에 설정된 지상권·전세권·저당권·임차권·가등기담보권·가압류 등 등기된 권리 및 주택임대차보호법 제3조제1항의 요건을 갖춘 임차권은 소유권을 이전받은 대지 또는 건축물에 설정된 것으로 본다.

⑨ 대항력과 우선변제권 임차인의 경매신청

대항력과 우선변제권을 모두 가지고 있는 임차인이 보증금을 반환받기 위해 보증금반환청구소송 등 집행권원을 얻어 임차주택에 대하여 강제경매를 신청했다면 특별한 사정이 없는 한 대항력과 우선변제권 중 우선변제권을 선택하여 행사한 것으로 보아야 하고, 이 경우 별도의 배당요구가 없더라도 우선변제를 받을 수 있다(대법원 2013. 11. 14. 선고 2013다27831 판결).

> "주택임대차보호법상의 대항력과 우선변제권을 모두 가지고 있는 임차인이 보증금을 돌려받기 위해 소송을 내 확정판결을 받아 임차주택에 대해 강제경매를 신청했다면 특별한 사정이 없는 한 대항력과 우선변제권 중 우선변제권을 선택해 행사한 것으로 봐야 한다"(대법원 2013. 11. 14. 선고 2013다27831 판결)

채권의 일부 청구

채권의 일부를 청구한 경우 청구금액의 확장은 허용되지 않는다. 나머지 채권을 배당받는 방법은 강제경매냐 임의경매냐에 따라 다르다.

강제경매 - 배당요구 종기까지 잔액에 대해 배당요구를 하면 배당 받을 수 있다.

임의경매 - 잔액에 대해 이중 경매를 신청하거나, 별도의 집행권원을 취득하여 배당요구를 해야 한다.

나. 배당요구를 해야만 배당되는 자

임차인을 포함한 모든 채권자가 해당되는데 이들은 배당요구 종기일까지 배당요구를 해야만 배당을 받을 수 있다. 왜냐하면 집행법원에서는 이들 권리자의 존재를 배당요구 전 까지는 알 수 없기 때문이다.

만약 배당요구를 하지 않으면 부당이득반환 청구도 할 수 없다.

① 판결문 등 집행력 있는 정본을 가진 채권자

강제경매신청과 달리 배당요구시에는 사본을 제출해도 된다.

② 민법·상법, 그 밖의 법률에 의하여 우선변제청구권이 있는 채권자

㉠ 등기가 안 된 우선변제권자 : 등기가 되어 있지 않아 배당요구를 하지 않으면 그 채권의 존부나 액수를 알 수 없는 채권.
주택·상가건물임차인

㉡ 임금채권자

㉢ 법인 : 중소기업인 법인과 주택임대차보호법에 의하여 대항력이 인정된 법인(LH, SH 등)

③ 경매개시결정 기입등기 이후에 등기된 저당권, 가압류 채권자

④ 선순위 전세권자

⑤ 담보가등기권자

담보가등기권리자는 경매절차에서 저당권자와 동일시되고 우선변제권도 있다. 그러나 선순위 담보가등기권자가 신고를 하지 않으면 순위보전의 가등기로 보아 매수인이 인수해야 한다.

⑥ 경매개시결정 이후 조세 기타 공과금 채권

조세, 기타 공과금 채권으로 경매개시 결정 전 압류등기를 하지 아니한 경우, 배당요구 종기까지 교부청구를 해야만 배당을 받을 수 있다.

⑦ 대위변제자

타인의 채권을 대위변제하였거나 공동저당권자에 대한 이시배당의 결과 차순위 채권자가 대위하는 경우, 피대위자가 배당을 받기 위해 배당요구가 필요한 경우에는 대위할 범위에 관하여 대위권자가 배당요구를 할 수 있다. 그러나 대위할 범위에 관하여 이미 피대위자가 배당요구를 하였거나 자동배당 대상인 경우에는 대위권자는 배당기일까지 대위권자임을 소명하면 된다.

배당 구분

구분	자동배당	수동배당	공탁대상	배당불가	비고
경매신청채권자	○				
이중경매신청채권자	배당종기 전			배당종기 후	
가압류권자	경매기입등기 전	경매기입등기 후			
압류권자	〃	〃			
저당권자	〃	〃			
가등기 담보권자		○			
전세권자	후순위	선순위			
임차권 등기명령권자	○				
토지별도등기권자	○				
주택, 상가 임차인		○		확정일자 ×	
임금채권자		○			
정지조건부 채권(인도조건)			○		임차인, 전세권
가압류의 미확정 채권			○		
배당이의 미완결 배당금			○		
배당기일 불출석 채권자			○		10일 후부터
저당권설정 가등기권리자			○		

4. 배당요구시 신청서류

배당요구신청서에 배당요구의 원인과 배당요구 금액 등을 기재하여 첨부서류와 함께 제출한다.

첨부서류로는 임차인은 임대차계약서 사본과 주민등록 등본, 근저당권자는 근저당설정서와 등기사항증명서를 가압류권자는 가압류결정정본과 등기사항증명서 등이 필요하다.

배당요구시에 채권자는 채권의 원금, 이자, 비용, 기타 부대채권이 기재된 채권계산서를 집행법원에 제출해야 한다. 이자는 배당기일을 알 수 없어 정확한 액수를 알 수 없는 경우 완제일까지의 이자율로 표시하여도 된다.

만일 배당요구 종기일까지 채권계산서가 제출되지 않으면 집행법원은 경매신청서, 배당요구신청서, 등기사항증명서 기타 집행기록의 서류와 증명에 의해 채권액을 계산한다.

이 경우 채권자는 배당요구 종기일 이후에는 법원이 계산 근거로 사용한 서류나 증거에 잘못이 있거나 채권액이 실제액보다 작게 계산된 경우라도 채권액의 증액 및 수정이 불가능하다.

배당요구시 첨부서류

채권의 종류	첨부서류
주택임차인	임대차계약서 사본, 주민등록 등본
상가임차인	임대차계약서 사본, 등록사항 등의 현황서, 도면
임금채권자	회사경리장부, 근로감독관청확인서, 관할세무서의 근로소득원천징수서류
근저당권자	설정계약서, 등기부등본
가압류권자	가압류결정정본, 등기부등본
집행력있는 정본의 채권	집행력있는 정본
일반채권자	채권원인증서 사본

5. 배당요구와 부당이득반환청구와의 관계

1) 부당이득반환청구 가능

배당요구를 한 채권자나 배당요구를 하지 않아도 당연히 배당에 참여할 수 있는 채권자는 부당이득반환청구가 가능하다.

"확정된 배당표에 의하여 배당을 실시하는 것은 실체법상의 권리를 확정하는 것이 아니므로, 배당을 받아야 할 채권자가 배당을 받지 못하고 배당을 받지 못할 자가 배당을 받은 경우에는 배당을 받지 못한 채권자로서는 배당에 관하여 이의를 한 여부에 관계없이 배당을 받지 못할 자이면서도 배당을 받았던 자를 상대로 부당이득반환청구권을 갖는다 할 것이고, 배당을 받지 못한 그 채권자가 일반채권자라고 하여 달리 볼 것은 아니다."(대법원 2001. 3. 13. 선고 99다26948 판결)

2) 부당이득반환청구 불가

주택(상가건물)임차인의 우선변제권이나 최우선변제권, 임금채권의 최우선변제권자가 배당요구를 하지 않아 후순위 채권자가 배당을 받았더라도 그 후순위 채권자를 상대로 부당이득반환청구를 할 수 없다.

chapter 03 배당표의 작성

1. 배당기일

매수인이 매각대금을 완납하면 집행법원은 배당에 관한 진술 및 배당을 실시할 기일을 정한다. 배당기일은 대금납부 후 3일 안에 지정하되, 대금납부 후 4주 안의 날로 정한다. 배당기일이 정해지면 이해관계인과 배당을 요구한 채권자에게 이를 통지 한다.

2. 계산서의 제출

집행법원은 배당기일이 정해지면 각 채권자에게 채권의 원금, 배당기일까지의 이자, 그밖의 부대채권 및 집행비용을 적은 계산서를 1주 안에 법원에 제출할 것을 최고 한다.

1) 계산서를 제출하지 않은 경우

계산서의 제출은 배당표 작성의 준비행위에 지나지 않으므로 계산서 제출의 유무에 따라 채권자의 권리가 좌우되는 것은 아니다. 즉, 채권자가 계산서를 제출하지 않았다하여 배당을 받지 못하는 것은 아니다.

단, 제출하지 않았을 경우 배당요구 신청서의 내용대로 채권 계산을 하므로, 배당요구 종기일 이후 증액된 부분에 대해서는 배당을 받지 못한다.

2) 배당요구 종기 후 추가·확장 여부

채권 중 일부만을 청구한 경우 배당요구가 없어도 당연히 배당 받을 수 있는 채권자인 경매개시결정등기 전에 등기된 근저당권자, 가압류권자, 체납처분에 의한 압류권자 등은 채권을 추가·확장할 수 있다.

반면 배당을 받기 위해서는 배당요구가 필요한 채권자는 추가·확장이 안 된다. 배당요구 종기일에 일부만 배당요구 한 경우, 배당요구 종기 이후에는 나머지 부분에 대해 채권을 추가하거나 확장하지 못한다.

3. 배당금 수령시 인도확인서가 있어야 배당받는 자

1) 인도확인서 필요

① 주택(상가건물)임차인

임차인은 선순위, 후순위를 불문하고 인도확인서가 있어야 배당금을 수령할 수 있다.

② 전세권자

2) 인도확인서 불요

① 선순위 임차인 일부 배당

선순위 임차인(전입은 빠르나 확정일자가 늦은 경우)이 배당요구를 하였으나 일부만 배당받는 경우 인도확인서가 필요 없다. 대항력있는 소액임차인이 일부만 배당받는 경우도 마찬가지다.

② 미등기건물 임차인이 대지의 매각대금에서 배당

대지만 매각된 경우 그 매각대금에서 배당을 받게 된 건물의 임차인은 매각대상 토지와는 무관한 미등기건물 소유자의 인도확인서가 필요 없다.

또한 토지소유자의 인도확인서도 필요없다. 미등기주택의 임차인은 대지 점유자가 아니기 때문이다. 건물의 부지가 된 토지의 점유자는 건물의 소유자다.

③ 부도임대주택의 임차인이 매수인과 임대차계약 체결

4. 배당표 작성

1) 배당표 원안의 작성

법원은 배당기일 3일 전에 배당표 원안을 작성하여 비치하여야 한다(민사집행법 제149조 제1항).

배당표 원안은 단지 배당계획안에 불과하나 이해관계인은 이를 기초로 배당에 관한 의견을 진술하게 된다. 배당기일에 채권자들 사이에 합의가 성립하거나, 이의가 없을 때 배당표는 확정된다.

2) 배당할 금액

배당할 금액을 실무에서는 배당재단이라고 하는데 다음과 같다.

① 매각대금

② 지연이자

대금지급기한이 지난 뒤부터 대금의 지급·충당까지의 이자를 말한다.

③ 항고보증금

항고가 기각·각하되거나 취하된 때에는 채무자·소유자는 매각가의 10분의 1에 해당하는 항고 보증금 전액이 몰수되고, 채무자·소유자 외는 항고일로부터 항고 기각·각하결정이 확정된 날까지의 매각대금의 연 12%에 해당하는 항고보증금이 몰수 돼 배당재단에 편입된다.

④ 전 매수인의 매수보증금

차순위 매수인에 대한 매각허가결정이 있는 경우의 매수보증금도 포함한다.

⑤ 위 각 금액에 대한 배당기일까지의 보관금 이자

3) 실제 배당할 금액

실제로 각 채권자에게 배당할 금액은 본래의 배당할 금액(매각대금+지연이자+항고보증금+전 매수인의 매수보증금+보관금 이자)에서 집행비용을 공제한 금액이다.

4) 배당표

배당표는 매각대금, 채권원금, 이자, 비용, 배당순위, 배당비율 등이 기재되어 있다.

서울중앙지방법원
배 당 표

사　　건　　201 타경 10112 부동산강제경매

배당할금액		금	974,885,108	
명세	매각대금	금	913,821,000	
	지연이자 및 절차비용	금	1,735,732	
	전경매보증금	금	53,456,000	
	매각대금이자	금	5,872,376	
	항고보증금	금	0	
집행비용		금	16,395,420	
실제배당할금액		금	958,489,688	
매각부동산		별지와 같음		
채권자		상도새마을금고	김정수	양승수
채권금액	원금	252,311,578	150,000,000	80,000,000
	이자	392,025,840	0	0
	비용	0	0	0
	계	644,337,418	150,000,000	80,000,000
배당순위		1	2	2
이유		신청채권자	임차인(확정일자)	임차인(확정일자)
채권최고액		390,000,000	0	0
배당액		389,520,589	150,000,000	80,000,000
잔여액		568,969,099	418,969,099	338,969,099
배당비율		99.88 %	100.00 %	100.00 %
공탁번호 (공탁일)		금제　　호 (　.　.　.)	금제　　호 (　.　.　.)	금제　　호 (　.　.　.)

배당원칙 및 배당순위 chapter 04

매각대금으로 배당에 참가한 모든 채권자를 만족시킬수 있다면 배당순위는 의미가 없다. 그러나 대부분 매각대금이 배당 받을 채권자의 채권액에 턱없이 부족하다.

따라서 집행법원은 주택(상가건물)임대차보호법과 민법, 상법, 국세징수법 등 그 밖의 법률에 의한 우선 순위에 따라 배당을 한다(민사집행법 제145조 제2항).

민사집행법 145조(매각대금의 배당) ②매각대금으로 배당에 참가한 모든 채권자를 만족하게 할 수 없는 때에는 법원은 민법·상법, 그 밖의 법률에 의한 우선순위에 따라 배당하여야 한다.

1. 배당원칙

※ 배당의 3원칙
① 안분(평등)배당
② 순위(흡수)배당
③ 안분 후 흡수배당

1) 채권 – 안분(평등)배당

채권 상호간에는 채권자 평등의 원칙이 적용된다. 채권은 그 권원이나 성립시기를 묻지 않고 순위가 같다.

동순위자 간의 배당은 자신의 채권액 비율에 따라 안분배당 한다.

【 사례 】

배당금액 6,000만원

설정일자	권리내용	권리자	배당순위	배당금액
3. 15	가압류 5,000만원	A	1	3,000만원
5. 15	가압류 5,000만원	B	1	3,000만원

A와 B는 채권으로서 채권자 평등의 원칙이 적용돼 성립시기에 관계없이 순위가 같다. 동순위자 간에는 안분배당을 하는데 안분배당 계산식은 다음과 같다.

$$\text{배당할 금액} \times \frac{\text{자신의 채권액}}{\text{총 채권액}} = \text{자신의 안분 배당액}$$

2) 물권 – 순위(흡수)배당

물권은 설정일 순으로 배당 한다. 저당권, 전세권, 가등기담보권, 확정일자 있는 주택임차권 상호간의 우선순위는 설정일 순서에 따른다. 설정일은 등기사항증명서의 접수일자가 기준이다.

등기의 설정일이 같은 경우 접수번호 순으로 정한다.

[사례]

배당금액 1억 5,000만원

설정일자	권리내용	권리자	배당순위	배당금액
5. 1	저당권 5,000만원	A	1	5,000만원
6. 15	저당권 7,000만원	B	2	7,000만원
7. 21	저당권 6,000만원	C	3	3,000만원

3) 물권 VS 채권

① 원칙 : 물권우선

물권과 채권이 경합시 성립시기를 불문하고 물권이 우선한다(물권 우선의 원칙). 물권은 그 부동산에 관련된 모든 사람에게 주장할 수 있는 권리인 반면, 채권은 특정인에게만 주장할 수 있는 권리이기 때문이다.

[사례]

배당금액 4,000만원

설정일자	권리내용	권리자	배당순위	배당금액
3. 19	대여금 5,000만원	A	2	없음
6. 4	저당권 5,000만원	B	1	4,000만

② 예외 : 가압류가 선순위

가압류가 선순위 근저당권이 후순위인 경우 안분배당을 한다. 가압류는 채권으로서 근저당권에 대하여 우선변제를 주장할 수 없는 반면, 근저당권은 가압류의 처분금지 효력 때문에 그 집행보전의 목적을 달성하는 범위 안에서 가압류 채권자에 대한 관계에서 상대적으로 무효이기 때문이다.

가압류의 배당금 계산

가압류의 효력은 가압류를 청구한 피보전 채권액에 한하여 미치므로, 가압류 피보전 채권액으로 기재된 액(가압류 청구금액)이 배당액의 산정기준이 된다.

① 배당순위
㉮ 원칙 – 안분배당
㉯ 예외 – 우선변제
㉠ 피보전권리에 우선변제권 있는 경우

가압류에 의하여 보전된 피보전 권리의 민법·상법, 그 밖의 법률에 의한 우선순위에 따른다(예, 주택임차인이나 임금채권자가 가압류를 한 경우).

㉡ 전소유자 가압류

가압류 후 제3자 앞으로 소유권이 변동된 경우, 가압류채무자에 대한 다른 채권자는 매각대금의 배당에 참가할 수 없다(가압류의 처분금지 효). 제3자 양도시 다른 채권자는 그 대상이 부존재하므로 다시 압류할 수도 없고 배당요구할 수도 없다.

② 배당금액

가압류의 청구금액 범위 내에서 원금, 이자 및 비용이다.
㉮ 배당기일까지 집행권원 제출
㉠ 확정된 피보전채권이 가압류 청구금액 이상인 경우

채권계산서에 적힌 금액이 등기사항전부증명서에 표시된 청구금액을 초과하는 때에는 청구금액을 채권금액으로 본다.

ⓒ 확정된 피보전채권이 가압류 청구금액에 미치지 못하는 경우

등기부상 채권최고액이 아닌 집행권원상의 금액을 기준으로 배당금을 계산한다. 즉 확정된 피보전 채권액을 기준으로 다른 동순위 채권자들과 배당비율을 다시 계산한다. 가압류채권액이 후에 감축되어 확정된 경우, 지연손해금은 배당기일까지의 지연손해금을 청구할 수 있다.

㉯ 배당기일까지 집행권원 미제출

등기부상 채권최고액을 기준으로 (안분)배당 후 배당금액을 공탁한다. 가압류채권자는 집행권원을 제출해야 공탁금을 수령할 수 있다.

㉰ 가압류 청구금액과 본안 채권 금액이 다른 경우

가압류채권자는 이자, 지연손해금 채권에 대하여는 가압류의 처분금지 효를 주장하지 못한다. 가압류의 처분금지 효력이 미치는 객관적 범위는 가압류결정에 표시된 청구금액에 한정되기 때문이다.

예를 들어 가압류 청구금액은 약속어음금 1억원인데 지연손해금이 5,000만원인 경우. 가압류채권자는 강제경매신청시 청구금액을 1억원이 아닌 1억 5,000만원으로 할 수 있다.

즉 본안의 승소확정판결에 기한 청구금액은 가압류 피보전채권액인 약속어음금 1억원에 지연손해금 5,000만원을 더한 1억 5,000만원에 대해 강제경매를 신청할 수 있다.

단, 이 경우 배당표 작성 즉 배당 순위는 달라질 수 있다.

㉠ 가압류 다음에 우선변제권자가 있는 경우

가압류채권자가 우선변제권자와 안분할 금액은 1억 5,000만원이 아닌 가압류 청구금액인 1억원이다. 안분 후 잉여가 있을 경우 5,000만원은 일반채

권자 지위로 배당 받을 수 있다.

ⓒ 가압류 다음에 우선변제권자가 없는 경우

1억 5,000만원에 대해 일반채권자와 안분 배당을 한다.

배당금액 1억 5,000만원

설정일자	권리내용	권리자	배당순위	배당금액	비 고
5. 11	가압류 5,000만원	A	2	4,000만원	말소기준등기
5. 21	가압류 5,000만원	B	2	4,000만원	
5. 28	가압류 5,000만원	C	2	4,000만원	
7. 10	압류 3,000만원	D	1	3,000만원	법정기일 5월 20일

D의 압류가 1순위로 3,000만원 배당 받는다. 조세채권은 일반채권에 언제나 우선하기 때문이다.

2순위는 A, B, C로 1억 2,000만원 $\times \dfrac{5,000만원}{1억\ 5,000만원}$ = 4,000만원을 각각 배당 받는다.

㉱ 가압류에 대한 배당금 공탁 후 가압류권자가 본안소송에서 일부 승소

가압류권자가 본안소송에서 전부 승소판결을 받으면 공탁된 배당금을 모두 받으므로 문제가 없다. 그러나 일부 승소 판결을 받으면 배당표를 다시 짜야 한다.

배당금액 6,000만원

설정일자	권리내용	권리자	배당순위	1차 안분금액	최종 배당금액	비 고
3. 2	가압류 6,000만원	A	1	3,000만원	1,500만원	말소기준등기
5. 9	집행정본 4,000만원	B	1	2,000만원	3,000만원	경매신청채권자
8. 5	집행정본 2,000만원	C	1	1,000만원	1,500만원	

A, B, C는 채권자이므로 1차 안분배당을 한다.

$$A : 6{,}000만원 \times \frac{6{,}000만원}{1억\ 2{,}000만원} = 3{,}000만원$$

$$B : 6{,}000만원 \times \frac{4{,}000만원}{1억\ 2{,}000만원} = 2{,}000만원$$

$$C : 6{,}000만원 \times \frac{2{,}000만원}{1억\ 2{,}000만원} = 1{,}000만원을\ 각각\ 배당\ 받는다.$$

그 후 가압류권자 A가 본안소송에서 피보전채권 6,000만원 중 2,000만원만 인용되고 나머지는 기각되는 일부승소 판결을 받았다. 가압류권자 A의 최종 배당금은 얼마인가?

확정되지 아니한 가압류 채권은 공탁하도록 한 취지와 채권자 사이의 형평을 고려할 때, A가압류채권자의 본안판결의 일부승소 금액인 2,000만원을 가압류채권으로 하여 배당표를 다시 짜야(추가배당) 한다.

$$A : 6{,}000만원 \times \frac{2{,}000만원}{8{,}000만원} = 1{,}500만원$$

$$B : 6{,}000만원 \times \frac{4{,}000만원}{8{,}000만원} = 3{,}000만원$$

$$C : 6{,}000만원 \times \frac{2{,}000만원}{8{,}000만원} = 1{,}500만원을\ 최종적으로\ 배당\ 받는다.$$

4) 안분 후 흡수배당

배당순위의 충돌이 있는 경우 안분 후 흡수 배당을 한다. 배당순위의 충돌이란 배당참가 채권자들 사이에 배당순위가 고정되지 아니하고, 채권자들 사이에 우열관계가 상대적으로 결정되는 경우를 말한다.

안분 후 흡수 배당은 1단계로 충돌을 일으키는 채권자들의 배당액을 안분한다. 이어 2단계로 각 채권자의 상대적 우열관계에 따라 자기의 안분부족액에 달할 때까지 자신보다 열후한 후순위자의 안분액을 흡수한다.

2. 배당순위

배당 순위표(매각재산에 조세채권의 법정기일 전에 담보채권이 있는 경우)

순위	권리종류	권리내용	변제방법
1	집행비용	경매예납금, 등록세, 송달료 등	비용변제
2	필요비·유익비	주택관리에 사용된 필요비 및 유익비	비용변제
3	주택임차인	소액임차인 보증금중 일정액 서울 1억 5,000만원/5,000만원, 과밀억제권역, 용인, 화성, 세종, 김포 1억 3,000만원/4,300만원, 광역시, 안산, 광주, 파주, 이천, 평택 7,000만원/2,300만원, 기타 6,000만원/2,000만원	최우선 변제
3	상가임차인	서울 6,500만원/2,200만원, 과밀억제권역, 부산 5,500만원/1,900만원, 광역시(부산, 인천, 군 제외) 안산, 용인, 김포, 광주, 파주, 화성, 세종 3,800만원/1,300만원, 기타지역 3,000만원/1,000만원	
3	임금채권	근로기준법에 의한 임금채권 (최종 3개월 임금, 최종 3년간의 퇴직금, 재해보상금)	
4	당해세	경매중인 부동산에 부과된 국세와 지방세	우선변제
5	담보물권 확정일자 임차권 당해세 외 국세, 지방세	저당권, 전세권, 담보가등기, 확정일자 있는 임차권, 당해세 이외 국세, 지방세	우선변제
6	일반임금채권	2순위 임금채권을 제외한 기타 임금채권	우선변제
7	담보물권보다 늦은 국세·지방세 및 징수금	담보물권보다 늦은 국세·지방세 및 그 징수금 (체납처분비, 가산금 등)	우선변제
8	각종보험료	국민건강보험료, 산업재해보상보험료, 국민연금보험료	우선변제
9	일반채권	재산형, 과태료, 국유재산 사용료·대부료·변상금, 수도료, 가스료, 시청료, 경매신청한 유치권 등	보통변제

1) 제1순위 : 집행비용(민사집행법 제53조)

강제집행에 필요한 비용은 채무자가 부담하고 그 집행에 의하여 우선적으로 변상을 받는다(민사집행법 제53조 제1항). 배당할 금액에서 집행비용을 예납한 경매신청 채권자에게 돌려준다. 여기에는 강제경매의 실시를 위하여 필요한 비용뿐만 아니라 경매신청의 준비를 위하여 필요한 비용도 포함된다. 압류가 경합(이중경매)된 경우 뒤의 경매신청에 소요된 비용은 배당요구에 소요된 비용과 마찬가지로 우선변제를 받는 집행비용이 아니다.

2) 제2순위 : 저당물의 제3취득자가 지출한 필요비·유익비(민법 제367조)

저당물의 제3취득자가 그 부동산의 보존과 개량을 위하여 지출한 필요비·유익비는 저당물의 경매대가에서 우선상환을 받을 수 있다(민법 제367조). 제3취득자의 범위에 임차인이나 전세권자, 저당권 설정 후 소유권을 취득한 자는 포함되나 단순 점유자는 포함되지 않는다.

주택임차인이 고장난 기름보일러를 수리하는 대신 가스보일러로 교체 시설하여 지출한 비용, 집 앞 통로의 포장비용 등. 단, 전세권자(등기된)는 전세목적물인 부동산에 대하여 수선·유지 등 통상의 관리의무가 있으므로 필요비에 대한 청구를 할 수 없다.

3) 제3순위 : 주택·상가 최우선변제금, 근로자의 임금채권(주임법 제8조 제1항, 상임법 제14조 제1항, 근로기준법 제38조 제2항, 근로자퇴직급여보장법 제12조 제2항)

주택·상가 소액임차보증금 중 일정액, 최종 3개월분의 임금과 3년 간(250일분의 평균임금 초과 불가)의 퇴직금 및 재해보상금. 이들 상호간에는 같은 순위로 성립시기를 불문하고 채권액에 비례하여 안분배당 받는다. 단, 배당받는 금액에 있어서는 차이가 있다. 주택(상가건물)임차인은 주택가액(임대건물가액)의 2분의 1 한도내에서 최우선 배당을 받게 되나, 근로자의 임금채권은 주택가액(임대건물가액)의 제한이 없다.

※ 최종 3년간의 퇴직금은 근로자퇴직급여보장법 제12조 제2항에 의해 보장 된다. 주택가액(임대건물가액)이란 매각대금에서 매각보증금에 대한 배당기일까지의 이자와 몰수된 매수보증금 등을 포함한 금액에서 집행비용을 공제한 실제 배당할 금액이다(2001. 7. 27. 선고 2001다8974 판결).

가) 최우선변제권 상호간 우선순위

이들 상호간에는 우열을 따질수 없어 같은 순위로 채권액에 비례하여 안분배당 한다.

나) 임금채권

① 최종 3개월분의 임금

㉠ 최종 3개월의 임금(근로기준법 제38조 제2항)

기본급만이 아니라 퇴직금을 제외한 근로의 댓가로 근로자에게 지급되는 각종 수당 등을 포함하는 일체의 금품을 의미한다. 배당요구 이전에 이미 근로관계가 종료된 경우 최종 3개월 분의 임금 기준일은 근로관계 종료일이고, 배당요구 시점에도 근로관계가 종료되지 않았다면 배당요구 시점이 최종 3개월의 기준일이 된다.

최종 3개월분의 휴업수당도 최우선변제 대상이다(광주지방법원 2010. 12. 8. 선고 2010나6945 판결).

㉡ 최종 3개월의 기준일

사용자의 재산을 청산하여야 할 원인사실이 발생한 날(도산하거나 사업을 폐지한 날)을 기준으로 하여 그 이전의 연속된 최종 3개월 사이에 지급사유가 발생한 임금채권을 말한다.

"구 근로기준법(2007. 4. 11. 법률 제8372호로 전문 개정되기 전의 것, 이하 같다) 제37조 제2항 제1호에 의하여 우선변제의 특권의 보호를 받는 임금채권의 범위는, 당해 임금채권에 대한 근로자의 배당요구 당시 근로자와 사용자와의 근로계약관계가 이미 종료되었다면 그 종료시부터 소급하여 3개월 사이에 지급사유가 발생한 임금 중 미지급분을 말한다고 할 것이다."(대법원 2008. 6. 26. 선고 2006다1930 판결【배당이의】)

ⓒ 근로관계가 이미 종료되었다면 그 종료시부터 소급하여 3개월 사이에 지급 사유가 발생한 임금 중 미 지급분

예) 2014년 12월 1일 퇴직한 근로자가 11월 급여는 받고, 10월, 9월, 8월 급여를 받지 못했다면, 10월, 9월 급여만 최우선변제를 받을 수 있다.

② 최종 3년간의 퇴직금

금액은 계속 근로년수 1년에 대하여 30일분의 평균임금으로 계산한다. 따라서 90일분의 평균임금으로 산정한다. 단, 선원법의 적용을 받는 근로자는 최종 4개월분의 임금과 4년분의 퇴직금이 최우선변제 대상이다(선원법 제152조의2 제2항).

③ 임금에 대한 지연손해금의 우선변제 순위

"임금자체에 대해서만 우선변제권이 인정되고 지연손해금에 대해서는 우선변제권이 인정되지 않는다(대법원 2000. 1. 28. 자 99마5143 결정)." 즉, 원금만 배당하고 지연손해금은 일반채권자와 안분배당 한다.

임금채권은 최종 3개월 분의 임금과 3년 분의 퇴직금에 해당하는 금액, 즉, 최종 3개월 분의 평균임금으로 계산한 최장 6개월분까지 수령이 가능하다. 임금우선변제권의 대상이 되는 사용자의 총재산이라 함은 근로계약의 당사자로서 임금채무를 1차적으로 부담하는 사업주인 사용자의 총 재산을 의미한다.

④ 임금우선변제권이 적용되지 않는 경우

㉠ 사용자가 법인인 경우 법인 소유의 재산만을 의미하며, 법인의 대표자 등 사업경영 담당자의 개인 재산은 포함되지 않는다.

㉡ 사용자가 재산을 취득하기 전 설정된 근저당권, 사용자의 재산이 제3자에게 양도

> "사용자가 재산을 취득하기 전에 설정된 담보권에 대하여는 임금 우선변제권이 인정되지 않고, 또한 사용자의 재산이 제3자에게 양도된 경우 위 우선권은 그 재산에 대해 더 이상 추급할 수 없어 양수인의 양수재산에 대하여는 우선변제권이 인정되지 않는다."(대법원 1994. 1. 11. 선고 93다30938 판결)

단, 담보권이 설정된 재산이 이전되지 않은 경우, 사용자가 사용자 지위를 취득하기 전에 설정된 저당권에 대해서는 최종 3개월분의 임금채권이 저당권에 우선한다(대법원 2011. 12. 8. 선고 2011다68777 판결 배당이의).

ⓒ 사용자의 부동산이 여러 건인 경우 마치 그 부동산 전부에 대한 공동저당권자와 유사한 지위에 서게 되므로 사용자 소유의 여러 건의 부동산이 동시에 매각되는 경우에는, 각 부동산의 매각대금에 비례하여 그 채권의 분담을 정하게 된다.

> **근로기준법 제38조(임금채권의 우선변제)** ① 임금, 재해보상금, 그 밖에 근로 관계로 인한 채권은 사용자의 총재산에 대하여 질권(質權) 또는 저당권에 따라 담보된 채권 외에는 조세·공과금 및 다른 채권에 우선하여 변제되어야 한다. 다만, 질권 또는 저당권에 우선하는 조세·공과금에 대하여는 그러하지 아니하다.
> ② 제1항에도 불구하고 다음 각 호의 어느 하나에 해당하는 채권은 사용자의 총재산에 대하여 질권 또는 저당권에 따라 담보된 채권, 조세·공과금 및 다른 채권에 우선하여 변제되어야 한다.
> 1. 최종 3개월분의 임금
> 2. 재해보상금

📝 **임금채권과 체당금 지급에 따른 변제자 대위**

체당금(替當金)이란 고용노동부장관이 임금채권보장법 제7조 제1항, 제2항에 따라 사업주를 대신하여 근로자에게 임금, 퇴직금, 휴업수당을 지급한 금액을 말한다.

① **최우선변제권이 있는 임금과 퇴직금을 일부 지급한 후 대위행사하는 근로복지공단과 잔여부분에 대한 당해 근로자가 있는 경우 :**

근로자의 우선변제권이 근로복지공단의 대위권에 기한 우선변제권에 우선한다(대판 2011. 1. 27. 2008다13623, 대판 2011. 2. 24. 2009다47937).

② **최우선변제권이 있는 임금과 퇴직금을 전부 지급한 후 대위행사하는 근로복지공단과 체당금을 지급받지 못한 최우선변제권이 있는 다른 근로자가 있는 경우 :**

동순위로 안분비례에 의한 배당을 한다(대판 2015. 11. 27. 2014다208378).

③ **최우선변제권이 있는 임금과 퇴직금을 일부 지급한 후, 대위행사하는 근로복지공단과 잔여부분에 대한 당해 근로자, 체당금을 지급받지 못한 최우선변제권이 있는 다른 근로자가 있는 경우 :**

1차로 안분비례에 따른 배당을 한 후, 2차로 잔여부분에 대한 당해 근로자가 1차 배당에서 만족하지 못한 금액을 한도로 근로복지공단의 배당금을 흡수하는 배당(안분 후 흡수)을 한다.

다) 확정일자 임차인이 소액임차인의 지위를 겸하는 경우

확정일자를 갖춘 임차인이 소액임차인의 지위를 겸하는 경우, 먼저 소액임차인으로 배당을 받고 나머지 임차보증금은 우선변제 순위에 따라 배당을 받는다.

4) 제4순위 : 당해세(국세, 지방세와 그 가산금)

당해세(當該稅)란 당해 재산을 소유하고 있다는 사실 자체에 대하여 부과된 국세, 지방세와 그 가산금을 말한다. 현재 경매진행 중인 부동산에 부과된 재산세나 종합부동산세가 당해세다. 당해세는 저당권, 전세권으로 담보되는 채권보다 우선하여 징수하는데 이를 '당해세 우선의 원칙'이라고 한다(국세기본법 제35조 제1항 3호, 지방세기본법 제71조 제1항 3호).

> **국세기본법 제35조(국세의 우선)** ① 국세·가산금 또는 체납처분비는 다른 공과금이나 그 밖의 채권에 우선하여 징수한다. 다만, 다음 각 호의 어느 하나에 해당하는 공과금이나 그 밖의 채권에 대해서는 그러하지 아니하다.
> 3. 다음 각 목의 어느 하나에 해당하는 기일(이하 "법정기일"이라 한다) 전에 전세권, 질권 또는 저당권 설정을 등기하거나 등록한 사실이 대통령령으로 정하는 바에 따라 증명되는 재산을 매각할 때 그 매각금액 중에서 국세 또는 가산금(그 재산에 대하여 부과된 국세와 가산금은 제외한다)을 징수하는 경우의 그 전세권, 질권 또는 저당권에 의하여 담보된 채권
> 가. 과세표준과 세액의 신고에 따라 납세의무가 확정되는 국세(중간예납하는 법인세와 예정신고납부하는 부가가치세를 포함한다)의 경우 신고한 해당 세액에 대해서는 그 신고일
> 나. 과세표준과 세액을 정부가 결정·경정 또는 수시부과 결정을 하는 경우 고지한 해당 세액에 대해서는 그 납세고지서의 발송일
> 다. 원천징수의무자나 납세조합으로부터 징수하는 국세와 인지세의 경우에는 가목 및 나목에도 불구하고 그 납세의무의 확정일
> 라. 제2차 납세의무자(보증인을 포함한다)의 재산에서 국세를 징수하는 경우에는 「국세징수법」 제12조에 따른 납부통지서의 발송일
> 마. 양도담보재산에서 국세를 징수하는 경우에는 「국세징수법」 제13조에 따른

> 납부통지서의 발송일
> 바. 「국세징수법」 제24조제2항에 따라 납세자의 재산을 압류한 경우에 그 압류와 관련하여 확정된 세액에 대해서는 가목부터 마목까지의 규정에도 불구하고 그 압류등기일 또는 등록일

상속세와 증여세는 담보권설정 당시 설정자에게 납세의무가 있는 경우 당해세가 될 수 있다. 담보권 설정 후 상속이나 증여 등으로 소유권이 이전되어 양수인에게 부과된 상속세와 증여세는 당해세가 아니다. 즉, 매각재산 자체가 증여된 경우에 한하여 그 재산에 부과된 증여세가 당해세에 해당한다.

> "국세에 대하여 우선적으로 보호되는 저당권으로 담보되는 채권이라 함은 원래 저당권 설정 당시의 저당권자와 저당권설정자와의 관계를 기본으로 하여 그 설정자의 납세의무를 기준으로 한 것이라고 해석되어지므로, 저당권설정자가 그 피담보채권에 우선하여 징수당할 아무런 조세의 체납도 없는 상태에서 사망한 경우에 그 상속인에 대하여 부과한 국세인 상속세는 이를 당해세라 하여 우선 징수할 수 없고, 이러한 법리는 저당권의 목적인 재산 그 자체를 매각한 대금 중에서 국세를 징수하는 경우뿐만 아니라 그 재산이 수용되어 그 수용보상금이 공탁된 관계로 그 공탁금이 물상대위의 대상이 된 경우에도 동일하게 적용된다."(대법원 1996. 07. 12. 선고 96다21058 판결[부당이득금반환])

압류선착주의는 당해세에는 적용되지 않으나 1개의 부동산에 대하여 수개의 조세가 있고 그것이 모두 당해세인 경우 압류선착주의에 의해 그 우열관계를 따진다.

당해세는 법정기일을 따지지 않는다.

📚 당해세의 종류

㉠ 국세 = 상속세, 증여세, 종합부동산세(2005. 1. 5.부터)
㉡ 지방세 = 재산세, 자동차세, 지역자원시설세 및 지방교육세(재산세와 자동차세에 부과)

📚 당해세 우선의 원칙의 예외(국세기본법 제35조 제7항, 지방세기본법 제71조 제6항)

임차인의 집이 경·공매 시 법정기일이 늦은 당해세는 확정일자 임차권이나 전세권에 우선하지 못한다.

단, 취득세는 당해세가 아니다(헌재 94. 8. 31 91헌가 1 결정). 지방세 당해세는 1996년 1월 1일 이후부터 시행되어 시행일 전에 설정된 저당권에는 우선하지 못한다. 국세 당해세는 시행일 제한이 없다.

단, 당해세이더라도 배당요구종기일까지 교부청구한 금액만 매각대금에서 배당을 받을 수 있다.

> "조세채권이 구 지방세법(2010. 3. 31. 법률 제10221호로 전부 개정되기 전의 것) 제31조 제1항 및 제2항 제3호에 따라 법정기일에 관계없이 근저당권에 우선하는 당해세에 관한 것이라고 하더라도, 배당요구종기까지 교부청구한 금액만을 배당받을 수 있을 뿐이다. 그리고 당해세에 대한 부대세의 일종인 가산금 및 중가산금의 경우에도, 교부청구 이후 배당기일까지의 가산금 또는 중가산금을 포함하여 지급을 구하는 취지를 배당요구종기 이전에 명확히 밝히지 않았다면, 배당요구종기까지 교부청구를 한 금액에 한하여 배당받을 수 있다."(대법원 2012. 5. 10. 선고 2011다44160 판결【배당이의】)

5) 제5순위 : 국세 및 지방세의 법정기일 전에 설정된 저당권·전세권·담보 가등기에 의하여 담보되는 채권, 확정일자를 갖춘 주택·상가건물의 임차보증금, 임차권등기된 주택·상가건물의 임차보증금, 기타 국세·지방세.

이들 간의 우열 순위는 등기설정일(저당권, 전세권, 담보가등기), 법정기일(국세·지방세), 우선변제권 취득일(임차권) 등의 선후에 따라 정해진다.

가) 조세채권

① 조세채권 우선의 원칙

조세란 국가공권력에 의하여 일반국민에게 부과·징수되는 과징금을 말한다. 국세, 지방세, 관세 및 그 가산금과 체납처분비는 다른 공과금 기타 채권에 우선한다(국세기본법 제35조 제1항, 지방세기본법 제71조 제1항, 관세법 제3조 제1항).

② 조세의 법정기일

국세·지방세는 압류일로 배당하는 것이 아니라 '법정기일'을 기준으로 배당한다. 저당권·전세권의 등기일과 임차인의 우선변제 기산일이 조세의 법정기일과 같은 경우 조세채권이 우선한다.

저당권 등의 설정일과 조세의 법정기일이 같은 경우, 국세기본법 제35조 제1항 제3호가 법정기일 「전에」 설정된 저당권을 조세채권의 예외로써 인정하고 있어 그 문리해석상 조세채권이 우선한다고 보기 때문이다.

가산세(일종의 과징금)의 법정기일은 가산세 자체의 납부의무 성립일이고, 가산금(일종의 연체이자)의 법정기일은 본세 납기 경과 후 발부한 독촉장에서 정한 납기일이다.

법정기일 기준일

㉠ 신고일(국세기본법 제35조 제1항 제3호 가목)

　　국세 – 소득세, 법인세, 부가가치세, 특별소비세, 주세, 증권거래세, 교육세, 교통세 등

　　지방세 – 취득세, 농어촌특별세 등

㉡ 납세고지서 발송일(국세기본법 제35조 제1항 제3호 나)

　　국세 – 양도소득세, 상속세, 증여세, 재평가세, 부당이득세 등

　　지방세 – 주민세, 자동차세, 농지세, 등록면허세, 재산세 등

㉢ 납세의무확정일

　　국세 – 소득세, 법인세, 인지세 등

　　지방세 – 특별징수농지세, 특별징수주민세 등

㉣ 압류의 등기·등록일 중 빠른 날

사건번호	주 소	면 적(㎡)	감정평가	임차관계	등기부상 권리관계
09-160 아파트 윤용환 장희수 장희수 대 45,000,000 건 45,000,000	경기 시흥시 정왕동 ○○○-○○ 보성 118동 ○○○호 · 오이도역서측인근 · 노선버스인근소재 · 가스보일러난방 · 2종일반주거지역 · 국가산업단지	대지 36.35/45606.7 (11평) 건물 33.4 (10.1평) 방1 -5층 99.02.11보존	90,000,000 인덕감정 (09.01.10) 46,080,000 (51.2%) 유찰 09.09.21 낙찰 09.10.26 73,790,000 (82%) 1명 유찰 10.01.04 유찰 10.02.08 낙찰 10.03.16 49,580,000 (55.1%) 1명	한준희 　전입07.05.02 　확정07.05.02 　배당08.08.14 　50,000,000 배당요구종기일 2009.04.07	압류 연기군 2007.06.27 가압 다올부동산신 2008.03.14 71,826,950 임차 한준희 2008.08.14 전입2007.05.02 확정2007.05.02 강제 한준희 2009.01.06 청구 50,000,000 압류 공주세무서 2009.02.09

한준희는 대항력과 우선변제 요건을 갖춰 1순위로 5,000만원을 배당 받는다. 김모씨가 1회 유찰 후 7,379만원에 단독으로 낙찰 받았으나 잔금 납부를 포기하였다. 김씨가 매수보증금 720만원을 포기한 사연은 다름아닌 세금 때문이다. 세금은 말소기준등기 여부는 압류일로 따지나 배당은 압류일이 아닌 법정기일로 정한다. 문제는 입찰참가자가 법정기일을 알 수 없다는 점과, 법정기일이 대부분 압류일보다 빠르다는 점이다.

매각 후 경매절차의 이해관계인으로서 매각물건을 열람한 최고가매수인 김씨는 연기군의 법정기일이 2006년 9월 25일로 임차인의 우선변제권 기산일(2007년 5월 3일 0시)보다 빠를 뿐만 아니라 체납액이 무려 4,121만원임을 알고 잔금 납부를 포기하였다.

그 후 집행법원은 매각물건명세서에 '법정기일 2006년 9월 25일 조세 41,215,950원의 존재를 이유로 매수인이 매각허가결정취소신청을 하면서 대금을 납부하지 아니하고 현재 즉시항고 중임'을 고지 후 진행하였다. 정씨가 2번 더 떨어지자 4,958만원에 단독으로 낙찰 받았다. 정씨는 잘 받았을까?

배당할 금액 5,700만원

설정일자	권리내용	배당순위	배당금액	비 고
	집행비용	1	220만원	
2007. 6. 27	연기군 압류	2	4,121만원	법정기일 2006. 9. 25
2007. 5. 2 전입 2007. 5. 2 확정	한준희 임차권	3	1,359만원	3,641만원 인수

정씨는 4,958만원에 낙찰받아 약 4,000만원의 차익을 본 것 같으나 실제는 한준희의 보증금 5,000만원 중 3,641만원을 인수해 8,599만원에 받은 격이다.

현 실무는 이 경우 매각을 불허하고 최고가매수인에게 보증금을 반환한 후, 매각물건명세서에 위 내용을 기재 후 진행한다.

③ 조세채권의 배당순위
㉠ 조세채권 우선 원칙
당해세 아닌 조세 및 그 가산금과 체납처분비는 다른 공과금 기타 채권에 우선하여 징수한다.

㉡ 조세채권 배당순위
㉮ 원칙 : 同순위
조세채권 상호간에는 교부청구의 선후에 관계없이 동순위다.
㉯ 예외 : 우선순위
1순위 : 당해세
2순위 : 납세담보
납세담보로 제공된 재산을 매각하였을 때에는 피담보국세와 그에 대한 가산금 및 체납처분비는 압류 여부에 관계없이 매각대금 중에서 다른 국세·가산금·체납처분비에 우선하여 징수한다(국세기본법 제37조, 지방세기본법 제102조). 즉, 납세담보된 조세는 압류선착주의의 적용을 받지 않는다. 납세담보 물건은 저당권 순서에 따른다. 제3자가 납세의무자를 위하여 납세담보를 제공한 경우에도 같다(대법원 2015. 4. 23. 선고 2013다204959 판결).
3순위 : 압류선착주의(국세기본법 제36조 제1항, 지방세기본법 제73조 제1항)
조세채권 상호간에는 교부청구 선후에 관계없이 원칙적으로 동순위다. 그러나 1개의 부동산에 압류를 했을 때는 그 압류한 조세는 국세나 지방세를 막론하고 교부청구한 다른 조세보다 우선한다. 즉, 조세채권 상호간에는 법정기일에 의해 순위를 따지지 않고 압류선착주의에 의해 순위가 정해진다(국세기본법 제36조, 지방세기본법 제73조). 같은 압류기관에서 다른 세목(양도세와 부가세 등)을 동시에 압류한 경우는 동순위로 안분배당 한다.

그밖에 국세와 지방세는 동순위이고, 가산금 및 체납처분비 간의 징수순위는 체납처분비 > 국세(지방세) > 가산금 순이다.

압류 선착주의(押留 先着主義)

압류 선착주의 취지는 다른 조세채권자보다 조세채무자의 자산상태에 주의를 기울이고 조세 징수에 열의를 가지고 있는 징수권자에게 우선권을 주겠다는 의미다. 즉, 압류 선착주의는 압류 순서대로 우선권이 있다는 말이 아니라, 압류와 교부청구 사이에는 압류가 우선한다는 원칙이다.

1순위 압류, 2순위 압류, 3순위 압류가 있는 경우, 1, 2, 3의 압류순서대로 배당을 받는 것이 아니다.

2, 3순위 압류는 1순위 압류에 대해 참가압류로써 교부청구의 효력만이 있어 1순위 압류는 우선권이 있으나 2, 3순위 압류는 서로 교부청구로써 동순위로 안분배당 받는다. 단, 압류 선착주의는 당해세, 공과금 상호간, 조세와 공과금 상호간에는 적용되지 않는다.

ⓒ 압류의 효력 확장과 배당

압류의 효력 확장이란 한번 압류등기를 하면 동일한 자에 대하여 압류등기 이후에 발생한 체납세액에 대하여 새로운 압류등기를 하지 않더라도 압류의 효력이 미친다는 규정으로, 압류 이후에 발생한 국세채권에 대해서도 우선적 효력을 인정하는 것은 아니다. 압류등기 이후에 발생한 체납세액도 배당요구 종기일까지 교부청구를 하여야 한다. 배당요구 종기일 이후 교부청구한 세액은 배당을 받을 수 없다.

나) 확정일자 임차인

㉠ 근저당권

확정일자 임차인은 대항력 요건과 확정일자를 갖춘 날 중 늦은 날을 기준으로 저당권 설정일과 순위를 정한다(주택임대차보호법 제3조의2 제2항, 상가건물임대차보호법 제5조 제2항).

ⓒ 조세채권

소액임차인은 언제나 조세채권에 우선한다. 반면 확정일자 임차인은 조세채권의 법정기일과 그 우선순위를 정한다. 우선변제권 기산일(대항력과 확정일자 중 늦은 날)과 조세채권의 법정기일이 같으면 조세채권이 우선한다.

ⓒ 담보물권과의 배당순위

당해세 〉 법정기일이 빠른 조세채권 〉 담보물권 〉 법정기일이 담보물권보다 늦은 조세채권

ⓔ 보증금반환채권 양수인의 우선변제

금융기관이 임차인의 보증금반환채권을 양수받고 전세자금 등을 대출하여 주는 경우, 금융기관에게 보증금반환채권의 우선변제권이 승계된다(주택·상가 같음).

다) 근저당권

① 민법 제360조의 제한범위 초과액을 청구한 경우

공동저당권의 실행에 의하여 여러 개의 부동산이 때를 달리하여 매각되고, 매각대금을 각 부동산별로 배당하는 때에는 민법 제360조의 제한을 포괄적으로 적용하여야 한다. 먼저 경매가 진행된 부동산에 대한 매각대금에서 이행기일을 경과한 후 1년분의 지연손해금을 배당받은 채권자는 그 후 다시 원본의 잔액에 관하여 지연손해금이 생기더라도 이후의 배당에서 후순위저당

권자에 우선하여 최후의 1년분을 초과한 지연손해금의 배당을 받을 수 없다.

② 근저당권의 채권최고액 초과 부분 배당
근저당권의 실 채권액이 채권최고액을 초과하고 매각대금으로 채권자의 청구금액을 만족하고도 남는 경우, 근저당권자에게 채권최고액 초과 부분을 배당할 수 있는가.
㉠ 근저당권설정자가 물상보증인이거나 제3취득자가 있는 경우
근저당권설정자가 물상보증인이거나 목적 부동산에 관하여 제3취득자가 생긴 경우, 배당 후 잔액은 물상보증인이나 제3취득자가 받는다. 근저당권자는 다시 잔액이 생기지 않는 한 초과부분을 배당 받지 못한다.
근저당권자가 채권최고액을 초과하는 채권을 배당받기 위해서는 초과부분에 대해 일반채권으로써 적법한 배당요구를 한 경우에 한해 일반채권자와 안분 비례하여 배당을 받을 수 있다. 저당권에 기한 경매신청이나 채권계산서의 제출만으로는 안된다.
㉡ 근저당권설정자와 채무자가 동일
근저당권자가 경매신청서 또는 채권계산서에 그 초과액까지 청구한 경우 초과부분은 근저당권자가 배당을 받을 수 있다. 만일 채권최고액을 초과하는 근저당권자가 여럿이거나 일반채권자가 있는 경우, 채권최고액 초과 부분은 일반채권으로 안분배당을 한다.

③ 시기 다른 채권 일부 대위변제시 대위자 간의 배당 순위
㉠ 전부 대위변제 – 안분배당
수인이 시기를 달리하여 채권의 일부씩을 대위변제하고 근저당권 일부 이전의 부기등기를 마친 경우 그들은 일부대위자로서 그 변제한 가액에 비례하여 근저당권을 준공유하고 있다고 보아야 하고, 그 근저당권을 실행

하여 배당함에 있어서는 다른 특별한 사정이 없는 한 각 변제채권액에 비례하여 안분배당하여야 하고 부기등기의 순서에 따라 배당해서는 안된다.

> "채권의 일부에 대하여 대위변제가 있는 때에는 대위자는 민법 제483조 제1항에 의하여 그 변제한 가액에 비례하여 채권자의 권리를 행사할 수 있으므로, 수인이 시기를 달리하여 채권의 일부씩을 대위변제하고 근저당권 일부이전의 부기등기를 각 경료한 경우 그들은 각 일부대위자로서 그 변제한 가액에 비례하여 근저당권을 준공유하고 있다고 보아야 하고, 그 근저당권을 실행하여 배당함에 있어서는 다른 특별한 사정이 없는 한 각 변제채권액에 비례하여 안분배당하여야 한다."(대법원 2001. 01. 19. 선고 2000다37319 판결[배당이의])

이 때 종전의 근저당권자와 채무자의 약정에 따른 지연손해금도 대위변제자들이 안분 배당받을 금액에 포함된다(대법원 2014. 05. 16. 선고 2013다202755 판결[배당이의]).

ⓒ 일부 변제 – 채권자 우선변제 후, 나머지 대위자 간 안분 배당

채권의 일부에 관하여 대위변제가 있는 때에는 대위자는 그 변제한 가액에 비례하여 채권자와 함께 그 권리를 행사한다(민법 제483조 제1항).

권리의 행사방법은 대위자는 단독으로 대위한 권리를 행사할 수 없고, 채권자가 그 권리를 행사하는 경우에만 채권자와 함께 그 권리를 행사할 수 있다. 변제에 관하여는 채권자가 우선한다. 즉 채권자가 자신의 잔존 채권액을 일부 대위변제자들보다 우선하여 배당받고, 일부 대위변제자들은 채권자가 우선 배당받고 남은 한도액을 각 대위변제액에 비례하여 안분 배당받는다(대법원 2011. 6. 10. 선고 2011다9013 판결).

④ 전세권을 목적으로 한 저당권

전세권에 대하여 저당권이 설정된 경우 전세권이 기간만료로 종료되면 전세권을 목적으로 한 저당권은 소멸된다.

㉠ 압류 및 추심명령 또는 전부명령이 있는 경우

저당권이 설정된 전세권이 존속기간이 만료된 경우 저당권자는 민법 제370조, 제342조 및 민사집행법 제273조에 의해 저당권의 목적물인 전세권에 갈음하여 존속하는 것으로 볼 수 있는 전세금반환채권에 압류 및 추심명령 또는 전부명령을 받는 등의 방법으로 권리를 행사하여 전세권설정자에 대해 전세금의 지급을 구할 수 있다(대법원 2008. 3. 13. 선고 2006다29372, 29389 판결).

㉡ 압류 및 추심명령 또는 전부명령이 없는 경우

전세금반환채권에 대한 제3자의 압류 등이 없는 경우 전세권설정자는 전세권자에 대하여만 전세금반환의무를 부담한다(대법원 2008. 12. 24. 선고 2008다65396 판결).

라) 담보가등기

담보가등기권자는 그 담보가등기를 마친 때에 저당권의 설정등기가 된 것으로 본다. 단, 담보가등기권자는 배당요구 종기일까지 배당요구를 해야 배당을 받을 수 있다.

> **가등기담보등에관한법률 제13조(우선변제청구권)** 담보가등기를 마친 부동산에 대하여 강제경매등이 개시된 경우에 담보가등기권리자는 다른 채권자보다 자기채권을 우선변제 받을 권리가 있다. 이 경우 그 순위에 관하여는 그 담보가등기권리를 저당권으로 보고, 그 담보가등기를 마친 때에 그 저당권의 설정등기가 행하여진 것으로 본다.

"가등기담보 등에 관한 법률 제16조는 소유권의 이전에 관한 가등기가 되어 있는 부동산에 대한 경매 등의 개시결정이 있는 경우 법원은 가등기권리자에 대하여 그 가등기가 담보가등기인 때에는 그 내용 및 채권의 존부·원인 및 수액을, 담보가등기가 아닌 경우에는 그 내용을 법원에 신고할 것을 상당한 기간을 정하여 최고하여야 하고(제1항), 압류등기 전에 경료된 담보가등기권리가 매각에 의하여 소멸하는 때에는 제1항의 채권신고를 한 경우에 한하여 그 채권자는 매각대금의 배당 또는 변제금의 교부를 받을 수 있다고 규정하고 있으므로(제2항), 위 제2항에 해당하는 담보가등기권리자가 집행법원이 정한 기간 안에 채권신고를 하지 아니하면 매각대금의 배당을 받을 권리를 상실한다."(대법원 2008. 9. 11. 선고 2007다25278 판결【배당이의】)

만일 담보가등기권자가 배당요구를 하지 않았다가 매각 이후 담보가등기로 밝혀지게 되면 담보가등기권자는 배당도 못 받고 소멸되는 불이익을 감수해야 한다.

6) 제6순위 : 3순위 임금채권을 제외한 기타 임금채권

㉠ 저당권 우선

저당권 > 임금채권 > 조세 등

㉡ 조세 등이 저당권 우선

조세 등 > 저당권 > 임금채권

㉢ 조세 등이 없는 경우

임금채권은 저당권에 언제나 후순위다. 그러나 임금채권이 선순위로 압류한 경우 처분금지 효로 저당권과 안분배당을 한다.

㉣ 저당권이 없는 경우

임금채권이 언제나 조세 등에 우선한다.

7) 제7순위 : 담보물권보다 늦은 국세·지방세 및 지방자치단체의 징수금
   (체납처분비 및 가산금·가산세 등)

국세와 지방세간에는 우열이 없으며, 교부청구한 조세 상호간에도 교부청구의 선후에 관계없이 동순위이다. 가산금과 가산세는 자체의 법정기일을 기준으로 결정한다.

> 가산금 – 국세 등을 납부기한까지 납부하지 않은 때에 고지세액에 가산하여 징수하는 금액
> 가산세 – 납세의무자가 세법에 의한 신고의무, 보고의무, 징수의무를 이행하지 않거나 위반하는 경우에 행정벌적인 성격으로 부과하는 것

8) 제8순위 : 조세다음 순위의 공과금(국민건강보험료, 고용보험료 및 산업재해보상보험료, 국민연금보험료 등)(국민건강보험법 제85조, 국민연금법 제98조, 고용보험 및 산업재해보상보험의 보험료 징수 등에 관한 법률 제30조)

① 담보물권 설정일과 납부기한일은 빠른 것이 우선

공과금이란 조세채권 이외에 국가 또는 공공단체에 대한 공적부담금으로 징수법상 체납처분 또는 국세징수의 예에 따라 징수할 수 있는 채권을 말한다. 공과금 채권은 그 납부기한 전에 설정된 저당권 등에는 우선하지 못하나, 납부기한이 같거나 이후에 설정된 저당권, 확정일자 임차인, 기타 일반채권에 대하여는 우선한다. 각 보험료 등의 징수권자가 국세체납처분의 예에 따라 압류등기를 한 후 근저당권을 설정한 경우, 압류의 효력으로 근저당권은 압류채권자에 대한 관계에서 상대적으로 무효가 되어 일반채권자에 불과하여 보험료 등의 채권이 근저당권보다 우선하여 배당한다. 즉, 공과금의 우선순위 기준은 납부기한일이지 압류일이 아니다.

담보물권과의 우선순위는 납부기한이 빠른 공과금 > 담보물권 > 납부기한이 늦은 공과금 순이다.

단, 국민건강보험료는 2000년 7월 1일, 고용보험료 및 산재보험료는 2005년 1월 1일 이전에 납부기한이 도래한 보험료 등은 저당권 등에 우선할 수 없다.

② 조세채권과 일반임금채권 보다 후순위
보험료가 납부기한 후에 설정된 저당권 등 보다 우선한다고 하더라도 조세보다 우선하는 것은 아니다. 보험료 등의 채권에는 압류선착주의를 규정하고 있는 국세기본법 제36조 제1항이 적용되지 않는다. 즉, 공과금은 조세에 대해서는 법정기일에 관계없이 언제나 후순위다.

③ 공과금 상호간에는 동순위
공과금 상호간에는 동순위로 압류선착주의가 적용되지 않는다.

④ 공과금의 배당순위
공과금은 일반조세와 일반임금에 대해서는 언제나 후순위이다. 그러나 일반채권에 대해서는 선순위다.
- ㉠ 공과금 > 저당권 > 일반조세채권 순일 경우 공과금은 저당권에 우선하고, 저당권은 일반조세채권에 우선한다. 또 일반조세채권은 공과금에 우선하기 때문에 1차 안분배당을 하고 2차 순환흡수 배당을 한다.
- ㉡ 공과금 > 저당권 > 일반임금채권 순일 경우 배당순위는 1순위 공과금, 2순위 저당권, 3순위 일반임금채권 순이다.
- ㉢ 저당권 > 공과금 > 일반임금채권 순일 경우 배당순위는 1순위 저당권, 2순위 일반임금채권, 3순위 공과금 순이다.

조세, 공과금, 저당권, 임금채권의 배당순위표

순위	권리종류	권리내용
5	일반조세채권 (저당권부채권보다 조세채권의 법정기일이 빠르거나 같은 경우)	① 당해세 ② 법정기일 빠른 조세채권 ③ 저당권부채권 ④ 법정기일 늦은 조세채권
6	공과금채권 (저당권부채권보다 공과금의 납부기한이 빠르거나 같은 경우)	6 공과금, 7 저당권부채권, 9 일반조세채권 순으로 혼재된 경우 1차 안분배당 후 2차 흡수배당(순환흡수배당)
7	저당권부채권 (근저당권, 전세권, 담보가등기, 확정일자 임차권, 임차권등기)	설정등기일, 우선변제기산일이 기준일
8	일반임금채권 (최우선임금채권 제외)	① 일반임금채권은 조세(당해세 포함), 공과금에 우선 ② 저당권부채권보다는 후순위 ③ 저당권부채권에 우선하는 조세, 공과금보다는 후순위
9	일반조세채권 (저당권부채권보다 법정기일이 늦은 조세)	국세, 가산금 또는 체납처분비(국세징수법 제35조), 지방세 등 지방자치단체의 징수금(지방세법 제31조)의 법정기일이 저당권부채권보다 늦은 경우
10	공과금채권 (저당권부채권보다 납부기한이 늦은 공과금)	① 조세채권보다 항상 후순위 ② 일반임금채권보다 후순위이나 저당권부채권보다 우선하는 공과금은 우선 배당 ③ 공과금은 일반임금채권에 항상 우선

9) 제9순위 : 일반채권

재산형·과태료, 국유재산 사용료·대부료·변상금, 수도료, 가스료, 시청료 등 가압류채권, 강제경매신청채권, 집행권원이 있는 채권(확정된 판결문, 지급명령, 공증된 약속어음 등), 경매신청한 유치권자의 청구금액 등은 동순위로 안분배당 받는다.

배당순위표

순위	조세채권의 법정기일 전 담보권 설정	조세채권의 법정기일 후 담보권 설정	저당권 등 담보권 없을 때
1	집행비용	집행비용	집행비용
2	저당물의 제3취득자가 지출한 필요비·유익비	저당물의 제3취득자가 지출한 필요비·유익비	저당물의 제3취득자가 지출한 필요비·유익비
3	주택·상가 최우선변제금, 근로자의 임금채권	주택·상가 최우선변제금, 근로자의 임금채권	주택·상가 최우선변제금, 근로자의 임금채권
4	당해세	조세채권(당해세 포함)	일반 임금채권

5	담보물권, 확정일자 임차권 당해세 이외 국세·지방세	담보권 설정일보다 빠른 공과금	조세채권(당해세 포함)
6	일반 임금채권	담보권에 기한 채권	일반채권
7	조세채권	일반 임금채권	
8	공과금	담보권 설정일보다 늦은 공과금	
9	일반채권	일반채권	

※ 배당불가

① 확정일자를 받지 않은 주택·상가건물 임차인, 단, 보증금이 소액으로 최우선변제 대상에 해당하는 임차인은 제외한다.
② 공증이나 판결을 받지 않은 차용증 소지자.

잉여금의 처리

① 원칙

채권자에게 배당 후 남은 금액은 소유자에게 지급한다.

② 예외

항고가 기각돼 몰수된 항고보증금은 항고인에게 지급한다.

반면 전 매수인의 입찰보증금은 전 매수인에게 돌려주지 않는다.

항고보증금은 항고 남용에 의한 경매절차 지연 방지가 목적인 반면 입찰보증금은 매각대금 납부 담보 목적으로 그 취지가 다르다. 또한 민사집행법(제147조)은 항고보증금에 대해서만 반환 규정을 두고 있다.

배당의 실시 (chapter 05)

1. 배당표의 확정

집행법원은 출석한 이해관계인과 배당을 요구한 채권자를 심문한 후 배당표를 확정한다.

배당기일에 이해관계인의 이의가 없는 경우 배당표 원안대로, 이해관계인의 합의가 있으면 합의한 내용대로 배당표가 확정된다.

배당표에 대하여 이의가 있으면 그 부분에 한하여 확정되지 않으며, 집행법원이 이의가 정당하다고 인정하거나 다른 방법으로 합의 한때는, 이에 따라 배당표를 수정하여 배당표를 확정하고 배당을 실시한다.

배당기일에 출석하지 아니한 이해관계인은 배당에 관하여 이의가 없는 것으로 간주한다. 이후에는 배당에 관하여 이의를 제기할 수 없고 부당이득반환청구의 소를 제기해야 한다.

```
배당표 교부
  ↓
사법보좌관 배당절차 진행(1차 배당)
사법보좌관이 작성한 배당표에 이의가 없으면 배당표 확정
  ↓
배당표 확정 · 배당금 출금
  ↓
배당이의
판사 배당절차 진행
이의가 정당하다고 인정하거나 다른 방법으로 합의한 때에는 배당표를 경정
  ↓
이의한 배당금 출금 불가
이의한 배당금은 7일 동안 집행법원에서 보관
  ↓
배당이의의 소 제기
7일 내 소 제기 증명원을 집행법원에 제출하면 배당금은 공탁되고
배당이의의 소 결과에 따라 공탁금 수령
```

2. 배당표에 대한 이의

1) 배당이의 신청

배당기일에 출석한 채권자 및 채무자는 배당표의 작성, 확정, 실시와 다른 채권자의 채권과 순위에 대하여 이의를 신청할 수 있다.

이의신청이 있으면 법원은 그 이의신청이 적법한가 여부만을 심사하며 이의사유의 존부에 관하여는 심사할 수 없다. 이의신청의 당부는 배당이의의 소에서 판결절차에 따라 심리·판단하여야 한다.

배당표에 대하여 이의신청이 있으면 그 이의 있는 부분에 한하여 배당표는 확정되지 않고 이의없는 부분에 한하여 배당을 실시한다.

수개의 배당이의의 소가 제기되면 모든 소송이 완결될 때까지 기다려야 한다. 일부 판결에 따라 배당을 실시하지 않는다.

2) 채권자 이의신청

채권자는 이의의 결과 자기의 배당액이 증가되는 경우에 한하여 이의할 수 있다. 이의는 배당기일에 출석하여 진술하여야 한다.

채권자가 이의신청을 하는 경우 그 이의가 있는 채권에 대한 배당의 실시가 일시 유보된다. 이의신청 채권자는 그 이의가 있는 채권의 채권자를 상대로 배당이의의 소를 제기하여야 한다.

배당이의의 소는 배당기일로부터 7일 이내에 제기하여야 하고 '소제기증명서'를 집행법원에 제출해야 한다. 집행법원은 이의 있는 채권의 배당금을 공탁하게 된다.

만일 이의신청자가 7일 이내에 배당이의의 소를 제기하지 않거나, 소 제기 후 소제기 증명원을 집행법원에 제출하지 않으면 이의가 취하된 것으로 보고 배당은 확정·실시된다.

3) 채무자 이의신청

채무자가 집행정본을 가지고 있는 채권자에게 이의신청을 하는 경우, 채무자는 배당기일로부터 7일 이내에 청구이의의 소를 제기하여, 그 소제기증명원과 함께 배당절차의 일시정지를 명하는 잠정처분명령서 등을 집행법원에 제출해야 한다.

만일 어느 하나라도 제출하지 않으면 이의가 취하된 것으로 본다(민사집행법 제154조 2항, 3항).

채무자가 집행정본이 없는 채권자(근저당권자, 전세권자, 임차인, 임금채권자, 경매기입등기 이후에 가압류한 채권자)를 상대로 이의를 하는 경우, 그 채무자는 7일 이내에 배당이의의 소를 제기하여야 한다.

배당기일로부터 1주 내에 소 제기증명원 등 서류가 제출되지 않으면 집행법원은 배당을 실시해야 한다. 1주의 기간이 지났지만 배당금이 출급되기 전에 서류가 제출되었더라도 이의가 취하된 것으로 본다. 그러한 경우 채무자는 채권자를 상대로 부당이득반환 등을 구하는 방법으로 구제받을 수 있을 뿐이다.

채무자가 7일 내에 소제기증명을 하면 그 부분의 배당액은 공탁된다.

> **민사집행법 제154조(배당이의의 소 등)**
> ②집행력 있는 집행권원의 정본을 가진 채권자에 대하여 이의한 채무자는 청구이의의 소를 제기하여야 한다.
> ③이의한 채권자나 채무자가 배당기일부터 1주 이내에 집행법원에 대하여 제1항의 소를 제기한 사실을 증명하는 서류를 제출하지 아니한 때 또는 제2항의 소를 제기한 사실을 증명하는 서류와 그 소에 관한 집행정지재판의 정본을 제출하지 아니한 때에는 이의가 취하된 것으로 본다.

4) 부당이득

㉮ 부당이득 청구가 가능한 경우

배당요구를 한 배당요구채권자 또는 배당요구를 하지 않아도 당연히 배당에 참가할 수 있는 채권자가 실체상의 권리에 따른 배당을 받지 못한 경우 배당에 관하여 이의를 한 여부 또는 형식상 배당절차가 확정되었는가에 관계없이 부당이득이 성립한다.

① 배당요구를 한 임금채권자(대법원 86다카2949 판결)
② 강제경매를 신청한 일반채권자(대법원 92다52733 판결)
③ 배당요구를 한 우선변제권있는 주택임차인(대법원 93다55241 판결)
④ 경매신청채권자에 우선하는 근저당권자(대법원 98다21946 판결)
⑤ 체납처분의 압류등기가 되어있는 조세채권자(대법원 96다51585 판결)
⑥ 불법말소된 근저당권자(대법원 98다27197 판결)
⑦ 배당이의 소 당사자가 아닌 배당요구채권자가 배당이의 소 판결에 기한 경정배당표에 의하여 배당을 받은 다른 채권자 상대(대법원 2006다49130 판결)

㉯ 부당이득이 불가능한 경우

① 배당요구를 하여야만 배당을 받을 수 있는 채권자가 배당요구를 하지 않은 경우(대법원 98다12379 판결)
② 경매신청채권자가 피담보채권의 일부만을 청구금액으로 기재한 경우(대법원 99다11526 판결)
③ 첫 경매개시결정등기 전에 등기된 가압류권자, 저당권자, 체납처분에 기한 압류권자가 채권의 일부만을 기재하여 제출한 계산서상의 채권액을 기준으로 배당표가 확정되고, 피담보채권 중 일부에 해당하는 금액이 후순위 채권자 등에게 배당된 경우(대법원 2001다3054 판결)

5) 배당금 공탁

㉠ 배당시 인도확인서가 필요한 경우

인도를 조건으로 배당하는 주택임차인의 우선변제권, 최우선변제권이나 전세권자는 배당금이 공탁된다. 그러나 대항력있는 소액임차인이 배당요구를 했으나 일부만 받은 경우, 그 잔액에 대하여 매수인에게 동시이행의 항변을 할 수 있으므로 인도확인서가 필요 없다.

㉡ 가압류 채권자의 미확정 채권에 대한 배당금

㉢ 배당이의 소가 제기된 배당금

㉣ 배당 받을 채권자가 불 출석한 경우 - 10일 동안 지급 청구 기다린 후 공탁한다.

㉤ 집행정본에 의하지 않고 배당요구 한 채권을 채무자가 인정하지 않을 때 채권확정의 소가 종결될 때까지 공탁한다.

㉥ 저당권설정의 가등기권리자에 대한 배당

경매개시결정 등기 전에 저당권설정의 가등기권자는 본등기를 하면 우선변제를 받을 수 있으므로 본등기를 했다 라는 가정 하에 배당할 금액을 정하여 공탁한다.

㉦ 저당권부 채권이 압류 또는 가압류된 경우

6) 수개의 배당이의 소송에서 증액된 배당액이 배당이의 금액 초과

동순위 채권자 A, B가 C를 상대로 배당이의 소를 제기하여 승소판결을 받았다. 판결금액이 배당이의 금액보다 많다.

배당이의의 소는 상대효가 있을 뿐, 이해관계가 상충될 때는 최초 배당당시의 기준으로 배당을 하게 된다.

A, B가 동순위 채권자라면 안분배당을, A, B가 우열관계라면 그 순위에 따른 배당을 한다.

3. 재배당 및 추가배당

1) 재배당
채권자가 제기한 배당이의의 소 판결의 효력은 원고와 피고사이에만 영향을 미친다. 배당이의의 소의 결과에 따라 원고와 피고사이에서만 다시 배당하는 것을 말한다.

2) 추가배당
채무자가 제기한 배당이의의 소가 인용된 경우에는 이의를 제기하지 않은 채권자를 위하여도 배당표를 바꿔야 한다. 배당에 대하여 이의하지 않은 모든 채권자를 위하여 배당표를 변경하지 않으면 안되는 경우를 추가배당이라고 한다.

① 추가배당 사유
㉠ 정지조건부 채권, 가압류 채권, 집행정지 결정이 있는 채권의 채권자에게 배당을 실시할 수 없을 때
㉡ 채무자가 제기한 배당이의의 소에서 채권자가 패소한 때
㉢ 저당권 등의 담보권자가 담보목적물 이외의 재산에서 배당받은 금액에 대하여 다른 채권자가 공탁을 청구한 후, 그 담보권자가 담보목적물의 매각대가에서 배당을 받게 된 때
㉣ 채권자가 법원에 공탁금의 수령을 포기하는 의사를 표시한 때 등

② 추가배당 신청
추가배당을 구하는 채권자 또는 채무자는 추가배당 사유가 생겼음을 증명하는 문서를 집행법원에 제출한다.

4. 인수주의로 진행된 경매절차에서 배당이의의 소 허용 여부

소멸주의에 따른 경매절차에서는 우선채권자나 일반채권자의 배당요구와 배당을 인정하므로 그 절차에 따라 작성된 배당표에 대하여 이해관계인은 배당이의의 소를 제기하는 것이 허용된다.

그러나 유치권에 의한 경매 등 인수주의에 따른 경매절차에서는 이해관계인의 배당요구와 배당이 인정되지 않으므로 배당이의의 소가 허용되지 않는다.

"유치권에 의한 경매도 강제경매나 담보권 실행을 위한 경매와 마찬가지로 목적부동산 위의 부담을 소멸시키는 것을 법정매각조건으로 하여 실시되고 우선채권자뿐만 아니라 일반채권자의 배당요구도 허용되며, 유치권자는 일반채권자와 동일한 순위로 배당을 받을 수 있다. 다만 집행법원은 부동산 위의 이해관계를 살펴 위와 같은 법정매각조건과는 달리 매각조건 변경결정을 통하여 목적부동산 위의 부담을 소멸시키지 않고 매수인으로 하여금 인수하도록 정할 수 있다(대법원 2011. 6. 15.자 2010마1059 결정 참조).

소멸주의에 따른 경매절차에서는 우선채권자나 일반채권자의 배당요구와 배당을 인정하므로 그 절차에서 작성된 배당표에 대하여 배당이의의 소를 제기하는 것이 허용되지만, 인수주의에 따른 경매절차에서는 배당요구와 배당이 인정되지 아니하고 배당이의의 소도 허용되지 아니한다."(대법원 2014. 1. 23. 선고 2011다83691 배당이의)

배당 방법

1. 확정일자와 같은 날 수개의 근저당권 설정

입주와 주민등록을 모두 마친 다음날 임대차계약서에 확정일자를 받았다. 확정일자를 받은 날에 순위 A, B, C의 근저당권이 설정되었다. 임차인과 근저당권자들 사이의 배당순위는 어떻게 되나?

임차인과 각 근저당권자는 피담보채권액에 비례하여 안분(평등)배당을 하고, 이어 근저당권자 상호간에는 흡수배당을 하게 된다. 선순위 근저당권자가 그 채권액을 만족할 때까지 후순위 근저당권자의 배당액을 가져간다.

① 1차 배당

매각대금이 3억 2,000만원이고, 임차인의 보증금액이 1억 6,000만원, 근저당권자들의 채권액이 각 8,000만원이라면,

㉠ 임차인   3억 2,000만원 × $\dfrac{1억 6,000만원}{4억}$ = 1억 2,800만원을 배당받고,

㉡ 근저당 A 3억 2,000만원 × $\dfrac{8,000만원}{4억}$ = 6,400만원

㉢ 근저당 B 3억 2,000만원 × $\dfrac{8,000만원}{4억}$ = 6,400만원

㉣ 근저당 C 3억 2,000만원 × $\dfrac{8,000만원}{4억}$ = 6,400만원을 각각 배당받는다.

② 2차 배당

근저당권자들 간 흡수배당을 한다. A, B 근저당권자는 각 8,000만원(6,400만원+1,600만원)을 배당받고, C 근저당권자는 3,200만원(6,400만원-1,600만원-1,600만원)을 배당받게 된다.

근저당권자 상호간에는 우선순위가 분명히 정해지나(접수번호), 임차인이 우선변제권을 갖춘 시점과 근저당권설정등기를 마친 시점간에는 선후를 정할 수 없어 동순위로 본다.

㉠ 근저당 A 6,400만원 + 1,600만원(근저당 C) = 8,000만원
㉡ 근저당 B 6,400만원 + 1,600만원(근저당 C) = 8,000만원
㉢ 근저당 C 6,400만원 - 3,200만원 = 3,200만원

2. 안분 후 흡수배당

1) 권리순서가 다음과 같고 배당할 금액이 500만원이다.

① 가압류 400만원
② 근저당권 200만원
③ 당해세 아닌 조세 300만원
④ 가압류 100만원

1순위 권리가 가압류이므로 1차 안분 배당한다.

㉠ 1순위 가압류 500만원 × $\dfrac{400만원}{1,000만원}$ = 200만원

㉡ 2순위 저당권 500만원 × $\dfrac{200만원}{1,000만원}$ = 100만원

㉢ 3순위 조세 500만원 × $\dfrac{300만원}{1,000만원}$ = 150만원

㉣ 4순위 가압류 500만원 × $\dfrac{100만원}{1,000만원}$ = 50만원

1순위 가압류는 2순위 근저당권, 4순위 가압류와는 평등한 반면, 3순위 조세보다 후순위다.

3순위 조세는 1, 4순위 가압류보다 선순위이나, 2순위 근저당보다는 후순위로 상호 순위가 모순되는 관계에 있다. 이런 경우 각 채권자의 채권액을 기초로 안분배당 후, 자기보다 후순위권리자의 배당액은 자기 채권 만족시까지 흡수배당한다.

배당시 세 가지 원칙이 있다.

첫째 흡수 순서

4순위에 안분배당된 것을 흡수할 권리자는 2순위와 3순위가 있는데, 둘 사이에는 2순위가 선순위이므로 2순위의 채권에 먼저 흡수되고, 그 다음에 3순위의 채권에 흡수된다.

둘째 흡수당하는 순서

2순위에 흡수당할 채권은 3순위와 4순위가 있는데, 이 3순위와 4순위 사이에서는 4순위가 열후하므로 4순위에 배당된 것을 먼저 흡수하고, 모자라는 한도내에서 3순위를 흡수한다. 이 때 3순위, 4순위가 동순위일 경우에는 안분하여 흡수한다.

셋째 흡수의 한도

3순위가 1차로 안분배당 받았다가 2순위에 흡수당한 부분까지도 흡수할 수 있는가 하는 문제다. 이에 관하여 흡수당한 부분은 일단 배당받은 것이므로 그 부분을 공제한 나머지만 흡수하여야 한다. 3순위는 원래 채권(300만원)에서 1차로 배당받은 금액(150만원)을 공제한 150만원만 흡수할 수 있으므로, 1순위의 배당액 중 150만원만 3순위에게 흡수되고 50만원이 남는다.

결국 4순위에게는 배당액이 없고, 1순위에게 50만원, 2순위에게 200만원, 3순위에게 250만원이 각각 배당된다.

채권자	채권금액	안분금액	흡수한도	1차 흡수	2차 흡수	최종 배당액
① 가압류	400	200	0	200	50	50
② 근저당권	200	100	100	200	200	200
③ 조세	300	150	150	100	250	250
④ 가압류	100	50	0	0	0	0

2) 산재보험료 〉 근저당권 〉 당해세 아닌 조세

배당금액 4,000만원

설정 일자	권리내용	권리자	안분금액	흡수한도	1차흡수	2차흡수	3차흡수	최종 배당액
1. 2	산업재해보상보험료 2,000만원	A (압류)	1,000만원	1,000만원		500만원	1,000만원	1,500만원
3. 9	근저당권 5,000만원	B	2,500만원	2,500만원	500만원		2,000만원	2,000만원
7. 21 (법정 기일)	당해세 아닌 조세 1,000만원	C (교부청구)	500만원	500만원	0원	500만원		500만원

선순위의 산업재해보상보험료는 압류의 효력으로 근저당권보다 빠르고, 근저당권자는 당해세 아닌 조세보다 순위가 빠르다. 보험료 등의 채권에는 압류 선착주의를 규정하고 있는 국세징수법 제36조 제1항을 적용할 근거가 없어 산업재해보상보험료는 조세채권에 우선하지 못한다. 따라서 각 채권 사이에는 순환관계가 성립한다.

① **안분배당**

㉠ 산업재해보상보험료 A = 4,000만원 × $\dfrac{2,000만원}{8,000만원}$ = 1,000만원

㉡ 근저당권자 B = 4,000만원 × $\dfrac{5,000만원}{8,000만원}$ = 2,500만원

㉢ 당해세 아닌 조세 C = 4,000만원 × $\dfrac{1,000만원}{8,000만원}$ = 500만원

② **안분 후 흡수배당**

근저당권자 B는 안분금액이 2,500만원으로 청구금액(5,000만원)에 부족한 2,500만원을 C로부터 흡수할 수 있으나, C의 안분액이 500만원에 불과

하므로 500만원만 흡수한다. 따라서 B는 3,000만원이 되고 C는 0원이 된다.
　당해세 아닌 조세 C는 A로부터 1차 안분 후 부족분 500만원을 흡수할 수 있다. 따라서 C는 500만원이 되고 A는 500만원이 된다.
　산업재해보상보험료 A는 B로부터 1,000만원을 흡수할 수 있다. 따라서 A는 1,500만원이 되고 B는 2,000만원이 된다.

흡수는 1회 순환으로 종료된다.

③ 최종 배당액
㉠ 산업재해보상보험료　1,500만원
㉡ 근저당권　　　　　　2,000만원
㉢ 당해세 아닌 조세　　　500만원

3. 저당권의 배당

1) 동시배당
(1) 동일채무자 소유
　공동저당권의 목적 부동산이 전부 매각되어 매각대금을 동시에 배당하는 때에는 각 부동산의 경매대가에 비례하여 그 채권의 분담을 정한다.
　즉 동시배당의 경우 공동저당권자는 어느 특정부동산의 경매대가만으로부터 만족을 얻는 것은 허용되지 않는다. 또한 각 부동산의 경매대가의 비율로 공동저당권의 피담보채권의 부담을 안분할당하여 그 할당된 부담액에 한하여서만 공동저당권자는 각 부동산으로부터 우선변제를 받을 수 있다. 할당부담액을 초과하는 부분은 후순위저당권자의 변제에 충당한다.

여기서 '각 부동산의 경매대가'란 매각대금에서 당해 부동산이 분담할 집행비용과 선순위 채권액을 공제한 금액을 말한다. 집행비용의 계산은 일괄매각의 경우 각 부동산의 최저매각가격의 비율로 안분하여 계산한다(민사집행법 제101조 2항). 분할매각의 경우 총집행비용을 각 부동산의 매각대금의 비율로 안분하여 각 부동산의 집행비용을 산출한다.

> 민법 제368조 (공동저당과 대가의 배당, 차순위자의 대위) ① 동일한 채권의 담보로 수개의 부동산에 저당권을 설정한 경우에 그 부동산의 경매대가를 동시에 배당하는 때에는 각부동산의 경매대가에 비례하여 그 채권의 분담을 정한다.

[사례1]
공동저당권이 2순위 인 경우

총 집행비용 100만원

부동산	매각대금	집행비용	1번 저당권	2번 저당권
A	500만원	50만원	을 150만원	공동 근저당권 갑 500만원
B	300만원	30만원	병 90만원	
C	200만원	20만원	정 60만원	

① 총 집행비용은 100만원으로 각 매각대금에 비례하여 50만원, 30만원, 20만원으로 안분한다.

위 사례의 각 부동산의 경매대가는 각 매각대금에서 집행비용과 1번 근저당권을 공제한

㉠ A : 500만원 - (50만원 + 150만원) = 300만원

㉡ B : 300만원 - (30만원 + 90만원) = 180만원

ⓒ C : 200만원 − (20만원 + 60만원) = 120만원이다.

② 공동 근저당권자 갑 500만원에 대한 각 부동산의 분담액은 다음과 같다.

A 부동산의 채권 안분액 = 갑의 채권액 $\times \dfrac{A}{A+B+C}$

ⓐ A : 500만원 × $\dfrac{300만원}{600만원}$ = 250만원

ⓑ B : 500만원 × $\dfrac{180만원}{600만원}$ = 150만원

ⓒ C : 500만원 × $\dfrac{120만원}{600만원}$ = 100만원 이다.

③ 최종 배당액

집행비용 100만원

　　ⓐ 갑 500만원

　　ⓑ 을 150만원

　　ⓒ 병 90만원

　　ⓓ 정 60만원

　　ⓔ 소유자 100만원

【사례2】
공동저당권이 1순위와 2순위인 경우

총 집행비용 100만원

부동산	매각대금	집행비용	1번 저당권	2번 저당권
A	500만원	50만원	갑 공동저당권 300만원	을 300만원
B	300만원	30만원	갑 공동저당권 300만원	병 150만원
C	200만원	20만원	정 100만원	갑 공동저당권 300만원

총 집행비용은 100만원으로 각 매각대금에 비례하여 50만원, 30만원, 20만원으로 안분한다. 실제 배당할 금액은 A부동산이 450만원, B부동산이 270만원, C부동산이 180만원이 된다.

갑 공동저당권자는 A, B, C 부동산에서 각각 A = 450만원, B = 270만원, C = 80만원(실제배당할 금액 180만원 – 1번 저당권 정 100만원)에서 배당을 받을 수 있다.

① 갑의 배당금은 다음과 같다.

㉠ A : $300만원 \times \dfrac{450만원}{800만원}$ = 168만 7,500원

㉡ B : $300만원 \times \dfrac{270만원}{800만원}$ = 101만 2,500원

㉢ C : $300만원 \times \dfrac{80만원}{800만원}$ = 30만원

갑은 300만원 전액 배당을 받게 된다.

② 을은 A 부동산에서 450만원 – 168만 7,500원 = 281만 2,500원을 배당 받는다.

③ 병은 B 부동산에서 270만원 - 갑 배당금 101만 2,500원 = 168만 7,500원으로 150만원을 전액 배당 받는다. 남은 18만 7,500원은 소유자(채무자)가 배당 받는다.

④ 정은 C부동산에서 100만원을 배당 받는다. C부동산에서도 50만원이 남는데 이는 소유자(채무자)가 배당 받는다.

⑤ 최종 배당액

집행비용 100만원
  ㉠ 갑 300만원
  ㉡ 을 281만 2,500원
  ㉢ 병 150만원
  ㉣ 정 100만원
  ㉤ 소유자(채무자) 68만 7,500원

이처럼 공동저당 부동산을 동시에 매각하는 경우, 민법 제368조 제2항의 차순위자 대위문제는 발생하지 않는다. 을은 미배당금 18만 7,500원을 B와 C의 부동산에서 배당금 잉여가 발생하더라도 받을 수 없다.

【사례3】
공동저당권이 두 개 이상이고 순위가 섞여있는 경우

총 집행비용 80만원

부동산	매각대금	집행비용	1번 저당권	2번 저당권	3번 저당권
A	500만원	50만원	갑 공동저당권 300만원	을 200만원	병 공동저당권 150만원
B	300만원	30만원	병 공동저당권 150만원	갑 공동저당권 300만원	

총 집행비용은 80만원으로 각 매각대금에 비례하여 50만원, 30만원으로 안분한다. 실제 배당할 금액은 A부동산 450만원, B부동산 270만원이 된다.

① 갑의 배당금은 다음과 같다.

A부동산에서 450만원, B부동산에서 120만원(270만원 - 병 공동저당권 150만원)이 각각 배당재단이 된다.

㉠ A : 300만원 × $\dfrac{450만원}{570만원}$ = 236만 8,421원

㉡ B : 300만원 × $\dfrac{120만원}{570만원}$ = 63만 1,579원

② 을은 A 부동산에서 실제 배당할 금액 450만원 - 236만 8,421원(갑 배당금) = 213만 1,579원 중에서 배당을 받는다. 따라서 을은 200만원을 전액 배당 받는다.

③ 병의 배당할 금액은 A 부동산에서 450만원 - 갑 배당금 236만 8,421원 - 을 배당금 200만원 = 13만 1,579원, B 부동산에서 270만원이다.

㉠ A : 150만원 × $\dfrac{13만 1,579원}{283만 1,579원}$ = 6만 9,703원

ⓒ B : 150만원 × $\dfrac{270만원}{283만 1,579원}$ = 143만 297원을 배당 받는다.

④ 최종 배당액

집행비용 80만원

    ㉠ 갑 300만원

    ㉡ 을 200만원

    ㉢ 병 150만원

    ㉣ 소유자(채무자) 70만원

(2) 일부는 채무자 소유 일부는 물상보증인 소유

공동저당권이 설정되어 있는 수개의 부동산 중 일부는 채무자 소유이고 일부는 물상보증인 소유인 경우, 각 부동산의 매각가를 동시에 배당한다. 물상보증인이 변제자 대위에 의해 채무자 소유 부동산에 대해 담보권을 행사할 수 있는 지위를 고려하면, "동일한 채권의 담보로 수개의 부동산에 저당권을 설정한 경우 그 부동산의 경매대가를 동시에 배당하는 때에는 각 부동산의 경매대가에 비례하여 그 채권의 분담을 정한다"고 규정하고 있는 민법 제386조 제1항은 적용되지 않는다.

집행법원은 채무자 소유 부동산의 경매대가에서 공동저당권자에게 우선적으로 배당을 하고, 부족분이 있는 경우에 한해 물상보증인 소유 부동산의 경매대가에서 추가로 배당을 하여야 한다.

2) 이시배당

공동저당권이 설정된 부동산 중 일부 부동산이 먼저 매각되어 배당하는 때에는 공동저당권자는 그 매각 대가로부터 채권 전액의 변제를 받을 수 있다. 그 매각 부동산의 차순위 저당권자는 공동저당 부동산 전부가 동시에 매각되어 배당을 하였더라면, 선순위저당권자가 다른 부동산의 경매대가에서 변제를 받을 수 있는 한도내에서 선순위자를 대위하여 저당권을 행사할 수 있다.

가) 이시배당 사례

부동산	매각대금	1번 저당권	2번 저당권
A	400만원	갑 공동근저당 300만	을 저당권 300만
B	200만원		병 저당권 100만

A, B 부동산 중 A 부동산이 먼저 경매되어 그 매각대금 400만원을 배당하는 경우에 갑은 300만원 전액을 변제받고, 을은 잔액 100만원을 변제 받는다.

그러나 만약 A, B 부동산이 동시에 매각되어 그 매각대금을 배당하면 갑은 A의 부동산으로부터 200만원, B의 부동산으로부터 100만원을 변제 받게 되므로 선순위 저당권자 갑이 B 부동산의 경매대가에서 변제를 받을 수 있는 금액 100만원의 한도내인 100만원에 대하여 을은 갑을 대위하여 나중에 B의 부동산의 매각대금으로부터 변제를 받을 수 있다.

갑의 채권 안분액은 갑의 채권액 $\times \dfrac{A배당액}{(A+B)배당액}$

㉠ A : 300만원 $\times \dfrac{400만원}{600만원}$ = 200만원

㉡ B : 300만원 $\times \dfrac{200만원}{600만원}$ = 100만원이다.

을은 갑이 A 부동산의 대가에서 변제받은 사실을 B의 부동산의 매각절차에서 입증하여야 한다.

나) 이시배당에서 대위행사 요건

① A부동산과 B부동산의 소유자 같음

이시배당에 따른 후순위 채권자가 동시에 배당하였을 경우의 채권을 안분한 한도내에서 선순위 공동저당권자를 대위행사 할 수 있다.

② A부동산과 B부동산의 소유자 다름

㉮ A부동산(채무자)과 B부동산(물상보증인) 중 B부동산 먼저 매각
B부동산 후순위 저당권자와 물상보증인이 A부동산(채무자)의 매각절차에서 선순위 공동저당권자를 대위행사할 수 있다. 대위행사 순위는 B부동산 후순위 채권자, B부동산 소유자 순이다.

㉯ A부동산(채무자)과 B부동산(물상보증인) 중 A부동산 먼저 매각
A부동산 후순위 채권자는 B부동산 매각절차에서 A부동산 선순위 공동저당권자를 대위하여 물상보증인 소유 B부동산에 대하여 대위행사를 할 수 없다.

대위행사는 공동저당물건이 ① 모두 채무자 소유이거나 ② 물상보증인 소유 부동산이 먼저 매각된 경우 또는 ③ 공동저당 부동산이 모두 물상보증인이 담보로 제공한 경우에 한해 대위행사가 가능하다.

> **민법 제368조** ②전항의 저당부동산중 일부의 경매대가를 먼저 배당하는 경우에는 그 대가에서 그 채권전부의 변제를 받을 수 있다. 이 경우에 그 경매한 부동산의 차순위저당권자는 선순위저당권자가 전항의 규정에 의하여 다른 부동산의 경매대가에서 변제를 받을 수 있는 금액의 한도에서 선순위자를 대위하여 저당권을 행사할 수 있다.

4. 임차인과 압류

근저당권 > 압류 > 압류(당해세) > 소액임차인

실제 배당할 금액 1억 5,000만원

설정일자	권리내용	권리자	배당순위	배당금액	비 고
1. 4	근저당권 5,000만원	A	4	5,000만원	말소기준등기(2024년)
2. 11	압류(서초세무서)	B	3	1,000만원	법정기일 1월 2일(1,000만원)
3. 10	교부(서초구)	C	2	500만원	당해세(500만원)
5. 10 전입 5. 10 확정	임차권 1억 5,000만원	D	1	5,500만원	최우선변제
			5	3,000만원	우선변제

말소기준등기는 2024년 1월 4일 근저당권이다. 임차인은 설정 순위는 가장 늦으나 배당순위는 다르다. 배당은 최우선변제권으로 5,500만원을 먼저 받는다.

서초구는 서초세무서보다 교부일이 늦지만 먼저 배당 받은 이유는 당해세이기 때문이다.

3순위로 서초세무서가 1,000만원을 배당 받는다. 4순위는 근저당권이다. 설정일로만 놓고 보면 근저당권이 서초세무서 압류일보다 빠르나 서초세무서의 법정기일(1월 2일)이 근저당권 설정일(1월 4일)보다 빨라, 서초세무서가 1,000만원을 배당 받고 근저당권자가 4순위로 5,000만원을 받는다. 나머지 3,000만원은 임차인이 확정일자에 따른 우선변제를 받고 배당절차가 종결된다.

5. 임차권등기명령

[사례 1]

임차권 > 근저당권 > 임차권 등기명령

배당금액 2억 6,000만원

설정일자	권리내용	권리자	배당순위	배당금액	비 고
5. 10 전입 5. 11 확정	임차권 2억원	A	1	2억원	비거주
5. 15	저당권 1억원	B	2	6,000만원	말소기준등기
12. 11	임차권등기명령 2억원	A			

 대항력과 우선변제권을 구비한 임차인이 임대차 기간 만료 후에도 임대인이 보증금을 돌려주지 않자 임차권등기명령을 하고 분양받은 보금자리주택으로 이사 갔다.

 임차권등기명령은 임차권등기 완료일에 대항력과 우선변제권이 발생한다. 임차인이 주민등록을 퇴거했기 때문에 배당순위만 놓고 보면 B 저당권이 1순위, 임차권등기명령이 2순위다. 그러나 임차인이 임차권등기 이전에 대항력과 우선변제권을 구비한 경우, 최초 취득일로 대항력과 우선변제권이 유지돼 배당순위가 달라진다. 1순위로 임차인이 2억원을 배당 받고, 2순위로 B 저당권자가 6,000만원을 배당 받는다.

[사례2]

임차권 = 근저당 = 가압류 = 근저당

배당금액 5억원

설정일자	권리내용	권리자	배당순위 1차	배당순위 2차	배당금액	비 고
7. 11 전입 7. 12 확정	임차권 2억원	A	1		1억 6,667만원	3,333만원 인수
7. 12	근저당 1억 8,000만원	B	1	1	1억 5,000만원	말소기준등기 (접수번호 111호)
7. 12	가압류 1억원	C	1	2	8,333만원	(접수번호 112호)
7. 12	근저당 1억 2,000만원	D	1	2	1억원	(접수번호 113호)

대항력 기산일과 우선변제 기산일은 다음과 같다.

권리내용	권리자	대항력 기산일	우선변제 기산일
임차권 2억원	A	7월 12일 0시	7월 12일 9시
근저당 1억 8,000만원	B		7월 12일 9시
가압류 1억원	C		7월 12일 9시
근저당 1억 2,000만원	D		7월 12일 9시

임차인 A는 대항력은 있으나 우선변제 순위는 A = B = C = D다. 1차 안분배당을 한다.

① $A = 5억원 \times \dfrac{2억원}{6억원} = 1억 6,667만원$ 받고 배당절차가 종결된다.

② $B = 5억원 \times \dfrac{1억 8,000만원}{6억원} = 1억 5,000만원$

③ C = 5억원 × $\dfrac{1억원}{6억원}$ = 8,333만원

④ D = 5억원 × $\dfrac{1억 2,000만원}{6억원}$ = 1억원

임차인 A의 1차 안분배당(1억 6,667만원) 후 잔액 3,333만원은 매수인이 인수한다.

2차 배당 순위는 B 〉 C, B 〉 D이고 C = D이다. B는 1차 안분배당 후 부족분 3,000만원을 C와 D에서 흡수할 수 있다. 이 때 B가 C와 D로부터 흡수하는 방법은 가장 후순위인 D부터 흡수하고 부족시 C에서 흡수한다. 그러나 사례처럼 C와 D가 동순위인 경우 C와 D의 1차 안분 배당 채권액에 비례하여 흡수한다.

① C = 3,000만원 × $\dfrac{8,333만원}{1억 8,333만원}$ = 1,364만원

② D = 3,000만원 × $\dfrac{1억원}{1억 8,333만원}$ = 1,636만원을 각각 B에게 흡수당한다.

최종 배당금액은 ㉠ 임차인 A 1억 6,667만원,

㉡ B는 1억 5,000만원(1차 배당) + 3,000만원(2차 배당에서 C에서 1,364만원, D에서 1,636만원 각각 흡수) = 1억 8,000만원,

㉢ C는 8,333만원(1차 배당) − 1,364만원(2차 배당에서 B에게 흡수당함)
= 6,969만원,

㉣ D는 1억원(1차 배당) − 1,636만원(2차 배당에서 B에게 흡수당함)
= 8,364만원을 각각 배당받고 배당절차가 종결된다.

6. 상가임차인

① 임차권 〉 근저당권 〉 임차권

배당금액 1억원(2018년, 서울)

설정일자	권리내용	권리자	배당순위	배당금액	비 고
5. 10 등록 5. 11 확정	임차권 5,000만원/300만원	A	2	5,000만원	
6. 15	저당권 5,000만원	B	3	2,800만원	말소기준등기
9. 11 등록	임차권 3,000만원/30만원	C	1	2,200만원	

상가임차인은 주택임차인과 달리 두 가지 차이점이 있다. 하나는 적용 보증금에 한도가 있고, 두 번째는 우선변제권과 최우선변제권 적용시 환산보증금 제도다.

서울지역은 환산보증금(보증금+월세×100)이 6억 1,000만원 이하다.

임차인 A는 환산보증금이 3억 5,000만원(5,000만원+300만×100)이고, 임차인 C는 환산보증금이 6,000만원(3,000만원+30만×100)이다. 따라서 임차인 A와 C는 각각 상가건물임대차보호법의 적용을 받는다.

임차인 C는 우선변제권은 없지만 보증금이 소액이라 1순위로 2,200만원을 배당 받는다(2018년 서울은 환산보증금이 6,500만원 이하면 2,200만원까지 최우선변제). 여기서 임차인 A도 보증금이 5,000만원이라 최우선변제를 받을 것으로 생각할 수 있으나 그렇지 않다. 주택과 달리 상가는 환산보증금을 적용해야 하기 때문이다.

임차인 A는 우선변제권에 기해 2순위로 5,000만원을 배당 받고 마지막으로 B가 2,800만원을 배당 받는다.

② 근저당권 > 임차권 > 임차권 > 임차권 > 근저당권

배당금액 1억 6,000만원, 서울지역

설정일자	권리내용	권리자	배당순위	배당액
2016. 9. 1	근저당 8,000만원	A	②	8,000만원
2017. 5. 1(사업, 확정)	임차권 5,000만원/200만원	B	③	5,000만원
2017. 6. 15(사업, 확정×)	임차권 500만원/40만원	C	①	500만원
2017. 3. 3(사업, 확정)	임차권 7,000만원/350만원	D		
2017. 9. 3	근저당 1억원	E	④	2,500만원

기준등기는 2016년 9월 1일 근저당권 A이다. 서울지역은 환산보증금이 4억원 이하일 때 상가건물임대차보호법의 적용을 받는다. C는 환산보증금이 4,500만원(500만원 + 40만원×100)이어서 최우선변제에 해당돼 ①순위로 500만원을 배당받는다. 이어 A 근저당권자가 ②순위로 8,000만원을 배당받고, B가 ③순위로 5,000만원을 배당 받는다. D는 환산보증금이 4억 2,000만원으로 법의 적용 대상이 아니어서 배당을 받을 수 없다. E가 ④순위로 2,500만원을 배당받고 배당절차가 종결된다.

7. 토지별도등기 배당

토지와 건물은 별개로서 각각 거래의 주체가 된다. 대부분은 토지와 건물에 대해 공동담보 형태를 취하나 드물게 근저당권이 각각 설정된 경우도 있다.

① 배당원칙

토지에 근저당권이나 가압류가 설정된 상태에서 집합건물로 전환되었을 때 발생되는 문제다. 집합건물 이후에 설정된 근저당권이 기준이 되는데 그 전에 토지상에 근저당권이나 가압류 등이 있을 때는, 매각대금을 토지와 건물의 감정비율에 따라 나눈 후 각 지분별로 배당을 하게 된다.

② 토지 저당권 설정 후 임차인 전입

먼저 토지와 건물을 감정가 비율로 나눈다. 토지 근저당권자에게 배당 후 남은 금액이 있다면 토지와 건물의 배당비율을 다시 계산한다.

임차인이나 토지·건물의 공동저당권자 등이 있는 경우, 각 채권액을 토지와 건물의 비율에 따라 배당을 한다.

③ 소액임차인

소액임차인은 최우선변제에 해당하는 금액을 건물분에서 배당을 받는다. 만약 토지 저당권자에게 배당 후 남은 금액이 있으면 토지와 건물의 배당비율을 다시 계산 하여 배당한다.

> "저당권 설정 후에 비로소 건물이 신축된 경우에까지 공시방법이 불완전한 소액임차인에게 우선변제권을 인정한다면 저당권자가 예측할 수 없는 손해를 입게 되는 범위가 지나치게 확대되어 부당하므로, 이러한 경우에는 소액임차인은 대지의 환가대금에 대하여 우선변제를 받을 수 없다고 보아야 한다."(대법원 1999. 7. 23. 선고 99다25532 판결)

④ 토지별도등기 배당에서 주의할 점

배당금액 2억 4,000만원(서울)

설정일자	권리내용	권리자	배당액
2. 2	토지 근저당권 2억원	A	7,200만원
5. 1 전입 5. 1 확정	임차권 2억원	B	1억 6,800만원
8. 15	건물 근저당권 4억원	C	

토지에 별도등기가 없다면 임차인은 매각대금에서 전액 배당을 받아 인수 부담이 없다.

그러나 토지와 건물의 근저당권 설정일이 다르면 배당도 다르다. 매각대금을 토지와 건물분의 감정비율로 나눠 각각 배당을 해야 한다. 임차인은 매각대금 전부가 아닌 건물분에서만 배당을 받아야 하기 때문에 배당에서 부족분이 발생하면 매수인이 그 금액만큼 인수해야 한다.

아파트는 토지와 건물의 감정 비율이 3 : 7 이다.
토지분의 배당금은 2억 4,000만원 × 30% = 7,200만원
건물분의 배당금은 2억 4,000만원 × 70% = 1억 6,800만원

매수인은 임차인의 보증금 2억원 중 배당에서 못 받은 3,200만원을 인수해야 한다.
토지별도등기 물건에 대항력 있는 임차인이 있는 경우 조심해야 한다.
만약 임차인이 소액임차인이라면 최우선변제에 해당하는 금액을 토지와 건물분 비율로 안분배당 후, 나머지 금액은 건물분의 배당금에서 받는다.

사건번호	주 소	면 적(㎡)	감정가 최저가	임차관계	등기부상 권리관계

09-12042
 	
다세대
 	
최용수
손일권
손일권
 	
대 66,000,000
건 44,000,000
	부천 소사구 괴안동
	○○-18 한보빌라
	○○○호
	
	· 부안초등남서측
	  인근
	· 다세대근린시설
	  밀집
	· 도시가스난방
	· 버스(정)인근
	  소재
	· 사다리형토지
		대지
		30.48/188
		(9.22평)
		건물 30.48
		(9.22평)
		2층 -
		91.03.04 보존
			110,000,000
			이영환감정
			(09.06.25)
			53,900,000
			─────
			유찰 10.06.10
			유찰 10.07.15
			낙찰 10.08.19
			75,880,000
			(69%)
			6명
			2등
			75,000,000
				최용수
				전입91.10.19
				확정91.11.09
				배당09.06.26
				18,000,000
				
				배당요구종기
				10.04.30
					가등 (주)북극성
					  2005.02.28
					가압 현대자동차
					  2005.12.05
					  43,000,000
					근저 한국씨티
					  2006.01.04
					  160,000,000
					압류 의정부세
					  무서
					  2006.10.20
					강제 최용수
					  2009.06.04
					  청구 18,000,000
					
					토지별도등기있음

입찰에 참여하려면 최소 두 가지 부분에 대한 확인을 해야 한다.

먼저 선순위 가등기다. 북극성의 가등기가 매매예약의 가등기면 참여를 자제해야 한다. 그러나 대물반환예약의 가등기라면 참여해도 된다. 대물반환예약 즉, 담보가등기는 경매절차에서는 근저당권과 같은 효력이 있기 때문이다.

대법원 법원경매정보(www.courtauction.go.kr)에서 경매물건 검색 → 경매사건 검색 → 문건/송달내역 검색에서 가등기권자가 채권신고를 했으면 담보가등기다. 북극성이 2010년 4월 30일 채권계산서를 제출하였다. 북극성의 가등기는 담보가등기로 이 사건의 말소기준등기가 된다.

둘째, 토지별도등기다. 토지별도등기 내용을 알려면 대법원 인터넷등기소(www.iros.go.kr)에서 열람하면 된다. 열람결과 1991년 3월 30일 오연수가 2,200만원의 근저당권을 설정하였다.

매각가	7,588만원
집행비용	158만원
실제배당할 금액	7,430만원
북극성의 담보가등기	1,000만원
의정부세무서의 압류	100만원(법정기일은 2005. 4. 30)

토지별도등기가 있어 실제배당할 금액을 토지(60%)와 건물(40%)의 감정 비율로 나눈다,

토지가 4,458만원, 건물이 2,972만원이 된다.
1순위로 오연수는 토지분에서 2,200만원을 배당 받고 종결된다.
2순위 배당을 하기 위해서는 1순위 배당 후 남은 잔액을 가지고 토지와 건물의 배당비율을 다시 계산해야 한다.

$$건물\ 배당비율 = \frac{29,720,000}{52,300,000} = 56.8260\%$$

$$토지\ 배당비율 = \frac{22,580,000}{52,300,000} = 43.1740\%$$

순위	채권자	건 물(40%) 29,720,000		토지(60%) 44,580,000		총잔액
		배당	잔액	배당	잔액	
1	오연수 22,000,000 (토지 근저당)	0	29,720,000	22,000,000	22,580,000	52,300,000

순위	채권자	건물(56.8260%) 29,720,000		토지(43.1740%) 22,580,000		총잔액
		배당	잔액	배당	잔액	
2	최용수 16,000,000 (최우선변제)	9,092,160	20,627,840	6,907,840	15,672,160	36,300,000
3	최용수 2,000,000 (확정일자)	1,136,520	19,491,320	863,480	14,808,680	34,300,000
4	의정부세무서 1,000,000 (압류)	568,260	18,923,060	431,740	14,376,940	33,300,000
5	북극성 10,000,000 (담보가등기)	5,682,600	13,240,460	4,317,400	10,059,540	23,300,000
6	현대자동차 4,935,476 (가압류)	2,804,634	10,435,826	2,130,842	7,928,708	18,364,524
7	한국씨티 18,364,524 (근저당)	10,435,826	0	7,928,708	0	0

2순위로 최용수가 1,600만원을 최우선변제 받는다. 최의 최우선변제금액은 북극성 가등기 설정일(2005년 2월 28일)이 기준일이 된다. 즉, 4,000만원 이하일 경우 1,600만원까지 최우선 변제 받는다.

3순위는 최용수가 확정일자에 의해 200만원을 받는다.

4순위는 의정부세무서다. 압류일은 북극성의 가등기에 비해 늦으나 법정기일이 빨라 먼저 배당 받는다.

5순위는 북극성의 담보가등기가 근저당권과 같은 효력으로 배당 받는다.

북극성 배당 후 남은 2,330만원은 현대자동차와 한국씨티가 안분배당 받는다.

$$현대자동차\ 안분비율 = \frac{43,000,000}{203,000,000} = 21.1823\%$$

$$한국씨티\ 안분비율 = \frac{160,000,00}{203,000,000} = 78.8177\%$$

6순위 현대자동차 = 23,300,0000 × 21.1823% = 4,935,476
6순위 한국씨티 = 23,300,000 × 78.8177% = 18,364,524를 배당 받고 절차가 종결된다.

8. 지분 경매

공동임대인이 임차인에게 부담하는 임차보증금반환의무는 성질상 불가분 채무이므로 공동임대인 중 1인의 공유지분에 대한 경매절차에서 주택 전체임차인의 보증금은 지분비율에 의해 배당하는 것이 아니라 전액을 배당 한다.

임차인이 전액 배당 받음으로 인해 배당을 받지 못한 후순위채권자는 나머지 지분권자에 대하여 동시배당시 받을 수 있었던 금액 한도내에서 대위하여 청구할 수 있다.

9. 일반채권을 임차보증금으로 전환

① 소액임차인

#1
한병근은 김병석에게 1억원을 빌려주었다. 김병석은 한병근에게 곧 경매신청이 있을 것이니 돈을 받고 싶으면 자기 집으로 이사 오라는 제의를 하자, 한병근은 김병석과 5,000만원의 임대차계약을 체결하고 임차보증금은 빌려준 돈으로 대체하였다.

집행법원은 한병근에게 ㉠ 경매개시결정 직전에 전입하게 된 경위, ㉡ 시가보다 저렴하게 임차보증금을 지불한 이유, ㉢ 임차보증금을 지불하였다는 자료 등 소명자료 제출을 요구하였다.

이에 한병근은 임차보증금을 직접 지불한 것이 아니고 빌려준 돈으로 대체하였다고 한다.

② 확정일자 임차인
#2

서정호는 2015년 말 박명한에게 1억 5,000만원을 빌려주었다. 돈을 받지 못하자 2017년 1월 6일 박명한이 분양받은 아파트에 보증금 1억 2,000만원, 임대기간 2017년 1월 6일부터 24개월의 임대차계약을 체결하고 2017년 1월 7일 전입과 동시에 확정일자를 받았다.

2017년 9월 5일 강제경매 사건에 서정호는 배당요구를 하였다. 서정호는 배당을 받을 수 있는가?

한병근은 배당을 받을 수 없다.

일반채권에 불과한 대여금을 담보물권과 같은 강력한 권리를 가지는 소액임차보증금으로 대체한 것은 최우선변제권을 악용하려는 의도이기 때문이다.

서정호는 배당을 받을 수 있다.

일반채권을 임차보증금으로 대체한 것으로 적법하게 임대차계약이 이루어졌기 때문이다. 서정호에게 우선변제권을 인정하더라도 선행권리자의 이익을 해하지 않기 때문이다.

10. 외화채권의 배당

채권액이 외국통화로 정해진 외화채권자가 경매절차를 통해 배당 받는 경우, 환산기준일은 경매신청 당시의 환율이 아닌 배당기일 당시의 외국환시세를 우리나라 통화로 환산한 금액이 기준이 된다(대법원 2011. 4. 14. 선고 2010다103642 판결).

11. 전세권자의 배당

건물의 일부에 대한 전세권자는 전세권의 목적물이 아닌 나머지 건물부분에 대한 전세권에 기한 경매신청은 할 수 없지만, 배당에 있어서는 민법 제303조에 따라 그 부동산 전부에 대하여 후순위권리자 기타 채권자보다 먼저 배당을 받을 수 있다.

12. 그밖의 배당원칙

1) 법 제365조에 의한 일괄매각시 토지 저당권자에 대한 건물 매각대금 배당

민법 제365조에 의한 일괄매각시 매각대금 중 토지 매각대금 부분은 토지 저당권자와 토지에 대한 배당요구채권자가 배당을 받을 수 있다.

건물 매각대금은 건물 저당권자 등 담보권자, 배당요구채권자, 교부청구채권자가 배당을 받는다.

그런데 토지의 저당권자인 압류채권자도 건물의 매각대금에서 배당을 받을 수 있는가에 대해서는 견해의 대립이 있다.

판례는 토지의 저당권자가 건물의 매각대금에서 배당을 받으려면 민사집행법 제268조, 제88조 제1항의 규정에 의한 적법한 배당요구를 하였거나 그 밖에 달리 배당을 받을 수 있는 채권으로서 필요한 요건을 갖추고 있어야 한다고 하여 일반채권자설의 입장을 취하고 있다(대법원 2012. 3. 15. 선고 2011다54587 판결).

일반채권자설은 일반채권자와 같이 건물의 매각대금에서 배당을 받으려면 배당요구의 종기까지 배당요구 또는 이중경매신청을 하여야 한다는 주장이다.

2) 소액임차인

① 배당 불가

나대지의 토지에 저당권이 설정된 후, 건축된 건물의 임차인은 대지의 환가대금에서 최우선변제를 받을 수 없다.

② 배당 가능

토지에 관한 저당권설정 당시 그 지상에 건물의 규모, 종류가 외형상 예상할 수 있는 정도까지 건축이 진전되어 있어 그 지상에 건물이 존재한다고 볼 수 있는 경우에는 그 지상건물의 소액임차인에게 대지의 매각대금에 대한 우선변제권을 인정한다(대법원 1999. 7. 23. 선고 99다25532 판결).

단, 이 때의 건물은 소유권보존등기가 되지 않은 미등기건물이어도 최우선변제를 받을 수 있다(대법원 2007. 6. 21. 선고 2004다26133 전원합의체 판결).

"대항요건 및 확정일자를 갖춘 임차인과 소액임차인은 임차주택과 그 대지가 함께 경매될 경우뿐만 아니라 임차주택과 별도로 그 대지만이 경매될 경우에도 그 대지의 환가대금에 대하여 우선변제권을 행사할 수 있다."(대법원 2007. 6. 21.

선고 2004다26133 전원합의체 판결)

3) 소액전차인

전대인(임차인)이 소액임차인인 경우, 전대인으로부터 적법하게 전차한 소액임차인은 최우선변제권이 있다.

반면, 우선변제권은 임차인만이 주장할 수 있고 전차인은 주장할 수 없다. 전차인은 임차인의 권리를 원용할 수 있다.

"주택의 임차인이 제3자에게 전대한 이후에도 그의 임차권의 대항력이 소멸되지 아니하고 그대로 존속하고 있다면 임차인은 그의 임차권의 대항력을 취득한 후에 경료된 근저당권의 실행으로 소유권을 취득하게 된 자에 대하여 임대보증금반환청구권에 기한 동시이행항변권을 행사하여 그 반환을 받을 때까지는 위 주택을 적법하게 점유할 권리를 갖게되는 것이고 따라서 그로부터 위 주택을 전차한 제3자 또한 그의 동시이행항변권을 원용하여 위 임차인이 보증금의 반환을 받을 때까지 위 주택을 적법하게 점유, 사용할 권리를 갖게 된다."(출처 : 대법원 1988.4.25. 선고 87다카2509 판결【건물명도】)

13. 채무자와 물상보증인 소유 동시 배당시, 경매대가에 비례하여 분담 정하지 않음

사건번호	주 소	면 적(㎡)	감정가 최저가	임차관계	등기부상 권리관계
05-28088 전 백선관 김기영 이성수 토지 1,547,500,000	경기 파주시 교하동 ○○-8 · 와동교차로북동측 　인근 · 북동측곡릉천건너편 　금촌택지개발지구 · 제반교통사정보통 · 남측폭4m농로통 　해접금가능 · 관리지역 · 토지거래허가구역	전 1000 (302.5평) 농취증필요	1,547,500,000 한국감정 (05.11.00) 1,547,500,000 (100.0%) ---------- 변경 06.10.10 낙찰 06.11.07 2,755,050,000 (178.03%)	배당요구종기일 2006.03.03	근저 금촌농협 　2003.04.25 　980,000,000 지상 금촌농협 　2003.04.25 소유 이영수 　2004.03.15. 　전소유김기태 근저 백선관 　2004.10.25 　750,000,000 임의 백선관 　2005.11.24 청구 640,200,000 *등기부채권총액 　1,730,000,000원
	경기 파주시 교하면 교하리 ○○-39	전 1000 (302.5평) 농취증필요			
	경기 파주시 교하면 교하리 ○○-43	전 1135 (343.34평) 농취증필요			
	경기 파주시 교하면 교하리 ○○-44	전 1135 (343.34평) 농취증필요			

① 기초사실

　채무자 김기영 소유의 파주시 교하읍 교하리 ○○-39, ○○-44 각 토지(이하 '제1부동산'이라 한다)에 대하여는 그 중 1/2지분에 관하여 2003년 4월 25

일 채무자 김기영, 근저당권자 금촌농협의 9억 1,000만원의 근저당권이 1순위로, 2004년 10월 25일 채무자 김기영, 근저당권자 백선관의 7억 5,000만원의 근저당권이 2순위로, 2004년 11월 30일 채무자 김기영, 근저당권자 황창기의 1억 5,000만원 근저당권이 3순위로 각 설정되었다.

물상보증인인 이성수 소유의 파주시 교하읍 ○○-8, ○○-43 각 토지(이하 '제2부동산'이라 한다)에 대하여는 그 중 1/2지분에 관하여 2003년 4월 25일 채무자 김기영, 근저당권자 금촌농협의 9억 8,000만원의 근저당권이 1순위로, 2004년 10월 25일 채무자 김기영, 근저당권자 백선관의 7억 5,000만원의 근저당권이 2순위로 각 설정되어 있다.

제1부동산에 관하여 후순위로 파주시 명의의 압류등기, 나머지 명의의 각 가압류등기가 마쳤다. 백선관의 신청에 의하여 의정부지방법원 고양지원 2005타경28088호로 부동산임의경매절차가 진행되었다.

2007년 1월 24일 고양지원은 배당표를 다음과 같이 작성하였다.

매각대금 중 실제 배당할 금액 2,753,448,832원에서 당해세 430,500원, 1순위 근저당에 대한 배당액(김기영의 토지 : 741,624,890원, 이성수의 토지 : 634,884,276원)을 제외한 후의 감정가 대비 비례 배당잔액은 이성수 소유 토지 중 파주시 교하읍 ○○-8 토지에 382,531,897원, ○○-43 토지에 252,314,130원, 김기영 파주시 교하읍 교하리 ○○-39 토지에 489,211,357원, ○○-44 토지에 252,451,782원이다.

② **주장**

㉮ **이성수의 주장**

부동산임의경매 사건의 채무자는 김기영이고, 경매목적물 중 제1부동산은 이성수의 소유고, 제2부동산은 김기영의 소유이다. 공동저당의 목적인 채무자 소유의 부동산과 물상보증인 소유의 부동산에 각각 채권자를 달리

하는 후순위저당권이 설정되어 있는 경우, 물상보증인 소유의 부동산에 대하여 경매가 이루어져 그 경매대금의 교부에 의하여 1번 저당권자가 변제를 받은 때에는 물상보증인은 채무자에 대하여 구상권을 취득함과 동시에, 민법 제481조, 제482조의 규정에 의한 변제자대위에 의하여 채무자 소유의 부동산에 대한 1번 저당권을 취득한다. 따라서 법원은 배당표 작성 시 근저당권자 백선관에게 대위변제된 금 345,920,840원을 민법 제481조, 제482조의 규정에 따라 물상보증인으로서 대위변제한 이성수에게 배당을 하여야 한다. 따라서 배당표는 다음과 같이 수정되어야 한다.

배당표 중 피고 황창기에 대한 배당액 금 150,000,000원, 파주시에 대한 배당액 금 14,116,760원, 국민은행에 대한 배당액 금 65,467,622원, 농협중앙회에 대한 배당액 금 61,616,757원, 신용보증기금에 대한 배당액 금 15,769,358원, 기술신용보증기금에 대한 배당액 금 33,259,011원, 박성희에 대한 배당액 금 3,827,264원을 각 금 0원으로, 이성수에 대한 배당액 금 0원을 금 344,056,772원으로 고쳐야한다.

㈏ 피고들의 주장

이성수가 주장하는 바와 같이 변제자대위의 법리에 따라 물상보증인이 채무자 소유 부동산에 대한 1번 저당권을 취득하는 것은 채무자 소유 부동산과 물상보증인 소유 부동산 중 물상보증인 소유 부동산에 대해 먼저 경매가 이루어져 배당이 이루어진 경우, 즉 이시배당의 경우에 발생한다.

이 사건처럼 수 개의 부동산에 대해 경매가 이루어져 동시배당되는 경우에는 아직 물상보증인 소유 부동산의 경매대금에 의해 1번 저당권자가 변제를 받은 것이 아니어서 물상보증인은 채무자에 대하여 구상권을 취득한 것이 아니다. 따라서 민법 제481조, 제482조 규정에 의한 변제자대위의 법리가 적용되지 않는다. 그러므로 민법 제368법 제1항에 따라 각 부동산의 경매대가에 비례하여 각 채권자에게 배당을 하여야 한다.

③ 판단

공동저당권이 설정되어 있는 수 개의 부동산 중 일부는 채무자 소유이고 일부는 물상보증인 소유인 경우 각 부동산의 경매대가를 동시에 배당하는 경우, 물상보증인이 민법 제481조, 제482조의 규정에 의한 변제자대위에 의하여 채무자 소유 부동산에 대하여 담보권을 행사할 수 있는 지위에 있다. 따라서 "동일한 채권의 담보로 수 개의 부동산에 저당권을 설정한 경우에 그 부동산의 경매대가를 동시에 배당하는 때에는 각 부동산의 경매대가에 비례하여 그 채권의 분담을 정한다"고 규정한 민법 제368조 제1항은 적용되지 아니한다(대법원 2008. 4. 10. 선고 2007다78234 판결 등 참조).

따라서 경매법원은 채무자 소유 부동산의 경매대가에서 공동근저당권자에게 우선적으로 배당을 하고, 부족분이 있는 경우에 한하여 물상보증인 소유 부동산의 경매대가에서 추가로 배당을 하여야 한다.

채무자 김기영 소유인 제1부동산의 경매대가 중 배당잔액 741,663,139원(= 489,211,357원 + 252,451,782원)에서 2순위 공동근저당권자인 백선관에게 우선적으로 배당을 하고, 부족분 8,336,861원(= 750,000,000원 - 741,663,139원)에 한하여 물상보증인 이성수 소유인 제2부동산의 경매대가에서 추가로 배당을 하여야 한다(서울고등법원 2010. 10. 20. 선고 2010나41418 판결).

> "공동저당권이 설정되어 있는 수개의 부동산 중 일부는 채무자 소유이고 일부는 물상보증인의 소유인 경우 위 각 부동산의 경매대가를 동시에 배당하는 때에는, 물상보증인이 민법 제481조, 제482조의 규정에 의한 변제자대위에 의하여 채무자 소유 부동산에 대하여 담보권을 행사할 수 있는 지위에 있는 점 등을 고려할 때, "동일한 채권의 담보로 수개의 부동산에 저당권을 설정한 경우에 그

> 부동산의 경매대가를 동시에 배당하는 때에는 각 부동산의 경매대가에 비례하여 그 채권의 분담을 정한다"고 규정하고 있는 민법 제368조 제1항은 적용되지 아니한다고 봄이 상당하다. 따라서 이러한 경우 경매법원으로서는 채무자 소유 부동산의 경매대가에서 공동저당권자에게 우선적으로 배당을 하고, 부족분이 있는 경우에 한하여 물상보증인 소유 부동산의 경매대가에서 추가로 배당을 하여야 한다."(대법원 2010. 04. 15. 선고 2008다41475 판결[배당이의])

14. 토지건물 일괄매각시 토지 안분금액은 이용제한 없는 상태 기준

사건번호	주 소	면 적(㎡)	감정가 최저가	임차관계	등기부상 권리관계

08-6688
 	
다세대
 	
김성한
주성용
주성용
 	
대 829,000,000
건
1,681,000,000
	서울 강남구 논현동
	102-17 ○○○호 외
	
	· 영동고교서측인근
	· 상업,업무용부동산,
	  다세대,연립혼재
	· 버스(정)및강남구청
	  역 도보10분거리
	· 도시가스보일러
	  난방
	· 2종일반주거지역
		대지권미등기
		건물 113.03
		(34.19평)
		현:사무실
		대장상 160.23㎡
		4층, 08.03.13보존
			2,510,000,000
			한국감정
			(08.04.21)
			2,008,000,000
			(80.0%)
			----------- 	
			변경 08.07.01
			유찰 09.06.23
			낙찰 09.07.28
			2,566,800,000
			(102.26%)
			2명
			이성철
				조일수
				300,000,0000
				화장품가게
				
				배당요구종기일
				2008.05.16
					소유 주성용
					  2008.03.13
					강제 김성한
					  2008.03.13
					청구
					177,567,120
					임의 이시태
					  2008.04.21

	서울 강남구 논현동 102-17	대지 259.9 (78.62평)			

경매법원은 2009년 9월 10일 실시된 배당기일에서 실제 배당할 금액 2,561,396,942(=매각대금 2,566,800,000 + 이자 1,411,272-집행비용 6,814,330) 원을 다세대주택의 대지에 대한 사용권이 있음을 전제로 한 대지의 감정가

격 8억 2,900만원과 다세대주택의 건물의 감정가격 16억 8,100만원의 비율에 의하여 안분하여 배당표를 작성하였다. 채무자겸소유자 주성용에 대한 배당액 438,851,085원은 배당할 금액 중 대지에 안분한 금액인 845,975,324{=2,561,396,942×829,000,000/(829,000,000 + 1,681,000,000)}원에서 대지에 관한 1순위 근저당권자인 수협중앙회의 채권액 407,124,239원을 전액 배당하고 남은 금액이다.

순위	채권자	배당이유	채권액	배당액	비고
1	강남세무서	교부권자(법정)	289,893,530	289,893,530	
1	서울시	교부권자(법정)	8,359,210	8,359,210	
1	수협중앙회	근저당권자	407,124,239	407,124,239	대지
2	김성한	신청채권자(판결)	142,260,221	142,260,221	
2	이시태	근저당권자	1,529,073,972	438,851,085	대지
3	주성용	채무자겸소유자	1,274,908,657	1,274,908,657	

이시태는 배당기일에 출석하여 배당표 중 주성용에 대한 배당액 중 1,090,222,887원에 대하여 이의하였다.

이시태는 당초 대지와 종전 건물에 관한 공동근저당권자였고, 주성용이 종전 건물을 철거하고 다세대주택을 신축한 다음 다세대주택에 관하여 대지와 동순위의 공동근저당권을 설정하지 아니하였으므로 이시태가 당초 기대하였던 대지의 교환가치 전체에 대한 담보권을 보장하기 위하여 실제 배당할 금액 2,561,396,942원을 법정지상권 등 대지이용의 제한이 없는 나대지로서의 대지의 감정가격과 대지사용권이 없는 상태를 전제로 한 다세대주택의 감정가격의 비율에 의하여 안분한 금액을 대지와 다세대주택에 관하여 각 배당할 금액으로 보아야 한다고 주장하였다

즉 경매 당시 대지 및 다세대주택을 일괄하여 평가한 전체 감정가격

2,510,000,000원 중 나대지로서의 대지의 감정가격은 1,494,425,000원(59.539%)이다.

따라서, 실제 배당할 금액 2,561,396,942원 중 나대지 상태의 대지에 관하여 배당할 금액은 1,525,026,145(=2,561,396,942×1,494,425,000/대지 및 다세대주택을 일괄하여 평가한 전체 감정가액 2,510,000,000)원이다. 그 중 이시태에게 배당할 금액은 1,117,901,906(=1,525,026,145-대지에 관한 1순위 근저당권자 수협중앙회의 채권액 407,124,239)원이다. 그런데 배당표에는 이시태에게 대지에 관한 매각대금에서 이미 438,851,085원이 배당되었으므로 주성용의 배당액 1,274,908,657원에서 이시태가 대지에 관한 매각대금에서 배당받지 못한 679,050,821(=1,117,901,906-438,851,085)원을 이시태에게 추가로 배당하여야 한다(서울고등법원 2011. 06. 10. 선고 2010나106032 판결).

> "동일인의 소유에 속하는 토지 및 지상 건물에 관하여 공동저당권이 설정된 후 건물이 철거되고 새로 건물이 신축된 경우에는, 신축건물의 소유자가 토지의 소유자와 동일하고 토지의 저당권자에게 신축건물에 관하여 토지의 저당권과 동일한 순위의 공동저당권을 설정해 주었다는 등 특별한 사정이 없는 한 저당물의 경매로 인하여 토지와 신축건물이 다른 소유자에 속하게 되더라도 신축건물을 위한 법정지상권이 성립하지 않으므로, 위와 같은 경우 토지와 신축건물에 대하여 민법 제365조에 의하여 일괄매각이 이루어졌다면 일괄매각대금 중 토지에 안분할 매각대금은 법정지상권 등 이용 제한이 없는 상태의 토지로 평가하여 산정하여야 한다."(대법원 2012. 03. 15. 선고 2011다54587 판결[배당이의])

경매야 놀자

초 판 1쇄 2006년 1월 20일
개정판 1쇄 2015년 4월 25일
개정판 7쇄 2024년 2월 5일

지은이 강은현
펴낸이 강은현
펴낸곳 서원북스
등 록 2014년 7월 8일(제2014-000119호)
주 소 서울특별시 서초구 반포대로 23길 26, 2층(서초동, 조앤에스빌딩)
전 화 02)594-9300
팩 스 02)6442-7166
이메일 ehka0525@hanmail.net

ISBN 979-11-953218-1-0 (13320)
값 24,000원

※ 잘못 만들어진 책은 구입처나 본사에서 교환해 드립니다.